Willkommen in der Dämonenfestung,

du kämpfst jetzt auf der dunklen Seite

2

Original Hozumi Mitaka (GA Novel/SB Creative) |
Zeichnungen j1 Kaido | Panelentwürfe Aoi Yumitori (Kapitel 5) | Roku Hiraishi (ab Kapitel 6) |
Character Design Yuuhi

Willkommen in der Dämonenfestung,
du kämpfst jetzt auf der dunklen Seite

Inhalt

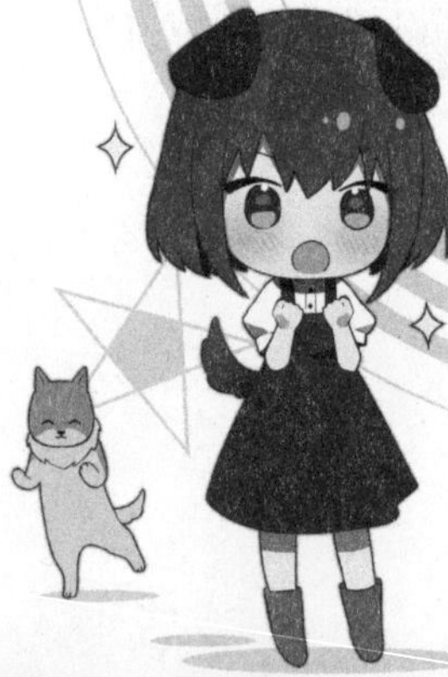

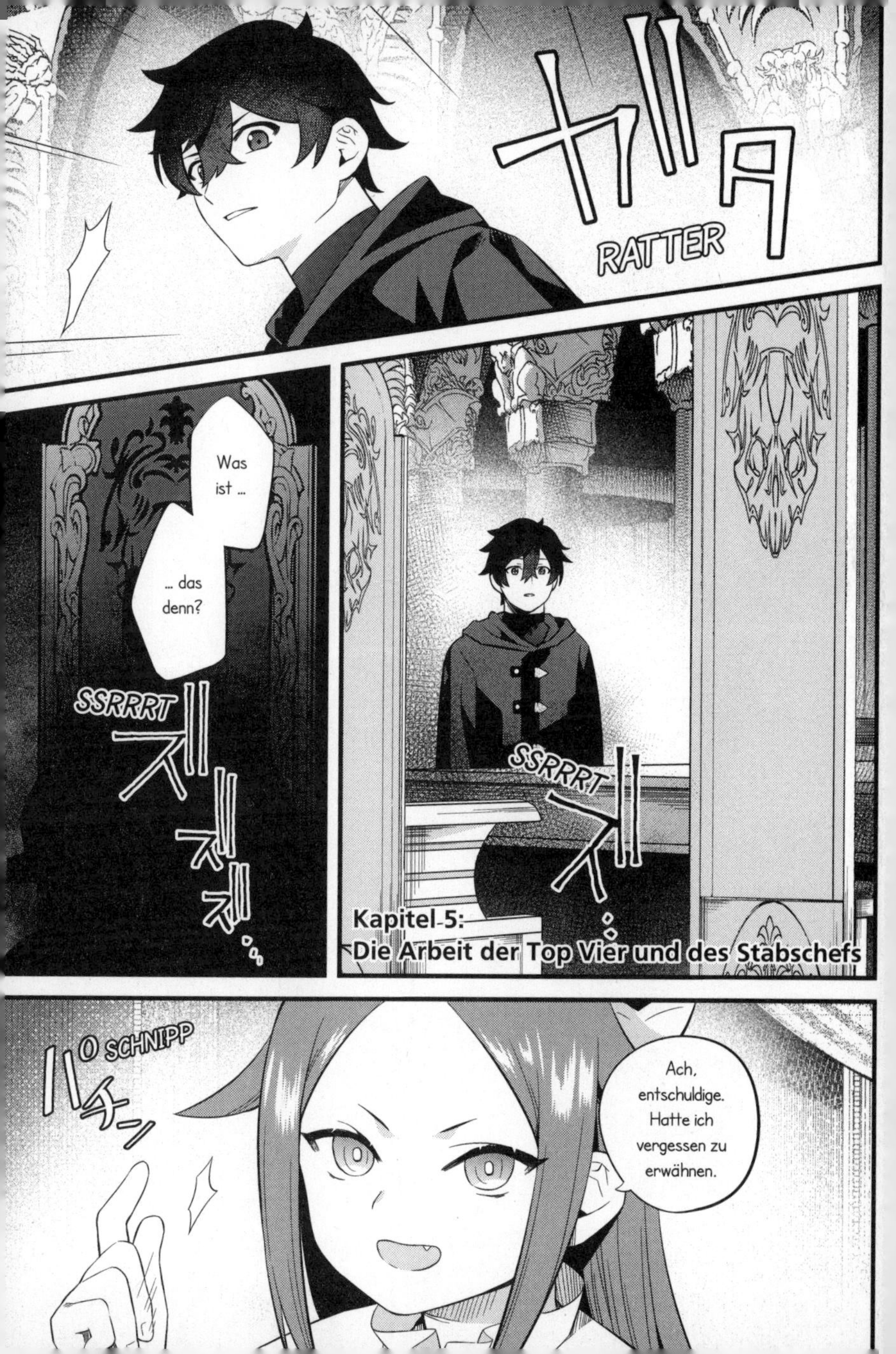

Kapitel 5:
Die Arbeit der Top Vier und des Stabschefs

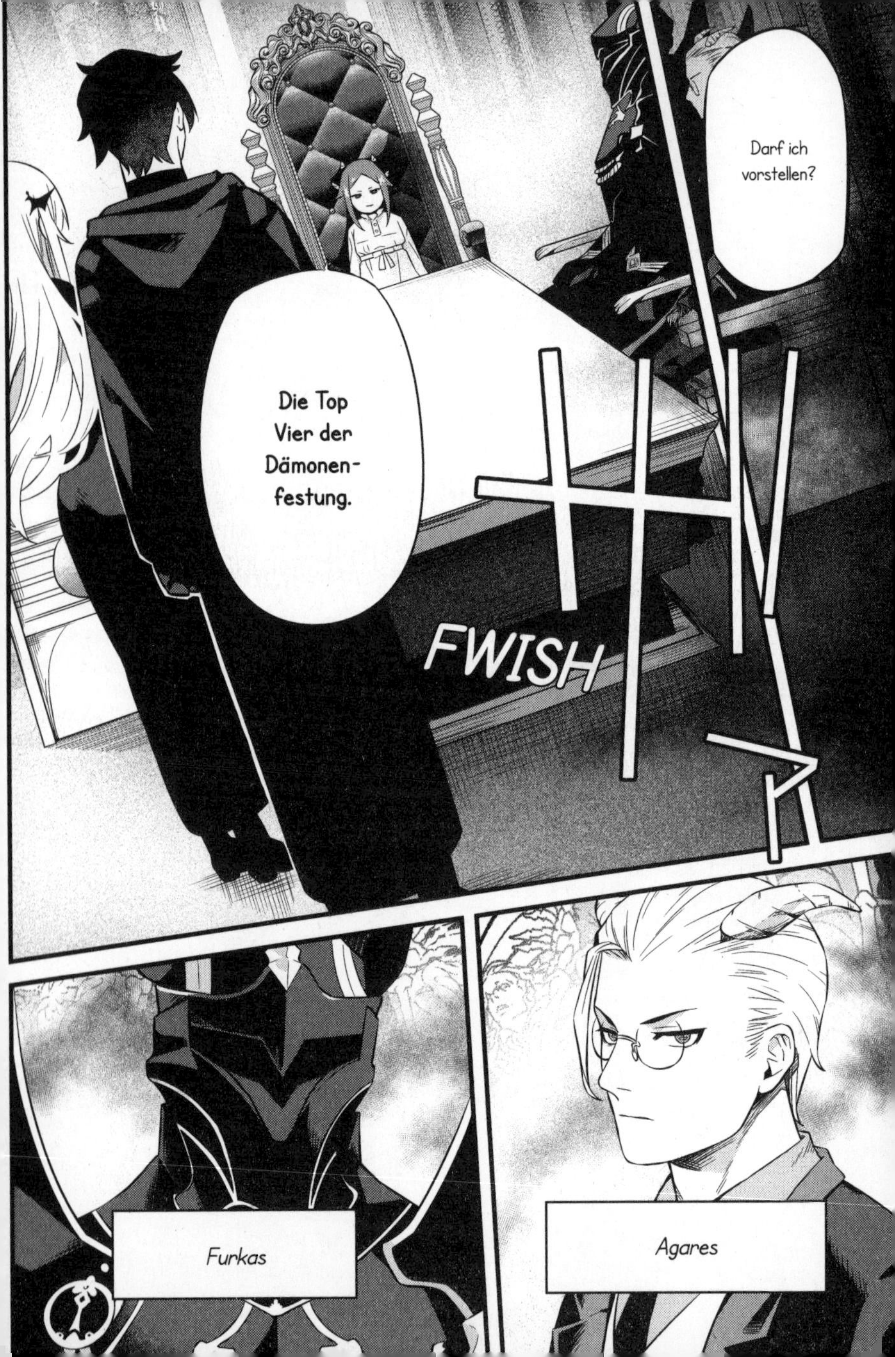
Darf ich vorstellen?
Die Top Vier der Dämonenfestung.
FWISH
Agares
Furkas

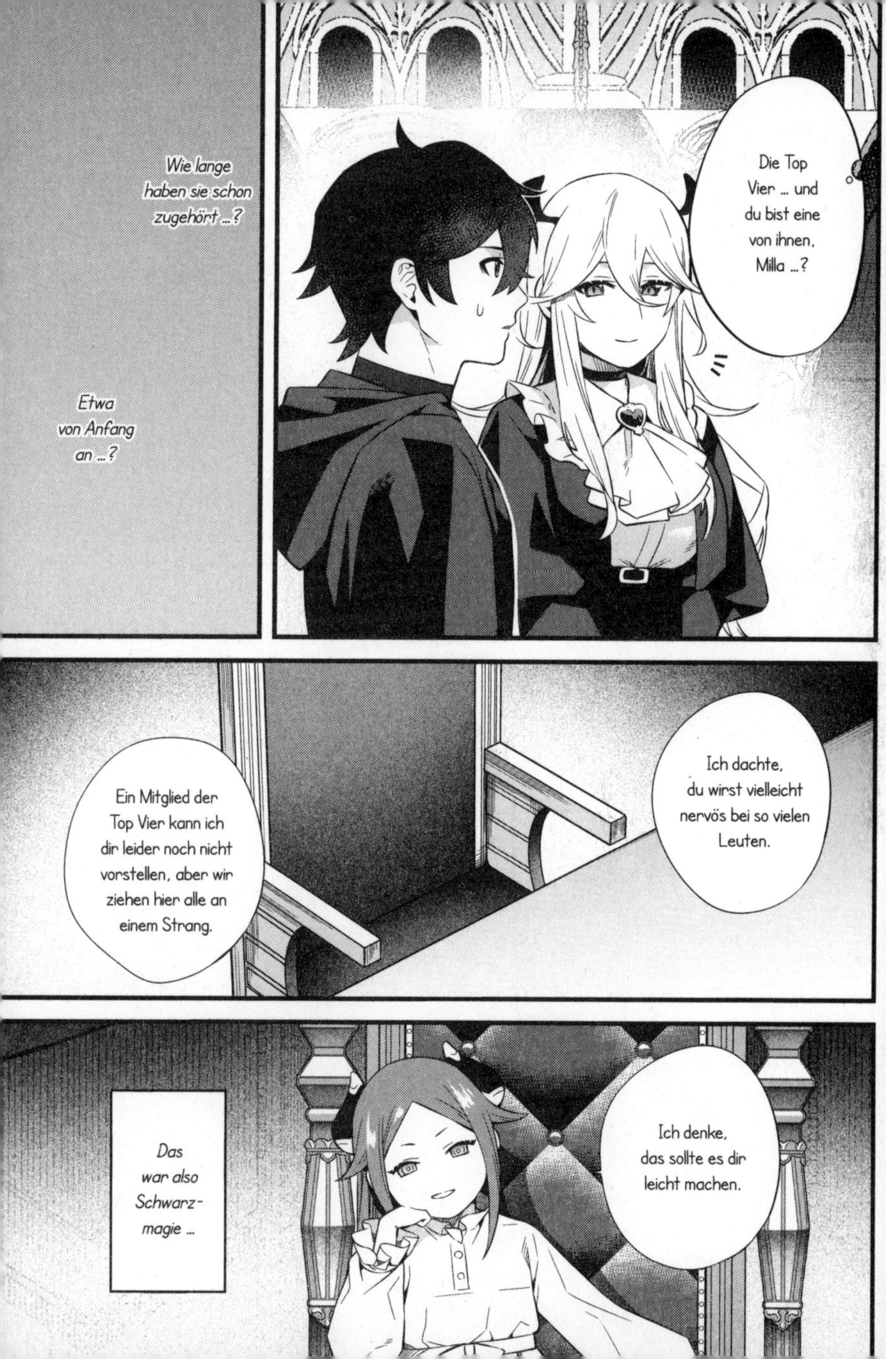
Die Top Vier ... und du bist eine von ihnen, Milla ...?
Wie lange haben sie schon zugehört ...?
Etwa von Anfang an ...?
Ich dachte, du wirst vielleicht nervös bei so vielen Leuten.
Ein Mitglied der Top Vier kann ich dir leider noch nicht vorstellen, aber wir ziehen hier alle an einem Strang.
Ich denke, das sollte es dir leicht machen.
Das war also Schwarz-magie ...

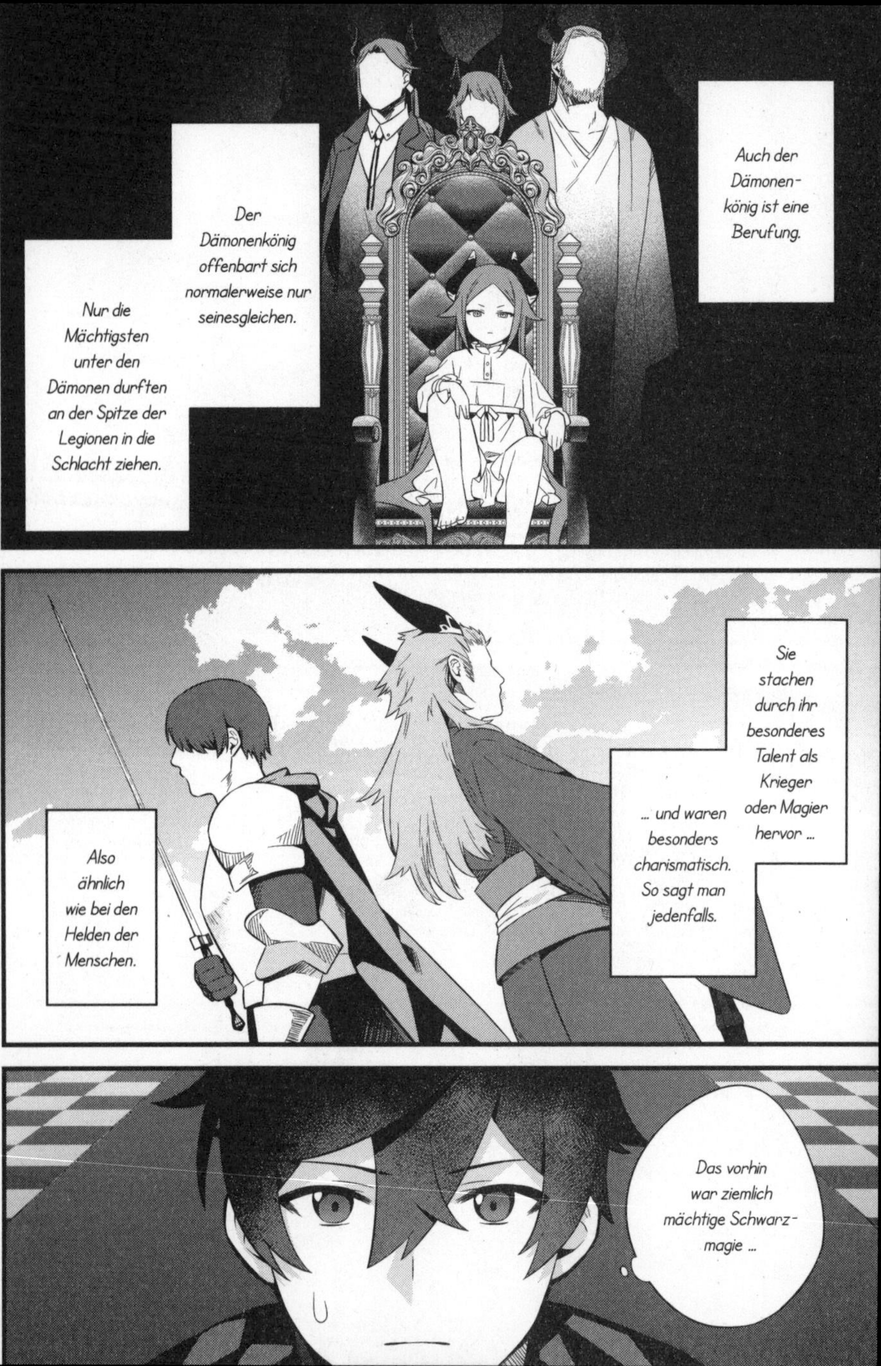
Auch der Dämonenkönig ist eine Berufung.
Der Dämonenkönig offenbart sich normalerweise nur seinesgleichen.
Nur die Mächtigsten unter den Dämonen durften an der Spitze der Legionen in die Schlacht ziehen.
Sie stachen durch ihr besonderes Talent als Krieger oder Magier hervor ...
... und waren besonders charismatisch. So sagt man jedenfalls.
Also ähnlich wie bei den Helden der Menschen.
Das vorhin war ziemlich mächtige Schwarz-magie ...

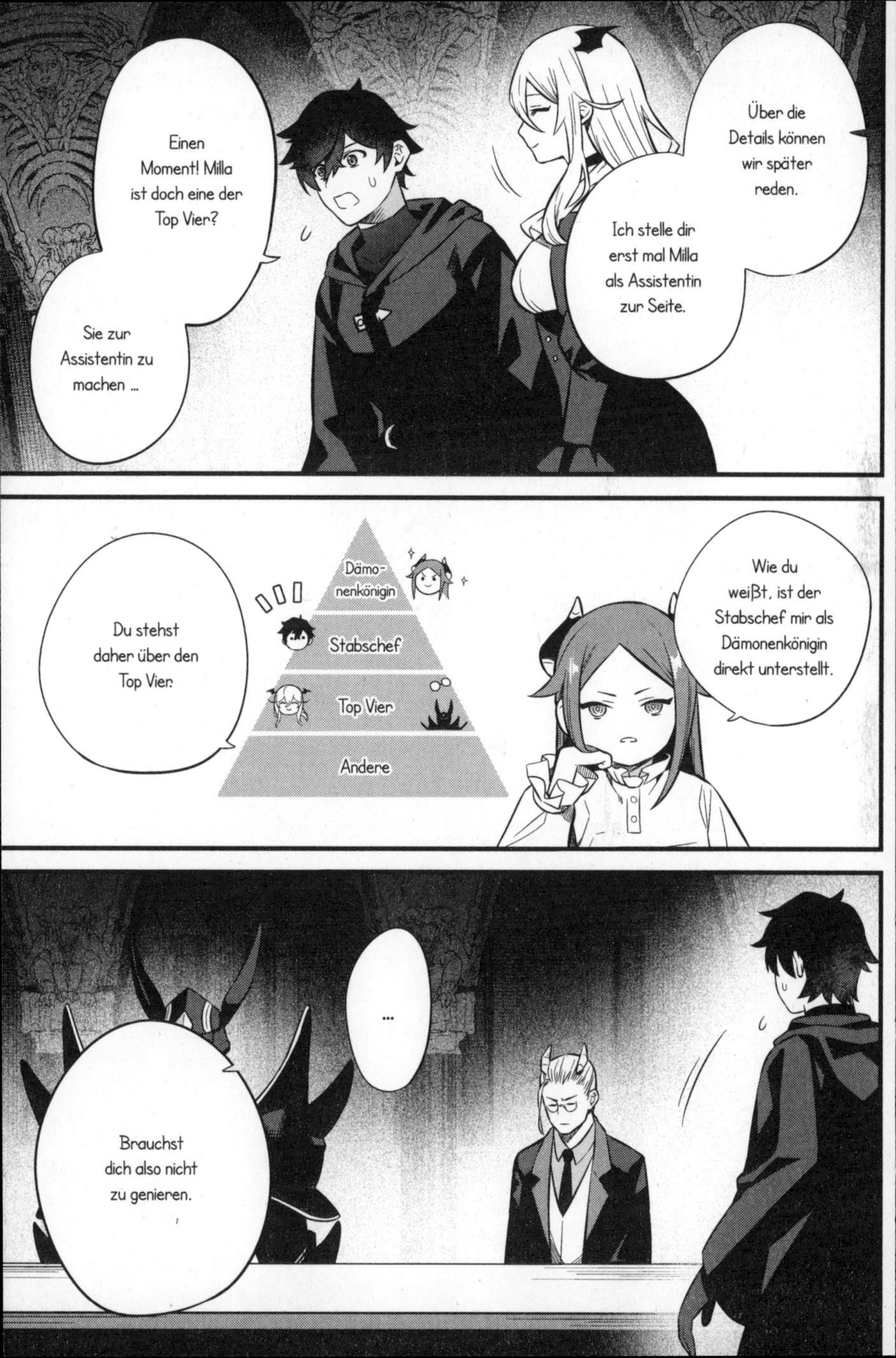
Über die Details können wir später reden.
Ich stelle dir erst mal Milla als Assistentin zur Seite.
Einen Moment! Milla ist doch eine der Top Vier?
Sie zur Assistentin zu machen ...
Wie du weißt, ist der Stabschef mir als Dämonenkönigin direkt unterstellt.
Dämonenkönigin
Stabschef
Top Vier
Andere
Du stehst daher über den Top Vier.
...
Brauchst dich also nicht zu genieren.

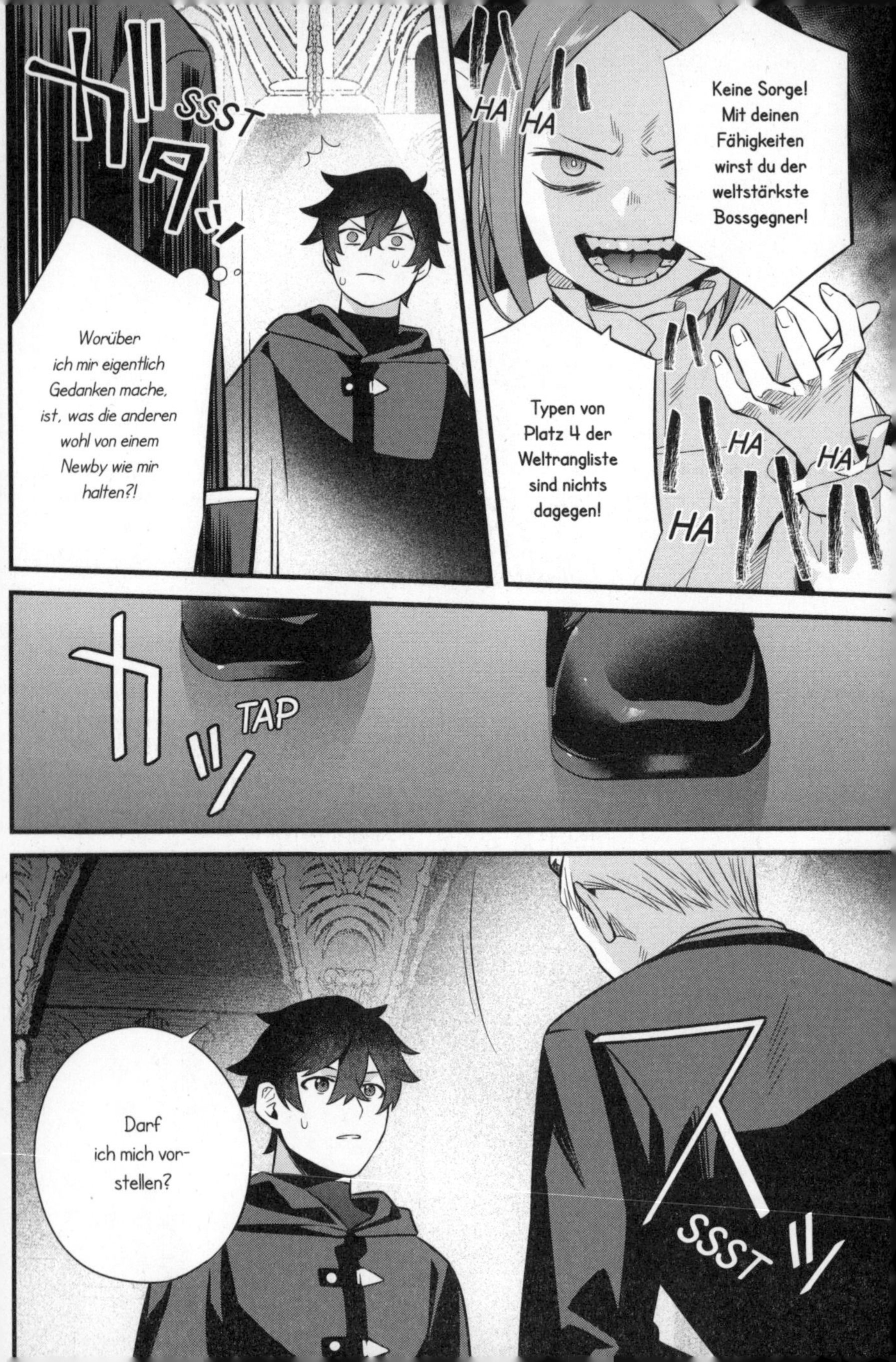
Keine Sorge! Mit deinen Fähigkeiten wirst du der weltstärkste Bossgegner!
HA HA
Typen von Platz 4 der Weltrangliste sind nichts dagegen!
HA HA HA
SSST
Worüber ich mir eigentlich Gedanken mache, ist, was die anderen wohl von einem Newby wie mir halten?!
TAP
SSST
Darf ich mich vorstellen?

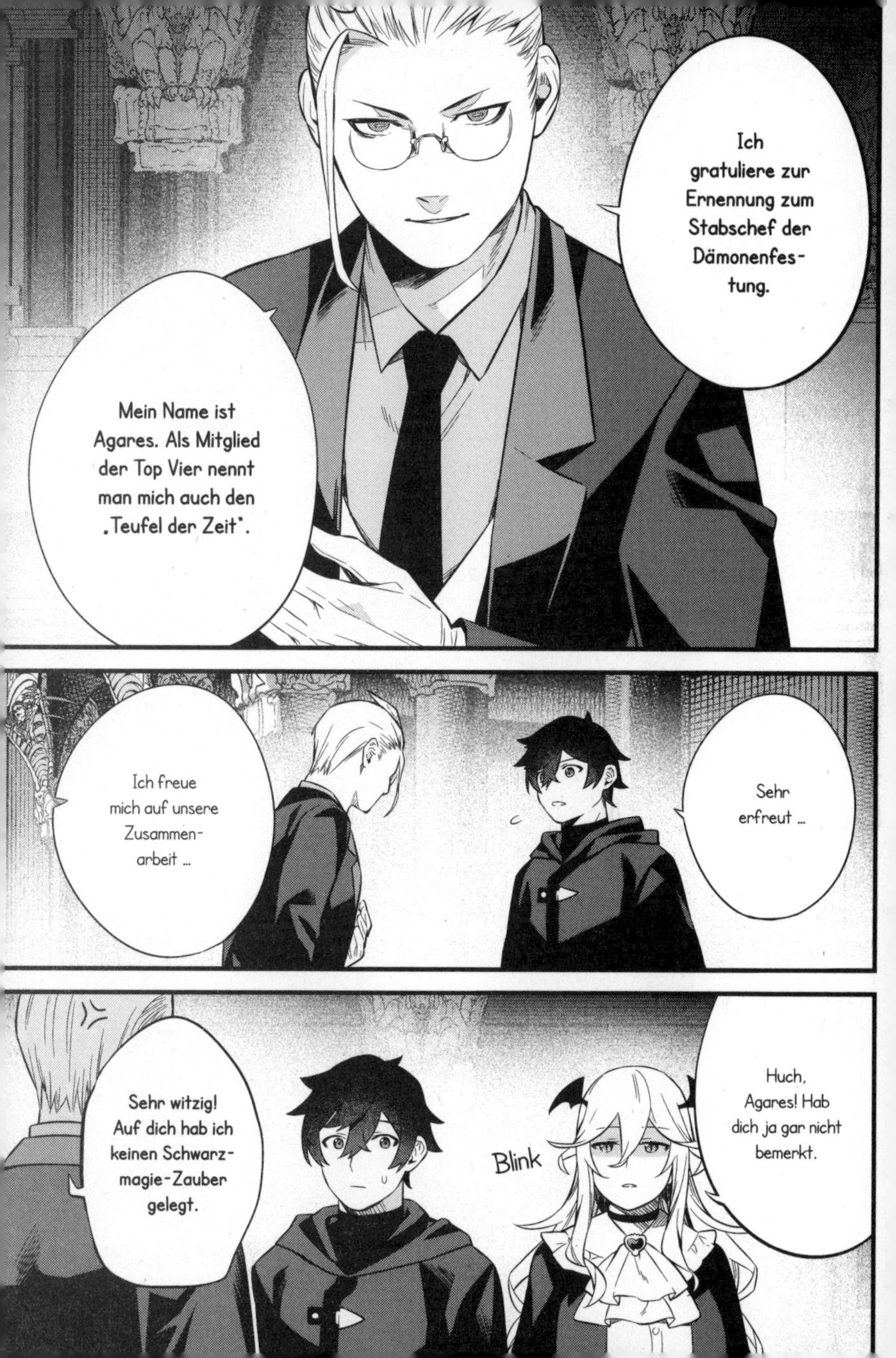
Ich gratuliere zur Ernennung zum Stabschef der Dämonenfes-tung.
Mein Name ist Agares. Als Mitglied der Top Vier nennt man mich auch den „Teufel der Zeit".
Sehr erfreut ...
Ich freue mich auf unsere Zusammen-arbeit ...
Huch, Agares! Hab dich ja gar nicht bemerkt.
Blink
Sehr witzig! Auf dich hab ich keinen Schwarz-magie-Zauber gelegt.

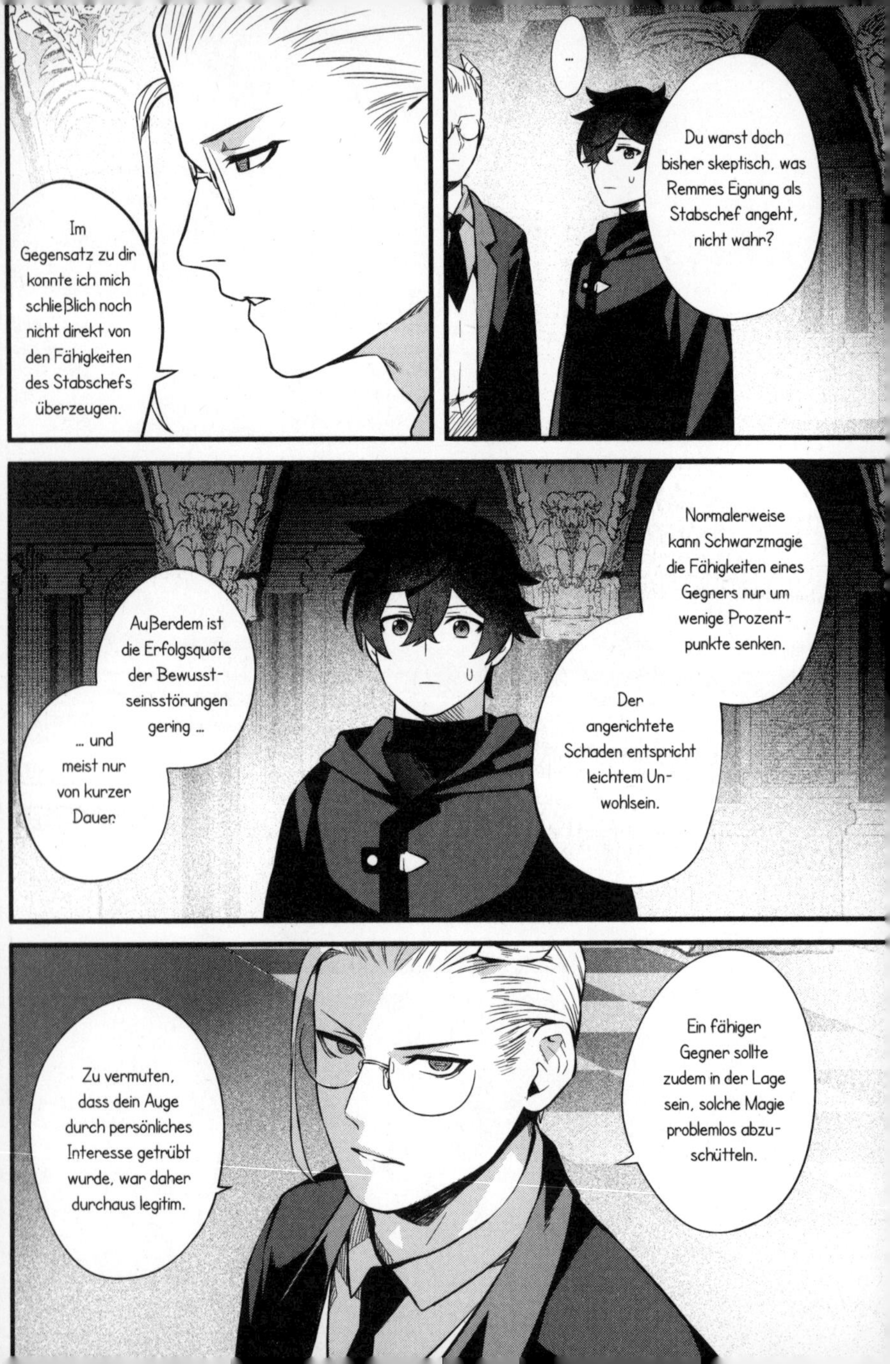
…
Du warst doch bisher skeptisch, was Remmes Eignung als Stabschef angeht, nicht wahr?
Im Gegensatz zu dir konnte ich mich schließlich noch nicht direkt von den Fähigkeiten des Stabschefs überzeugen.
Normalerweise kann Schwarzmagie die Fähigkeiten eines Gegners nur um wenige Prozentpunkte senken.
Der angerichtete Schaden entspricht leichtem Unwohlsein.
Außerdem ist die Erfolgsquote der Bewusstseinsstörungen gering …
… und meist nur von kurzer Dauer.
Ein fähiger Gegner sollte zudem in der Lage sein, solche Magie problemlos abzuschütteln.
Zu vermuten, dass dein Auge durch persönliches Interesse getrübt wurde, war daher durchaus legitim.

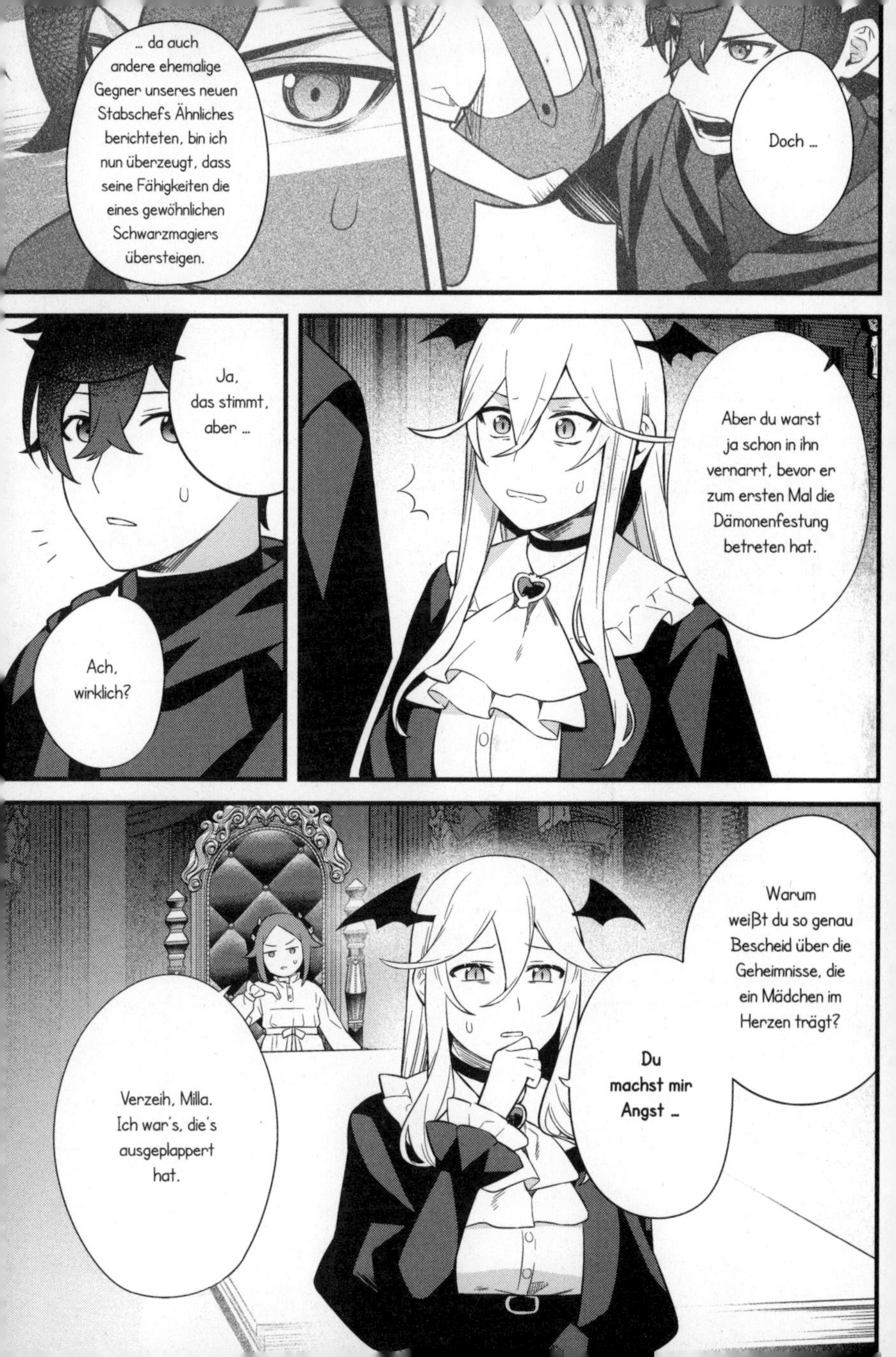
Doch …
… da auch andere ehemalige Gegner unseres neuen Stabschefs Ähnliches berichteten, bin ich nun überzeugt, dass seine Fähigkeiten die eines gewöhnlichen Schwarzmagiers übersteigen.
Aber du warst ja schon in ihn vernarrt, bevor er zum ersten Mal die Dämonenfestung betreten hat.
Ja, das stimmt, aber …
Ach, wirklich?
Warum weißt du so genau Bescheid über die Geheimnisse, die ein Mädchen im Herzen trägt?
Du machst mir Angst …
Verzeih, Milla. Ich war's, die's ausgeplappert hat.

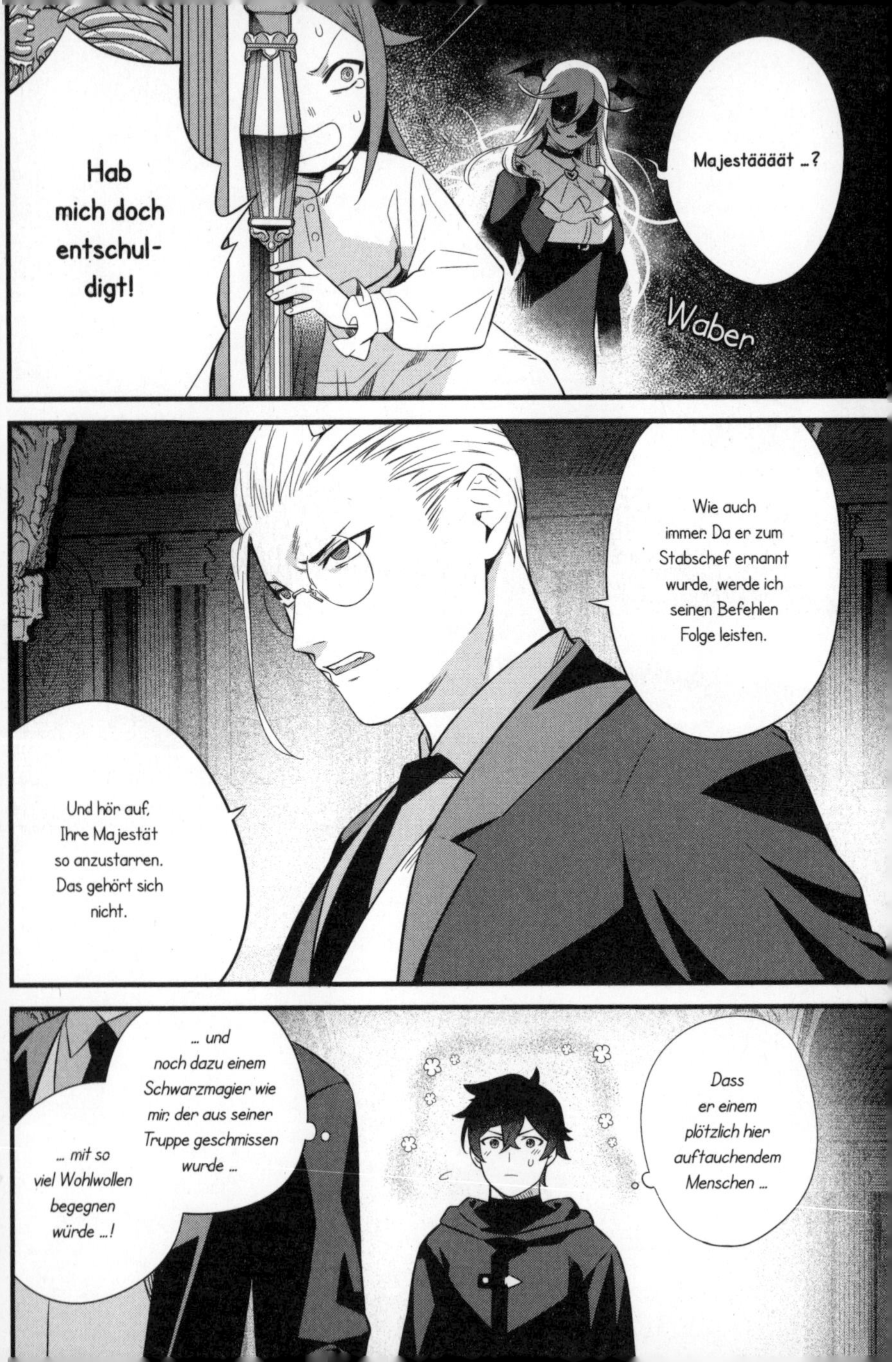
Majestäääät …?
Waber
Hab mich doch entschuldigt!
Wie auch immer. Da er zum Stabschef ernannt wurde, werde ich seinen Befehlen Folge leisten.
Und hör auf, Ihre Majestät so anzustarren. Das gehört sich nicht.
Dass er einem plötzlich hier auftauchendem Menschen …
… und noch dazu einem Schwarzmagier wie mir, der aus seiner Truppe geschmissen wurde …
… mit so viel Wohlwollen begegnen würde …!

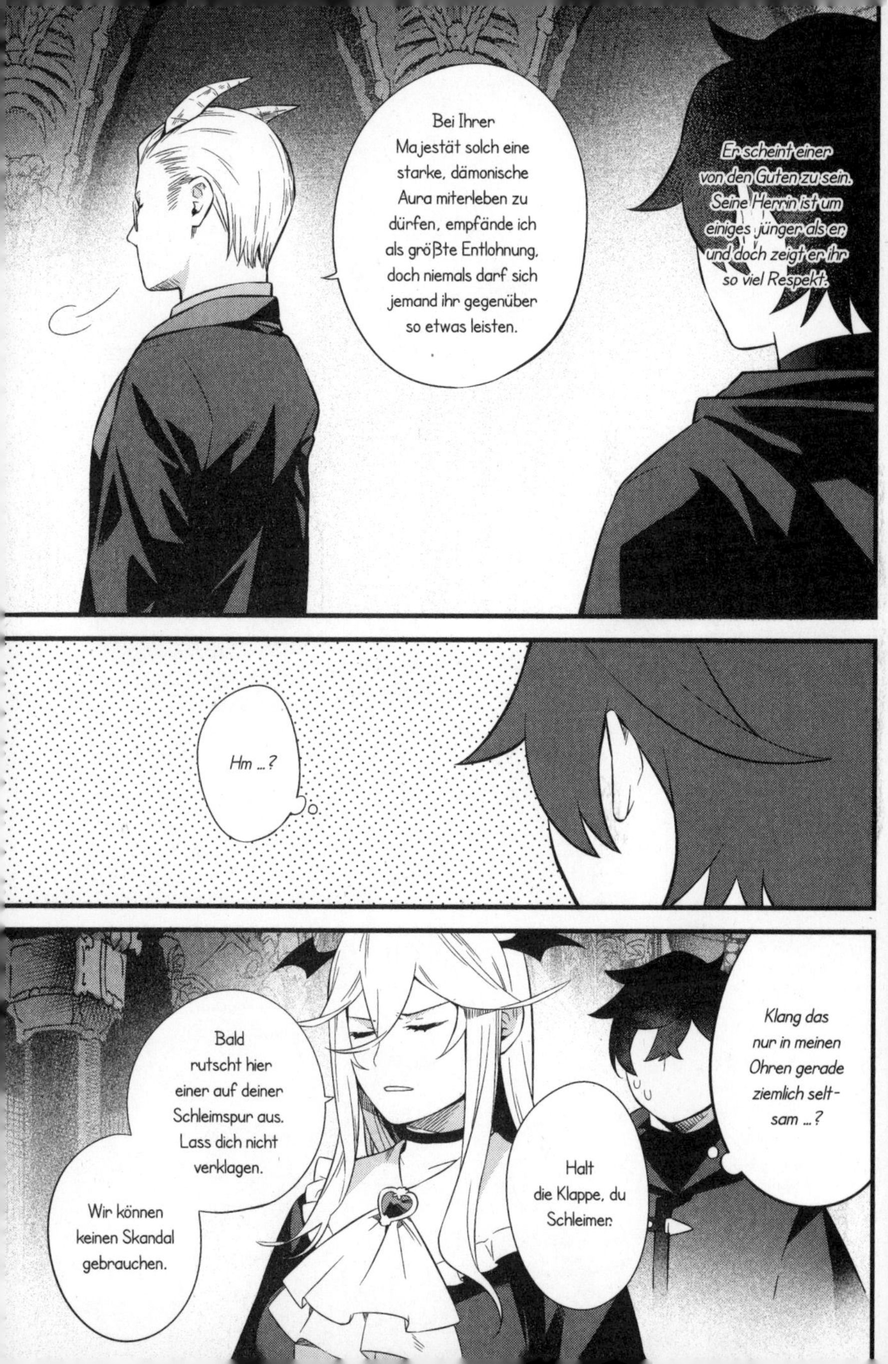
Er scheint einer von den Guten zu sein. Seine Herrin ist um einiges jünger als er, und doch zeigt er ihr so viel Respekt.
Bei Ihrer Majestät solch eine starke, dämonische Aura miterleben zu dürfen, empfände ich als größte Entlohnung, doch niemals darf sich jemand ihr gegenüber so etwas leisten.
Hm ...?
Klang das nur in meinen Ohren gerade ziemlich selt-sam ...?
Halt die Klappe, du Schleimer.
Bald rutscht hier einer auf deiner Schleimspur aus. Lass dich nicht verklagen.
Wir können keinen Skandal gebrauchen.

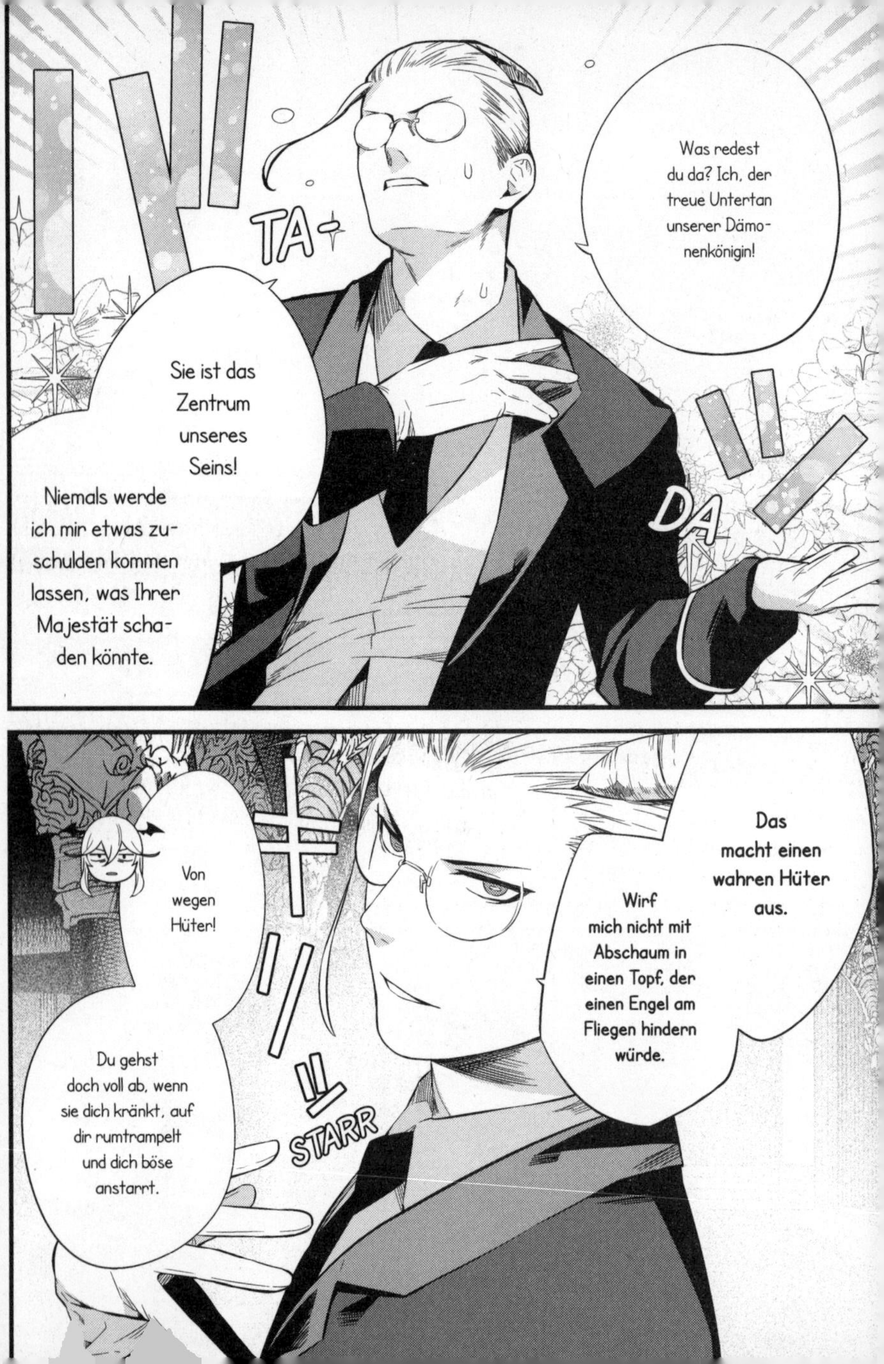
Was redest du da? Ich, der treue Untertan unserer Dämonenkönigin!
TA-
DA
Sie ist das Zentrum unseres Seins!
Niemals werde ich mir etwas zuschulden kommen lassen, was Ihrer Majestät schaden könnte.
Das macht einen wahren Hüter aus.
Von wegen Hüter!
Du gehst doch voll ab, wenn sie dich kränkt, auf dir rumtrampelt und dich böse anstarrt.
Wirf mich nicht mit Abschaum in einen Topf, der einen Engel am Fliegen hindern würde.
STARR

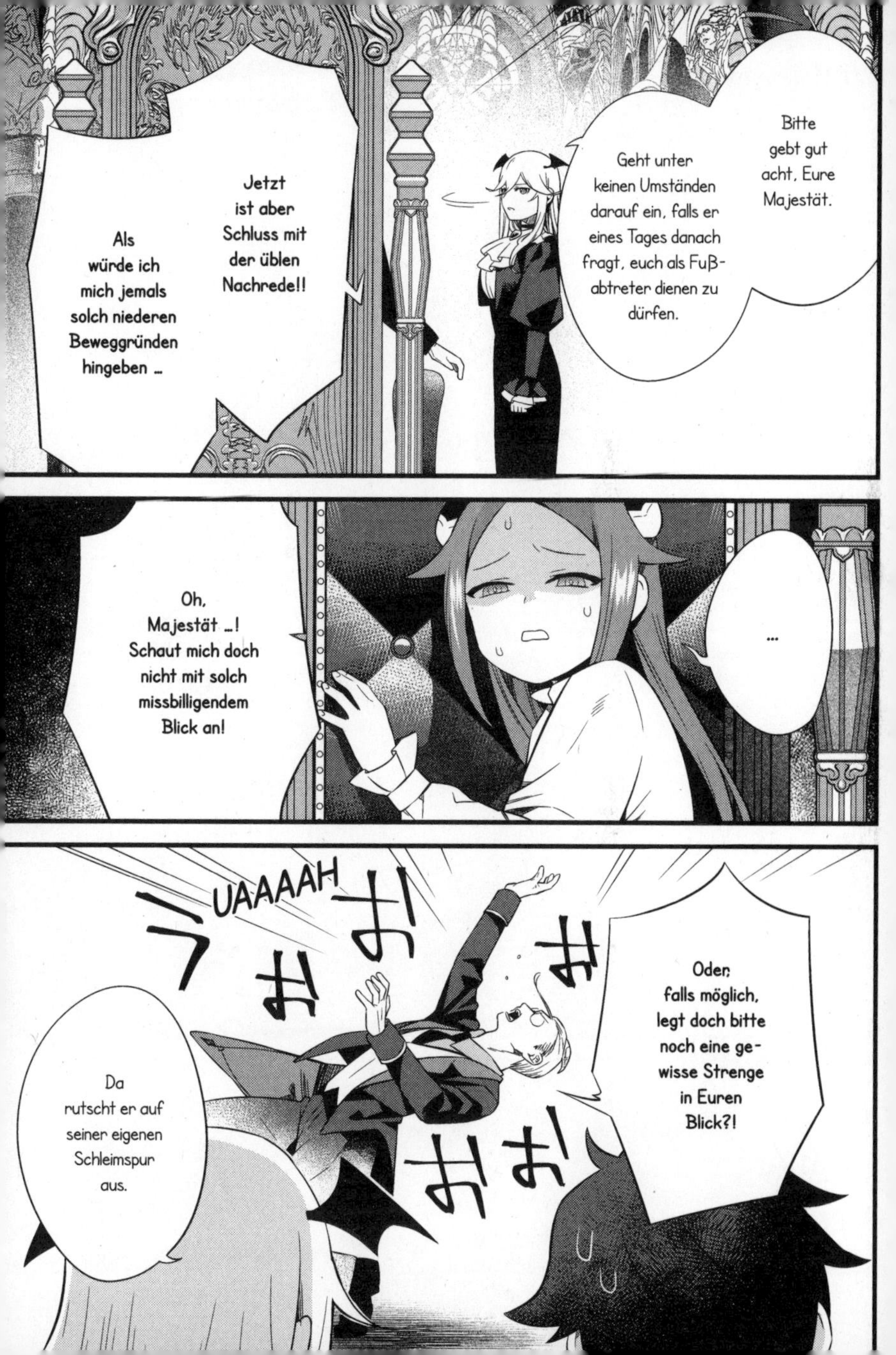
Bitte gebt gut acht, Eure Majestät.
Geht unter keinen Umständen darauf ein, falls er eines Tages danach fragt, euch als Fuß-abtreter dienen zu dürfen.
Jetzt ist aber Schluss mit der üblen Nachrede!!
Als würde ich mich jemals solch niederen Beweggründen hingeben ...
...
Oh, Majestät ...! Schaut mich doch nicht mit solch missbilligendem Blick an!
Oder, falls möglich, legt doch bitte noch eine ge-wisse Strenge in Euren Blick?!
UAAAAH
Da rutscht er auf seiner eigenen Schleimspur aus.

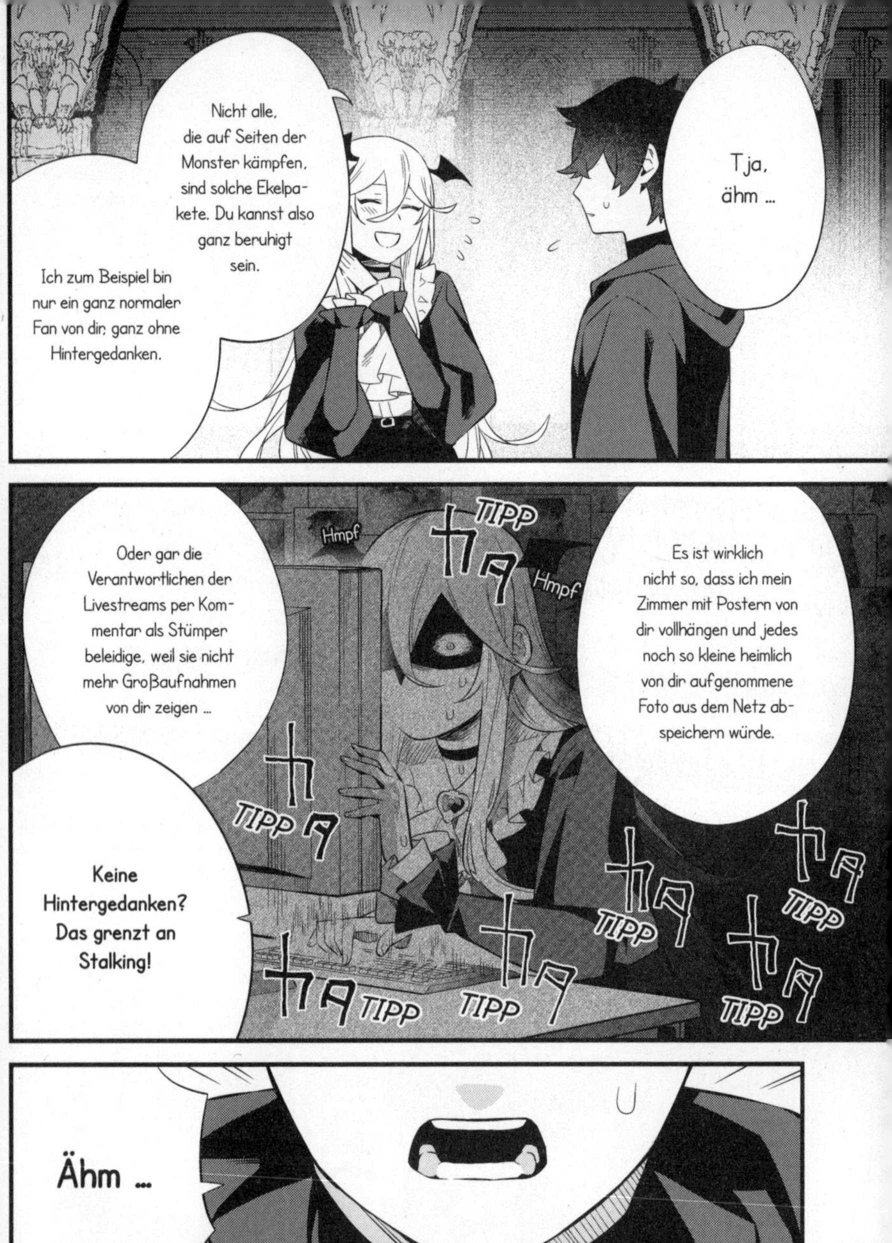
Tja, ähm ...
Nicht alle, die auf Seiten der Monster kämpfen, sind solche Ekelpakete. Du kannst also ganz beruhigt sein.
Ich zum Beispiel bin nur ein ganz normaler Fan von dir, ganz ohne Hintergedanken.
Es ist wirklich nicht so, dass ich mein Zimmer mit Postern von dir vollhängen und jedes noch so kleine heimlich von dir aufgenommene Foto aus dem Netz abspeichern würde.
Hmpf
Hmpf
TIPP
Oder gar die Verantwortlichen der Livestreams per Kommentar als Stümper beleidige, weil sie nicht mehr Großaufnahmen von dir zeigen ...
TIPP
TIPP
TIPP
TIPP
TIPP
TIPP
Keine Hintergedanken? Das grenzt an Stalking!
Ähm ...

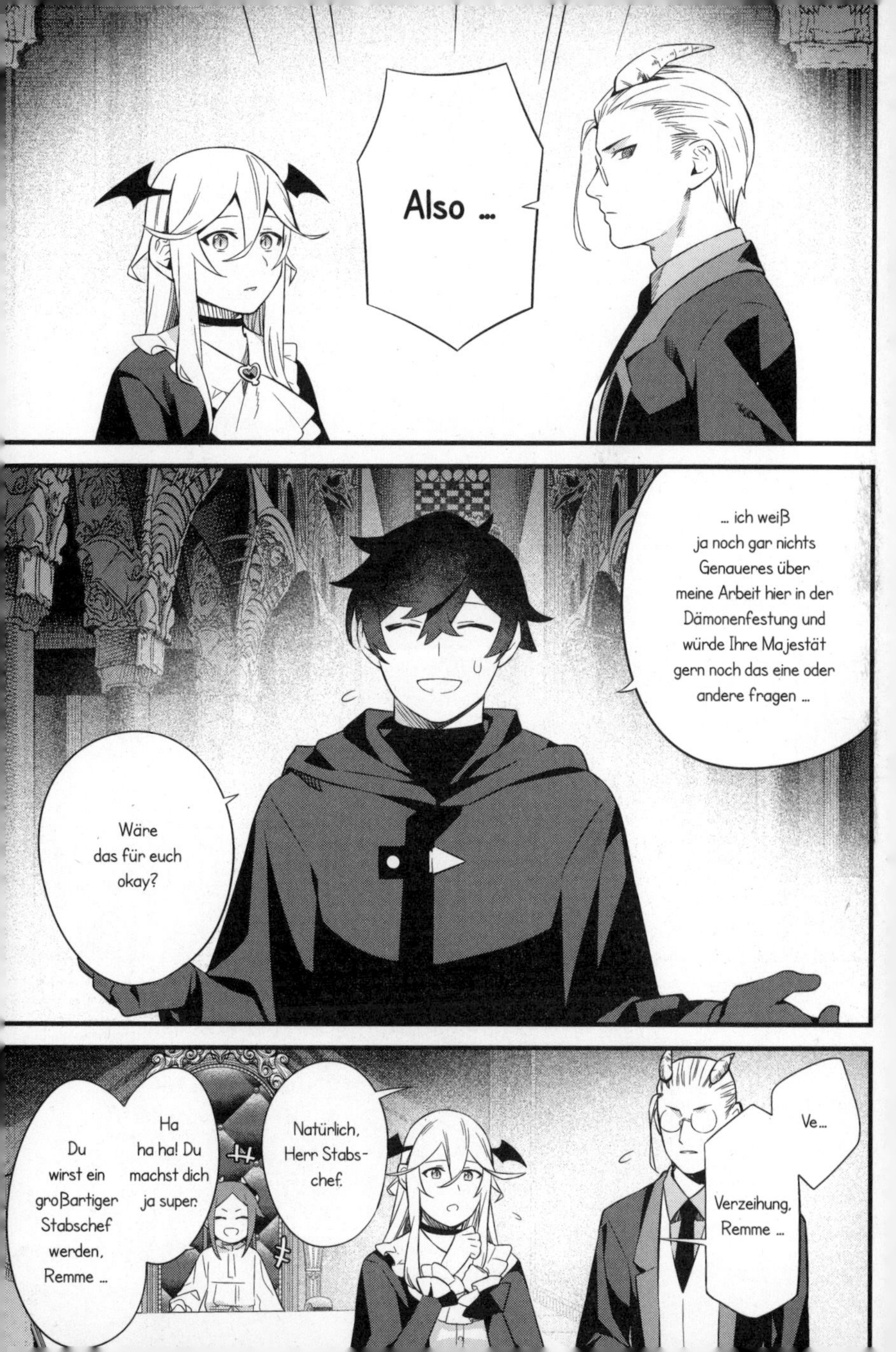
Also ...
... ich weiß ja noch gar nichts Genaueres über meine Arbeit hier in der Dämonenfestung und würde Ihre Majestät gern noch das eine oder andere fragen ...
Wäre das für euch okay?
Ve...
Verzeihung, Remme ...
Natürlich, Herr Stabs-chef.
Ha ha ha! Du machst dich ja super.
Du wirst ein großartiger Stabschef werden, Remme ...

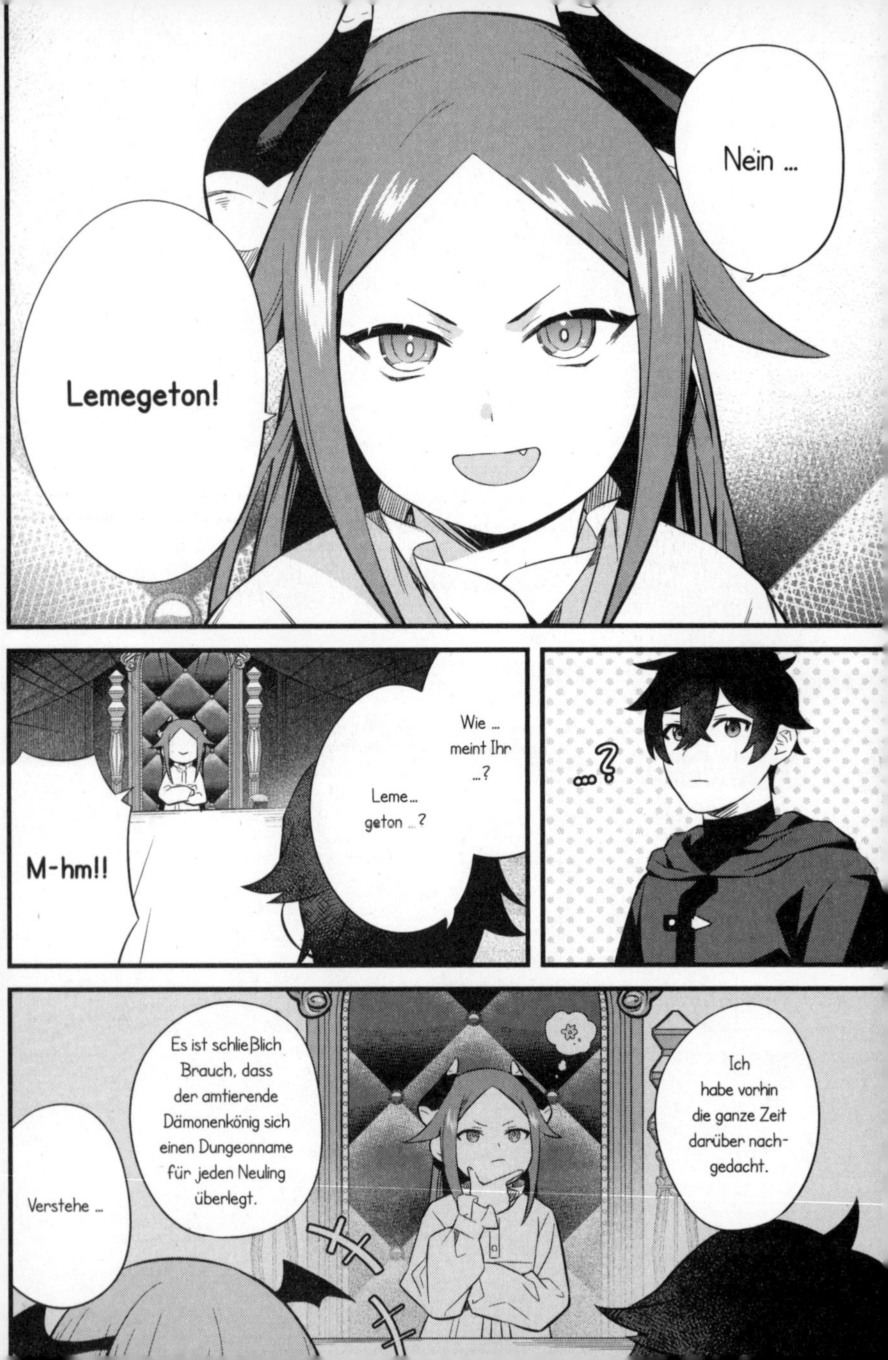
Nein ...
Lemegeton!
...?
Wie ... meint Ihr ...?
Leme... geton ...?
M-hm!!
Ich habe vorhin die ganze Zeit darüber nach-gedacht.
Es ist schließlich Brauch, dass der amtierende Dämonenkönig sich einen Dungeonname für jeden Neuling überlegt.
Verstehe ...

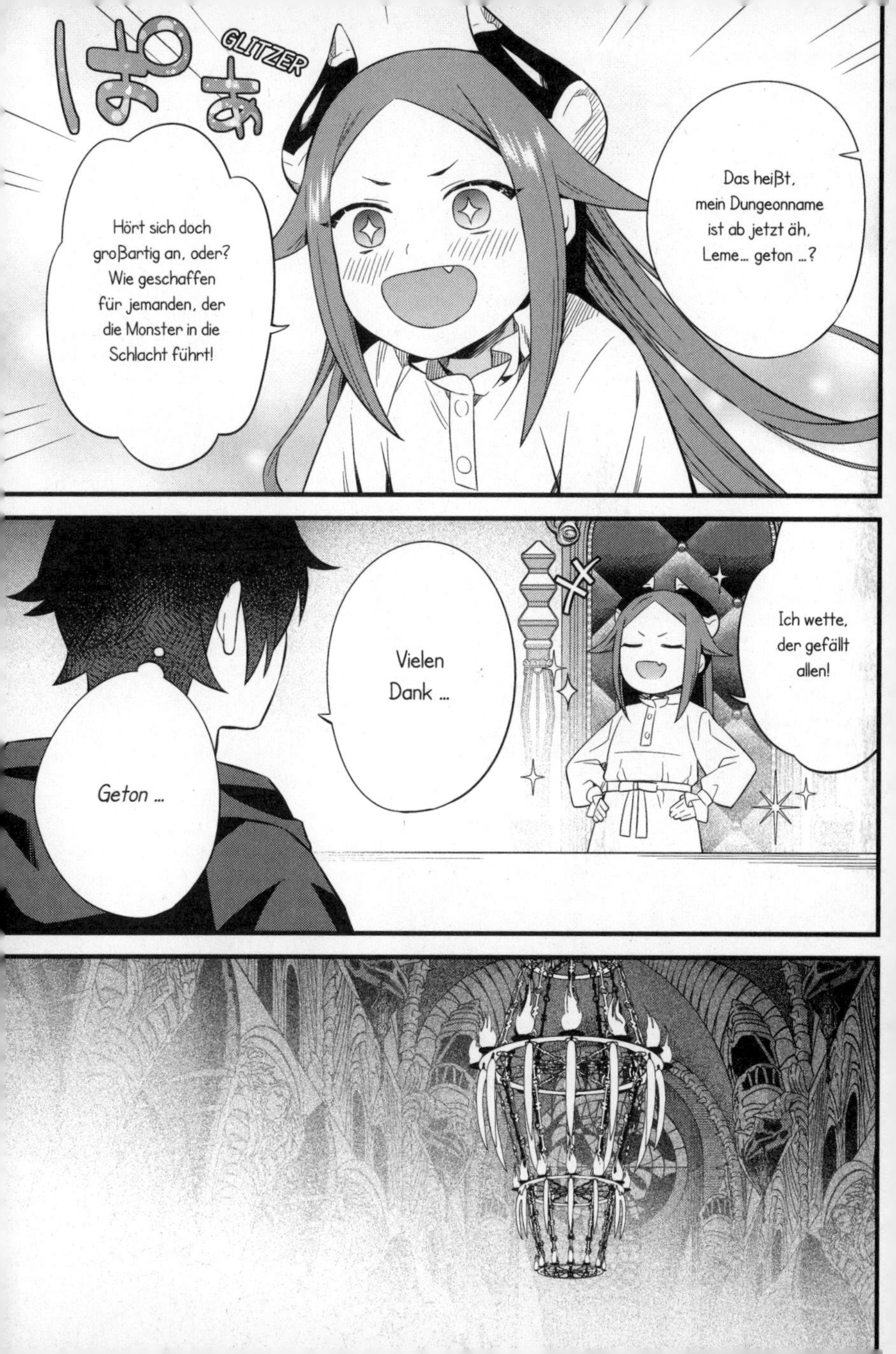

Das heißt, mein Dungeonname ist ab jetzt äh, Leme... geton ...?
ぱぁ
GLITZER
Hört sich doch großartig an, oder? Wie geschaffen für jemanden, der die Monster in die Schlacht führt!
Ich wette, der gefällt allen!
Vielen Dank ...
Geton ...

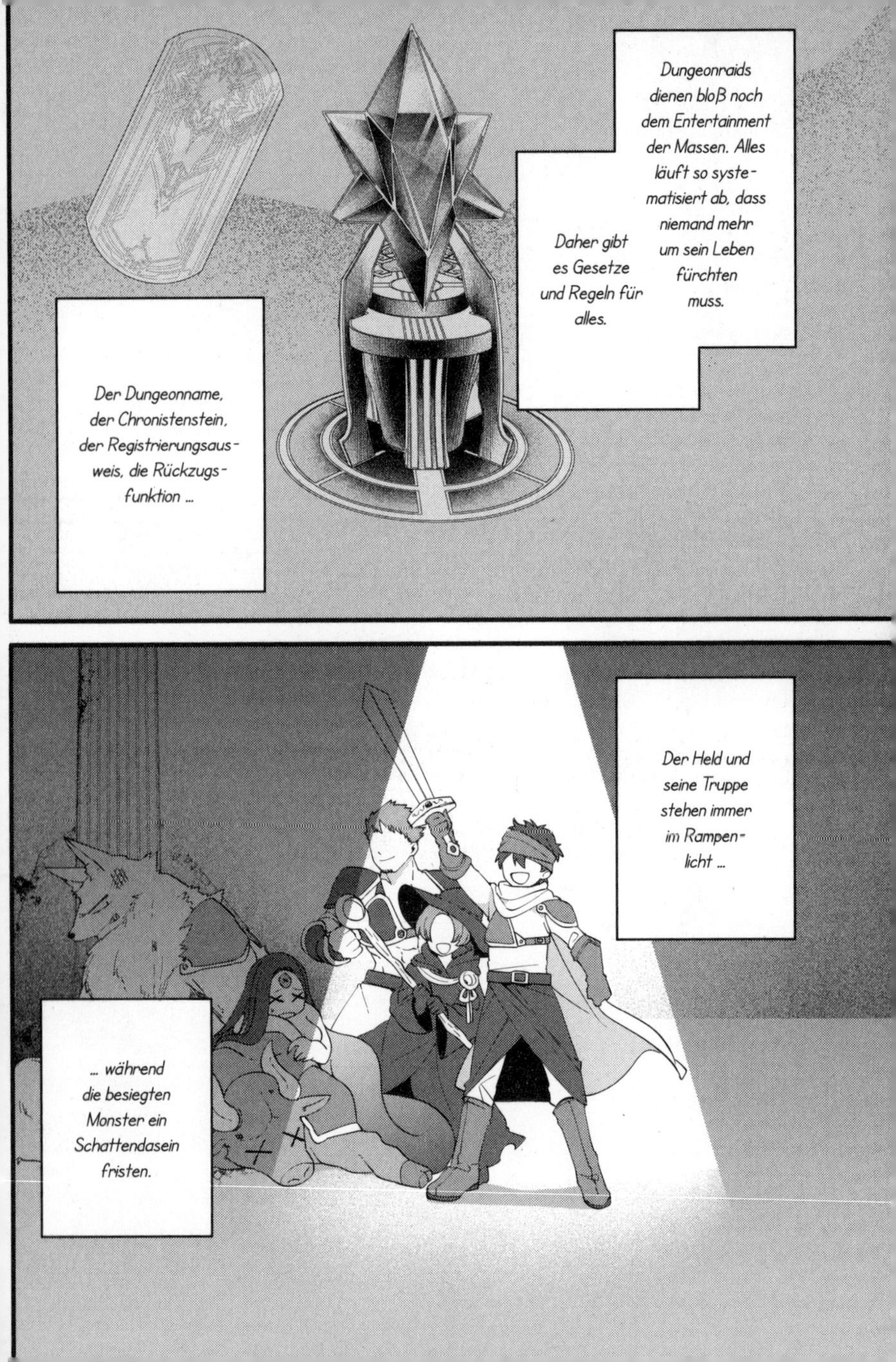
Dungeonraids dienen bloß noch dem Entertainment der Massen. Alles läuft so systematisiert ab, dass niemand mehr um sein Leben fürchten muss.
Daher gibt es Gesetze und Regeln für alles.
Der Dungeonname, der Chronistenstein, der Registrierungsausweis, die Rückzugsfunktion …
Der Held und seine Truppe stehen immer im Rampenlicht …
… während die besiegten Monster ein Schattendasein fristen.

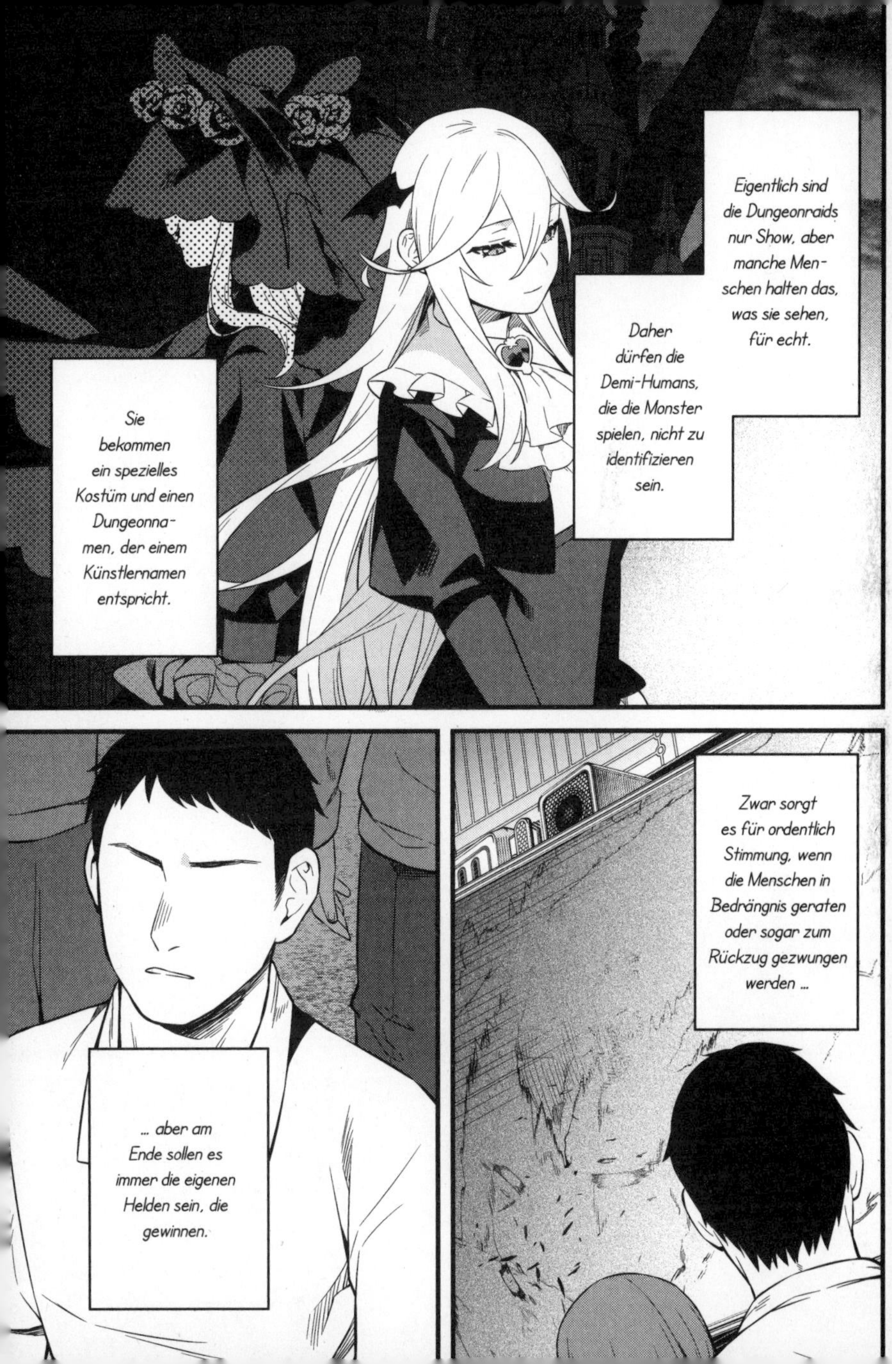
Eigentlich sind die Dungeonraids nur Show, aber manche Menschen halten das, was sie sehen, für echt.
Daher dürfen die Demi-Humans, die die Monster spielen, nicht zu identifizieren sein.
Sie bekommen ein spezielles Kostüm und einen Dungeonnamen, der einem Künstlernamen entspricht.
Zwar sorgt es für ordentlich Stimmung, wenn die Menschen in Bedrängnis geraten oder sogar zum Rückzug gezwungen werden ...
... aber am Ende sollen es immer die eigenen Helden sein, die gewinnen.

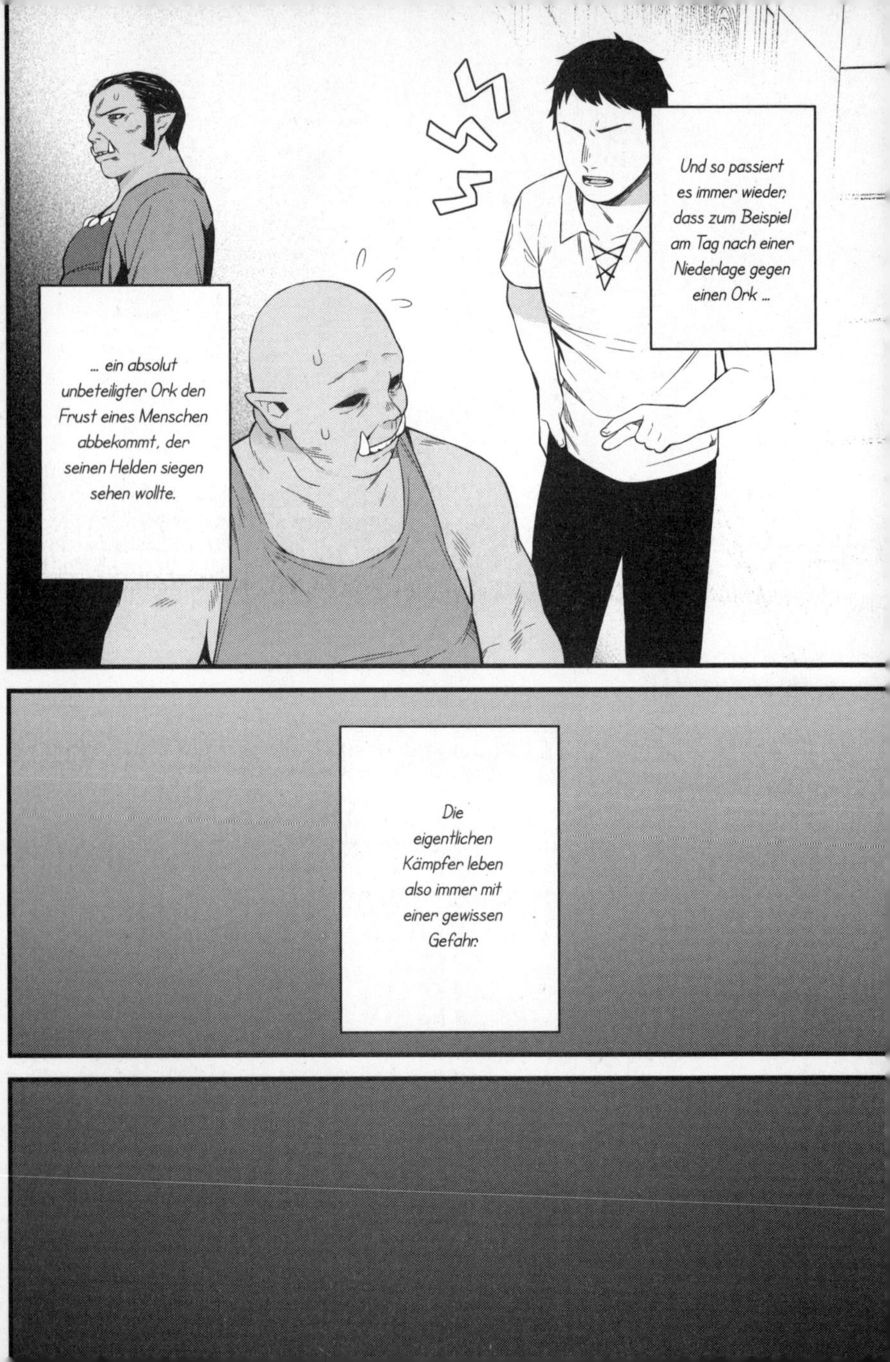
Und so passiert es immer wieder, dass zum Beispiel am Tag nach einer Niederlage gegen einen Ork ...
... ein absolut unbeteiligter Ork den Frust eines Menschen abbekommt, der seinen Helden siegen sehen wollte.
Die eigentlichen Kämpfer leben also immer mit einer gewissen Gefahr.

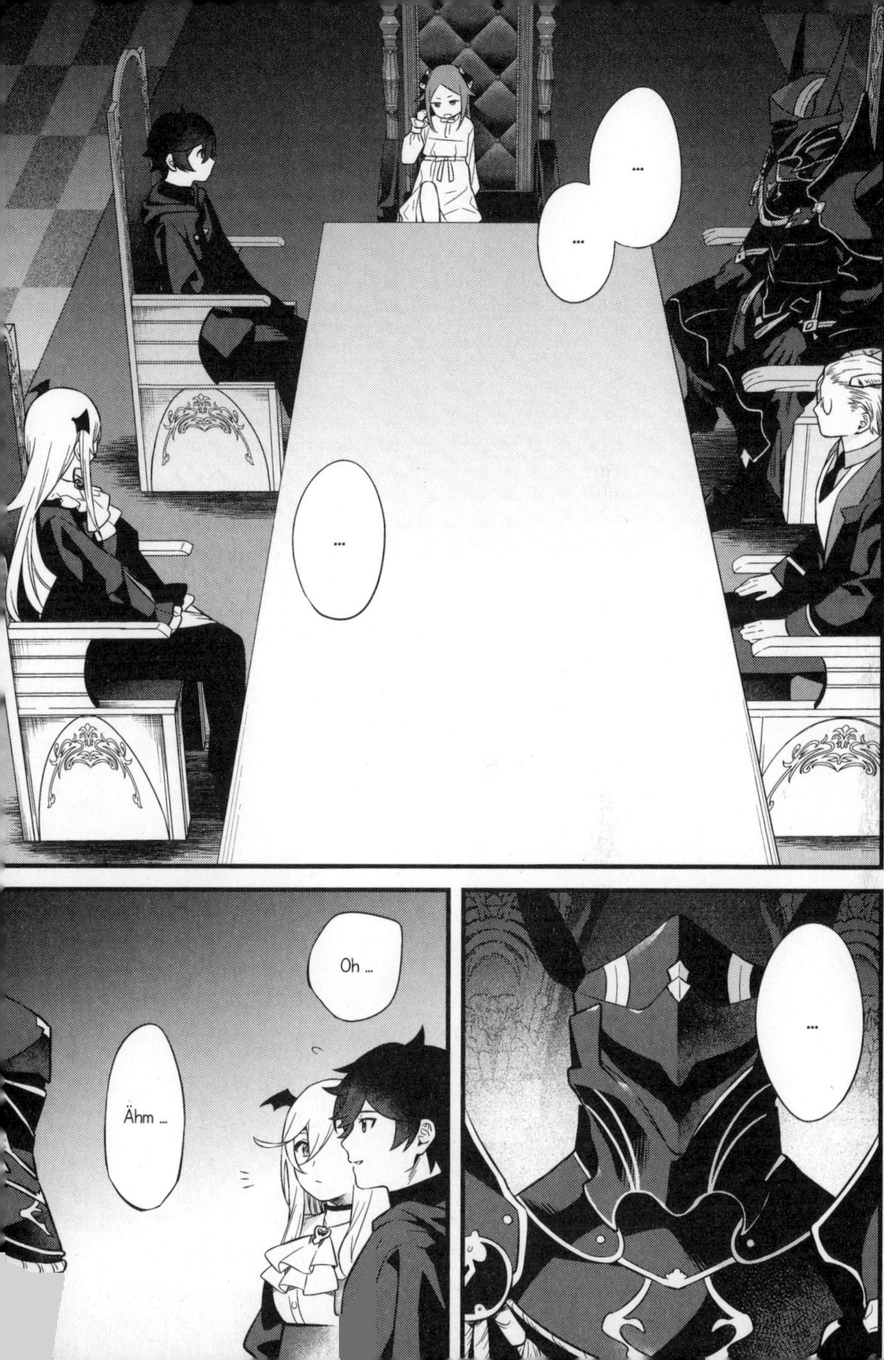
…
…
…
…
Oh …
Ähm …

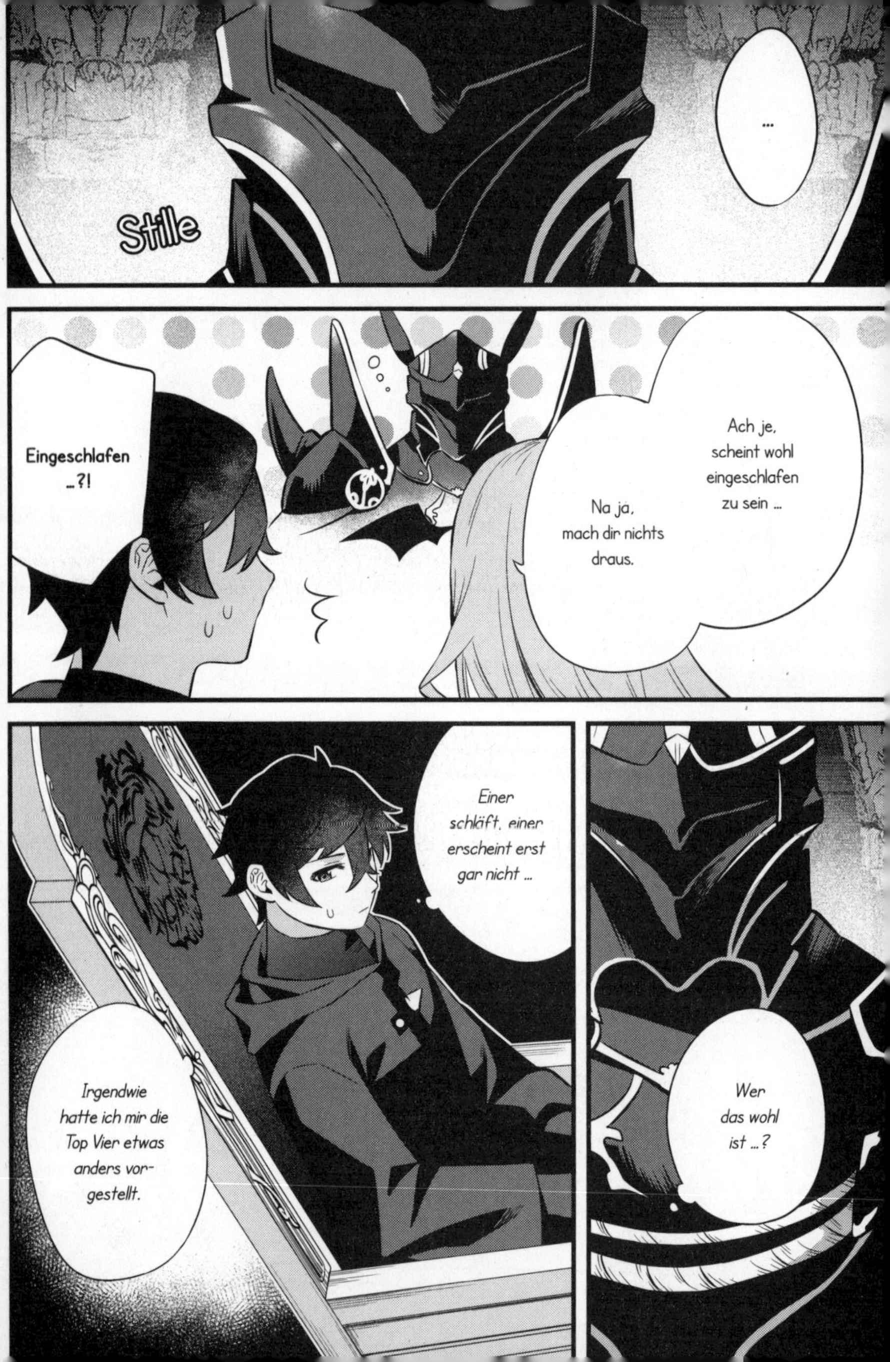
…
Stille
Ach je, scheint wohl eingeschlafen zu sein …
Na ja, mach dir nichts draus.
Eingeschlafen …?!
Wer das wohl ist …?
Einer schläft, einer erscheint erst gar nicht …
Irgendwie hatte ich mir die Top Vier etwas anders vorgestellt.

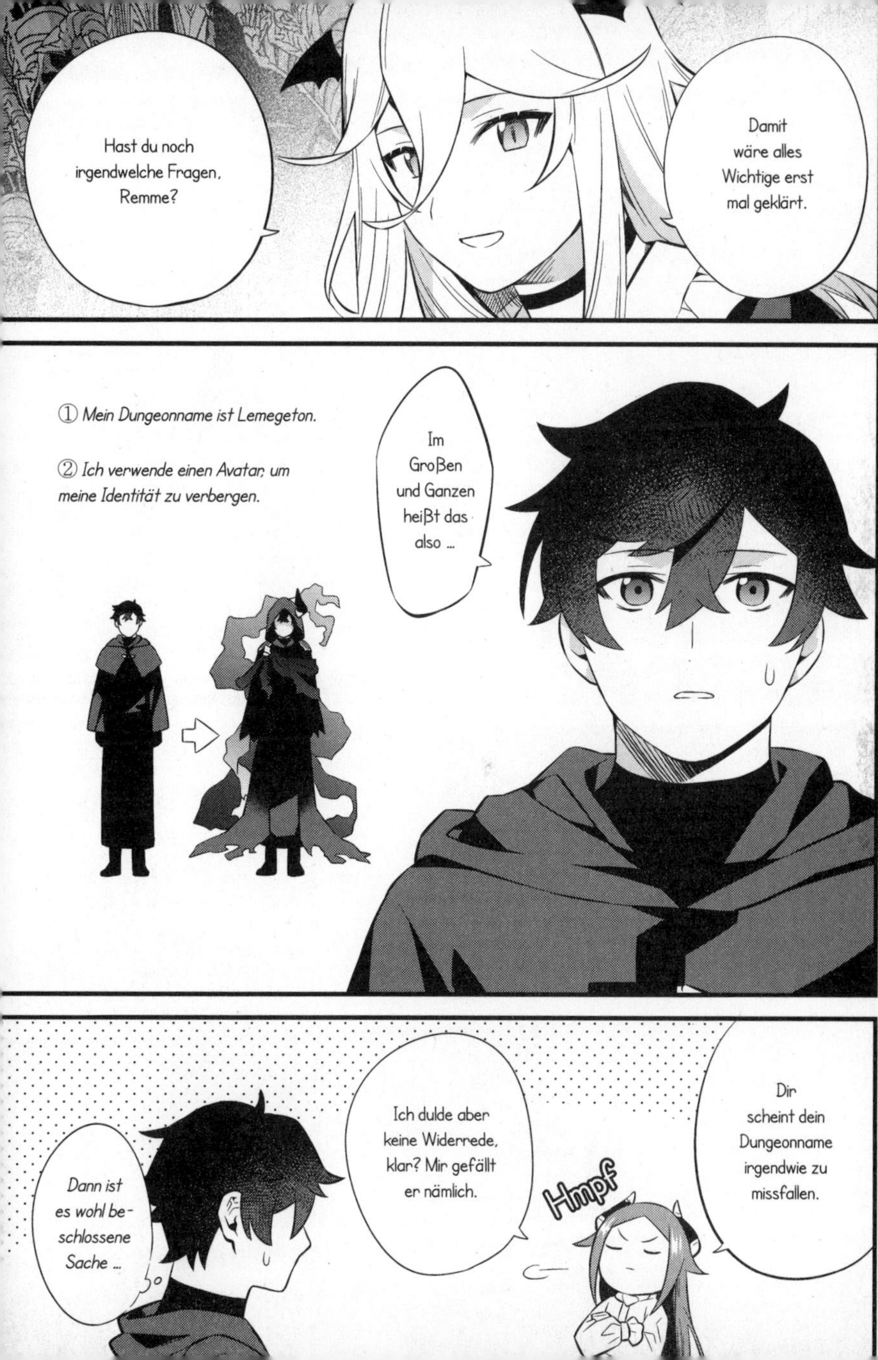
Damit wäre alles Wichtige erst mal geklärt.
Hast du noch irgendwelche Fragen, Remme?
Im Großen und Ganzen heißt das also ...
① Mein Dungeonname ist Lemegeton.
② Ich verwende einen Avatar, um meine Identität zu verbergen.
Dir scheint dein Dungeonname irgendwie zu missfallen.
Hmpf
Ich dulde aber keine Widerrede, klar? Mir gefällt er nämlich.
Dann ist es wohl beschlossene Sache ...

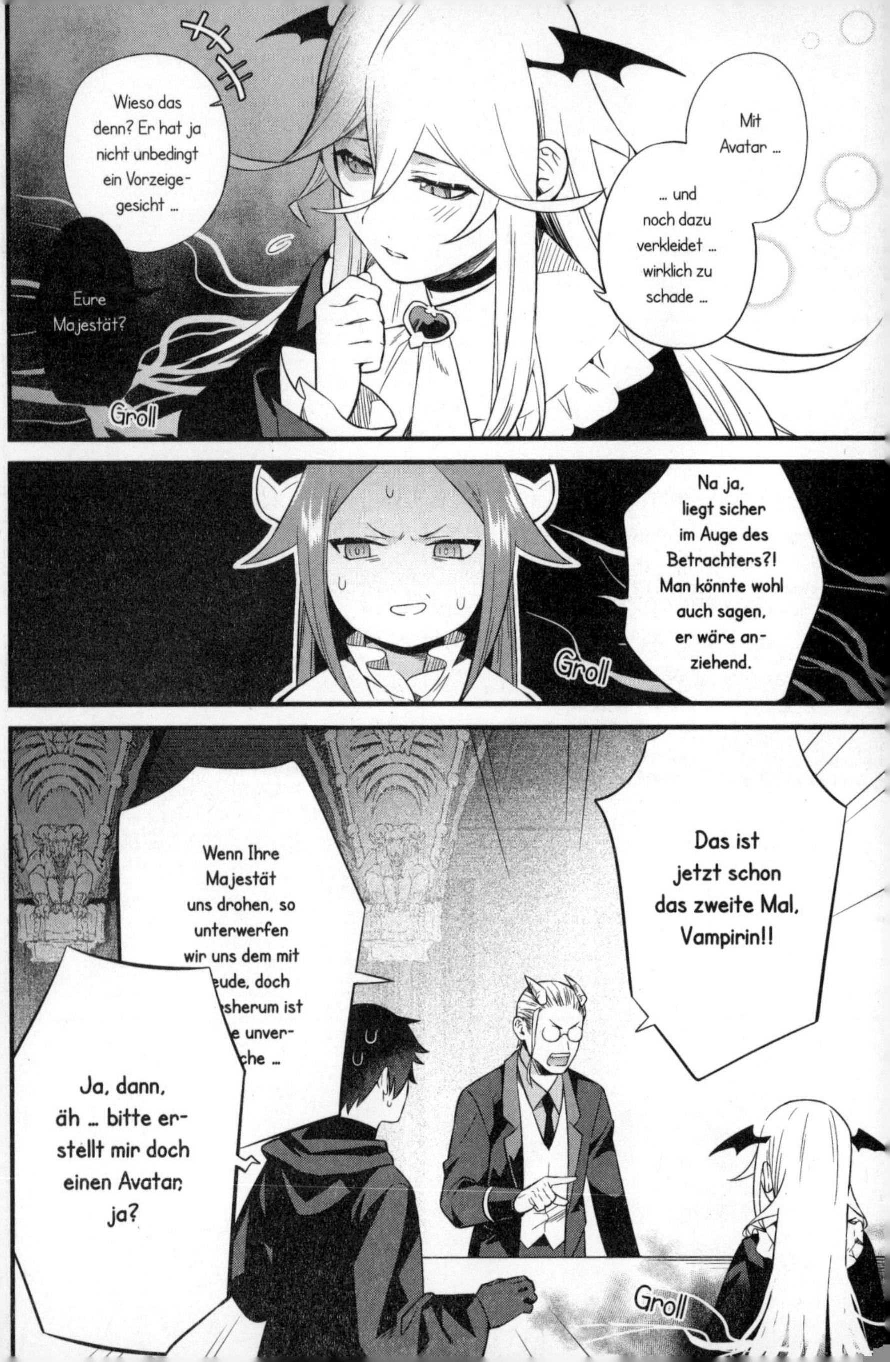

Mit Avatar …
… und noch dazu verkleidet … wirklich zu schade …
Wieso das denn? Er hat ja nicht unbedingt ein Vorzeige-gesicht …
Eure Majestät?
Groll
Na ja, liegt sicher im Auge des Betrachters?! Man könnte wohl auch sagen, er wäre an-ziehend.
Groll
Das ist jetzt schon das zweite Mal, Vampirin!!
Wenn Ihre Majestät uns drohen, so unterwerfen wir uns dem mit
eude, doch
esherum ist
e unver-
che …
Ja, dann, äh … bitte er-stellt mir doch einen Avatar, ja?
Groll

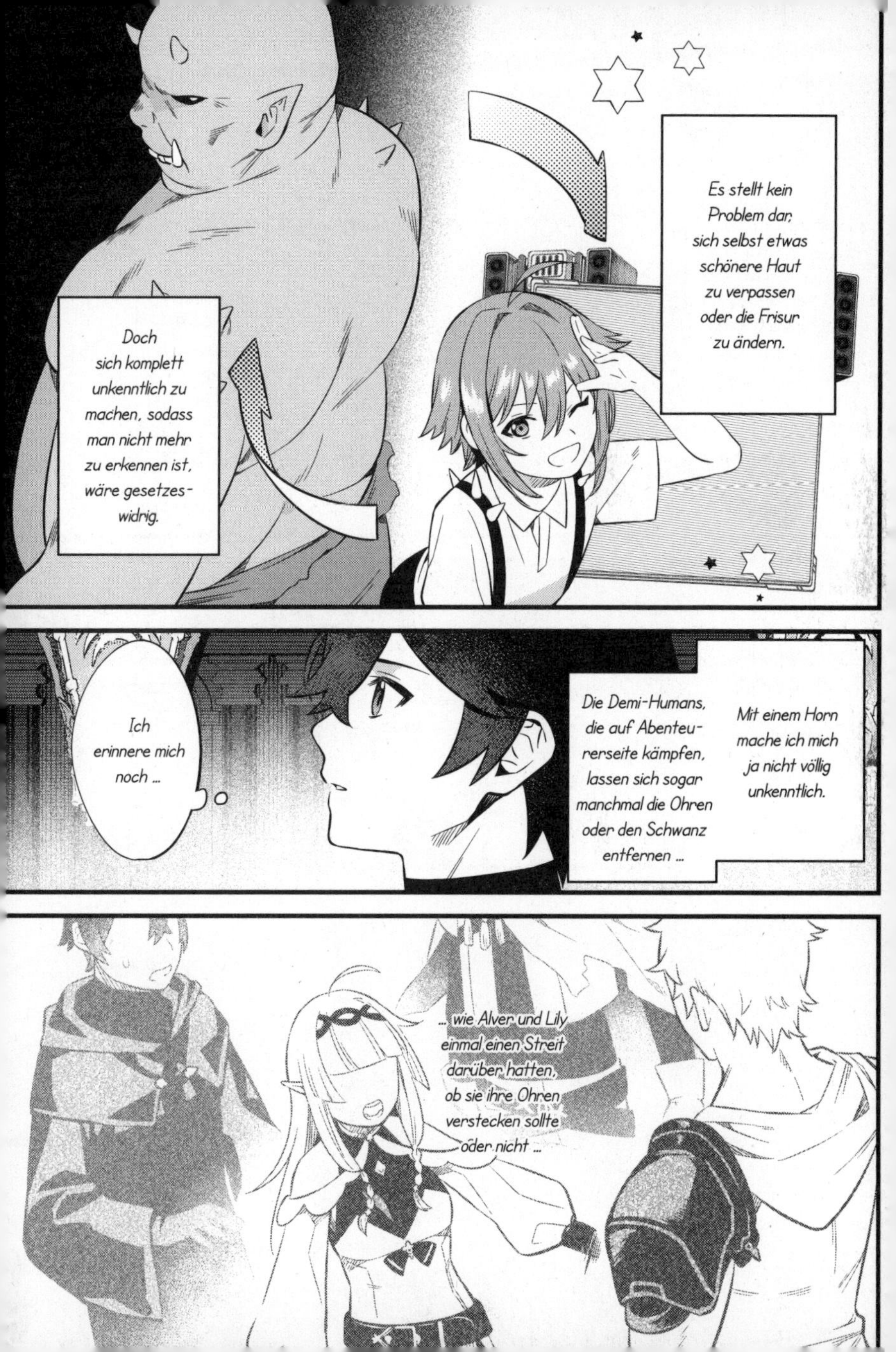
Es stellt kein Problem dar, sich selbst etwas schönere Haut zu verpassen oder die Frisur zu ändern.
Doch sich komplett unkenntlich zu machen, sodass man nicht mehr zu erkennen ist, wäre gesetzes-widrig.
Mit einem Horn mache ich mich ja nicht völlig unkenntlich.
Die Demi-Humans, die auf Abenteu-rerseite kämpfen, lassen sich sogar manchmal die Ohren oder den Schwanz entfernen ...
Ich erinnere mich noch ...
... wie Alver und Lily einmal einen Streit darüber hatten, ob sie ihre Ohren verstecken sollte oder nicht ...

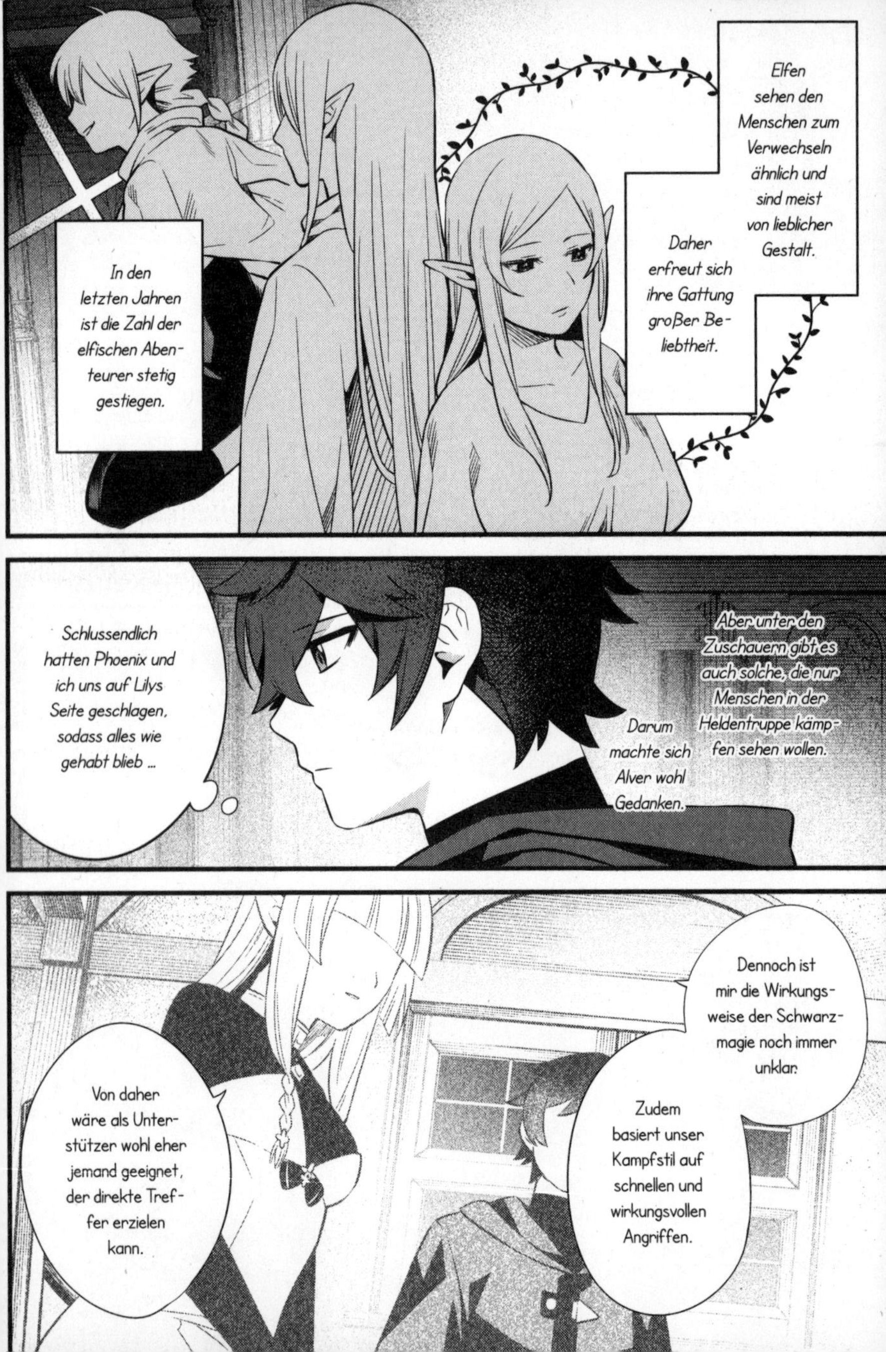

Elfen sehen den Menschen zum Verwechseln ähnlich und sind meist von lieblicher Gestalt.
Daher erfreut sich ihre Gattung großer Beliebtheit.
In den letzten Jahren ist die Zahl der elfischen Abenteurer stetig gestiegen.
Aber unter den Zuschauern gibt es auch solche, die nur Menschen in der Heldentruppe kämpfen sehen wollen.
Darum machte sich Alver wohl Gedanken.
Schlussendlich hatten Phoenix und ich uns auf Lilys Seite geschlagen, sodass alles wie gehabt blieb …
Dennoch ist mir die Wirkungsweise der Schwarzmagie noch immer unklar.
Zudem basiert unser Kampfstil auf schnellen und wirkungsvollen Angriffen.
Von daher wäre als Unterstützer wohl eher jemand geeignet, der direkte Treffer erzielen kann.

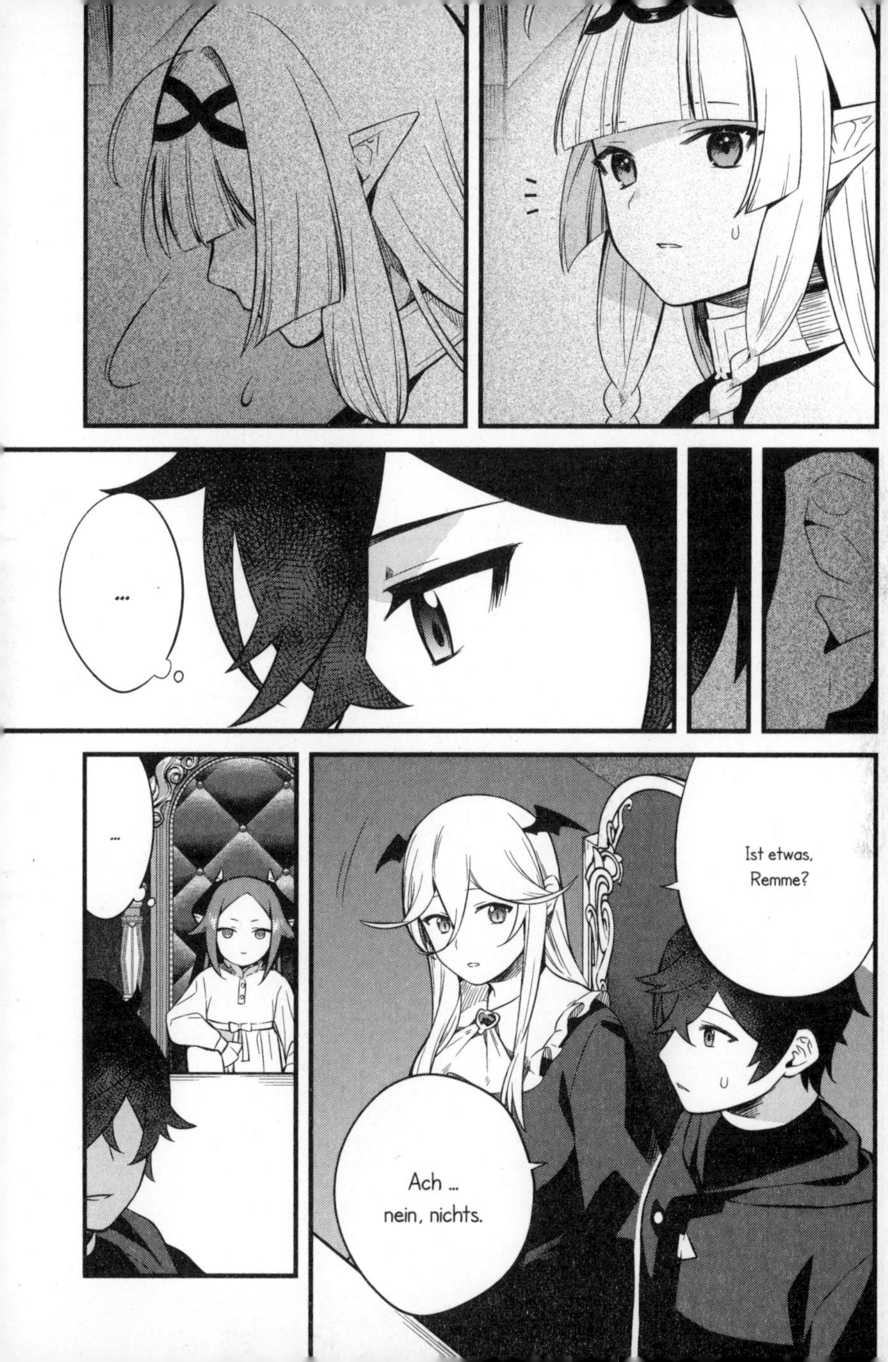
...
Ist etwas, Remme?
Ach ... nein, nichts.
...

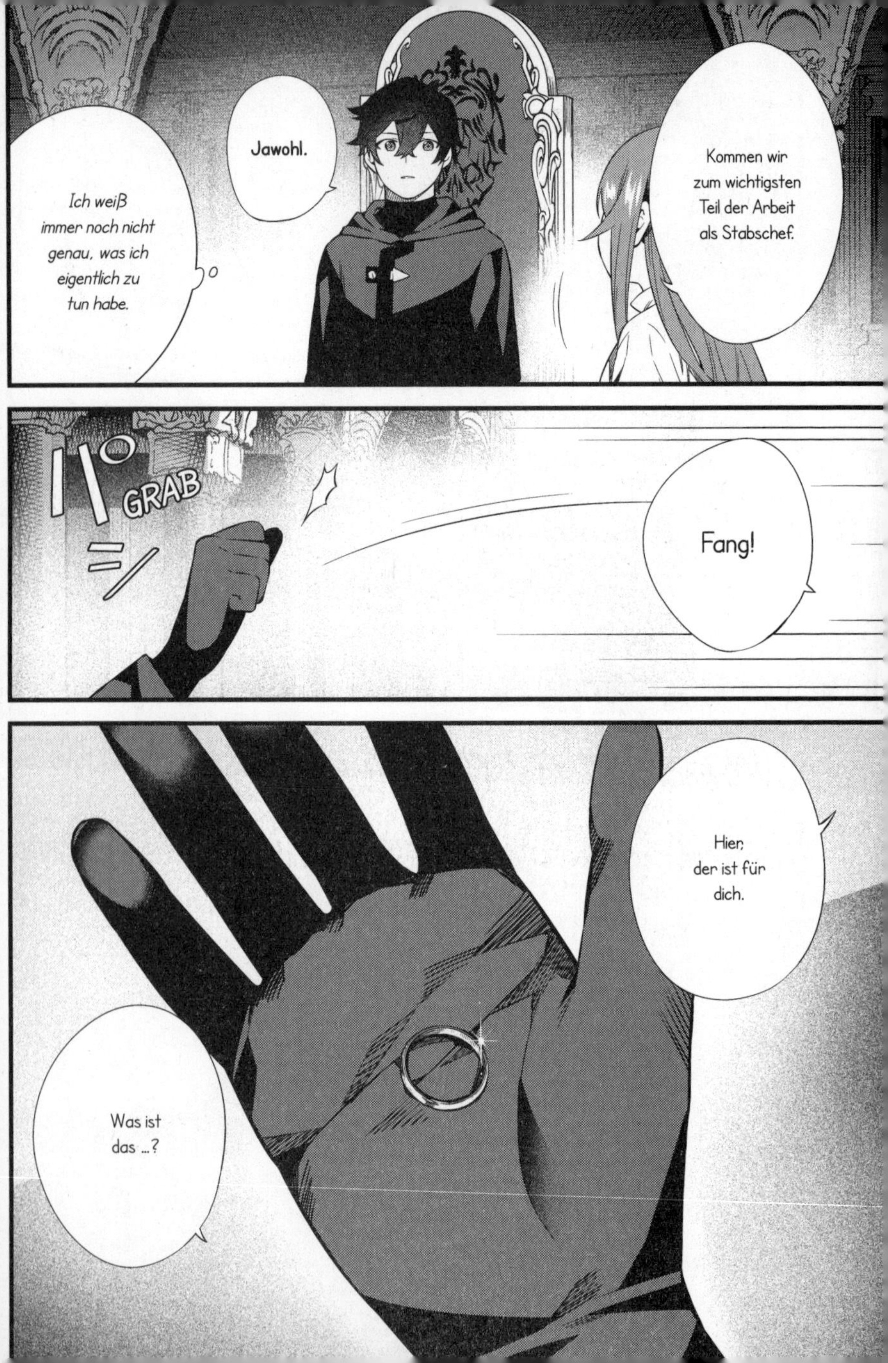
Kommen wir zum wichtigsten Teil der Arbeit als Stabschef.
Jawohl.
Ich weiß immer noch nicht genau, was ich eigentlich zu tun habe.
Fang!
GRAB
Hier, der ist für dich.
Was ist das ...?

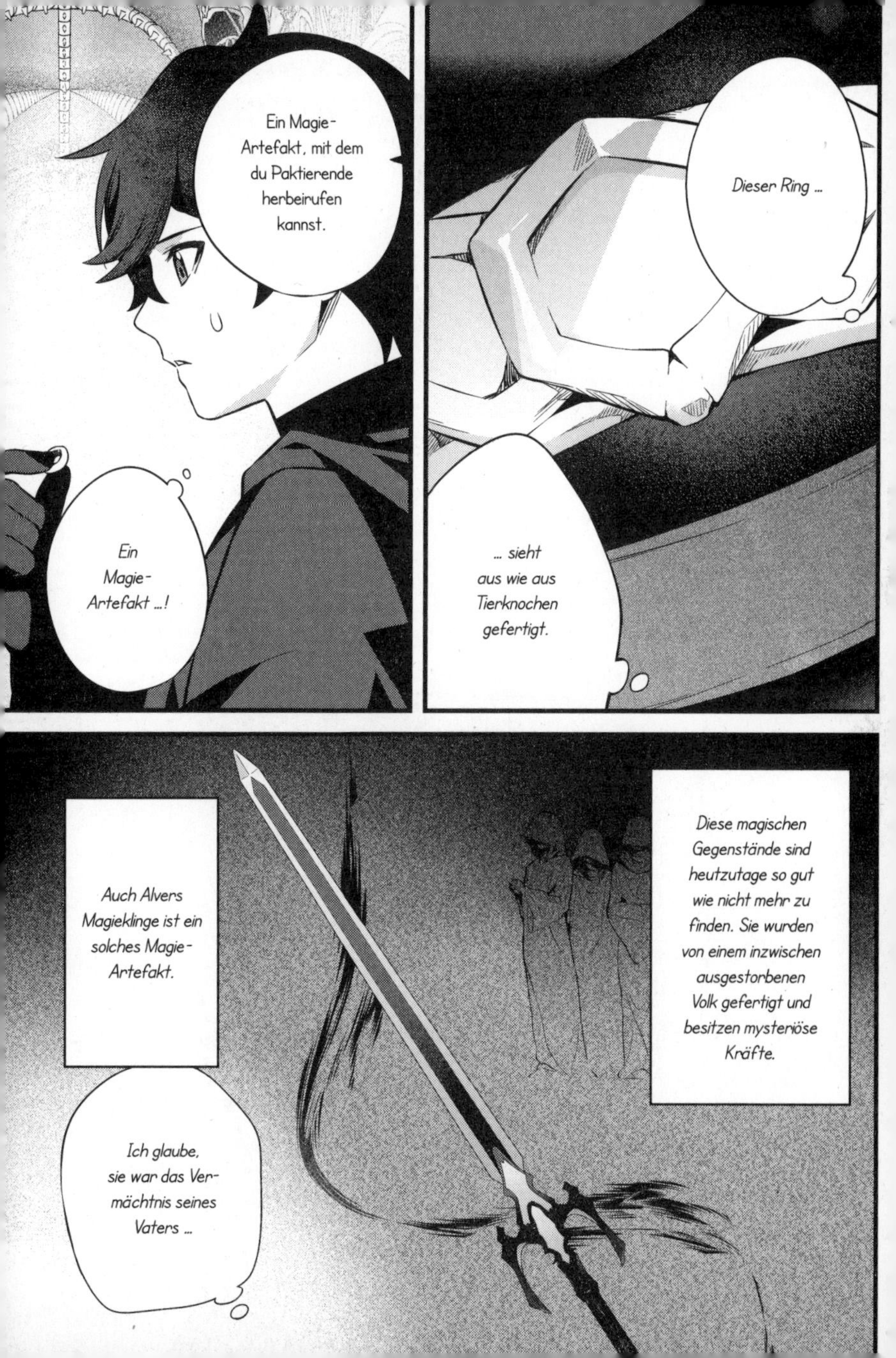
Ein Magie-Artefakt, mit dem du Paktierende herbeirufen kannst.
Ein Magie-Artefakt ...!
Dieser Ring ...
... sieht aus wie aus Tierknochen gefertigt.
Auch Alvers Magieklinge ist ein solches Magie-Artefakt.
Diese magischen Gegenstände sind heutzutage so gut wie nicht mehr zu finden. Sie wurden von einem inzwischen ausgestorbenen Volk gefertigt und besitzen mysteriöse Kräfte.
Ich glaube, sie war das Vermächtnis seines Vaters ...

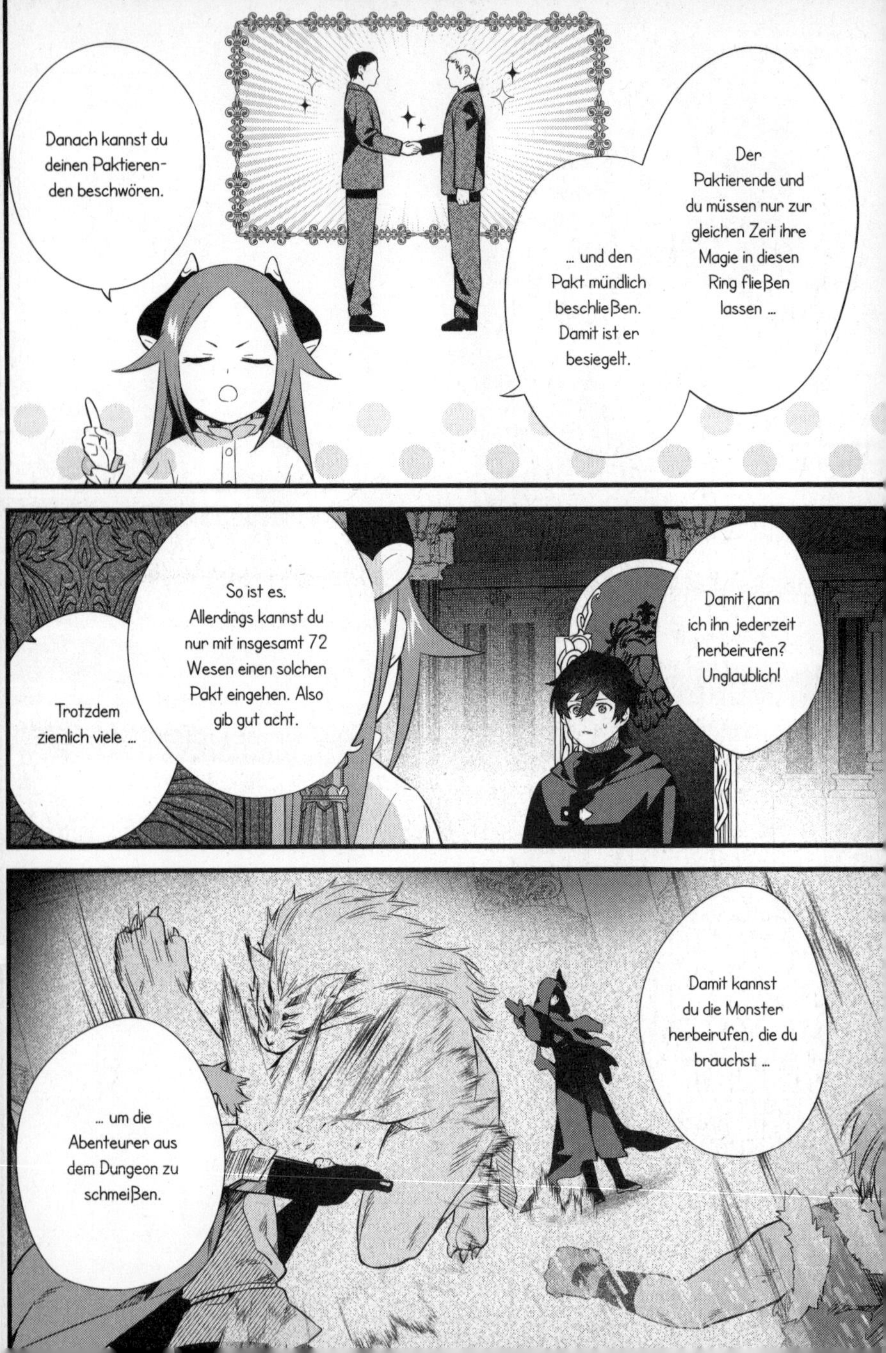
Der Paktierende und du müssen nur zur gleichen Zeit ihre Magie in diesen Ring fließen lassen ...
... und den Pakt mündlich beschließen. Damit ist er besiegelt.
Danach kannst du deinen Paktierenden beschwören.
Damit kann ich ihn jederzeit herbeirufen? Unglaublich!
So ist es. Allerdings kannst du nur mit insgesamt 72 Wesen einen solchen Pakt eingehen. Also gib gut acht.
Trotzdem ziemlich viele ...
Damit kannst du die Monster herbeirufen, die du brauchst ...
... um die Abenteurer aus dem Dungeon zu schmeißen.

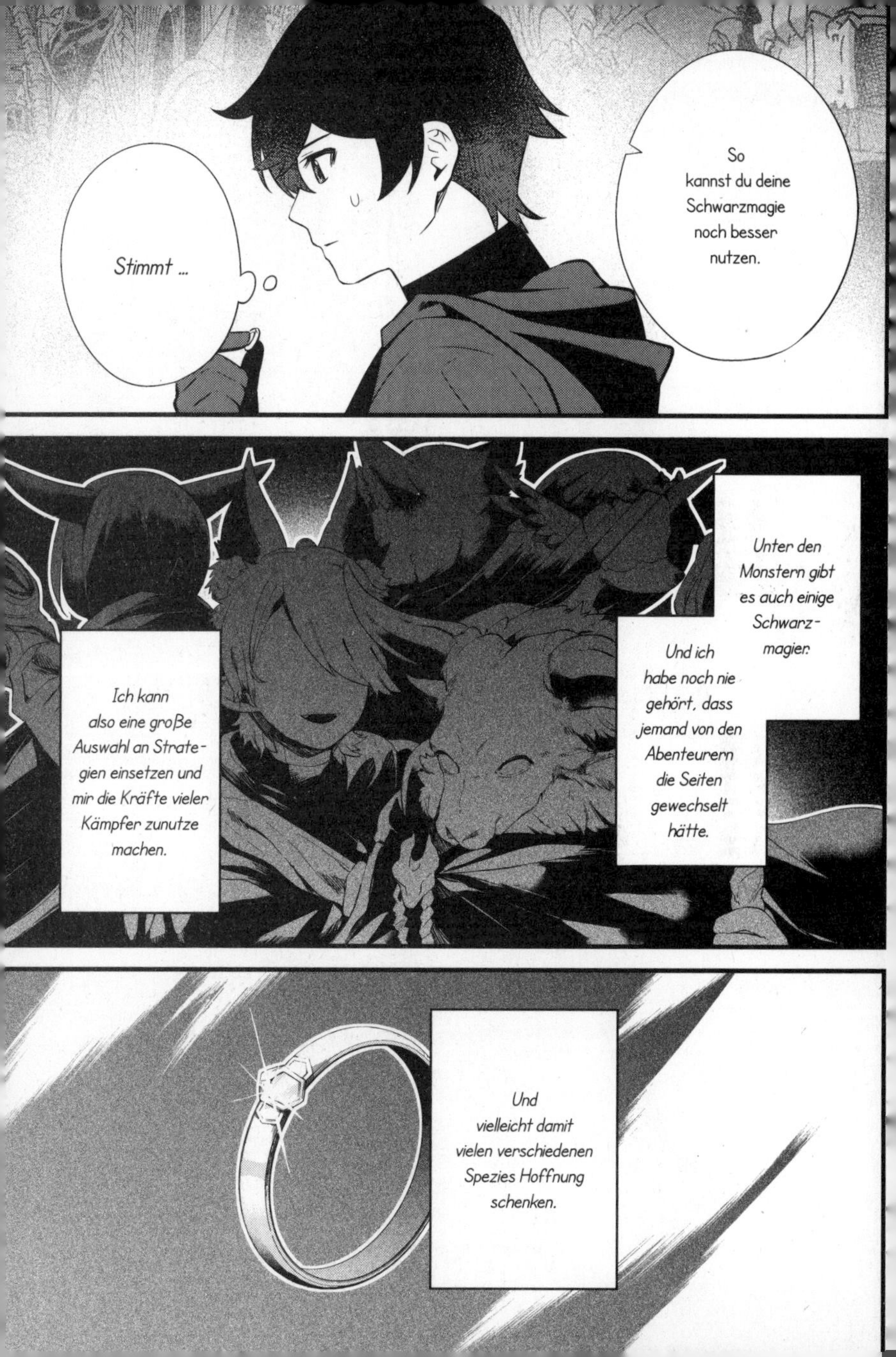
So kannst du deine Schwarzmagie noch besser nutzen.
Stimmt ...
Unter den Monstern gibt es auch einige Schwarzmagier.
Und ich habe noch nie gehört, dass jemand von den Abenteurern die Seiten gewechselt hätte.
Ich kann also eine große Auswahl an Strategien einsetzen und mir die Kräfte vieler Kämpfer zunutze machen.
Und vielleicht damit vielen verschiedenen Spezies Hoffnung schenken.

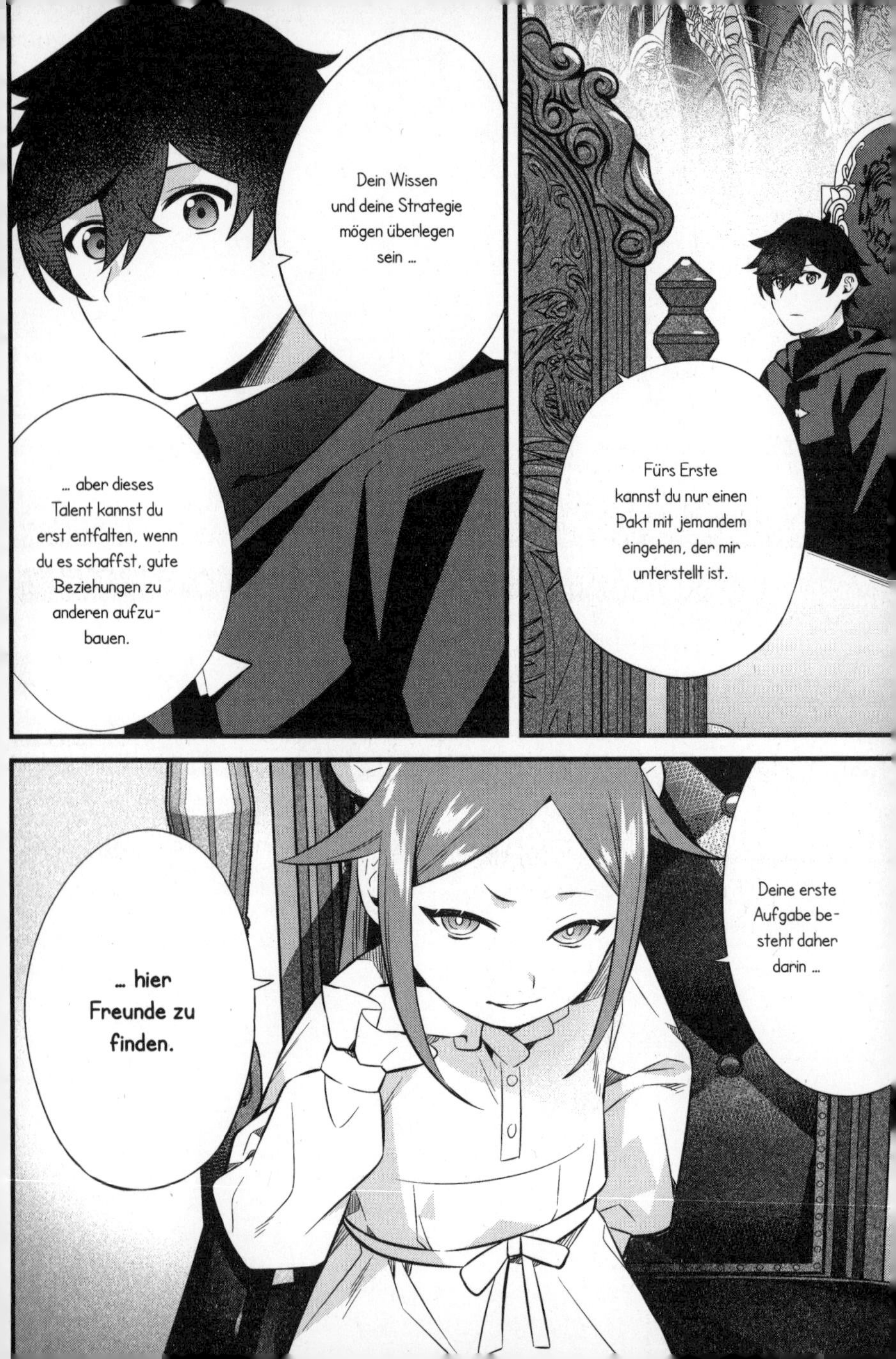

Fürs Erste kannst du nur einen Pakt mit jemandem eingehen, der mir unterstellt ist.
Dein Wissen und deine Strategie mögen überlegen sein ...
... aber dieses Talent kannst du erst entfalten, wenn du es schaffst, gute Beziehungen zu anderen aufzu-bauen.
Deine erste Aufgabe be-steht daher darin ...
... hier Freunde zu finden.

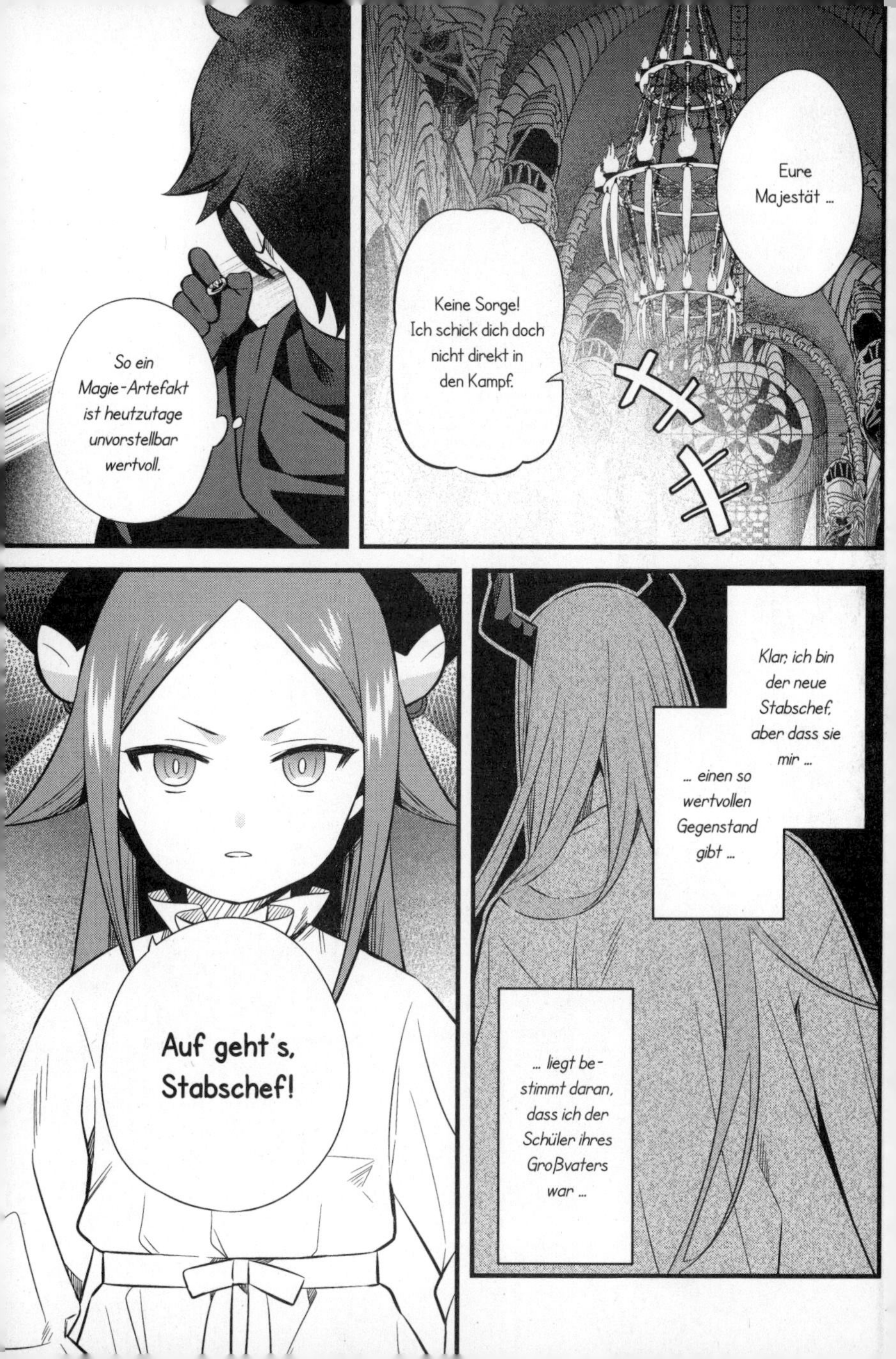
Eure Majestät ...
Keine Sorge! Ich schick dich doch nicht direkt in den Kampf.
So ein Magie-Artefakt ist heutzutage unvorstellbar wertvoll.
Klar, ich bin der neue Stabschef, aber dass sie mir ...
... einen so wertvollen Gegenstand gibt ...
... liegt be- stimmt daran, dass ich der Schüler ihres Großvaters war ...
Auf geht's, Stabschef!

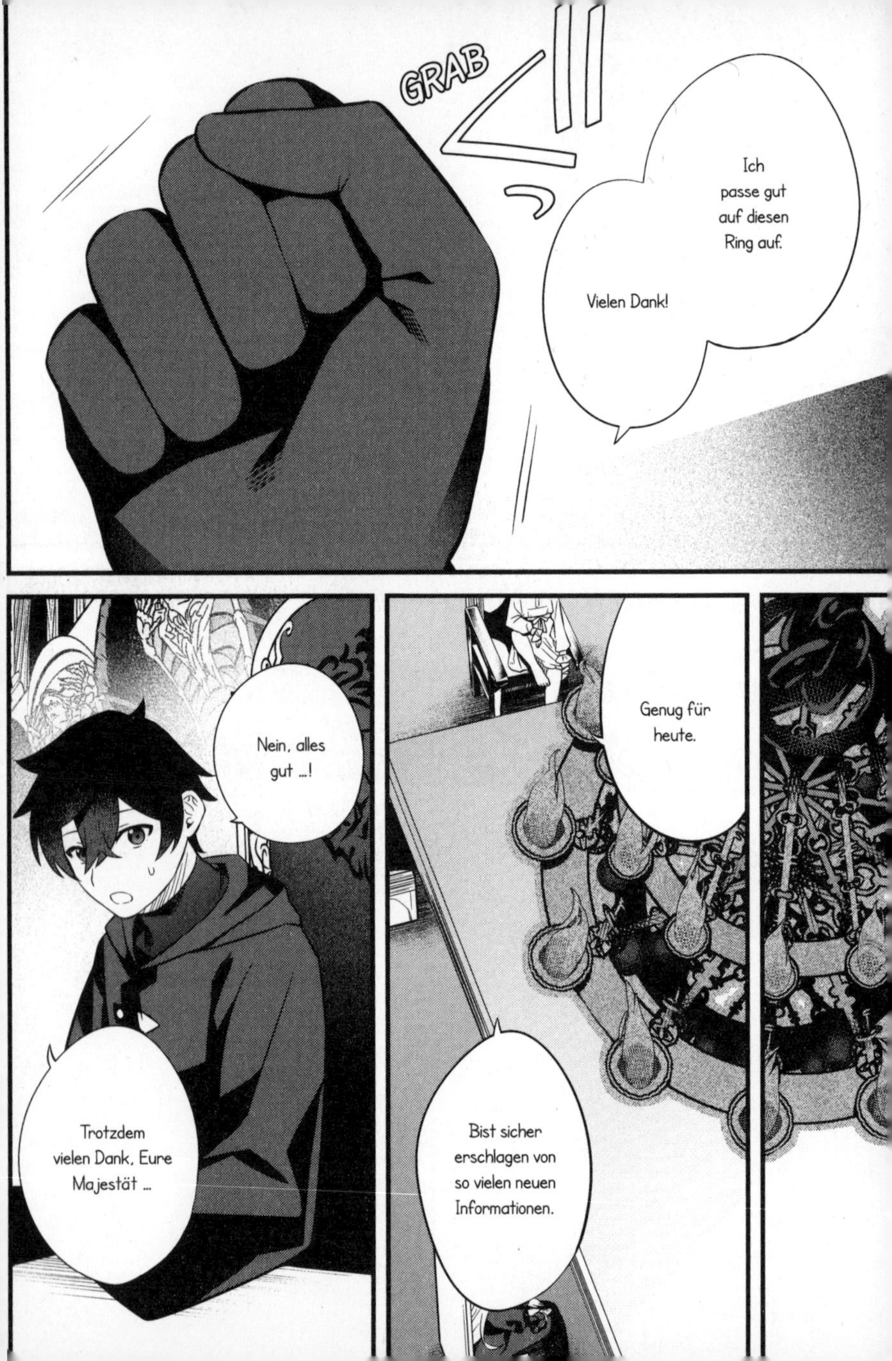
GRAB
Ich passe gut auf diesen Ring auf.
Vielen Dank!
Genug für heute.
Bist sicher erschlagen von so vielen neuen Informationen.
Nein, alles gut ...!
Trotzdem vielen Dank, Eure Majestät ...

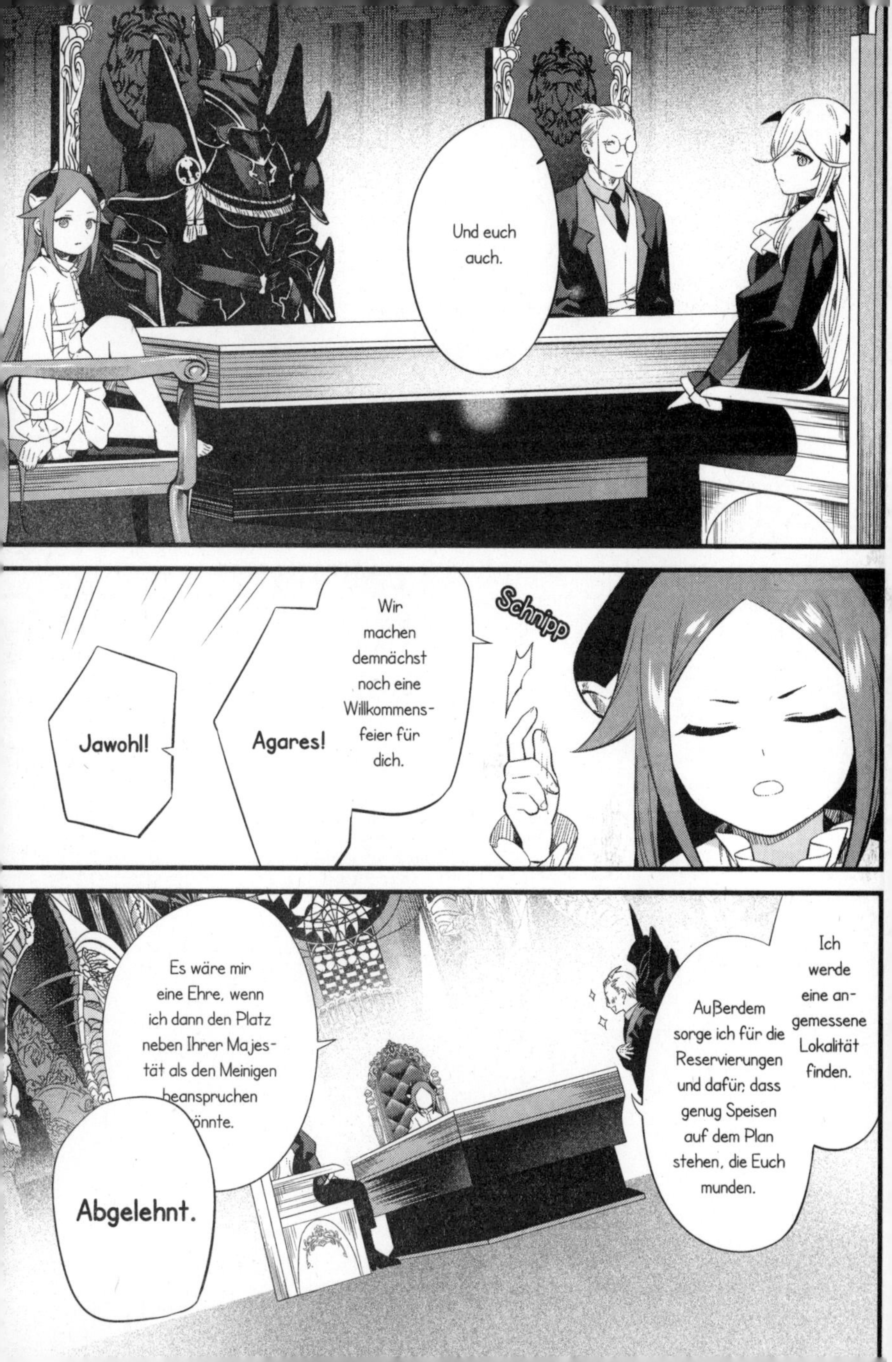
Und euch auch.
Schnipp
Wir machen demnächst noch eine Willkommens-feier für dich.
Agares!
Jawohl!
Ich werde eine an-gemessene Lokalität finden.
Außerdem sorge ich für die Reservierungen und dafür, dass genug Speisen auf dem Plan stehen, die Euch munden.
Es wäre mir eine Ehre, wenn ich dann den Platz neben Ihrer Majes-tät als den Meinigen beanspruchen önnte.
Abgelehnt.

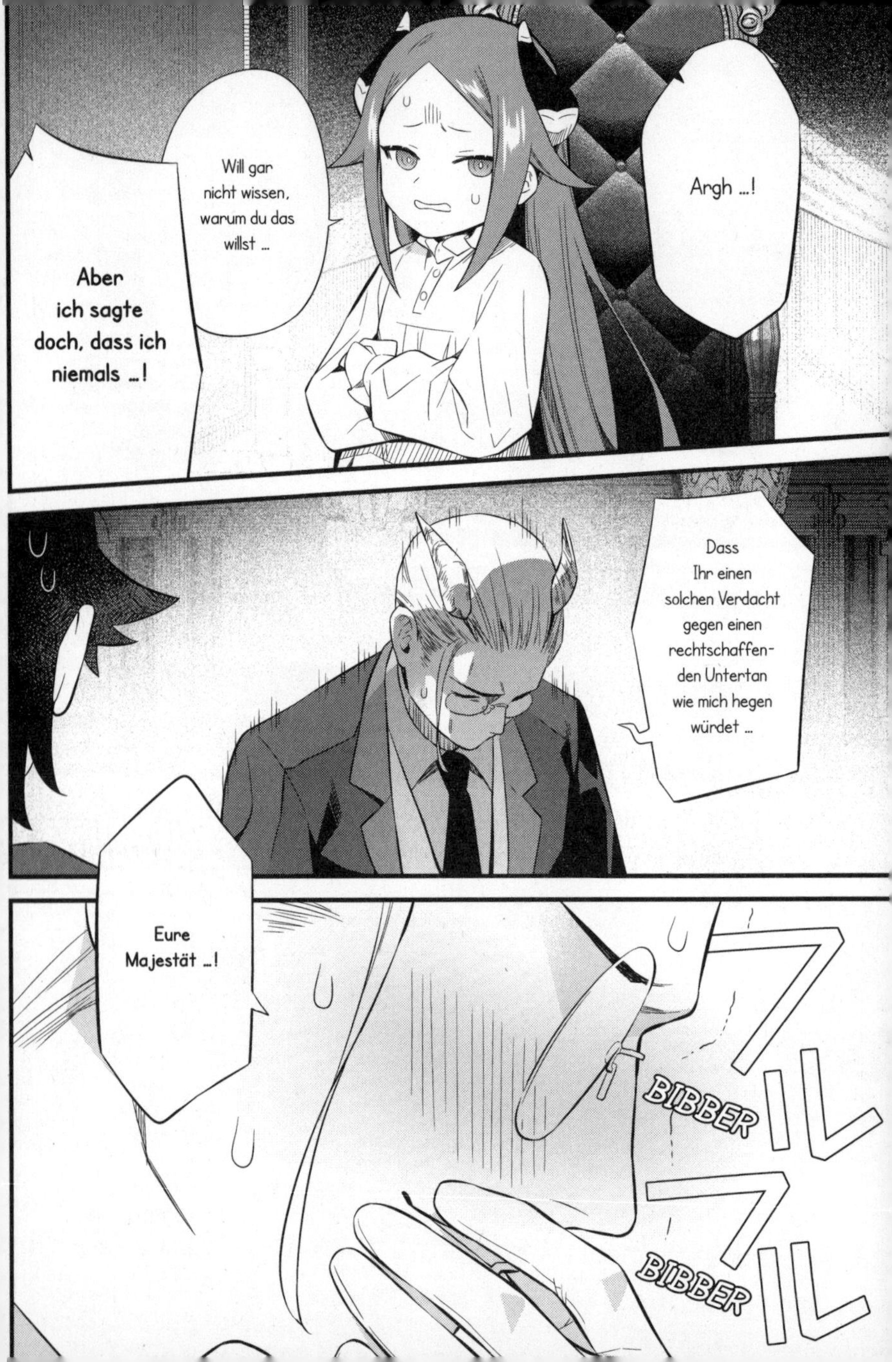
Argh ...!
Will gar nicht wissen, warum du das willst ...
Aber ich sagte doch, dass ich niemals ...!
Dass Ihr einen solchen Verdacht gegen einen rechtschaffen-den Untertan wie mich hegen würdet ...
Eure Majestät ...!
BIBBER
BIBBER

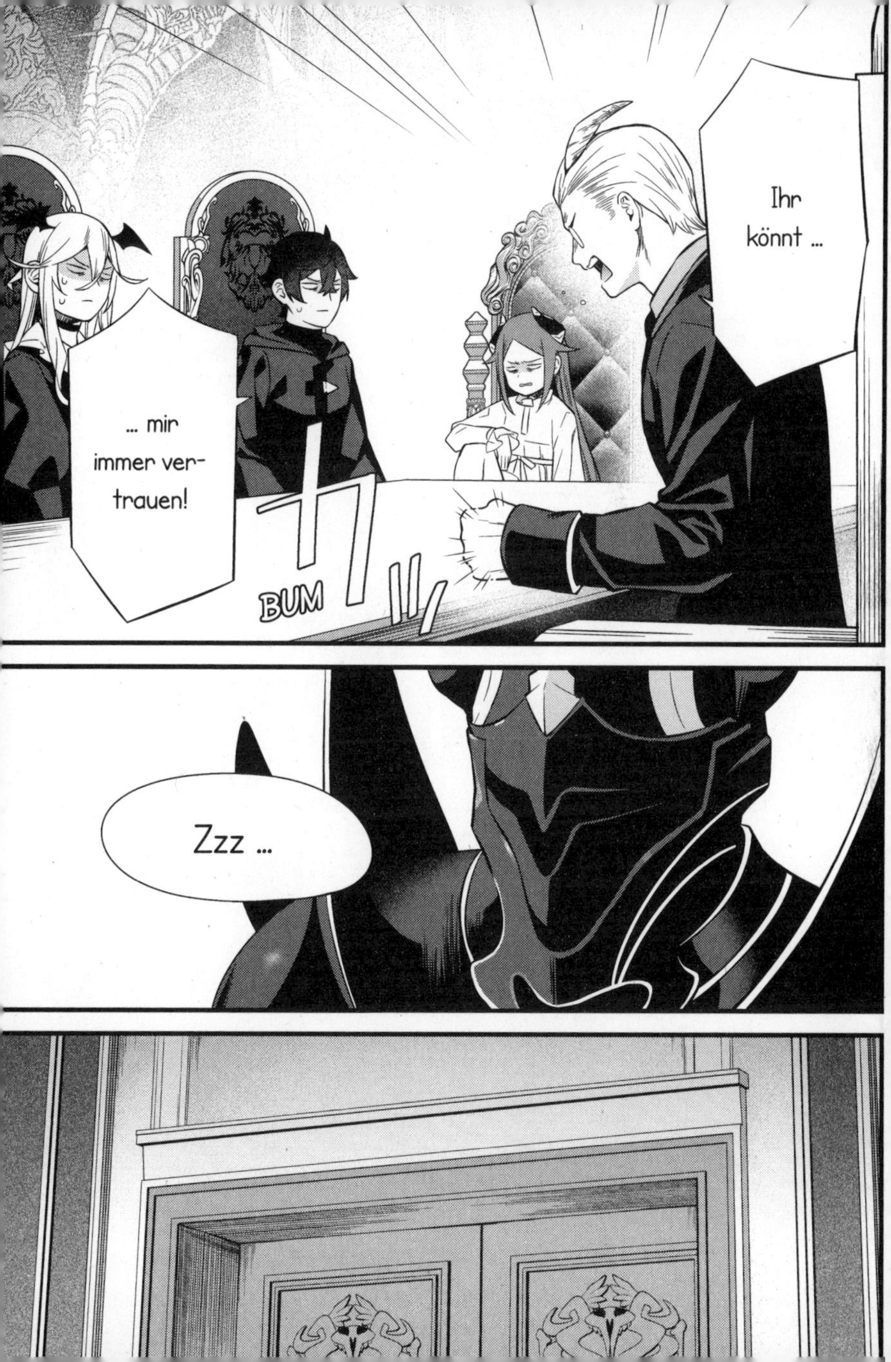
Ihr könnt ...
... mir immer ver-trauen!
BUM
Zzz ...

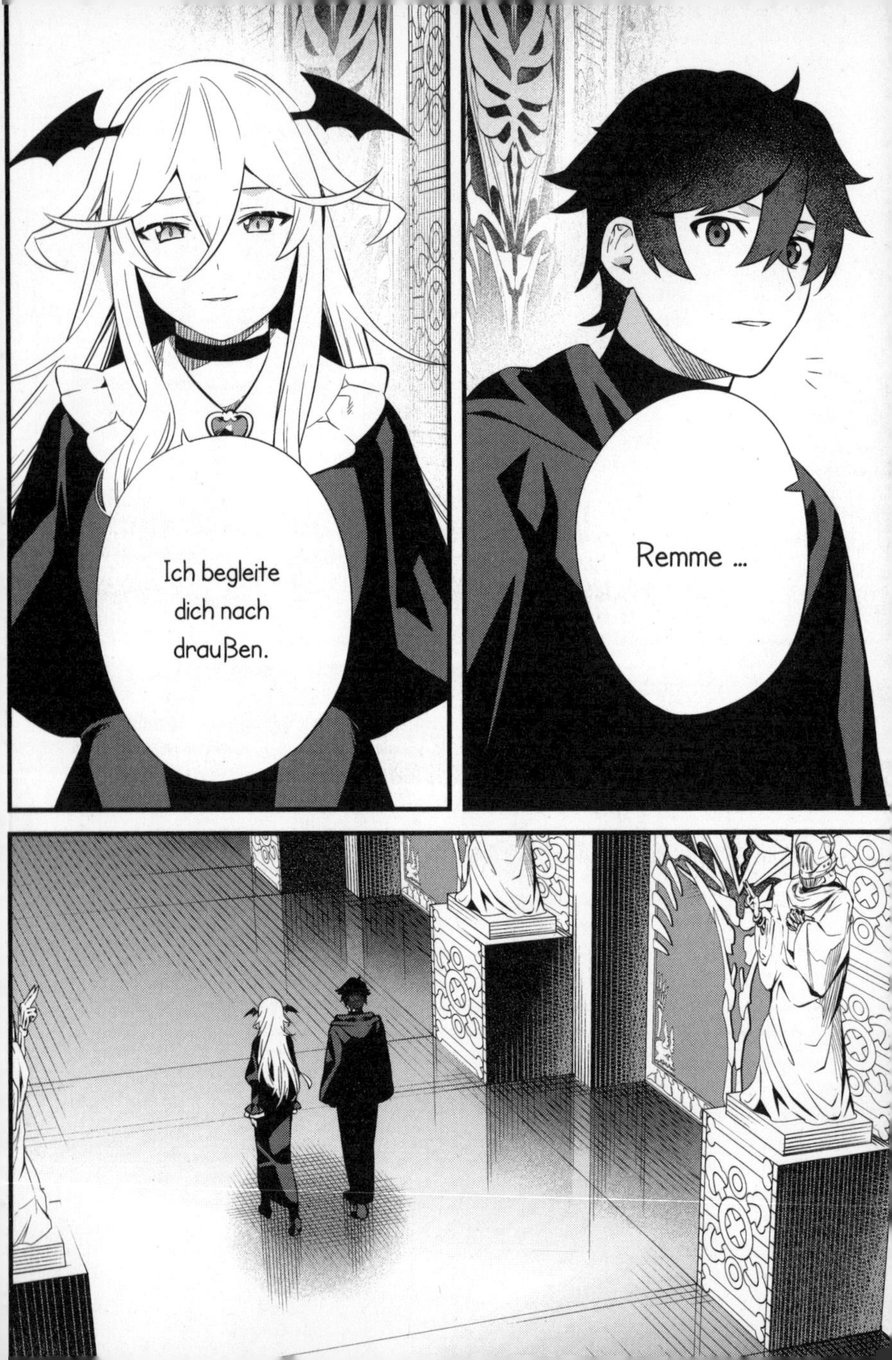
Remme ...
Ich begleite dich nach draußen.

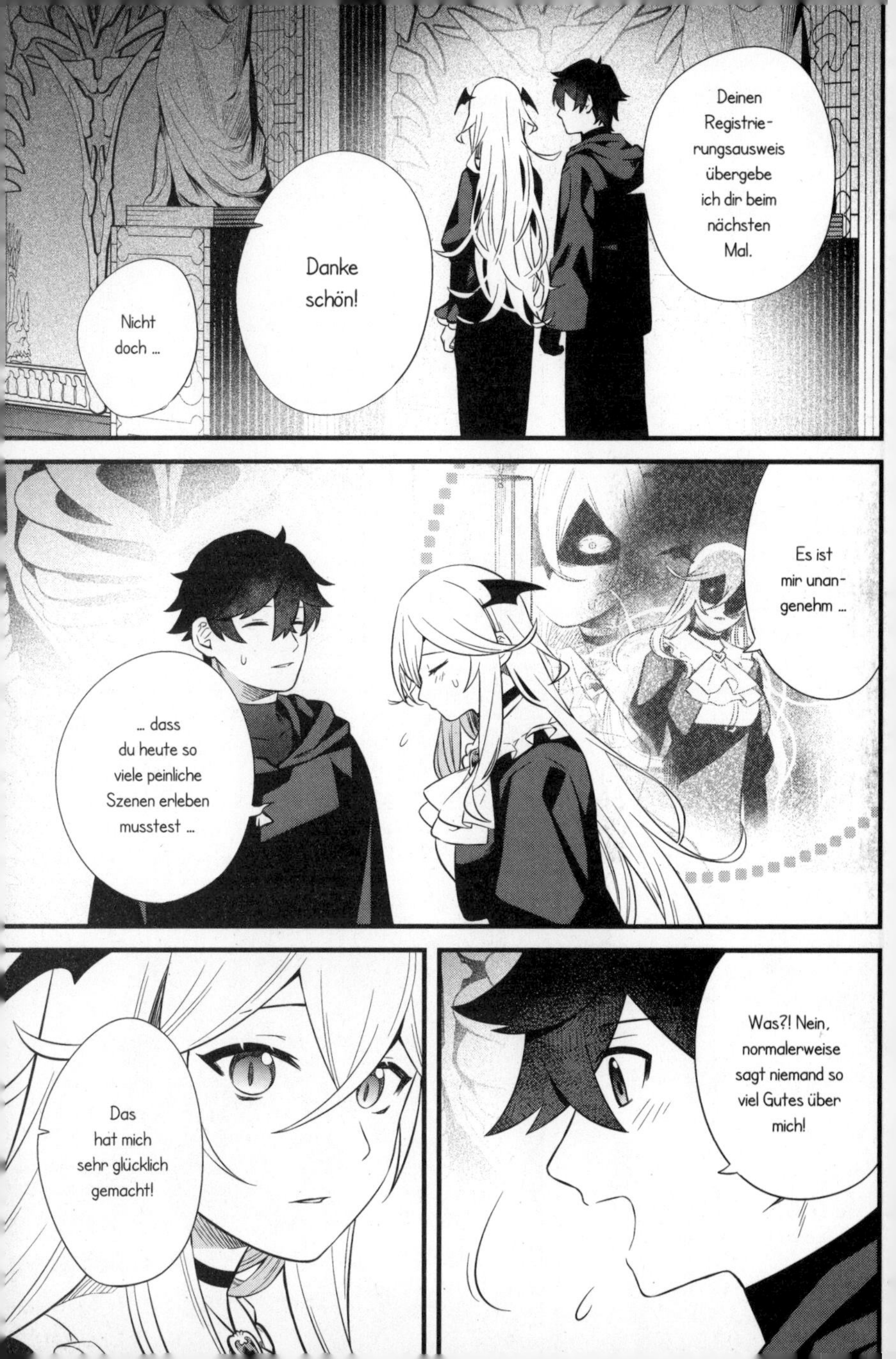
Deinen Registrierungsausweis übergebe ich dir beim nächsten Mal.
Danke schön!
Nicht doch ...
Es ist mir unangenehm ...
... dass du heute so viele peinliche Szenen erleben musstest ...
Was?! Nein, normalerweise sagt niemand so viel Gutes über mich!
Das hat mich sehr glücklich gemacht!

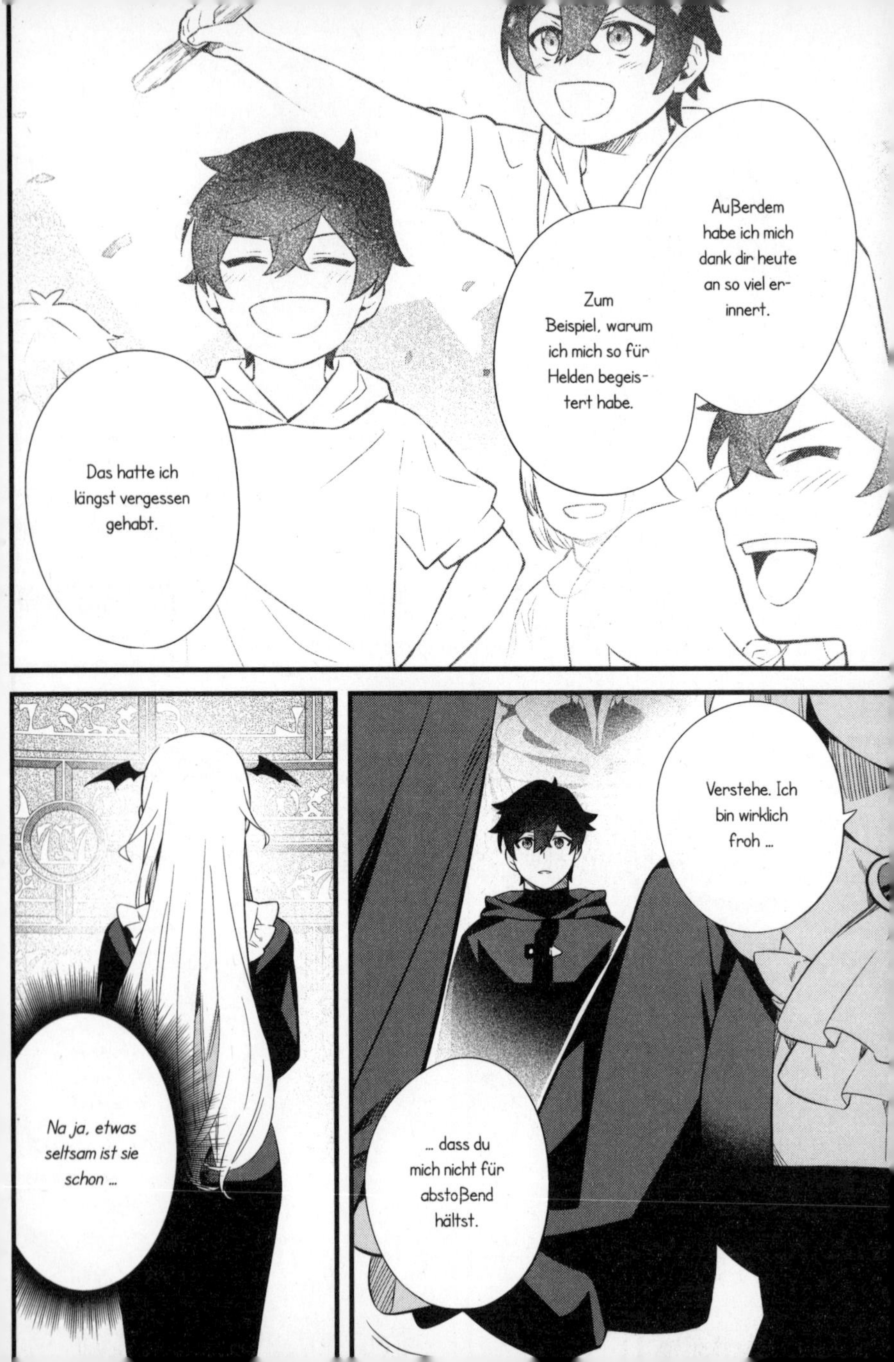
Außerdem habe ich mich dank dir heute an so viel erinnert.
Zum Beispiel, warum ich mich so für Helden begeistert habe.
Das hatte ich längst vergessen gehabt.
Verstehe. Ich bin wirklich froh ...
... dass du mich nicht für abstoßend hältst.
Na ja, etwas seltsam ist sie schon ...

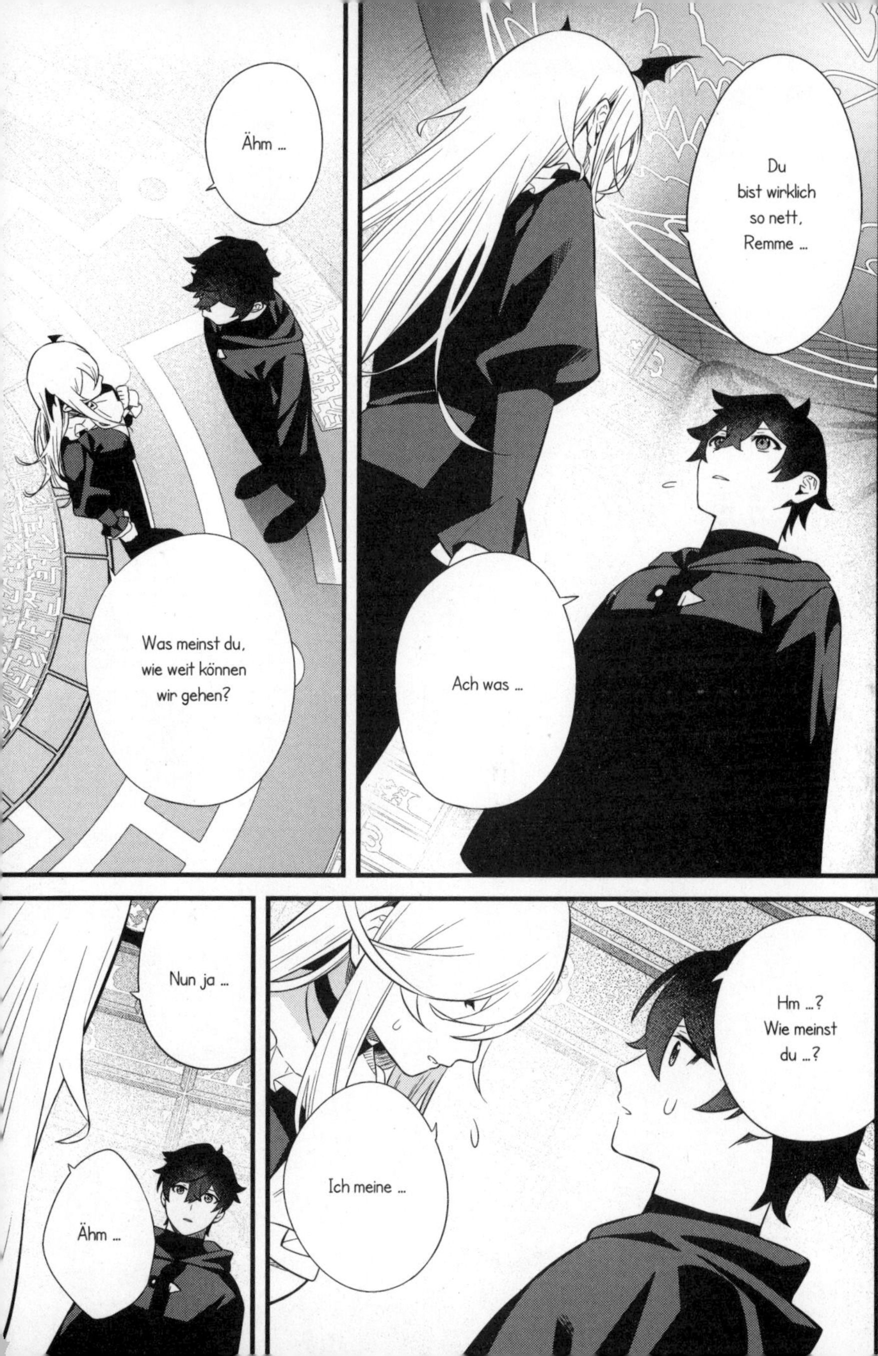
Du bist wirklich so nett, Remme ...
Ach was ...
Ähm ...
Was meinst du, wie weit können wir gehen?
Hm ...? Wie meinst du ...?
Ich meine ...
Nun ja ...
Ähm ...

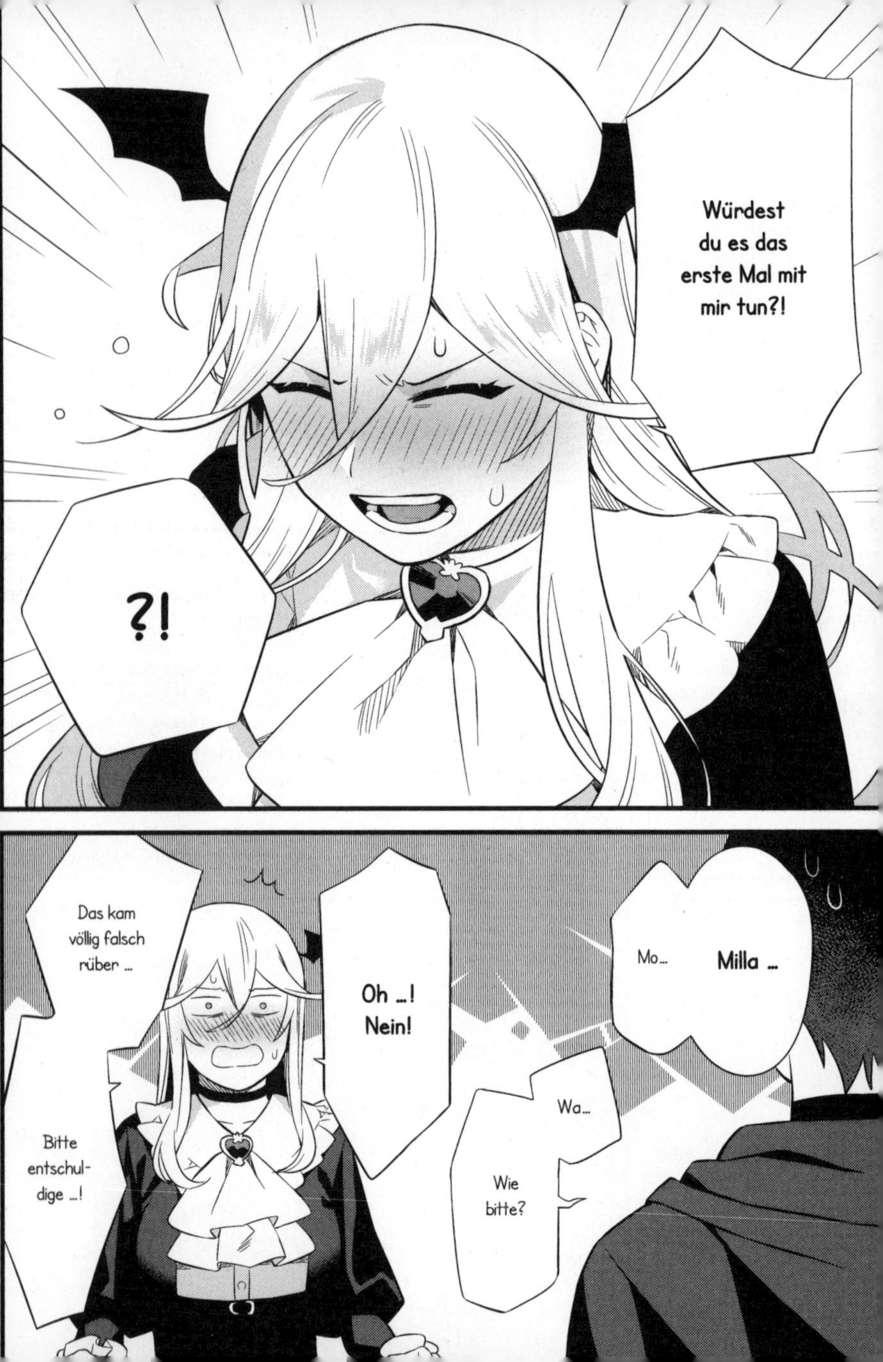
Würdest du es das erste Mal mit mir tun?!
?!
Mo... Milla ...
Wa...
Wie bitte?
Oh ...! Nein!
Das kam völlig falsch rüber ...
Bitte entschul-dige ...!

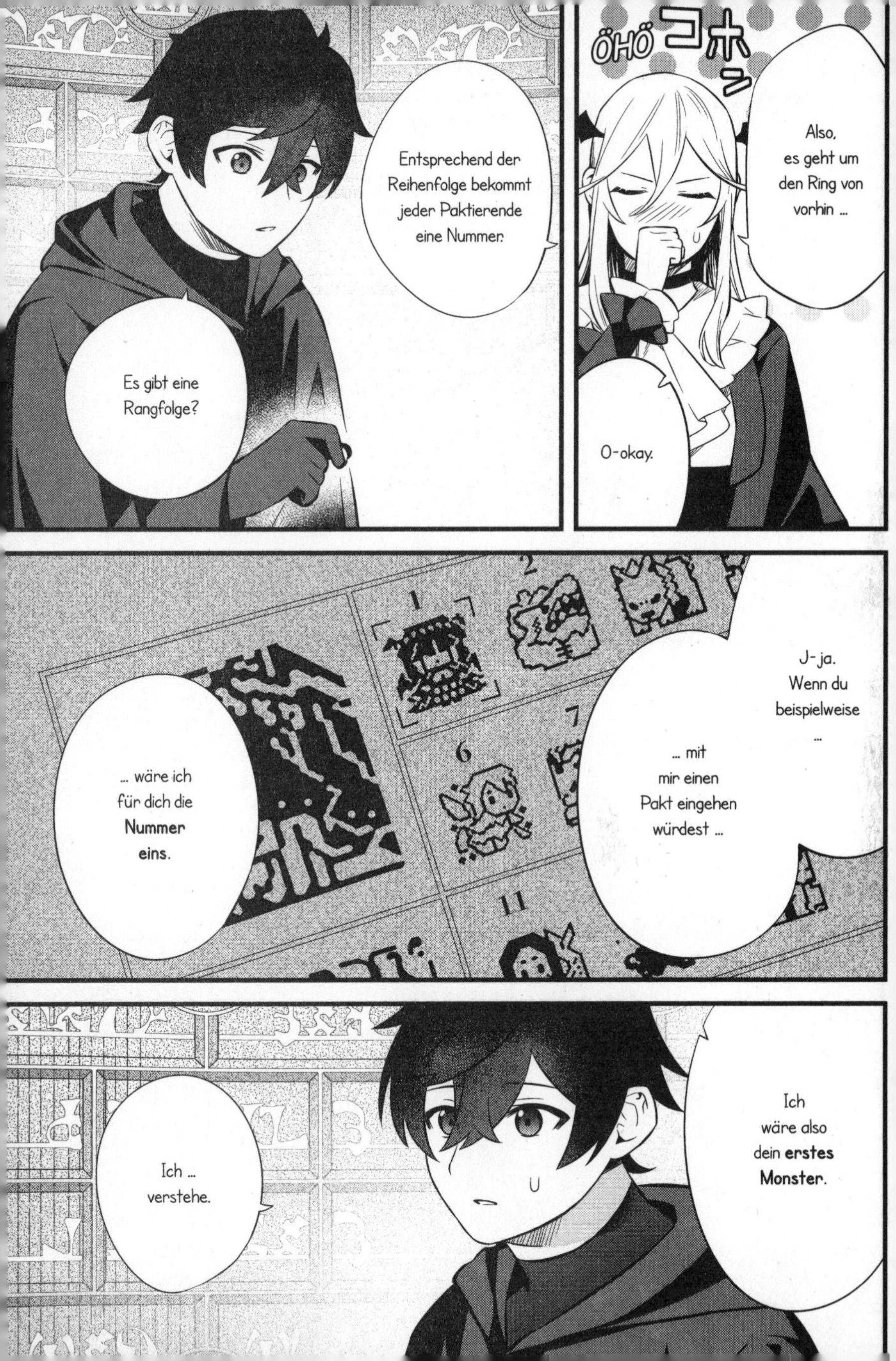

ÖHÖ コホッ
Also, es geht um den Ring von vorhin ...
O-okay.
Entsprechend der Reihenfolge bekommt jeder Paktierende eine Nummer.
Es gibt eine Rangfolge?
1
2
6
7
11
J-ja. Wenn du beispielweise ...
... mit mir einen Pakt eingehen würdest ...
... wäre ich für dich die **Nummer eins**.
Ich wäre also dein **erstes Monster**.
Ich ... verstehe.

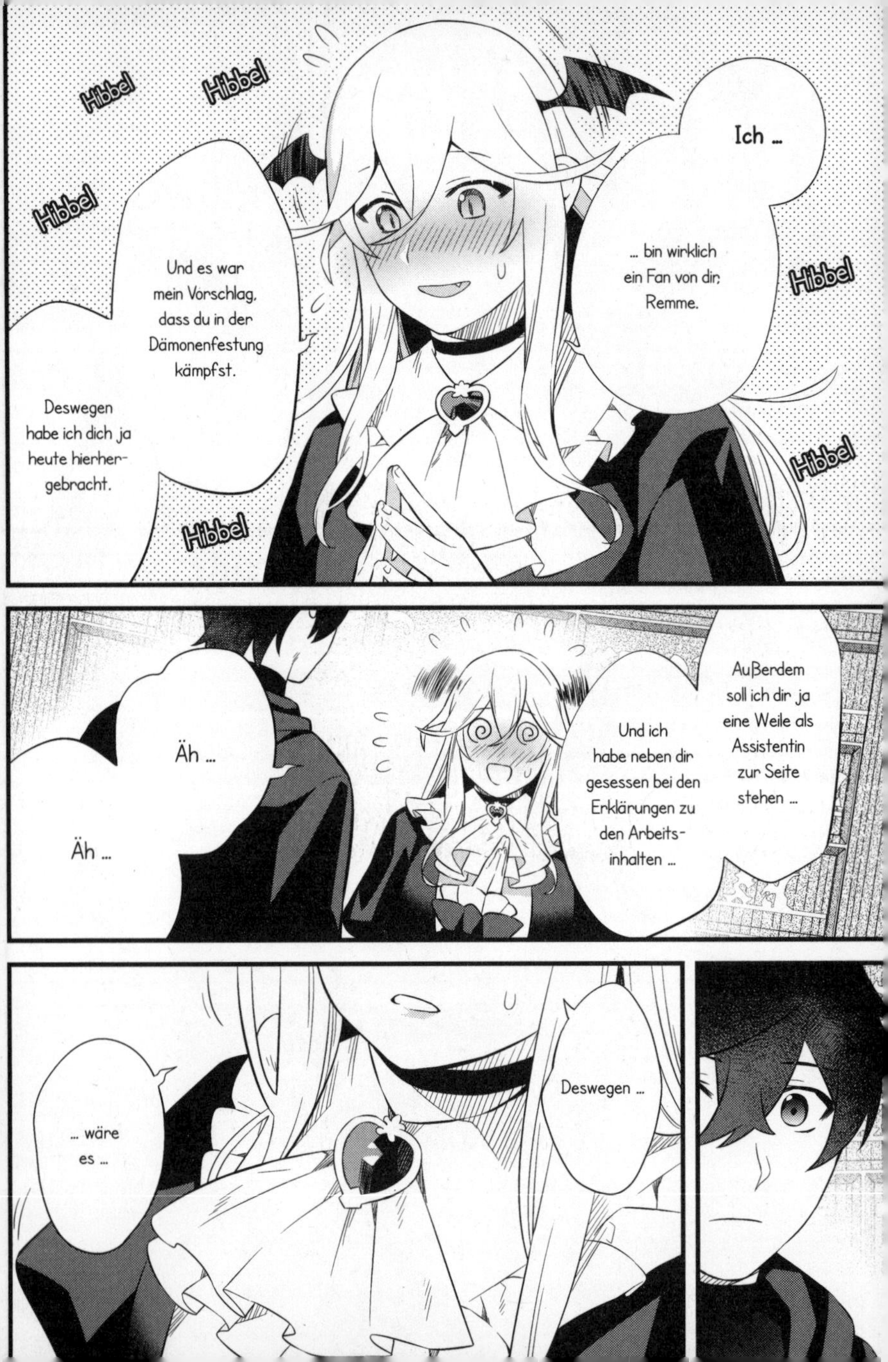
Hibbel
Hibbel
Ich ...
... bin wirklich ein Fan von dir, Remme.
Hibbel
Und es war mein Vorschlag, dass du in der Dämonenfestung kämpfst.
Hibbel
Deswegen habe ich dich ja heute hierher-gebracht.
Hibbel
Hibbel
Außerdem soll ich dir ja eine Weile als Assistentin zur Seite stehen ...
Und ich habe neben dir gesessen bei den Erklärungen zu den Arbeits-inhalten ...
Äh ...
Äh ...
Deswegen ...
... wäre es ...

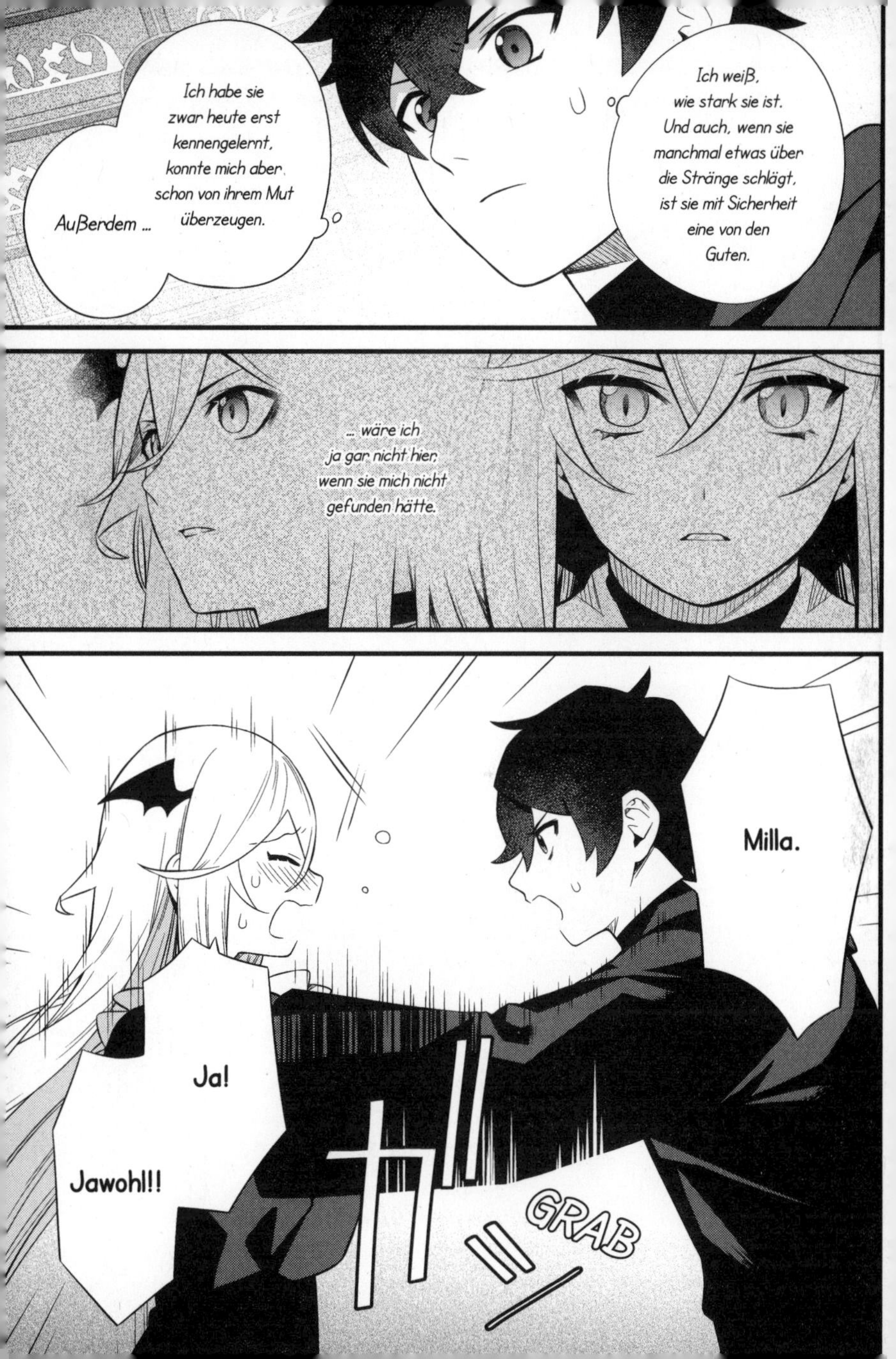
Ich weiß, wie stark sie ist. Und auch, wenn sie manchmal etwas über die Stränge schlägt, ist sie mit Sicherheit eine von den Guten.
Ich habe sie zwar heute erst kennengelernt, konnte mich aber schon von ihrem Mut überzeugen.
Außerdem ...
... wäre ich ja gar nicht hier, wenn sie mich nicht gefunden hätte.
Milla.
Ja!
Jawohl!!
GRAB

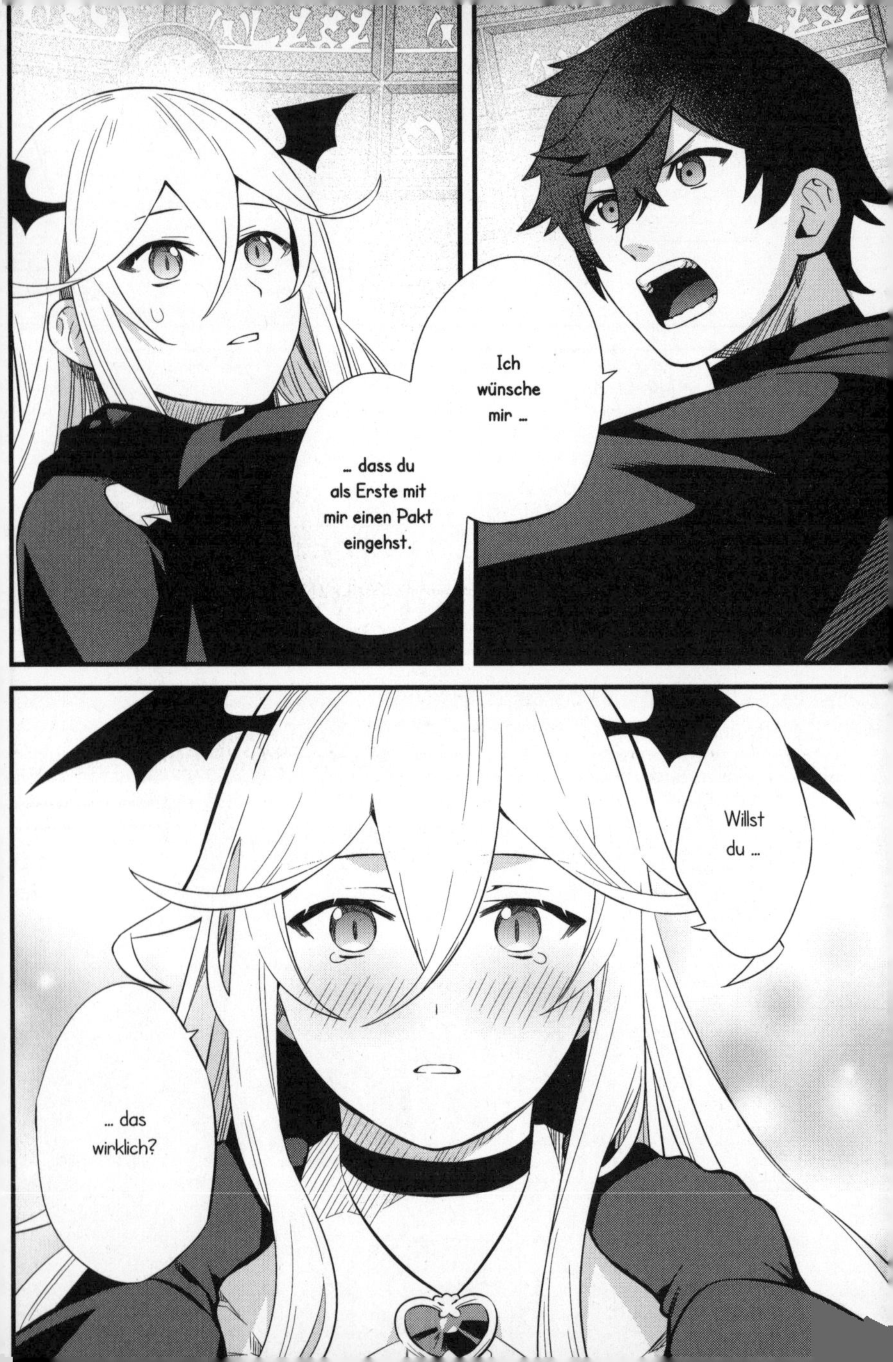
Ich wünsche mir …
… dass du als Erste mit mir einen Pakt eingehst.
Willst du …
… das wirklich?

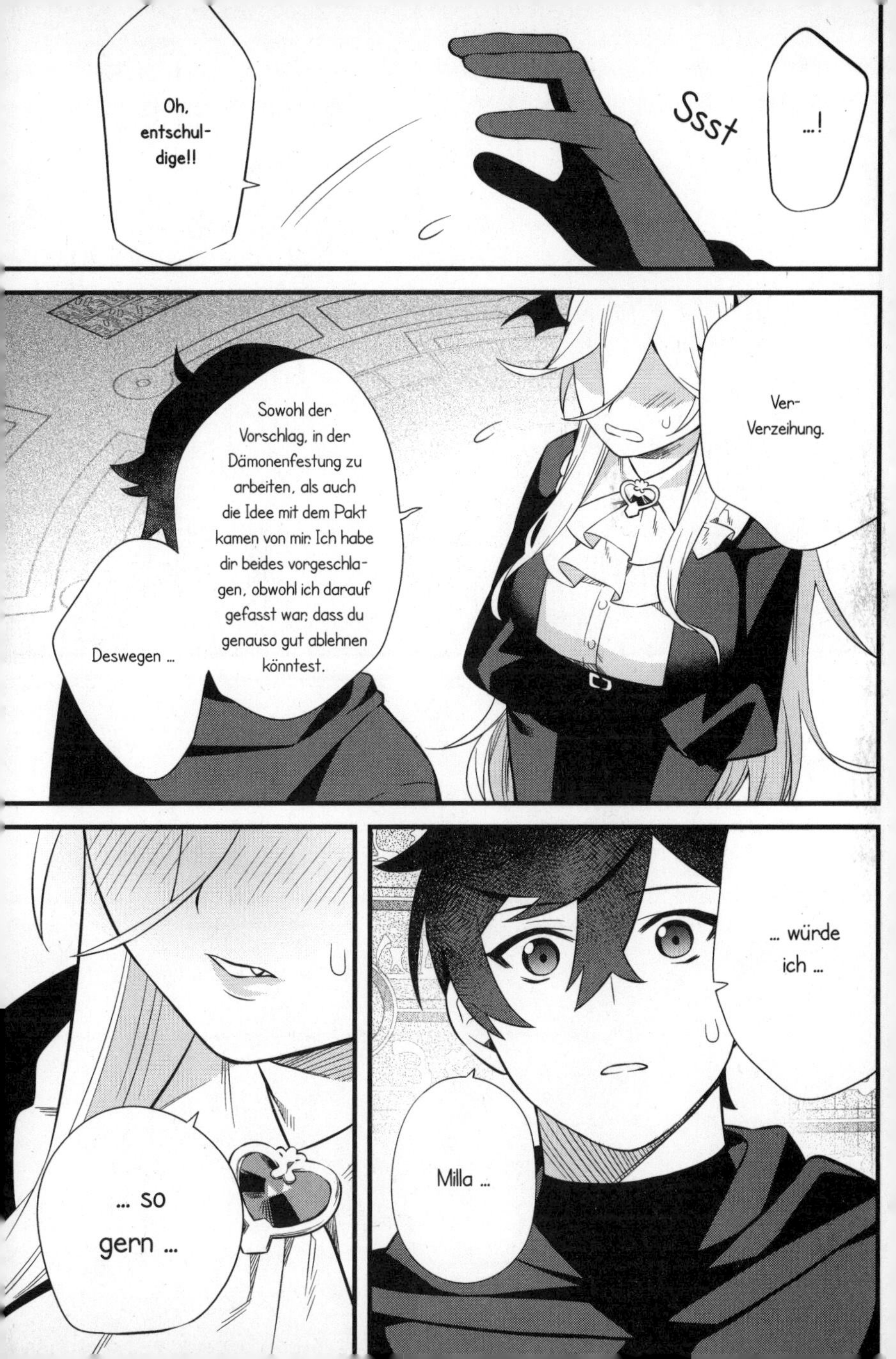
...!
Ssst
Oh, entschuldige!!
Ver- Verzeihung.
Sowohl der Vorschlag, in der Dämonenfestung zu arbeiten, als auch die Idee mit dem Pakt kamen von mir. Ich habe dir beides vorgeschlagen, obwohl ich darauf gefasst war, dass du genauso gut ablehnen könntest.
Deswegen ...
... würde ich ...
Milla ...
... so gern ...

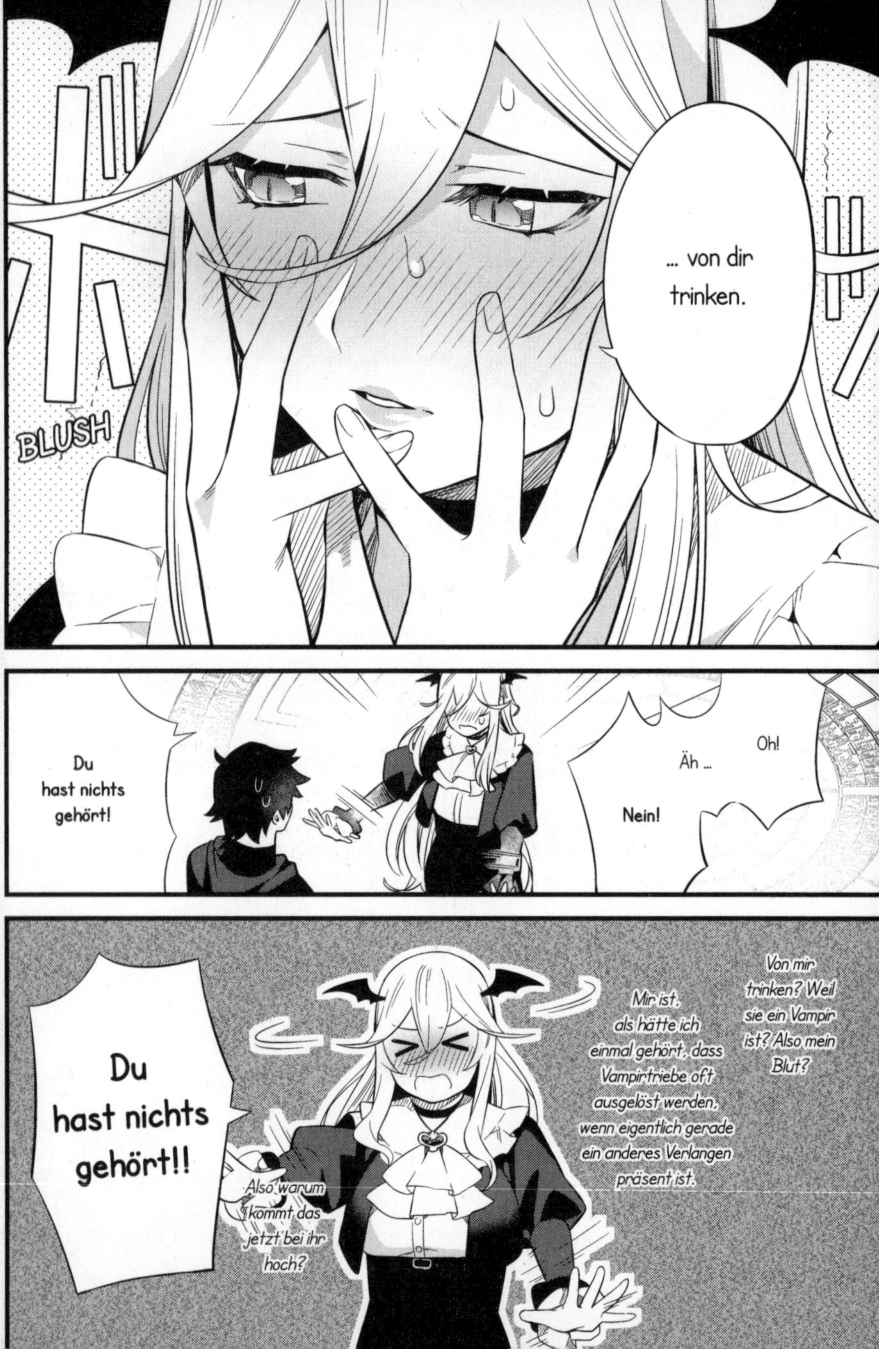
... von dir trinken.
BLUSH
Oh!
Äh ...
Nein!
Du hast nichts gehört!
Von mir trinken? Weil sie ein Vampir ist? Also mein Blut?
Mir ist, als hätte ich einmal gehört, dass Vampirtriebe oft ausgelöst werden, wenn eigentlich gerade ein anderes Verlangen präsent ist.
Du hast nichts gehört!!
Also warum kommt das jetzt bei ihr hoch?

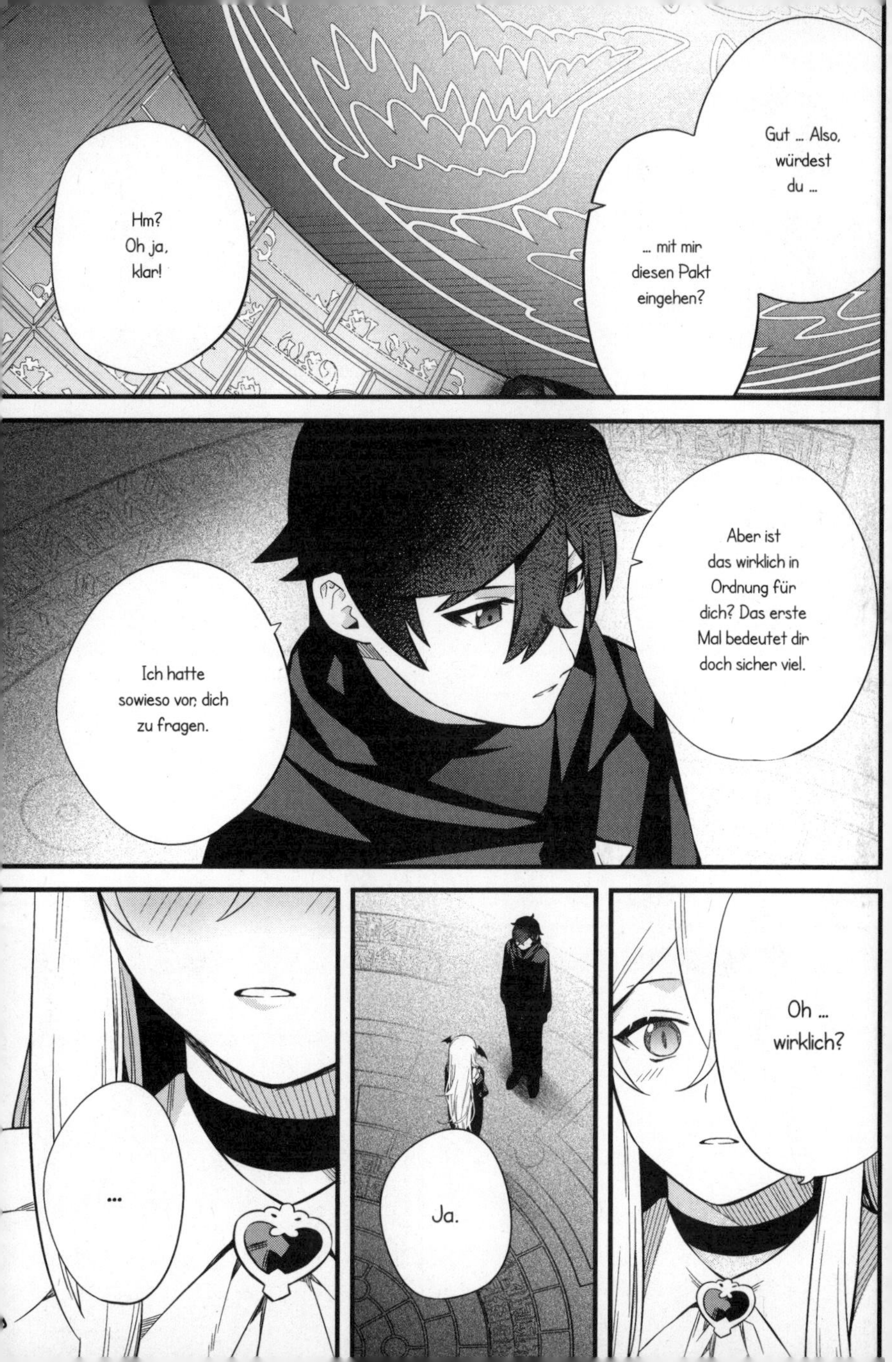

Gut ... Also, würdest du ...
... mit mir diesen Pakt eingehen?
Hm? Oh ja, klar!
Aber ist das wirklich in Ordnung für dich? Das erste Mal bedeutet dir doch sicher viel.
Ich hatte sowieso vor, dich zu fragen.
Oh ... wirklich?
Ja.
...

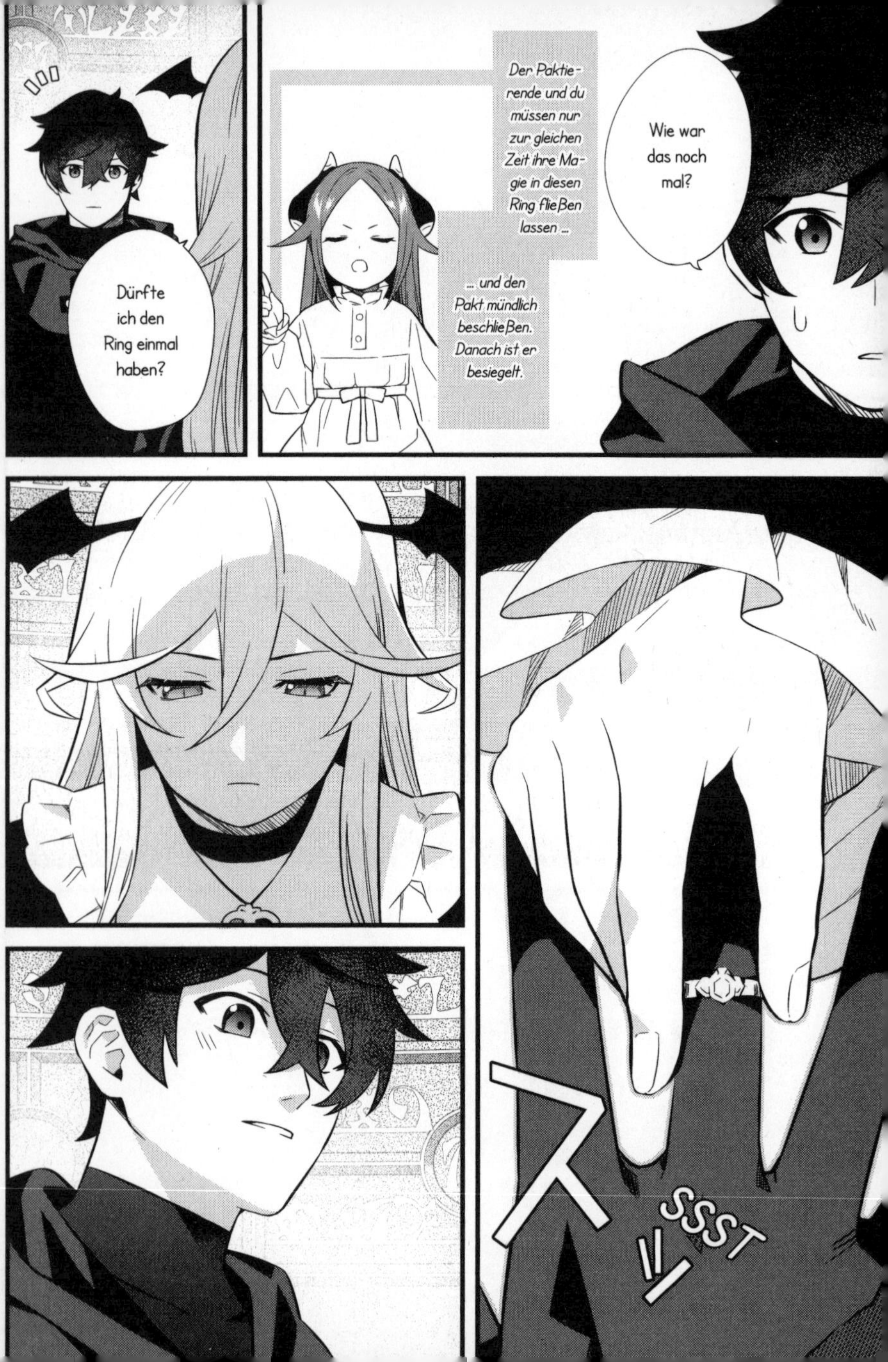

Wie war das noch mal?
Der Paktierende und du müssen nur zur gleichen Zeit ihre Magie in diesen Ring fließen lassen ...
... und den Pakt mündlich beschließen. Danach ist er besiegelt.
Dürfte ich den Ring einmal haben?
SSST

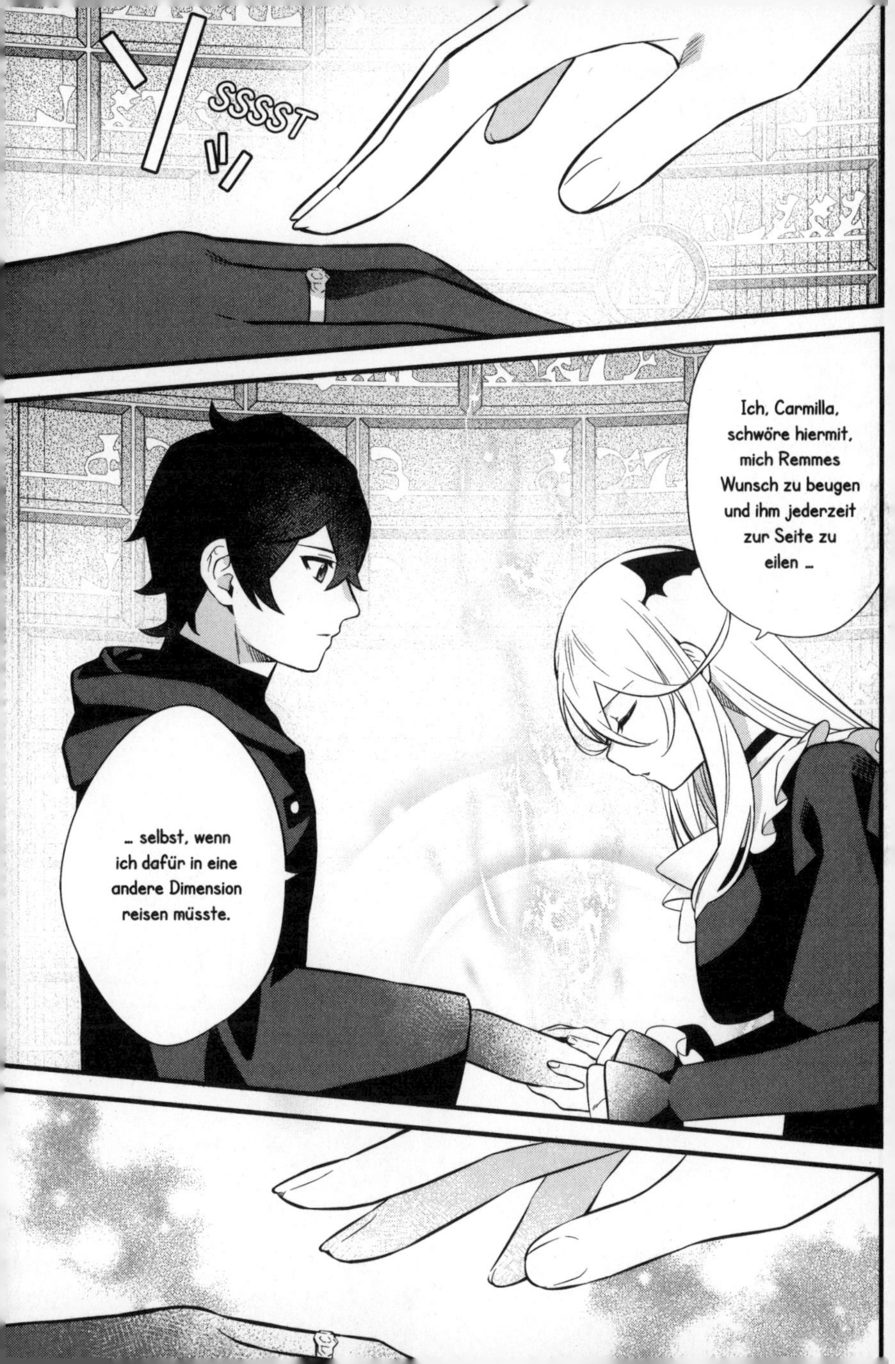
SSSST
Ich, Carmilla, schwöre hiermit, mich Remmes Wunsch zu beugen und ihm jederzeit zur Seite zu eilen ...
... selbst, wenn ich dafür in eine andere Dimension reisen müsste.

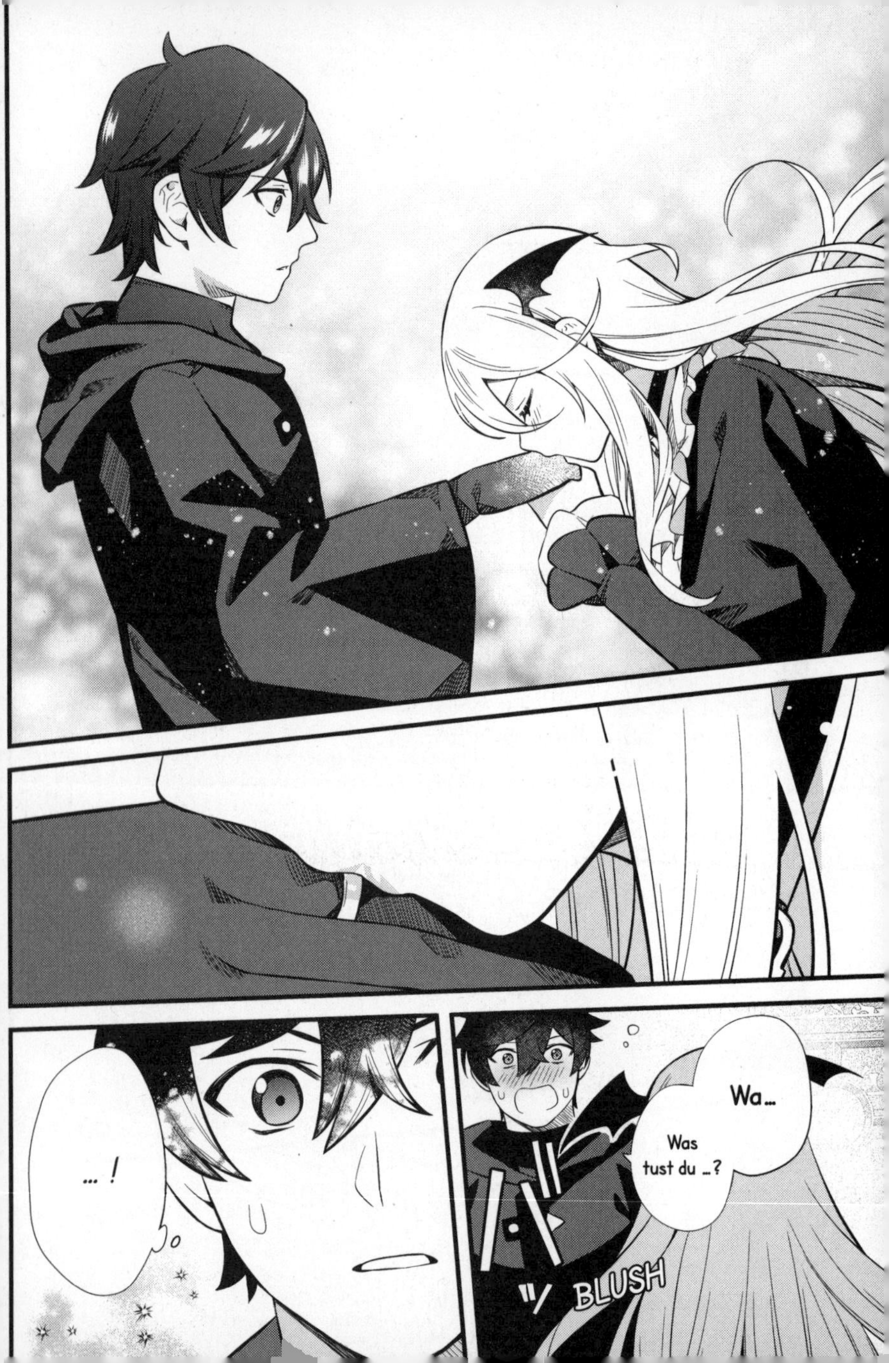
Wa…
Was tust du …?
BLUSH
… !

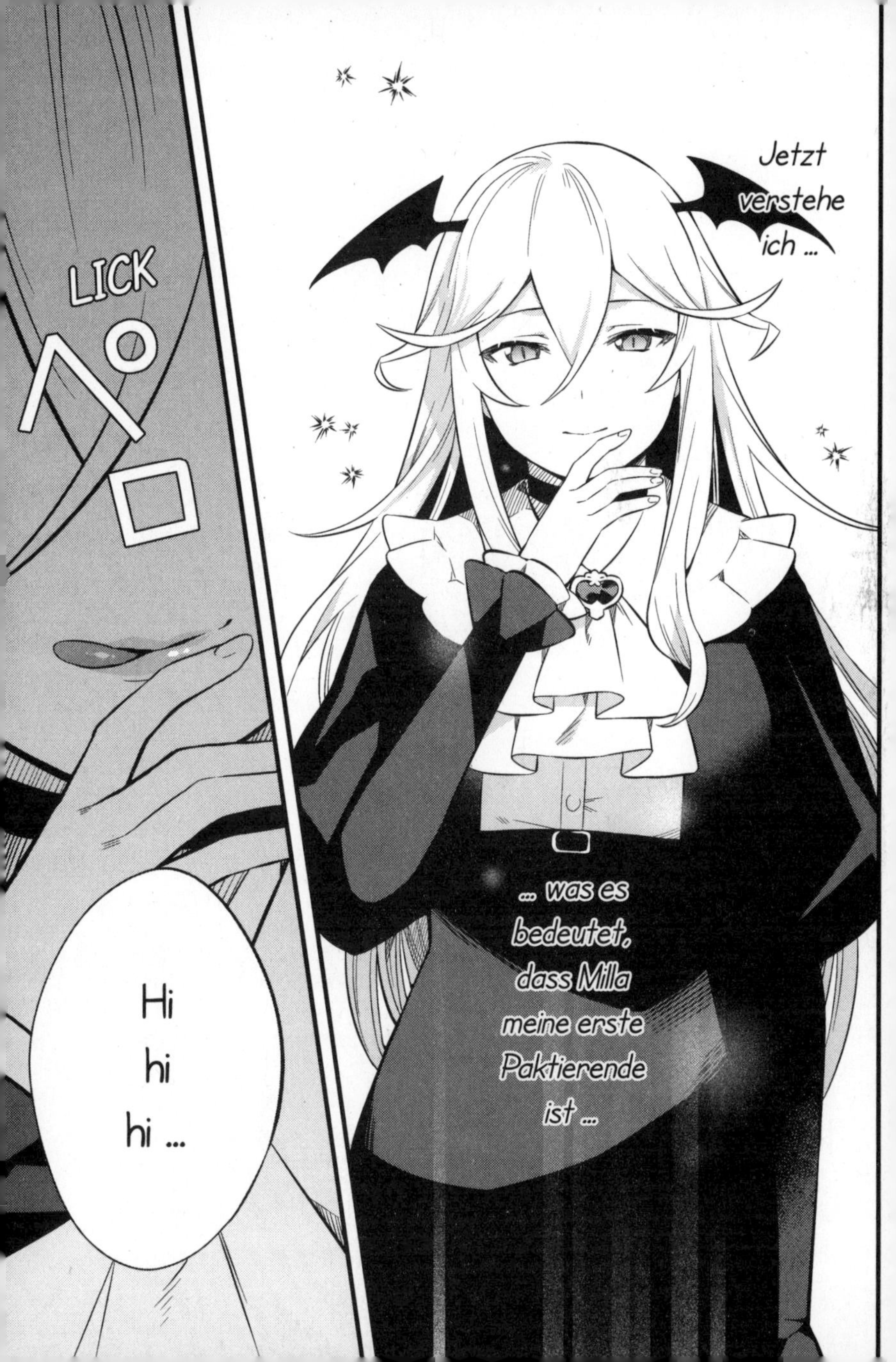
Jetzt verstehe ich ...
... was es bedeutet, dass Milla meine erste Paktierende ist ...
LICK
Hi hi hi ...

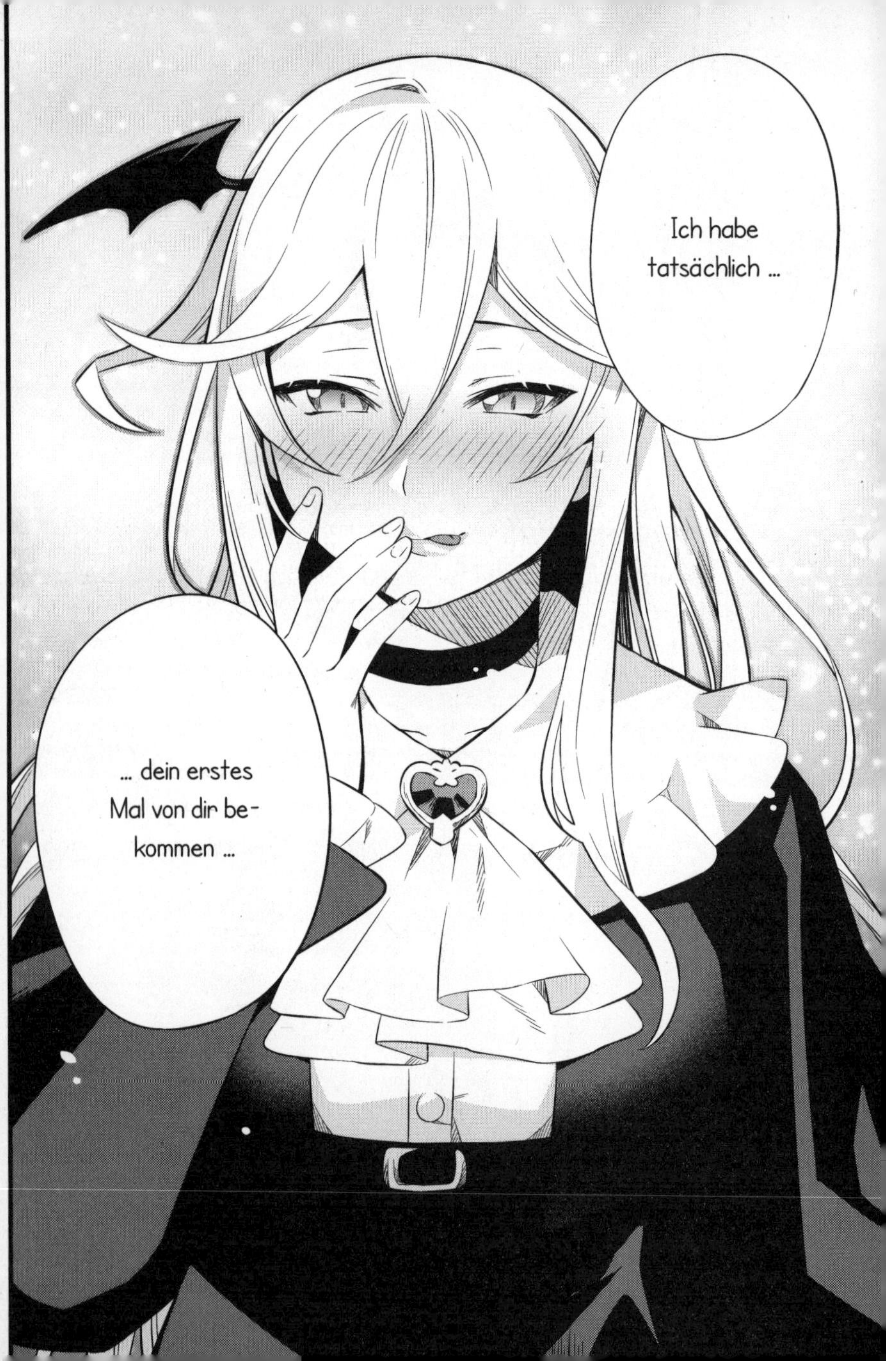
Ich habe tatsächlich ...
... dein erstes Mal von dir be-kommen ...

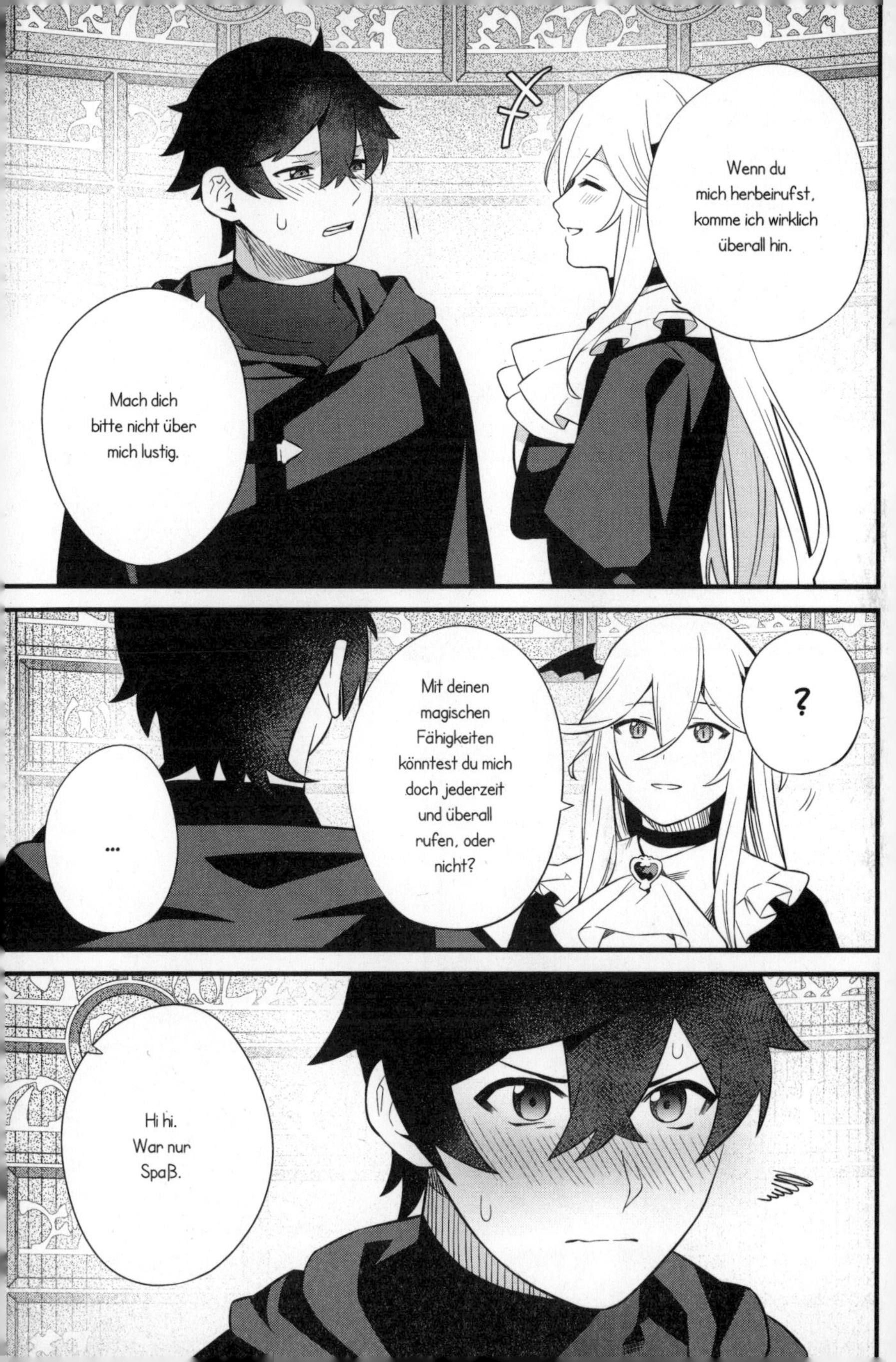
Wenn du mich herbeirufst, komme ich wirklich überall hin.
Mach dich bitte nicht über mich lustig.
?
Mit deinen magischen Fähigkeiten könntest du mich doch jederzeit und überall rufen, oder nicht?
...
Hi hi. War nur Spaß.

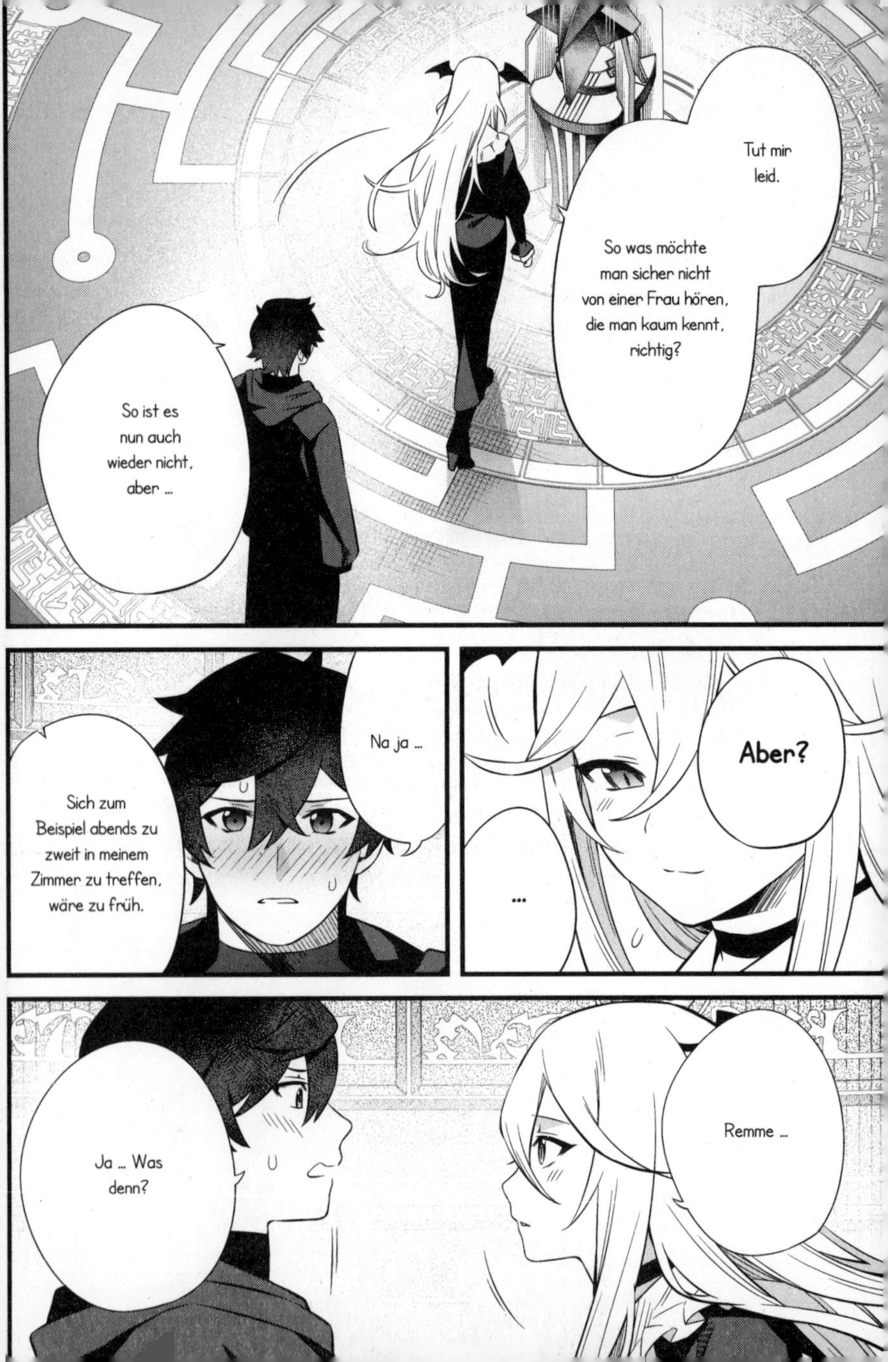
Tut mir leid.
So was möchte man sicher nicht von einer Frau hören, die man kaum kennt, richtig?
So ist es nun auch wieder nicht, aber ...
Aber?
...
Na ja ...
Sich zum Beispiel abends zu zweit in meinem Zimmer zu treffen, wäre zu früh.
Remme ...
Ja ... Was denn?

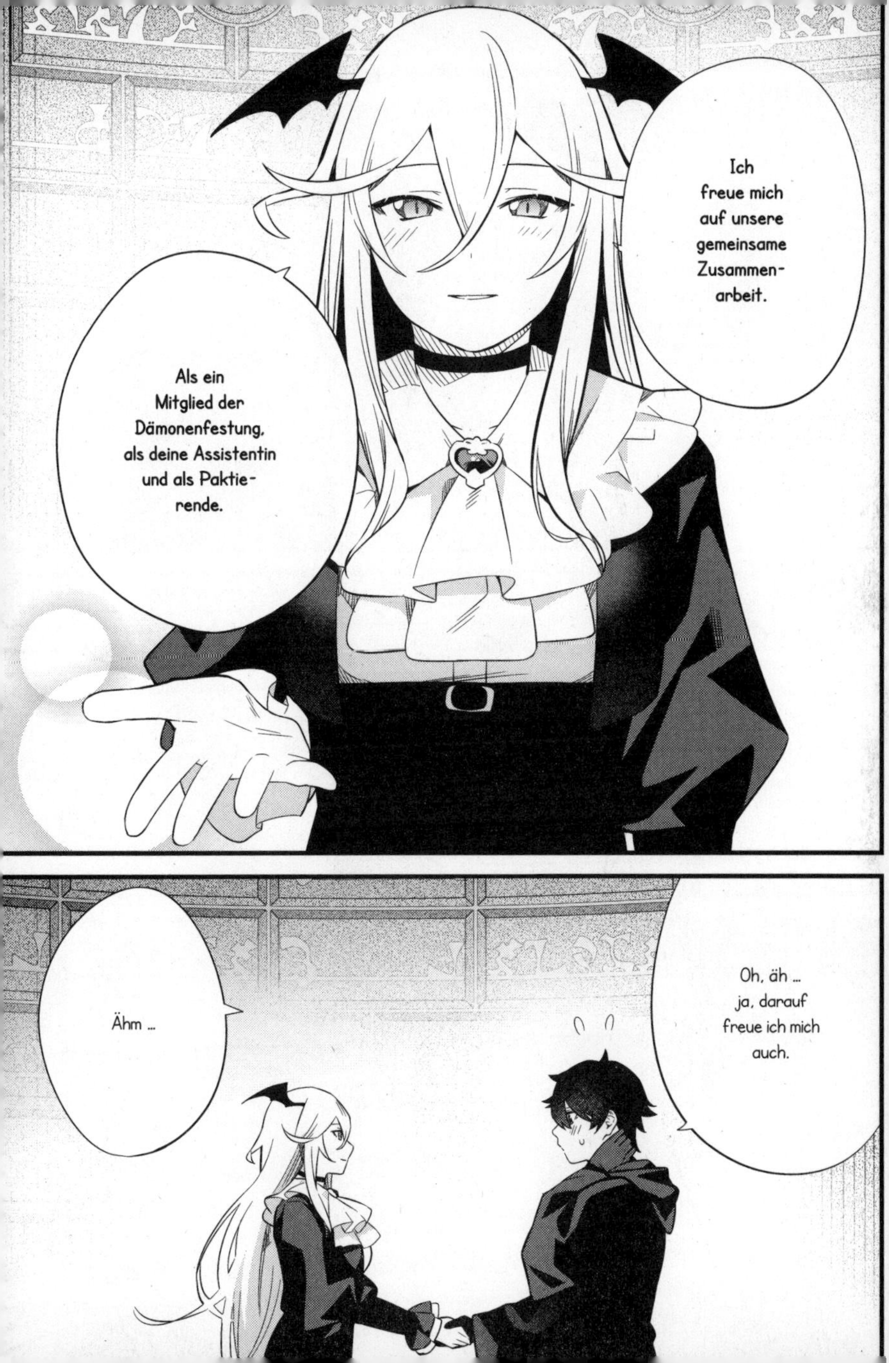
Ich freue mich auf unsere gemeinsame Zusammen-arbeit.
Als ein Mitglied der Dämonenfestung, als deine Assistentin und als Paktie-rende.
Oh, äh ... ja, darauf freue ich mich auch.
Ähm ...

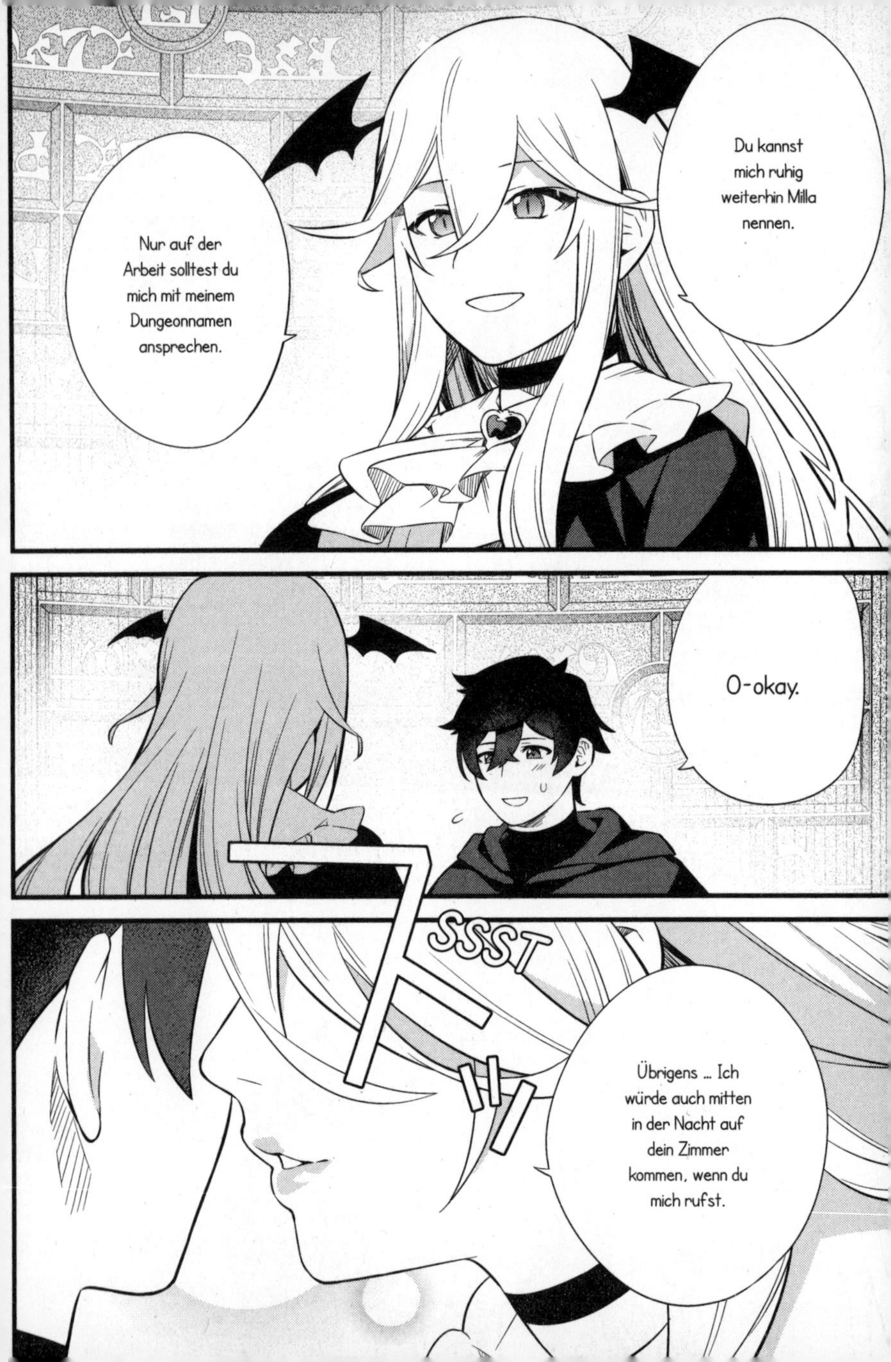
Du kannst mich ruhig weiterhin Milla nennen.
Nur auf der Arbeit solltest du mich mit meinem Dungeonnamen ansprechen.
O-okay.
SSST
Übrigens ... Ich würde auch mitten in der Nacht auf dein Zimmer kommen, wenn du mich rufst.

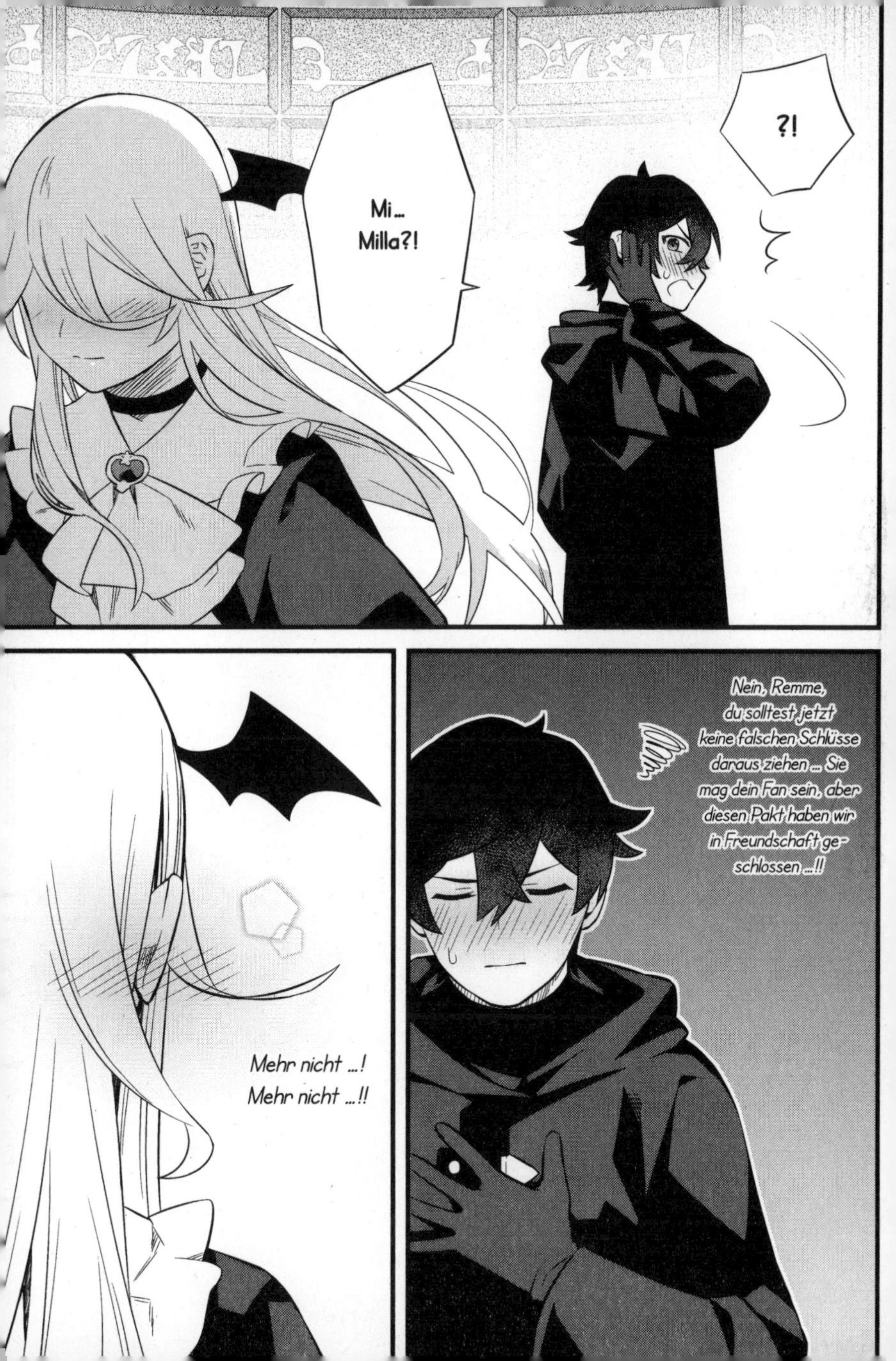
?!
Mi…
Milla?!
Nein, Remme, du solltest jetzt keine falschen Schlüsse daraus ziehen … Sie mag dein Fan sein, aber diesen Pakt haben wir in Freundschaft ge- schlossen …!!
Mehr nicht …!
Mehr nicht …!!

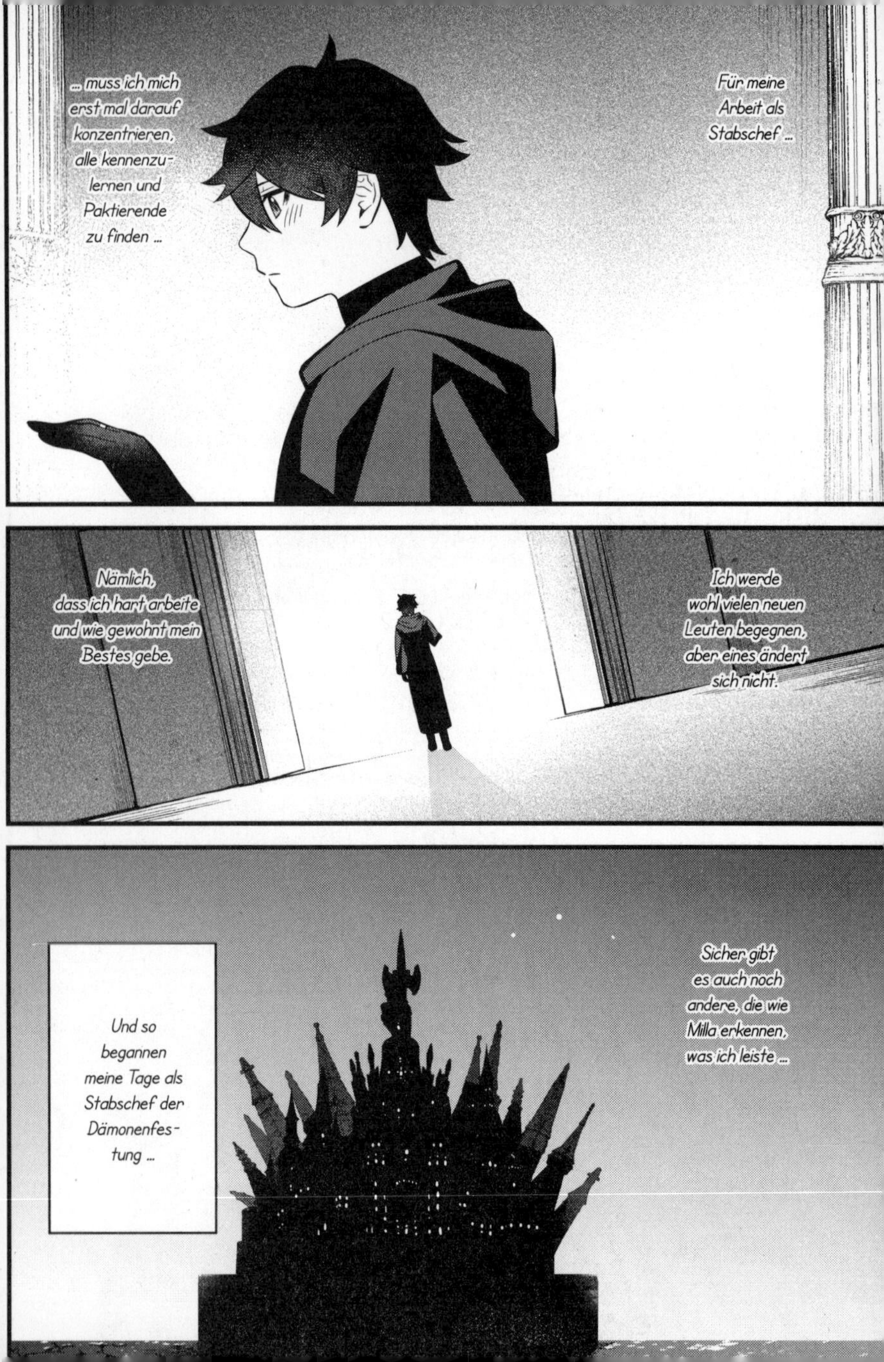
Für meine Arbeit als Stabschef ...
... muss ich mich erst mal darauf konzentrieren, alle kennenzulernen und Paktierende zu finden ...
Ich werde wohl vielen neuen Leuten begegnen, aber eines ändert sich nicht.
Nämlich, dass ich hart arbeite und wie gewohnt mein Bestes gebe.
Sicher gibt es auch noch andere, die wie Milla erkennen, was ich leiste ...
Und so begannen meine Tage als Stabschef der Dämonenfestung ...

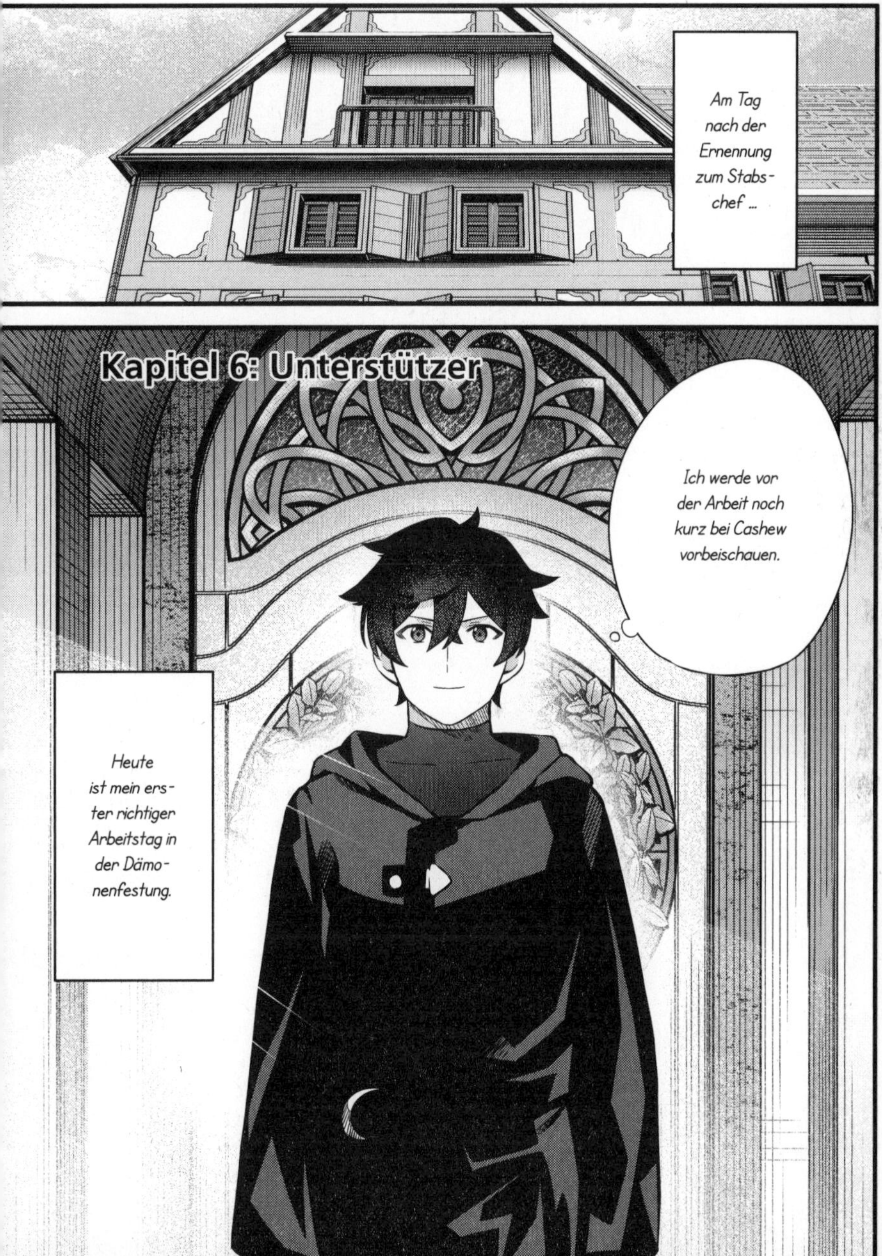
Am Tag nach der Ernennung zum Stabschef …
Kapitel 6: Unterstützer
Ich werde vor der Arbeit noch kurz bei Cashew vorbeischauen.
Heute ist mein erster richtiger Arbeitstag in der Dämonenfestung.

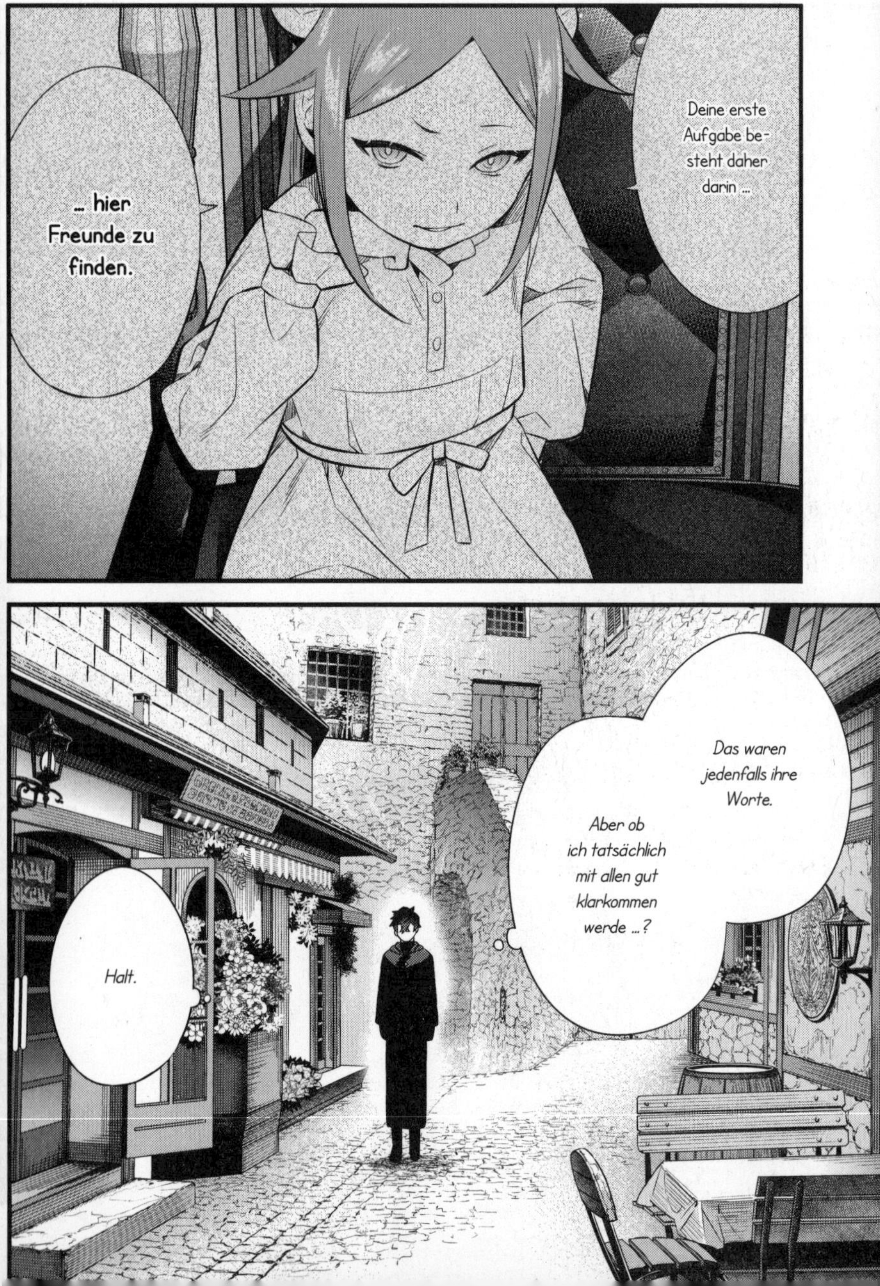
Deine erste Aufgabe besteht daher darin ...
... hier Freunde zu finden.
Das waren jedenfalls ihre Worte.
Aber ob ich tatsächlich mit allen gut klarkommen werde ...?
Halt.

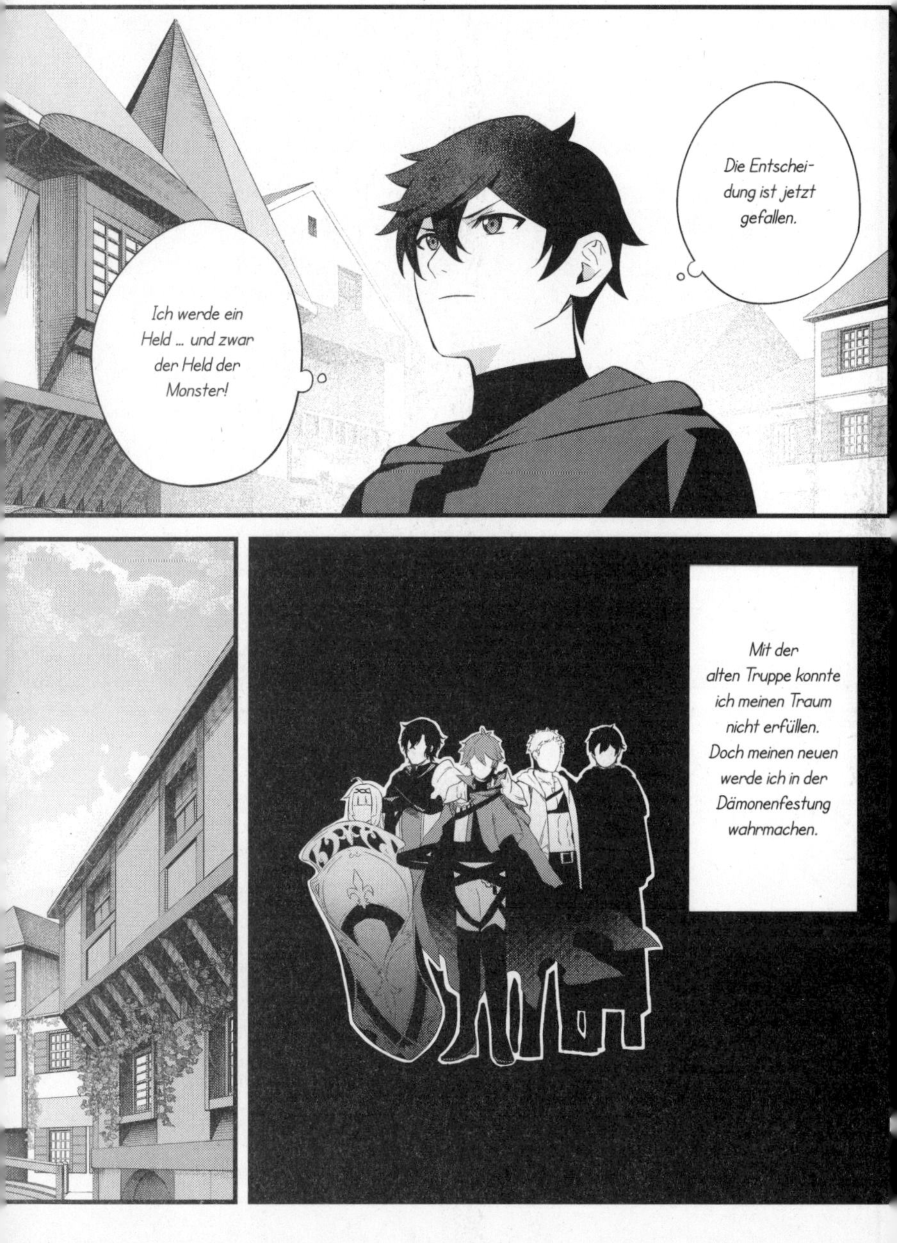
Die Entscheidung ist jetzt gefallen.
Ich werde ein Held ... und zwar der Held der Monster!
Mit der alten Truppe konnte ich meinen Traum nicht erfüllen. Doch meinen neuen werde ich in der Dämonenfestung wahrmachen.

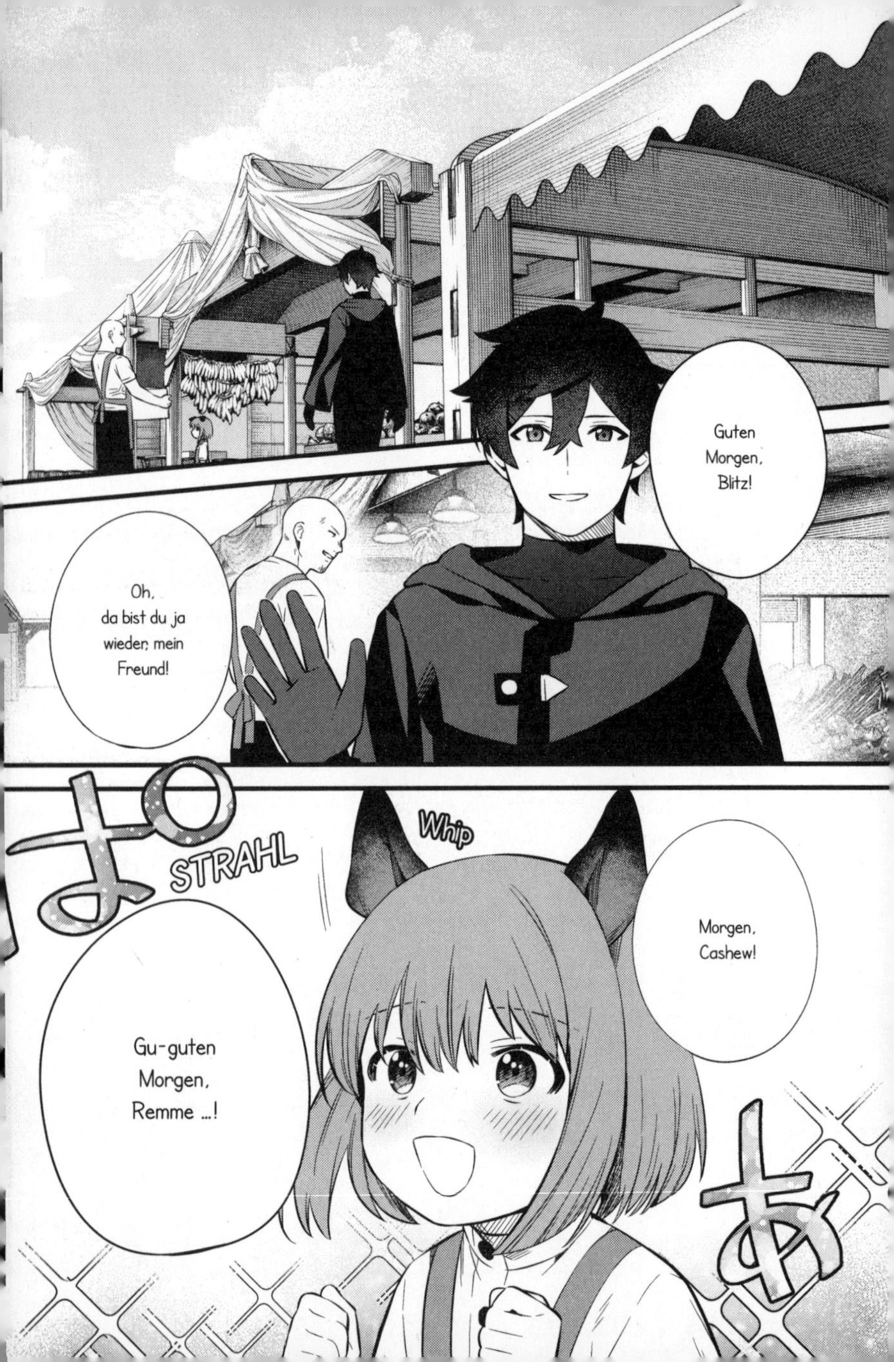

Guten Morgen, Blitz!
Oh, da bist du ja wieder, mein Freund!
Whip
Morgen, Cashew!
ぱ
STRAHL
Gu-guten Morgen, Remme ...!
あ

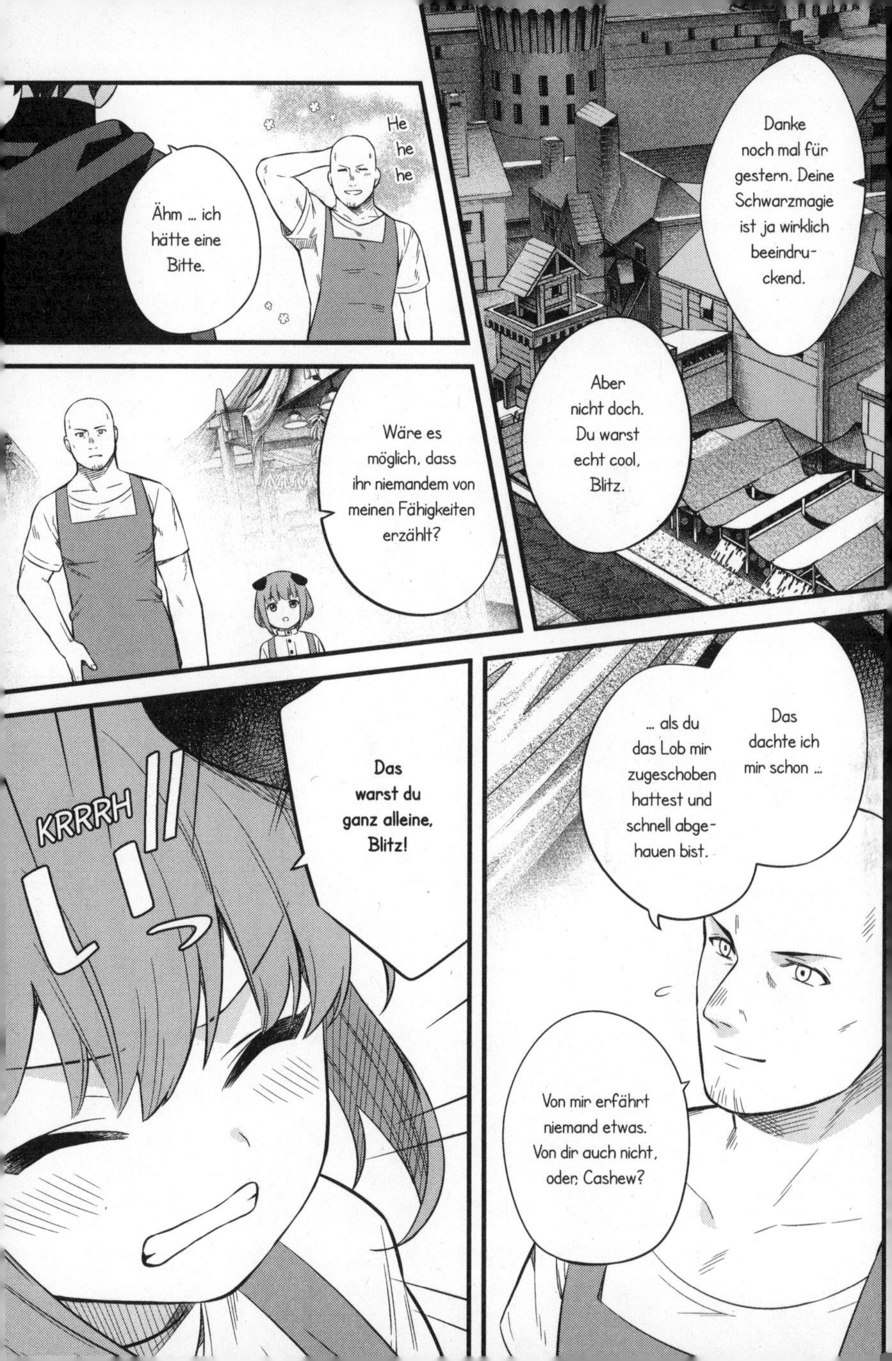
Danke noch mal für gestern. Deine Schwarzmagie ist ja wirklich beeindru-ckend.
Aber nicht doch. Du warst echt cool, Blitz.
He he he
Ähm ... ich hätte eine Bitte.
Wäre es möglich, dass ihr niemandem von meinen Fähigkeiten erzählt?
Das dachte ich mir schon ...
... als du das Lob mir zugeschoben hattest und schnell abge-hauen bist.
Von mir erfährt niemand etwas. Von dir auch nicht, oder, Cashew?
Das warst du ganz alleine, Blitz!
KRRRH

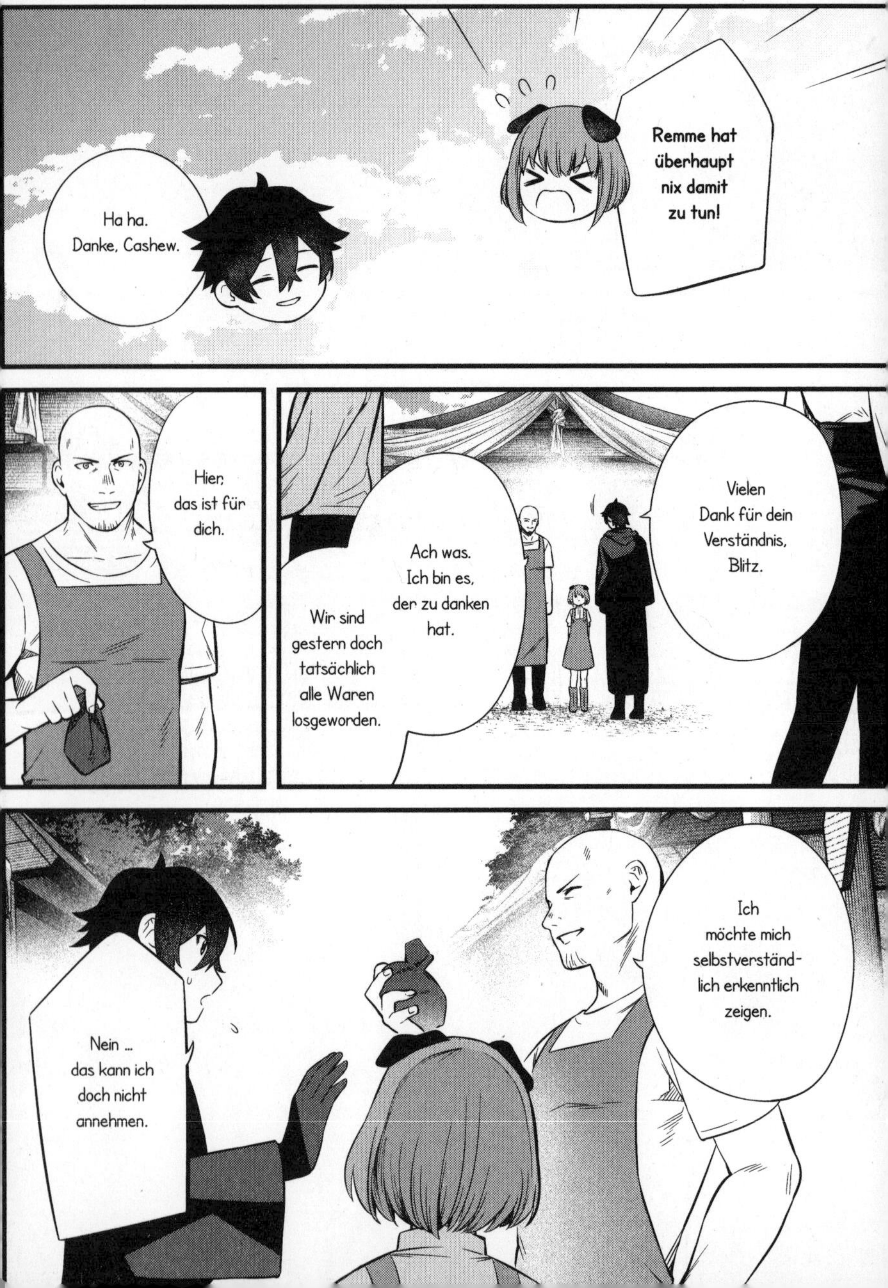
Remme hat überhaupt nix damit zu tun!
Ha ha. Danke, Cashew.
Vielen Dank für dein Verständnis, Blitz.
Ach was. Ich bin es, der zu danken hat.
Wir sind gestern doch tatsächlich alle Waren losgeworden.
Hier, das ist für dich.
Ich möchte mich selbstverständlich erkenntlich zeigen.
Nein … das kann ich doch nicht annehmen.

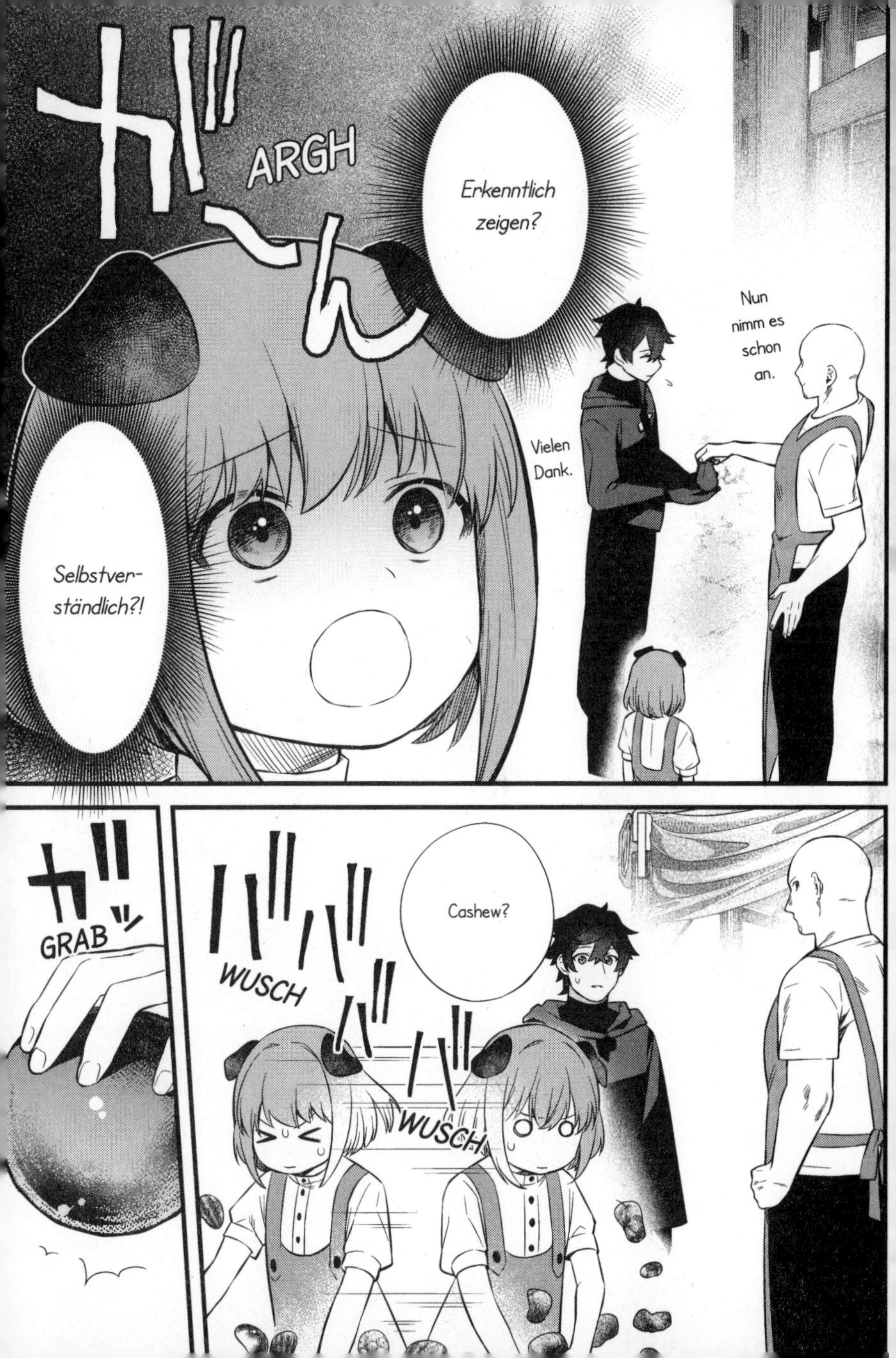
Nun nimm es schon an.
Vielen Dank.
Erkenntlich zeigen?
ARGH
Selbstver-ständlich?!
Cashew?
WUSCH
WUSCH
GRAB

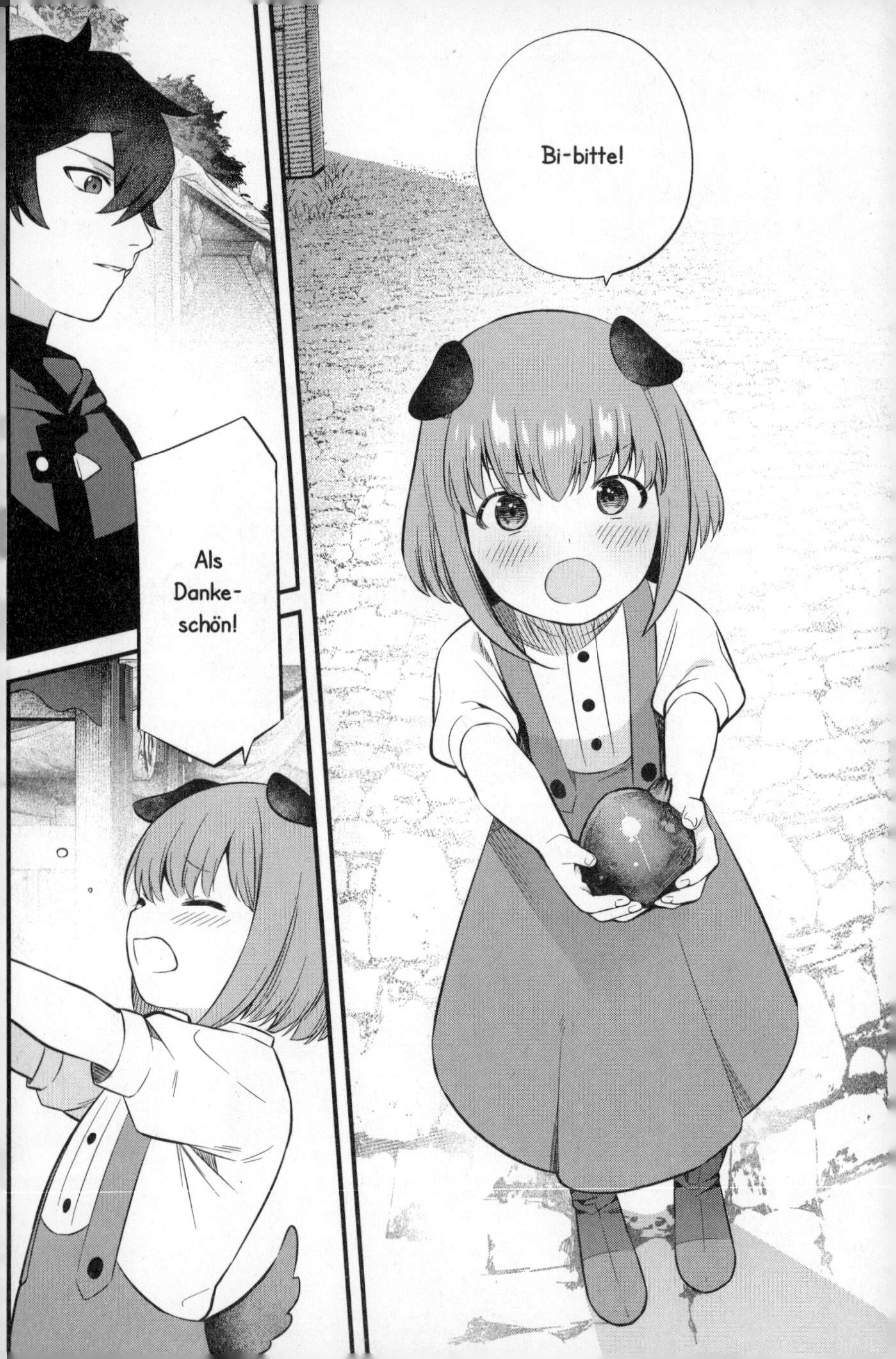
Bi-bitte!
Als Dankeschön!

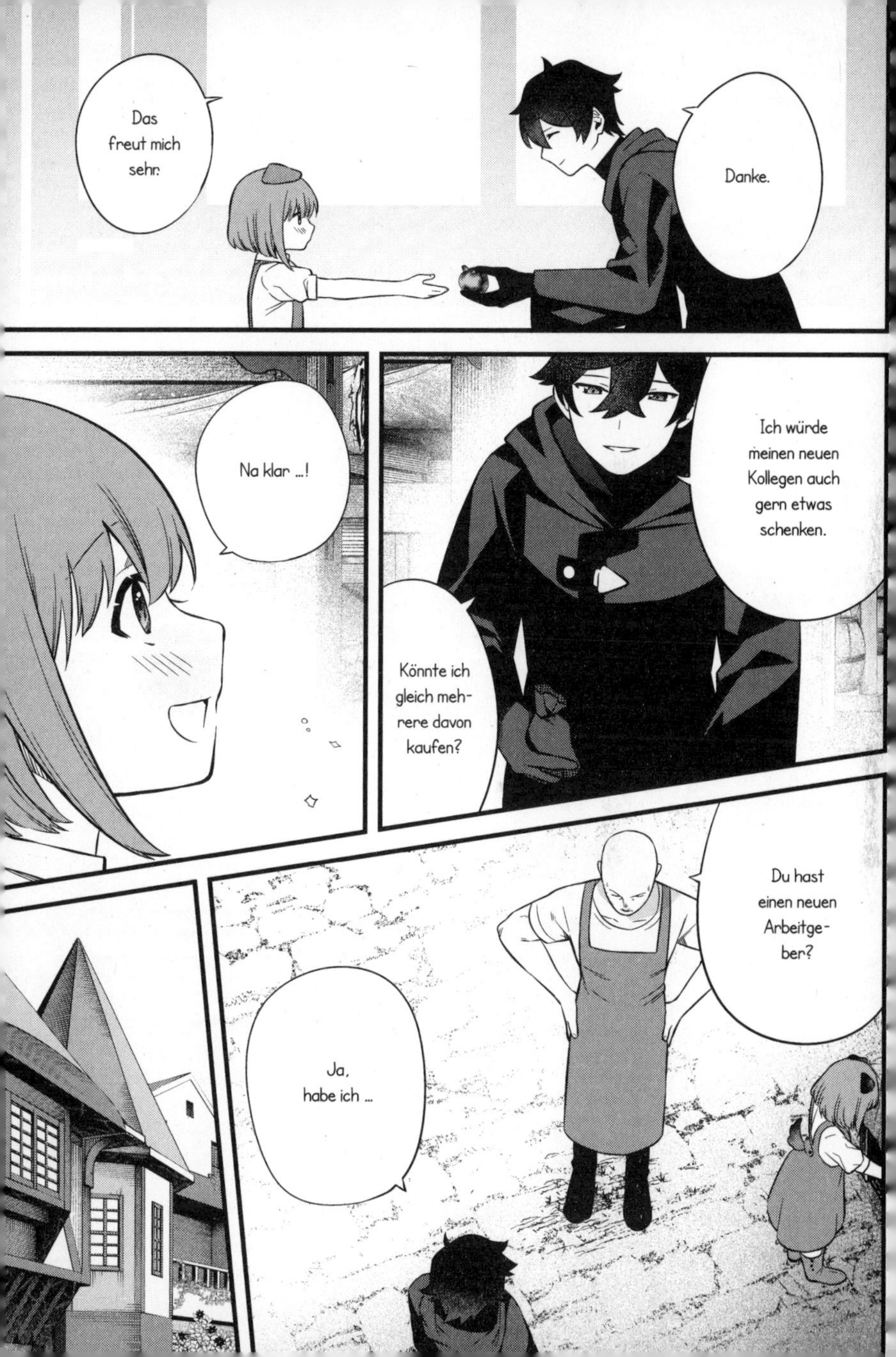
Danke.
Das freut mich sehr.
Ich würde meinen neuen Kollegen auch gern etwas schenken.
Könnte ich gleich mehrere davon kaufen?
Na klar ...!
Du hast einen neuen Arbeitgeber?
Ja, habe ich ...

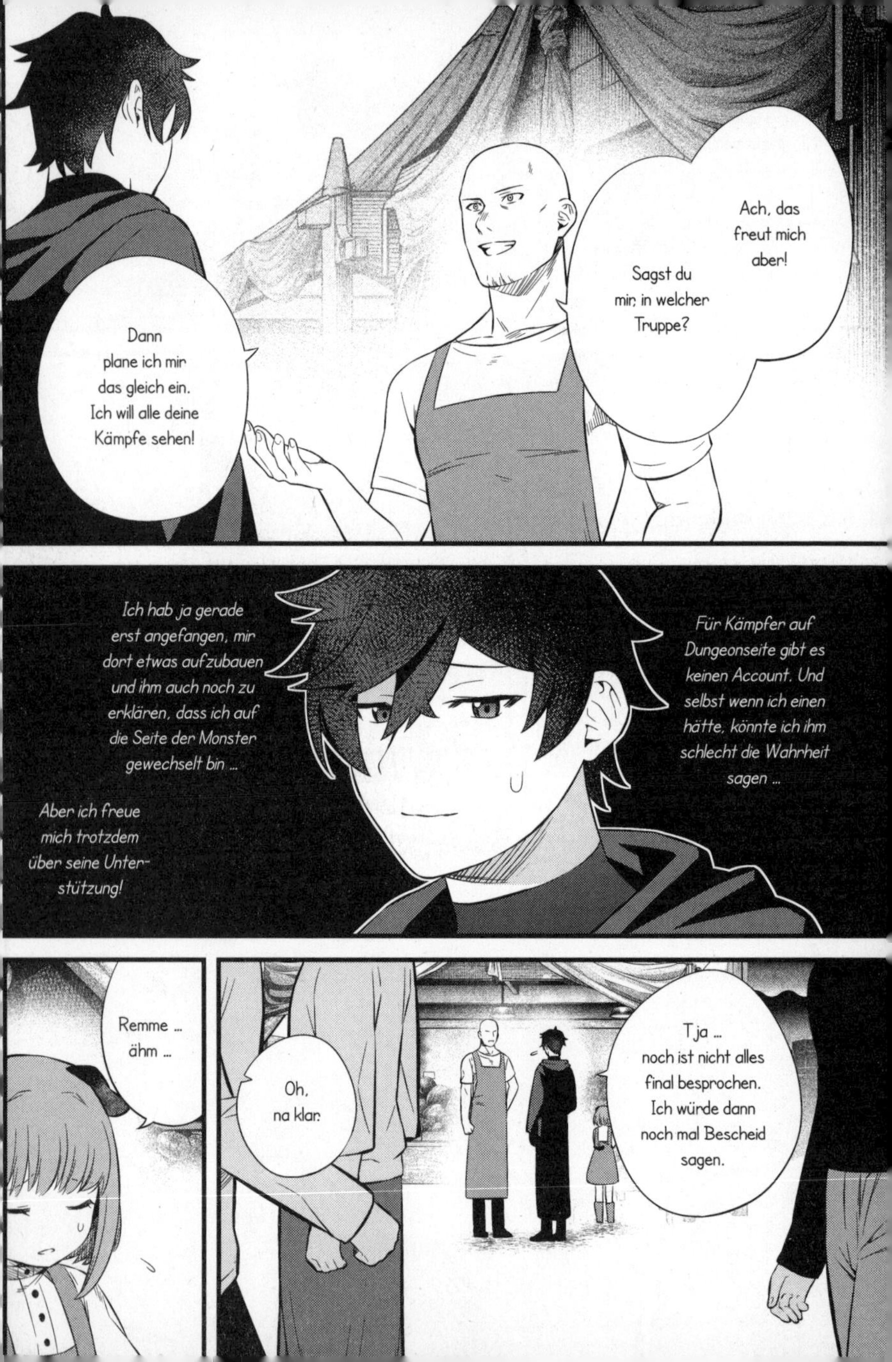
Ach, das freut mich aber!
Sagst du mir, in welcher Truppe?
Dann plane ich mir das gleich ein. Ich will alle deine Kämpfe sehen!
Für Kämpfer auf Dungeonseite gibt es keinen Account. Und selbst wenn ich einen hätte, könnte ich ihm schlecht die Wahrheit sagen …
Ich hab ja gerade erst angefangen, mir dort etwas aufzubauen und ihm auch noch zu erklären, dass ich auf die Seite der Monster gewechselt bin …
Aber ich freue mich trotzdem über seine Unterstützung!
Tja … noch ist nicht alles final besprochen. Ich würde dann noch mal Bescheid sagen.
Oh, na klar.
Remme … ähm …

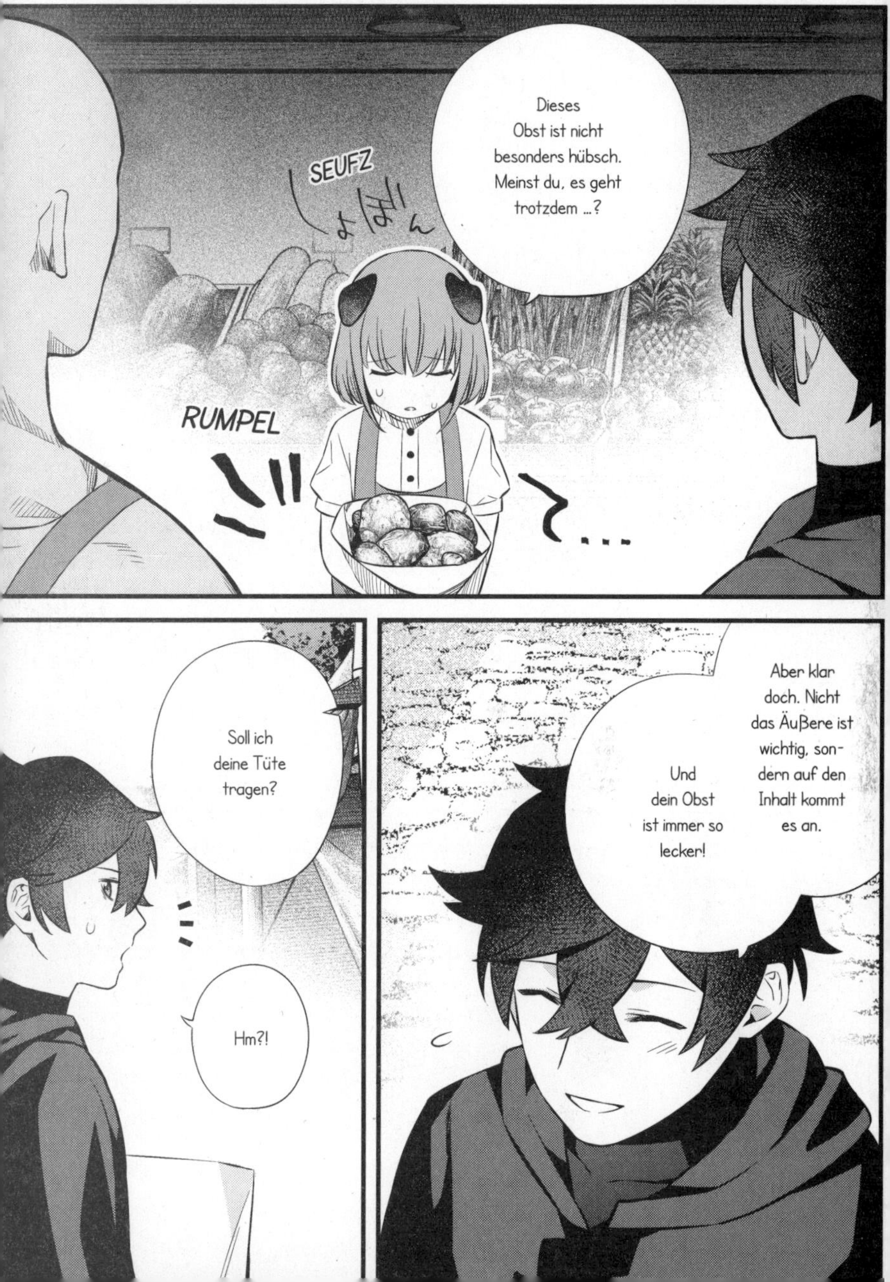
Dieses Obst ist nicht besonders hübsch. Meinst du, es geht trotzdem ...?
SEUFZ
RUMPEL
Aber klar doch. Nicht das Äußere ist wichtig, sondern auf den Inhalt kommt es an.
Und dein Obst ist immer so lecker!
Soll ich deine Tüte tragen?
Hm?!

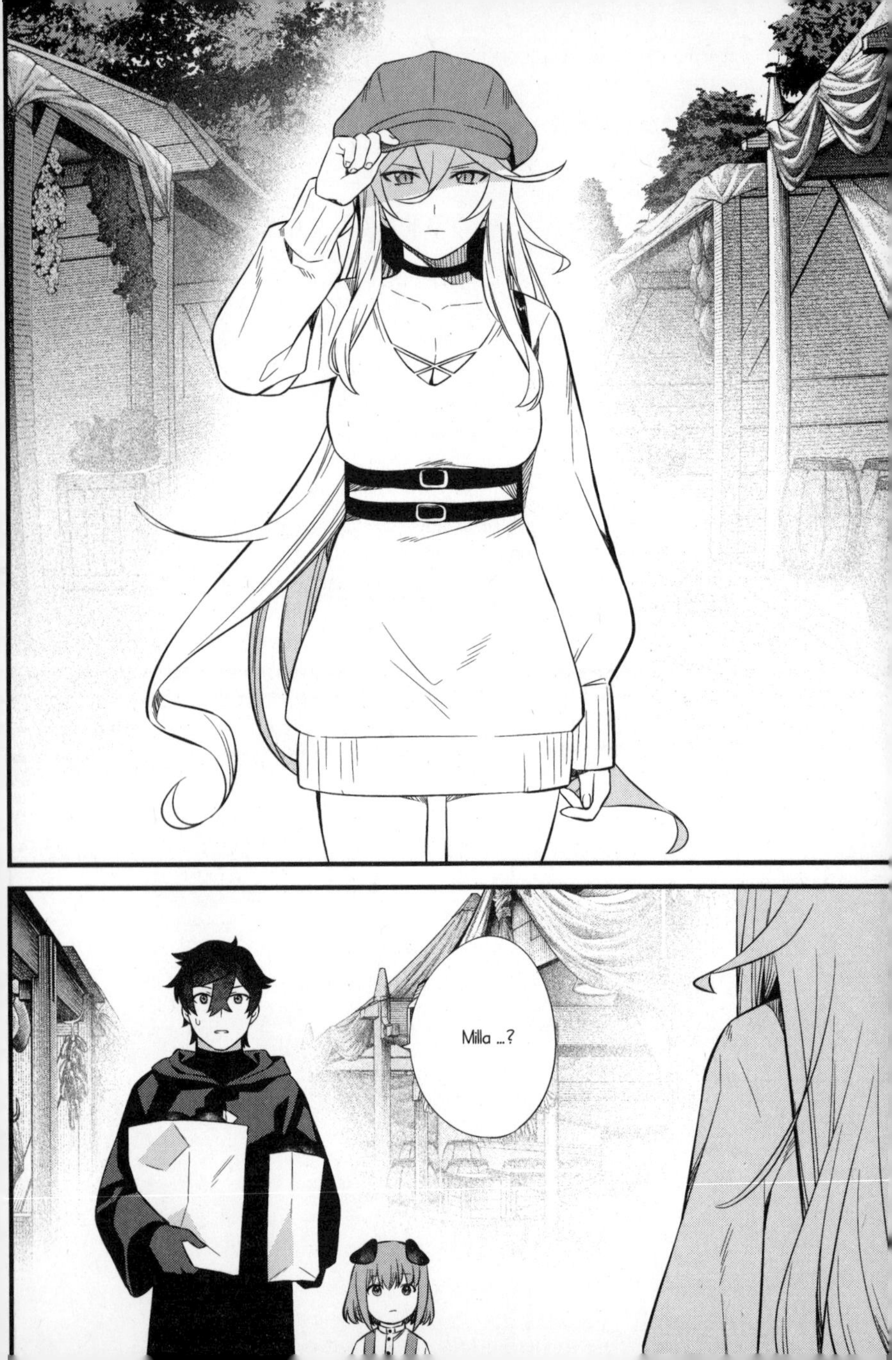
Milla ...?

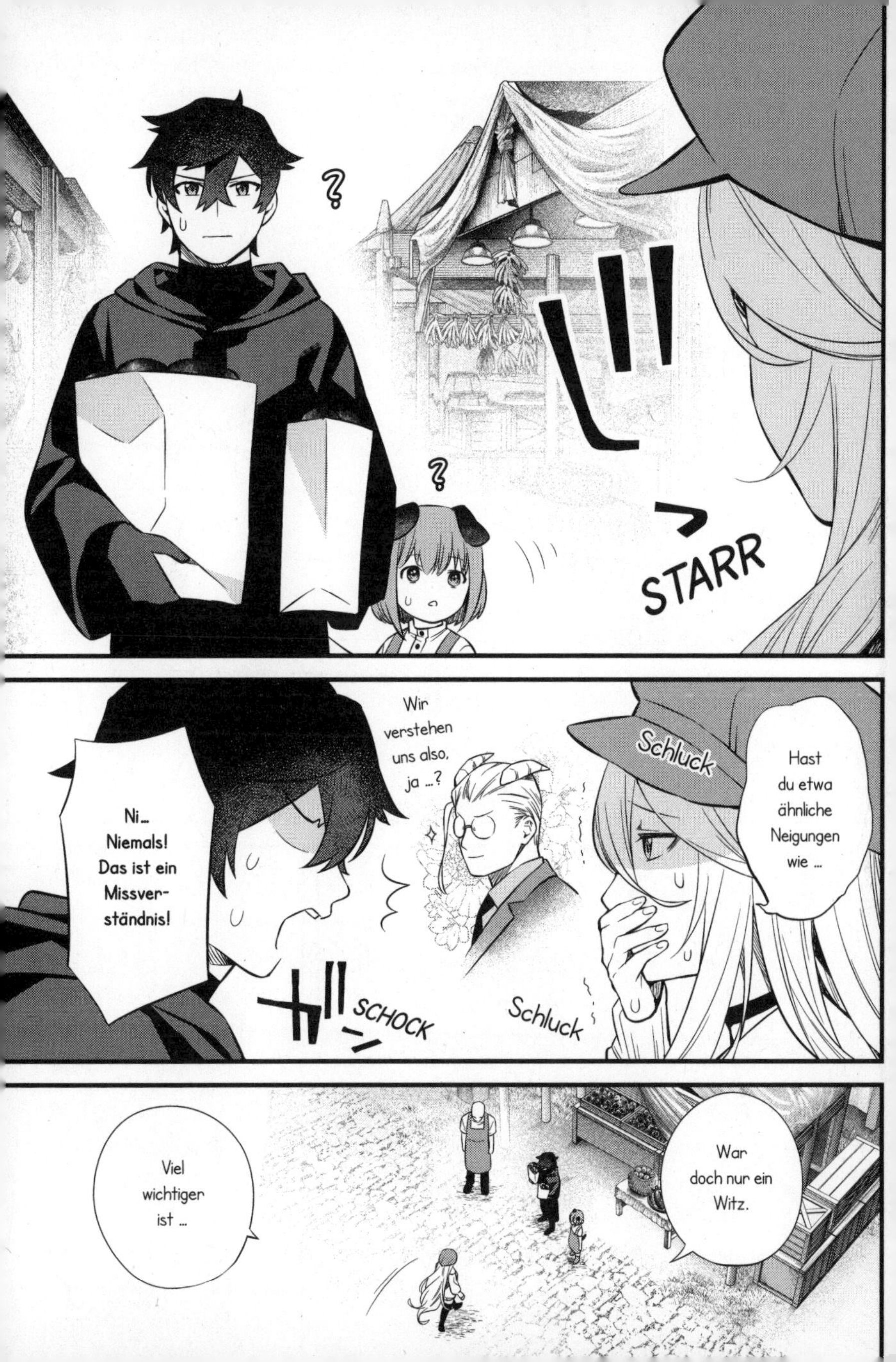
STARR
??
Schluck
Hast du etwa ähnliche Neigungen wie ...
Schluck
Wir verstehen uns also, ja ...?
Ni... Niemals! Das ist ein Missverständnis!
SCHOCK
War doch nur ein Witz.
Viel wichtiger ist ...

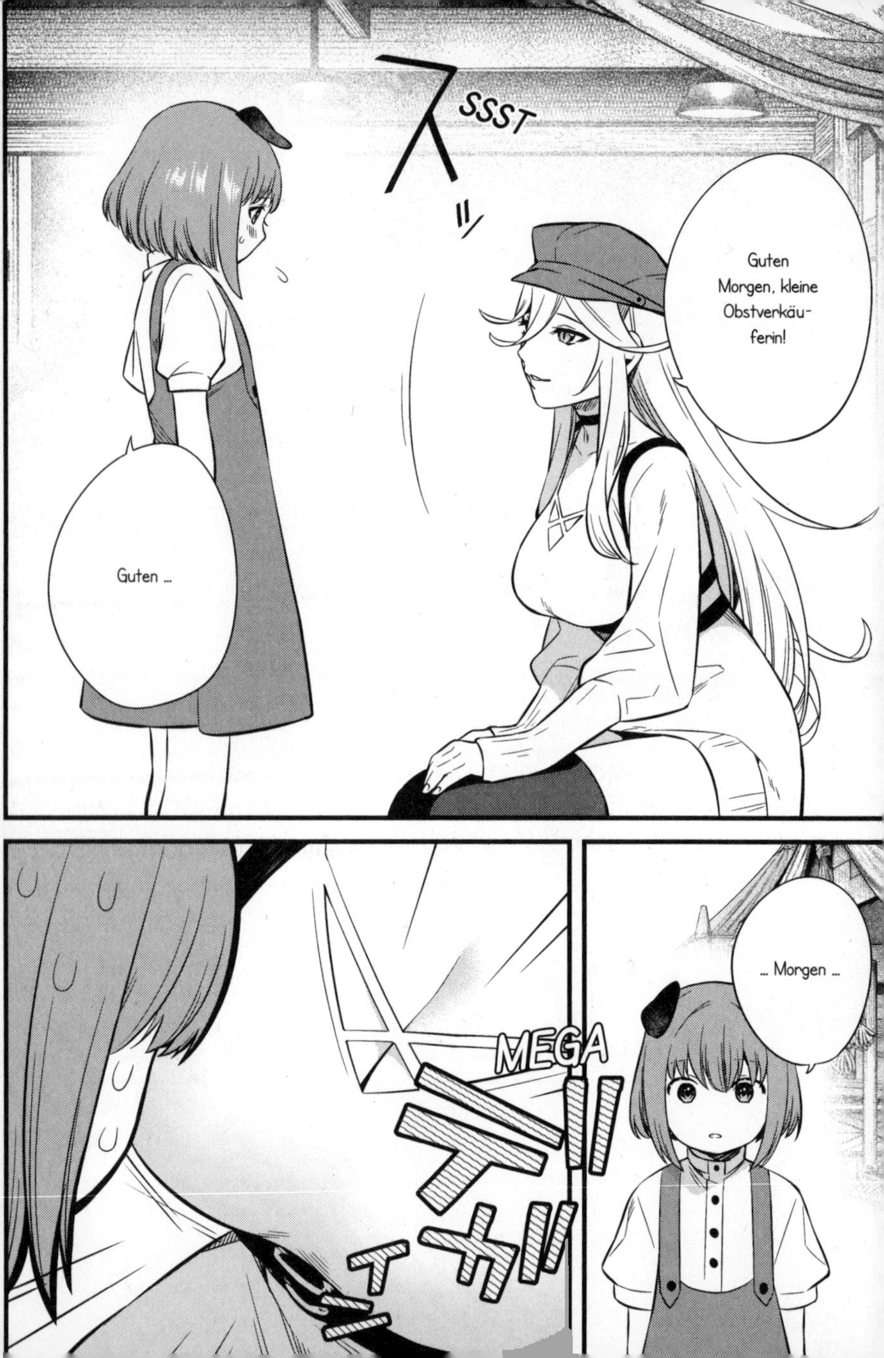
SSST
Guten Morgen, kleine Obstverkäu-ferin!
Guten ...
... Morgen ...
MEGA

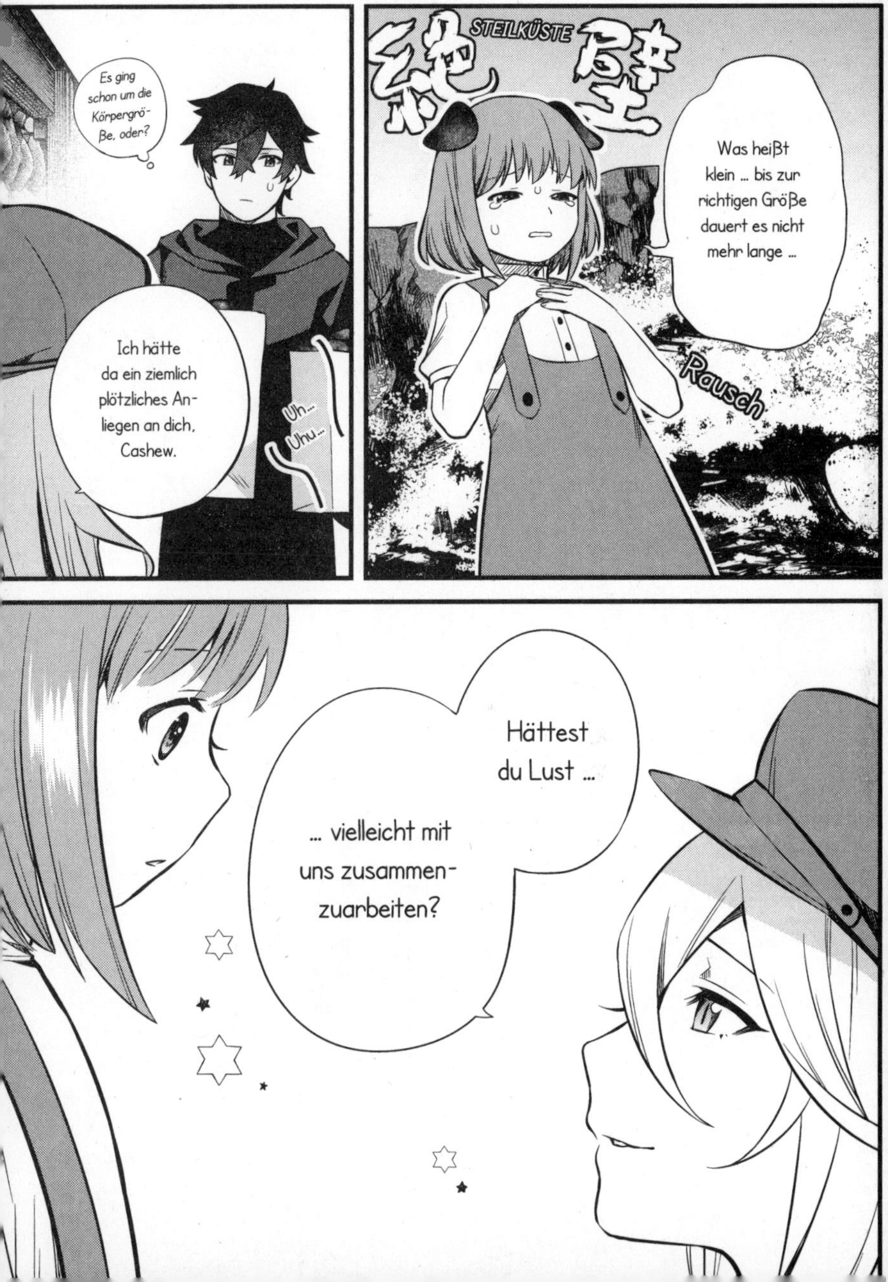
絶壁
STEILKÜSTE
Was heißt klein ... bis zur richtigen Größe dauert es nicht mehr lange ...
Rausch
Es ging schon um die Körpergrö-ße, oder?
Ich hätte da ein ziemlich plötzliches Anliegen an dich, Cashew.
Uh... Uhu...
Hättest du Lust ...
... vielleicht mit uns zusammen-zuarbeiten?

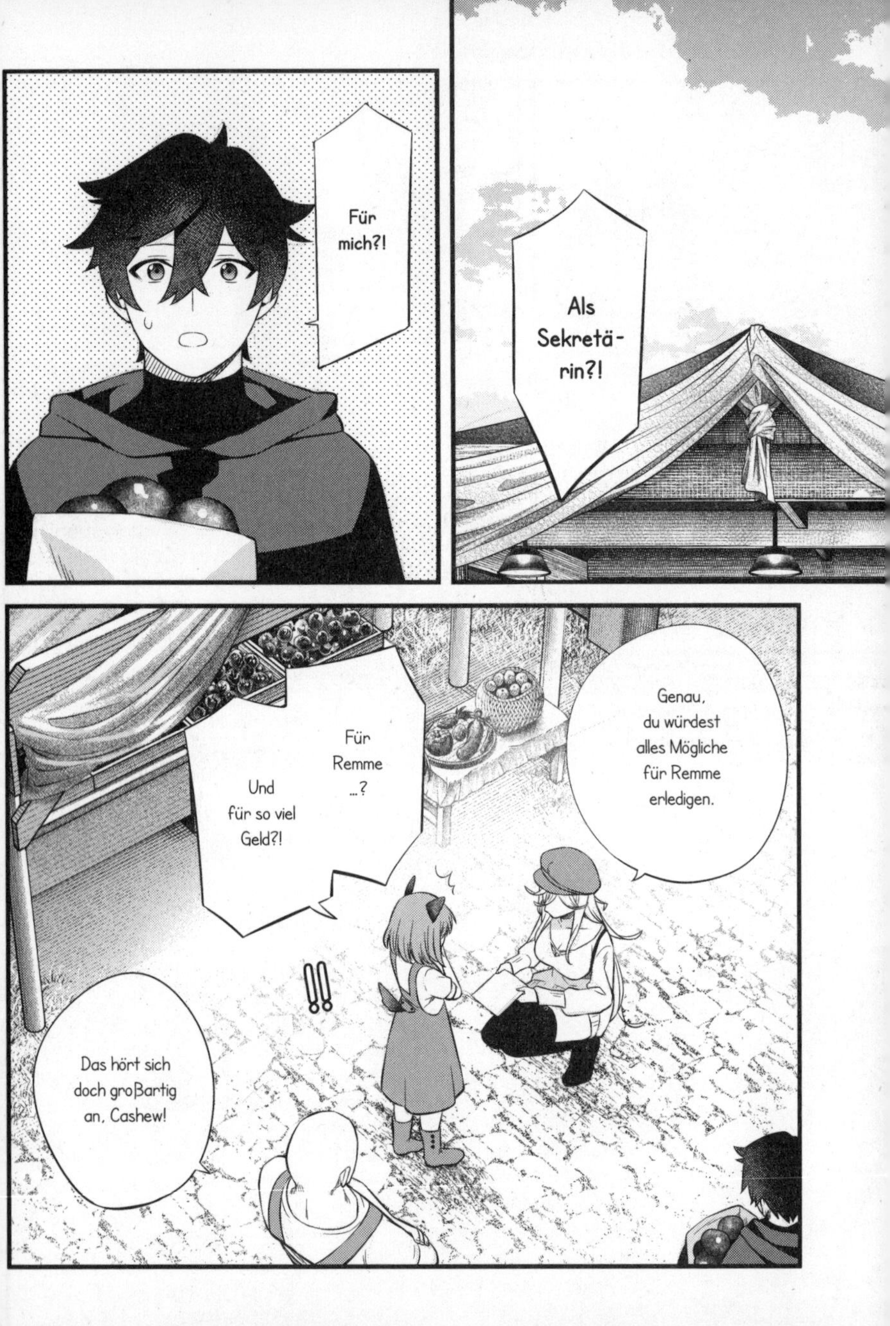

Als Sekretärin?!
Für mich?!
Genau, du würdest alles Mögliche für Remme erledigen.
Für Remme ...?
Und für so viel Geld?!
!!
Das hört sich doch großartig an, Cashew!

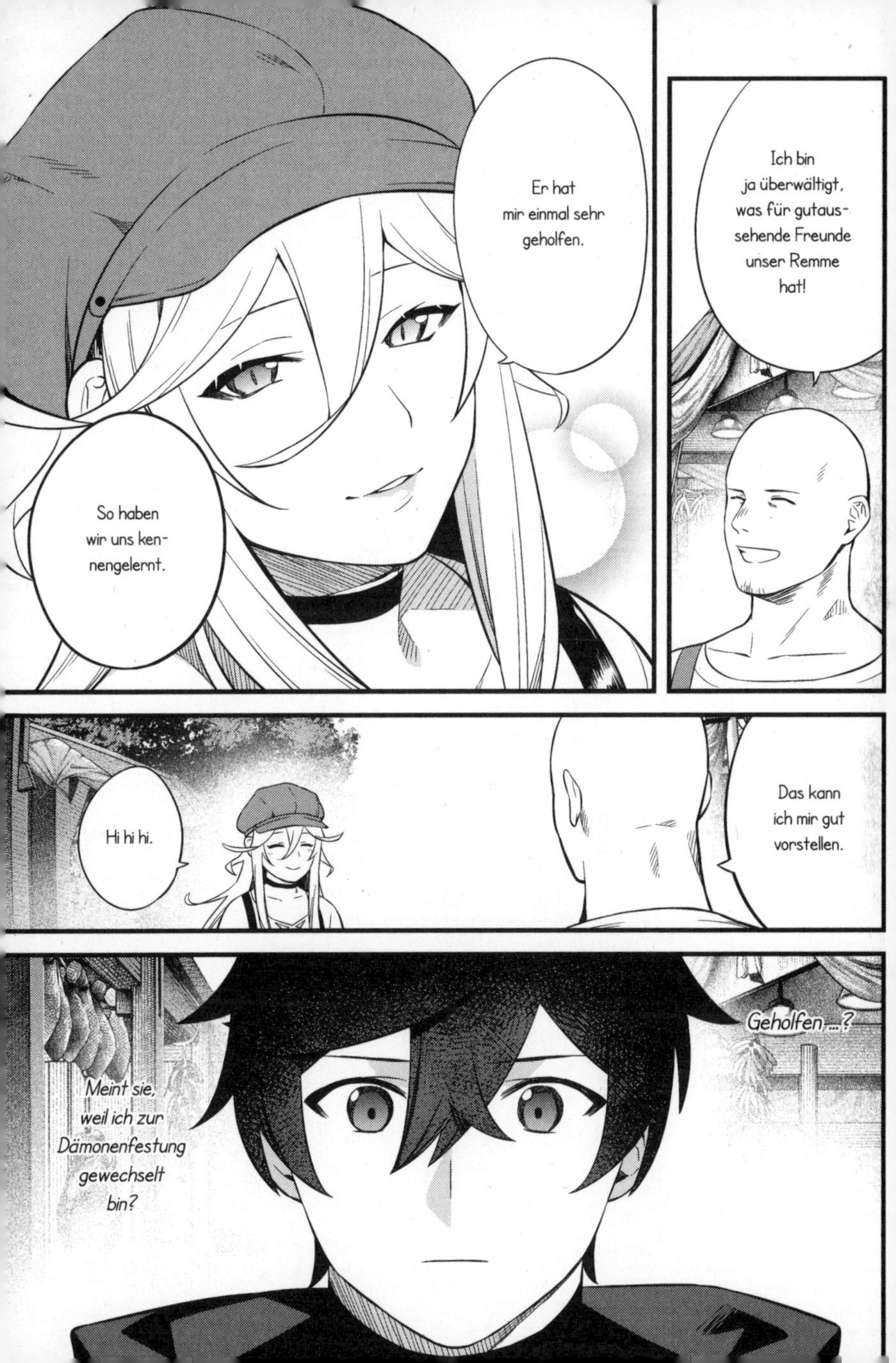
Ich bin ja überwältigt, was für gutaussehende Freunde unser Remme hat!
Er hat mir einmal sehr geholfen.
So haben wir uns kennengelernt.
Das kann ich mir gut vorstellen.
Hi hi hi.
Geholfen ...?
Meint sie, weil ich zur Dämonenfestung gewechselt bin?

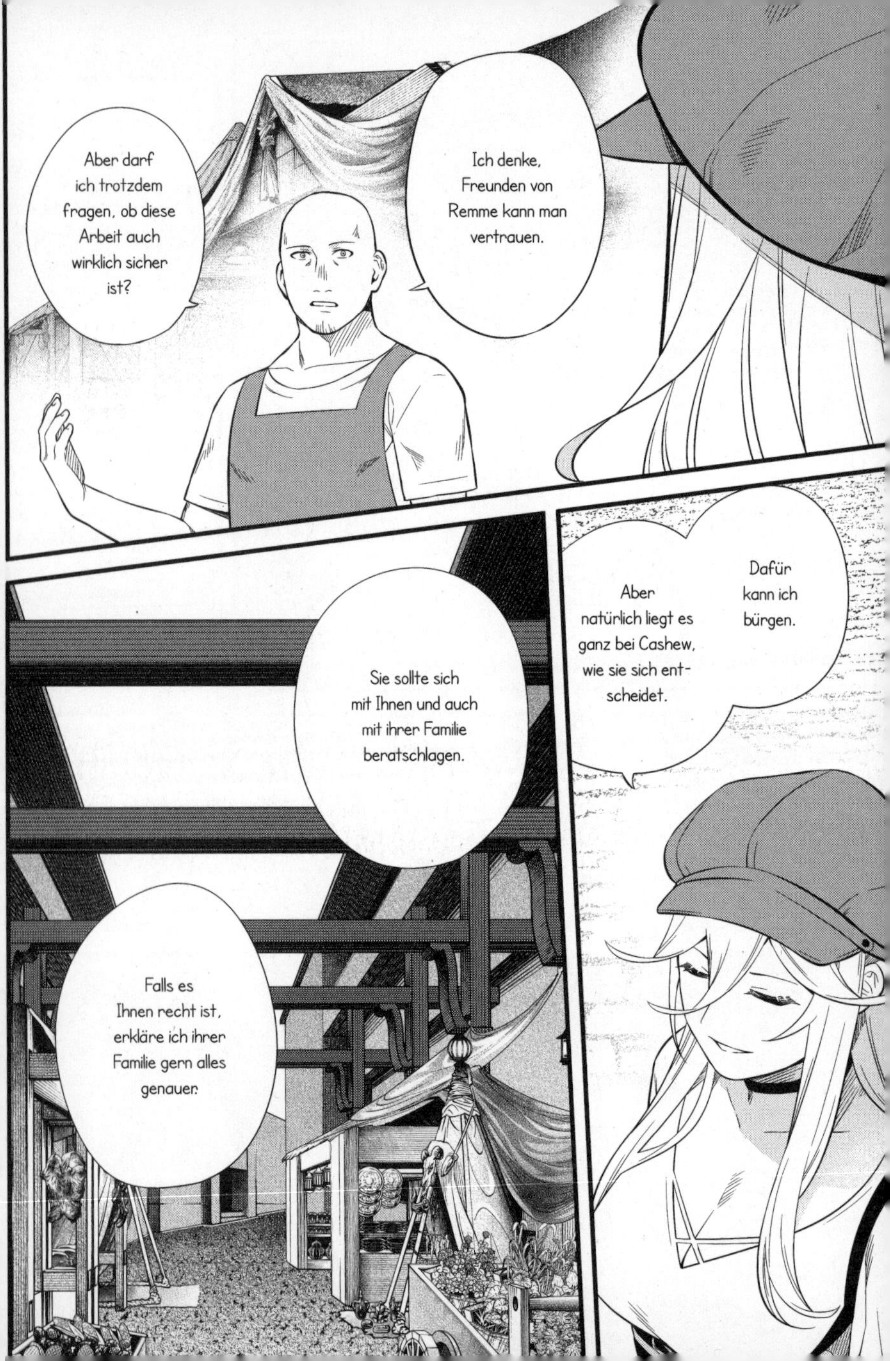
Ich denke, Freunden von Remme kann man vertrauen.
Aber darf ich trotzdem fragen, ob diese Arbeit auch wirklich sicher ist?
Dafür kann ich bürgen.
Aber natürlich liegt es ganz bei Cashew, wie sie sich entscheidet.
Sie sollte sich mit Ihnen und auch mit ihrer Familie beratschlagen.
Falls es Ihnen recht ist, erkläre ich ihrer Familie gern alles genauer.

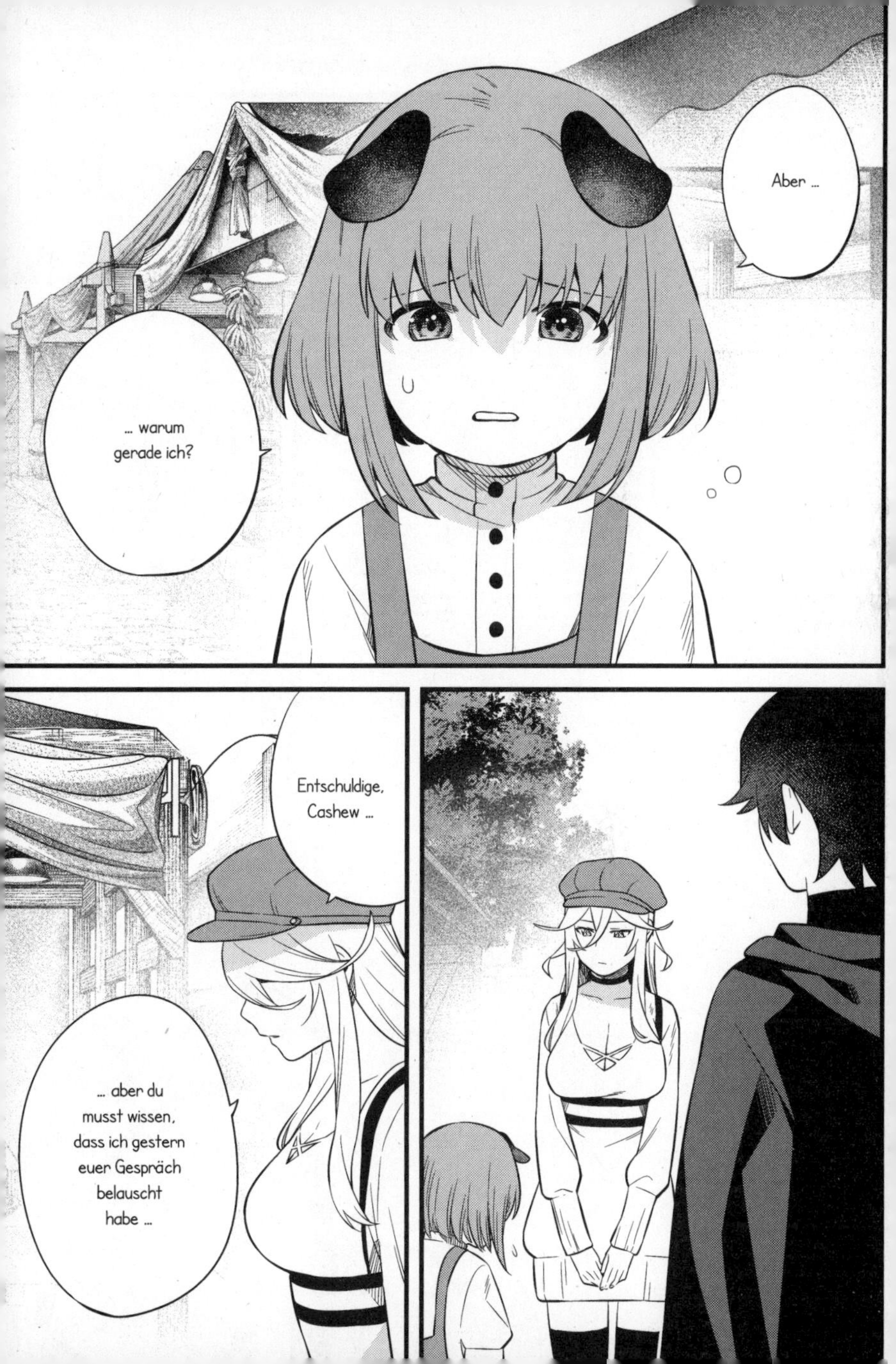
Aber ...
... warum gerade ich?
Entschuldige, Cashew ...
... aber du musst wissen, dass ich gestern euer Gespräch belauscht habe ...

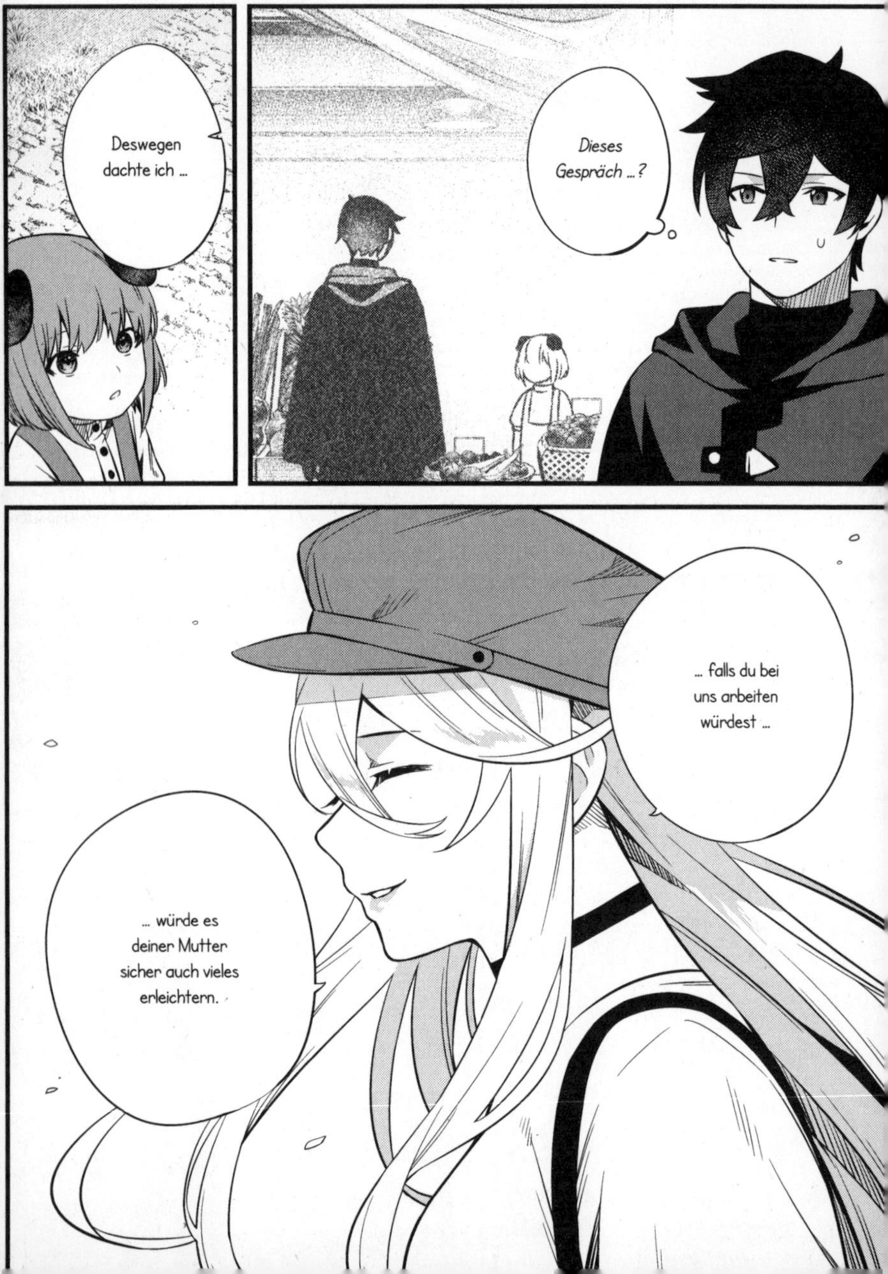
Dieses Gespräch ...?
Deswegen dachte ich ...
... falls du bei uns arbeiten würdest ...
... würde es deiner Mutter sicher auch vieles erleichtern.

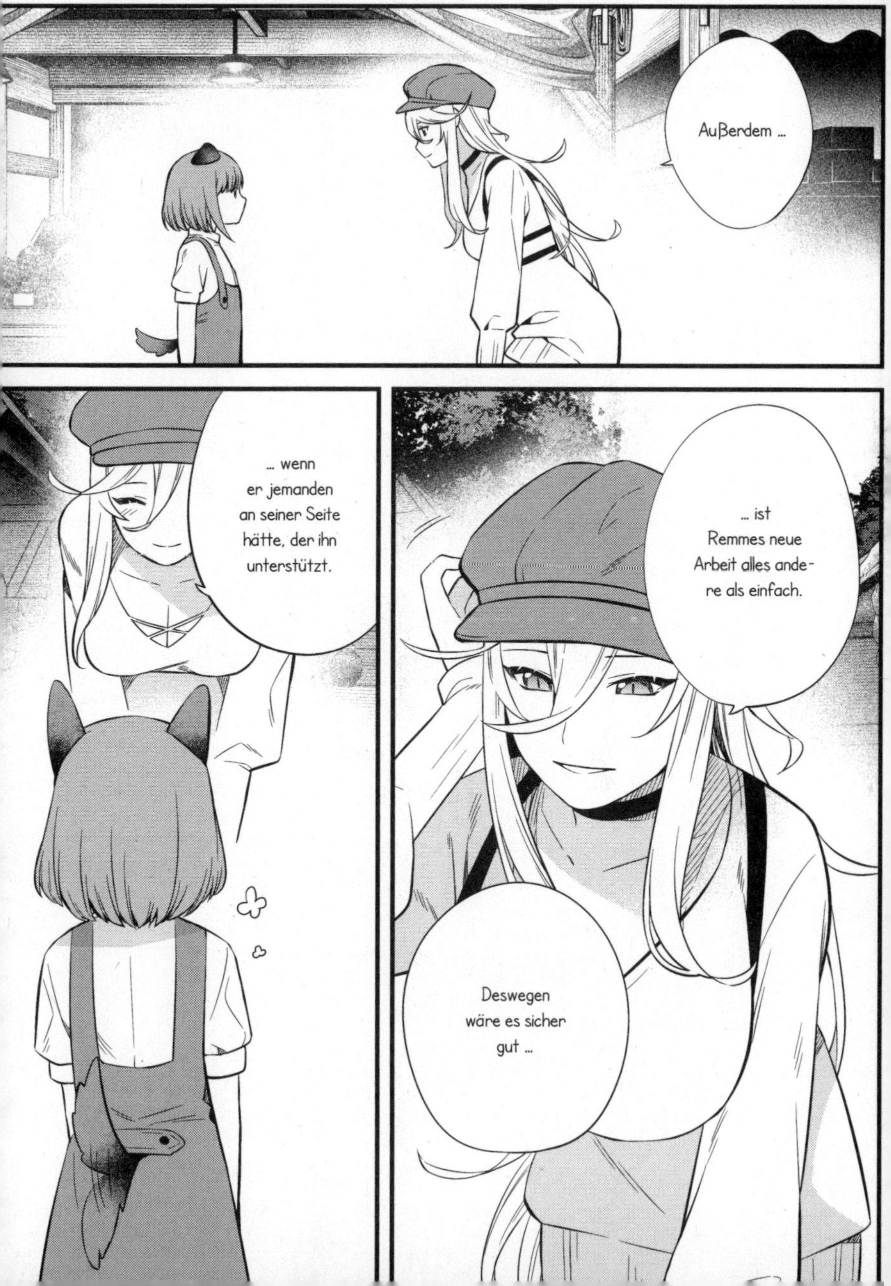
Außerdem ...
... ist Remmes neue Arbeit alles andere als einfach.
Deswegen wäre es sicher gut ...
... wenn er jemanden an seiner Seite hätte, der ihn unterstützt.

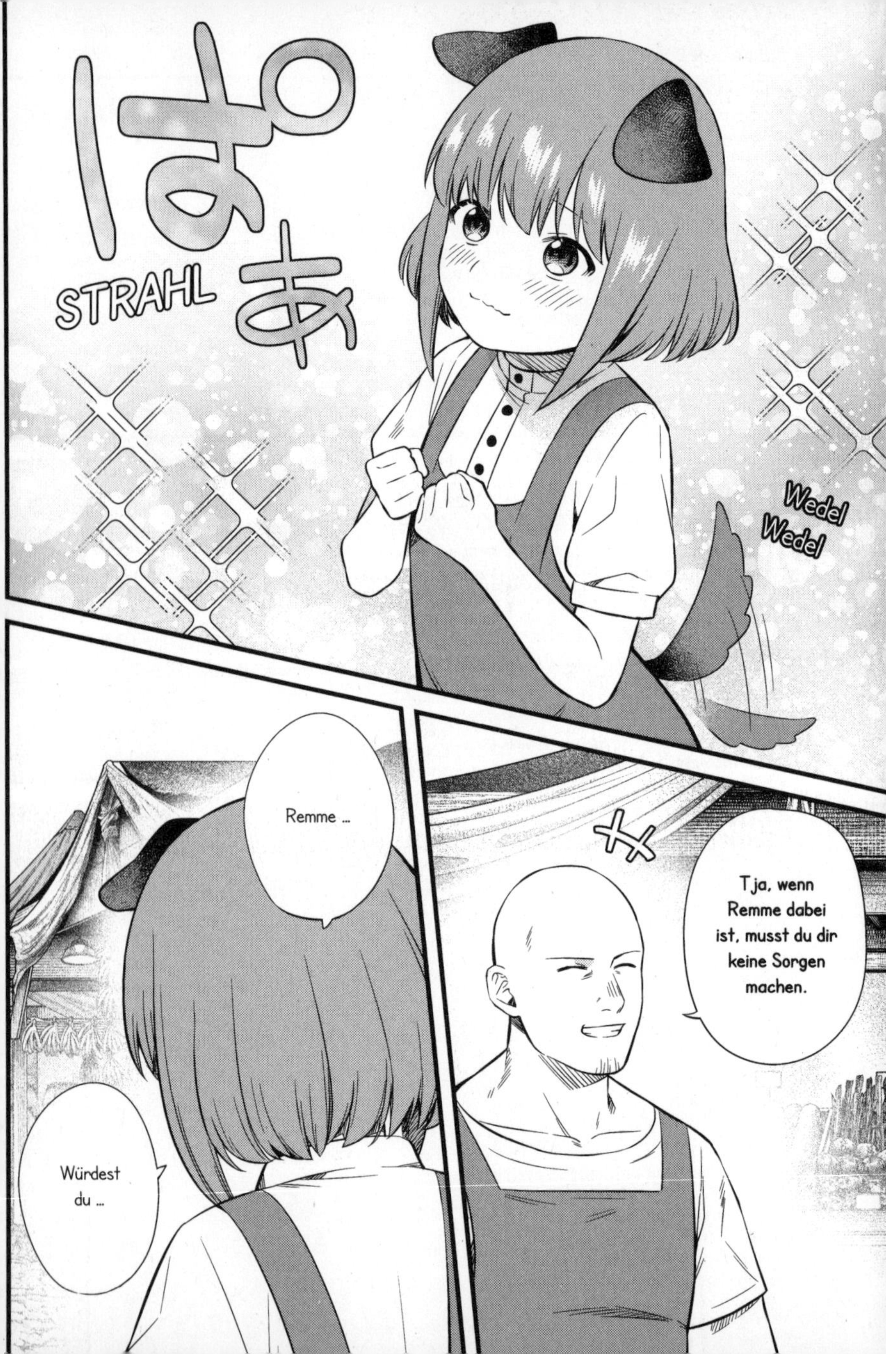
ぱあ
STRAHL
Wedel
Wedel
Tja, wenn Remme dabei ist, musst du dir keine Sorgen machen.
Remme ...
Würdest du ...

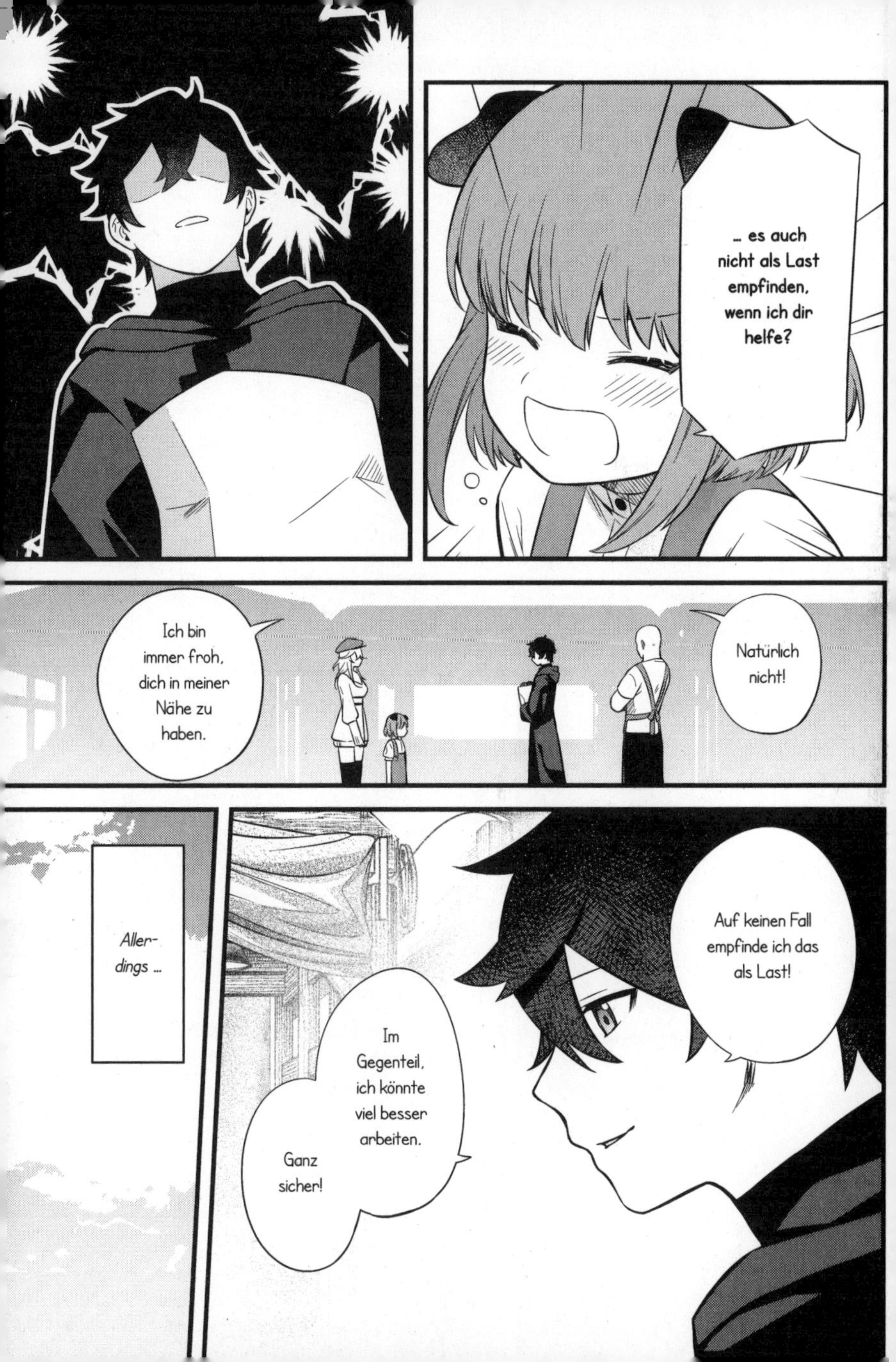
... es auch nicht als Last empfinden, wenn ich dir helfe?
Natürlich nicht!
Ich bin immer froh, dich in meiner Nähe zu haben.
Auf keinen Fall empfinde ich das als Last!
Im Gegenteil, ich könnte viel besser arbeiten.
Ganz sicher!
Aller-dings ...

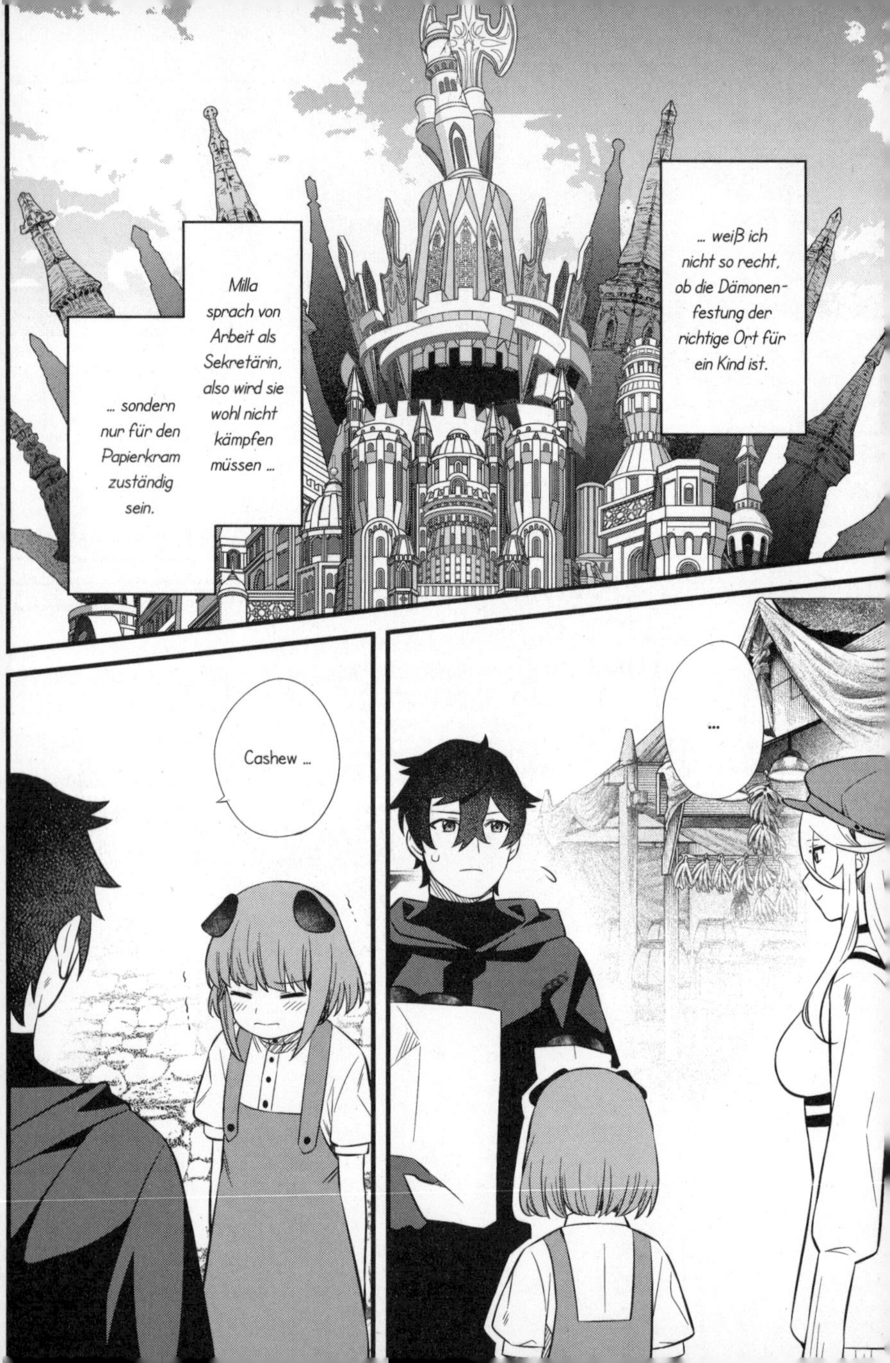
Milla sprach von Arbeit als Sekretärin, also wird sie wohl nicht kämpfen müssen ...
... sondern nur für den Papierkram zuständig sein.
... weiß ich nicht so recht, ob die Dämonen-festung der richtige Ort für ein Kind ist.
...
Cashew ...

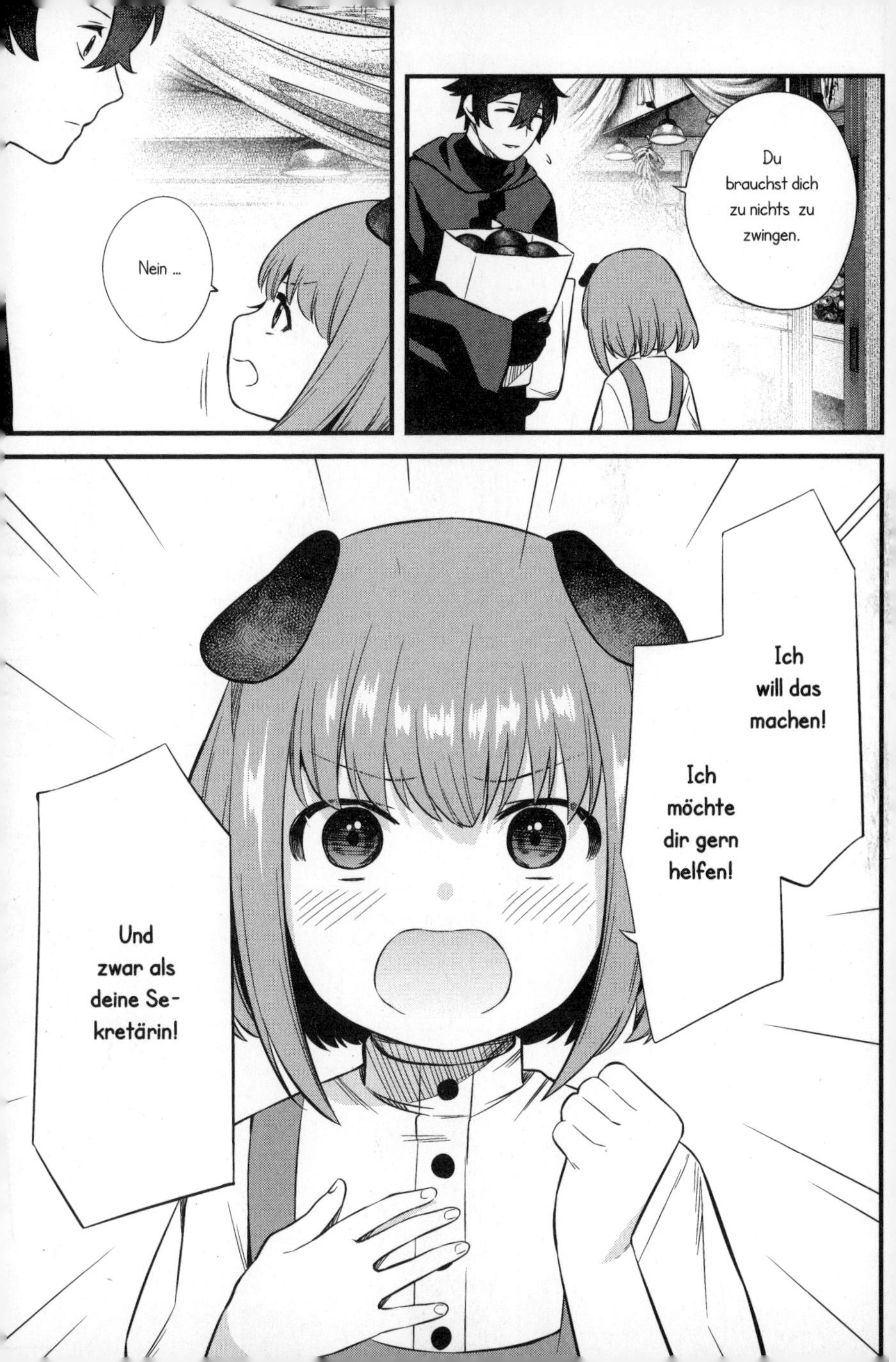
Du brauchst dich zu nichts zu zwingen.
Nein ...
Ich will das machen!
Ich möchte dir gern helfen!
Und zwar als deine Se-kretärin!

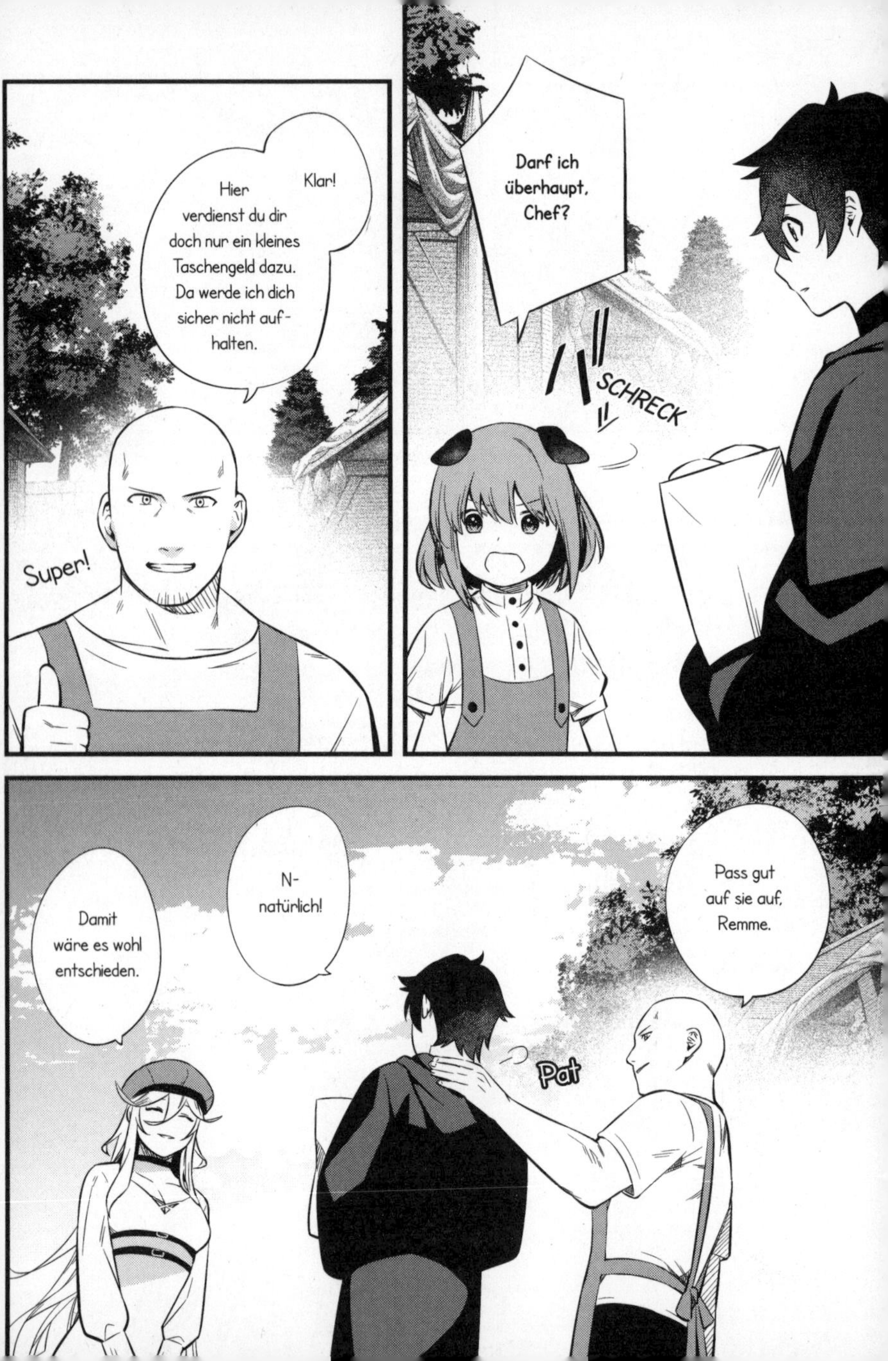
Darf ich überhaupt, Chef?
SCHRECK
Klar!
Hier verdienst du dir doch nur ein kleines Taschengeld dazu. Da werde ich dich sicher nicht auf-halten.
Super!
Pass gut auf sie auf, Remme.
Pat
N-natürlich!
Damit wäre es wohl entschieden.

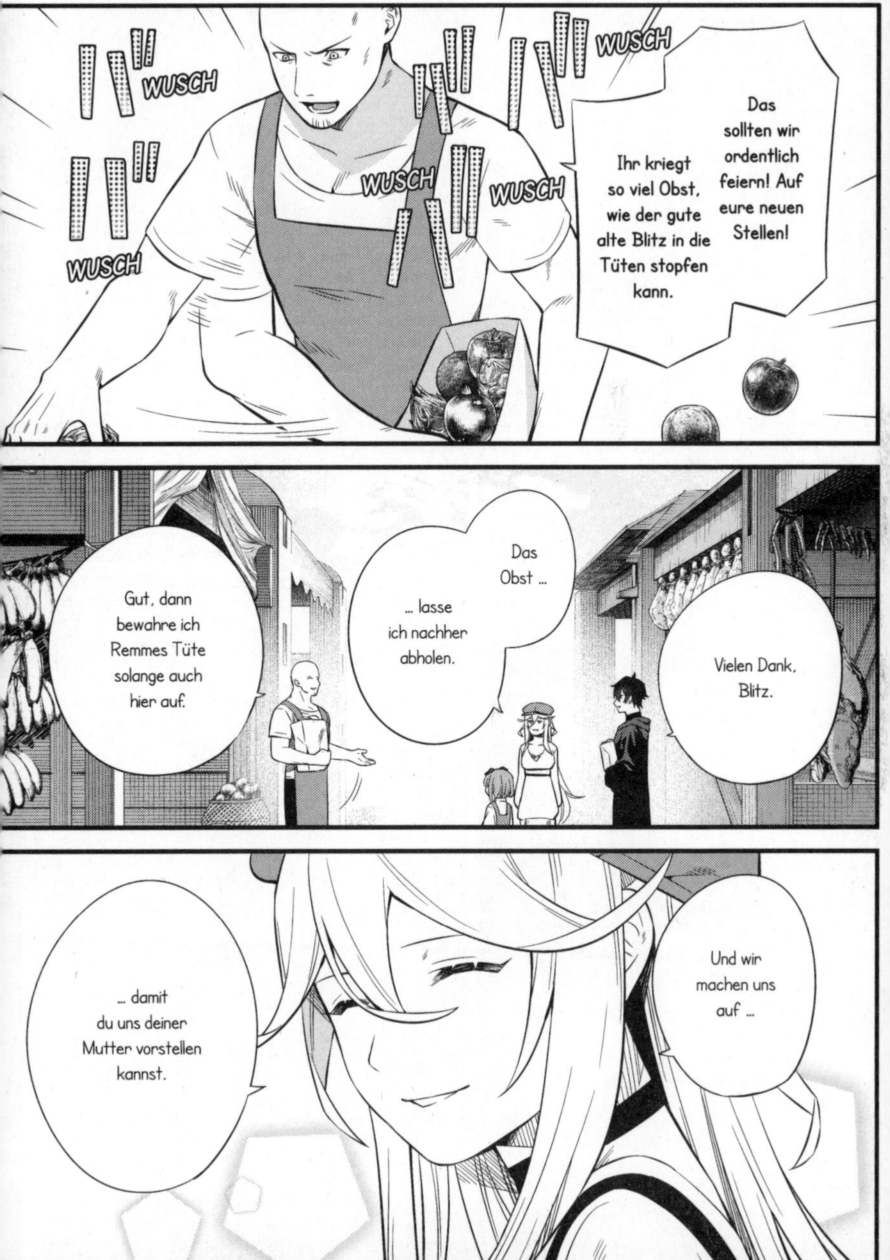
WUSCH
WUSCH
WUSCH
WUSCH
WUSCH
WUSCH
Das sollten wir ordentlich feiern! Auf eure neuen Stellen!
Ihr kriegt so viel Obst, wie der gute alte Blitz in die Tüten stopfen kann.
Vielen Dank, Blitz.
Das Obst ...
... lasse ich nachher abholen.
Gut, dann bewahre ich Remmes Tüte solange auch hier auf.
Und wir machen uns auf ...
... damit du uns deiner Mutter vorstellen kannst.

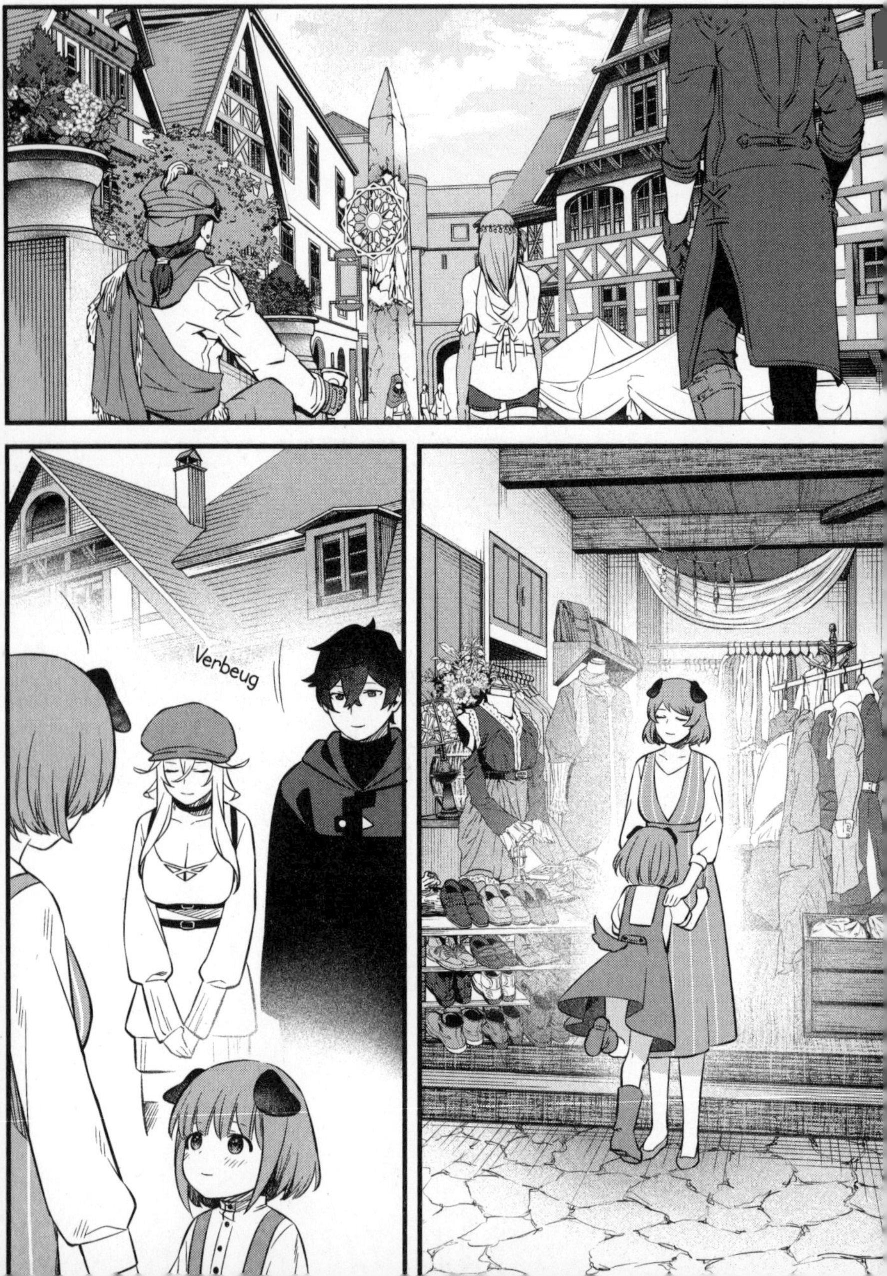
Verbeug

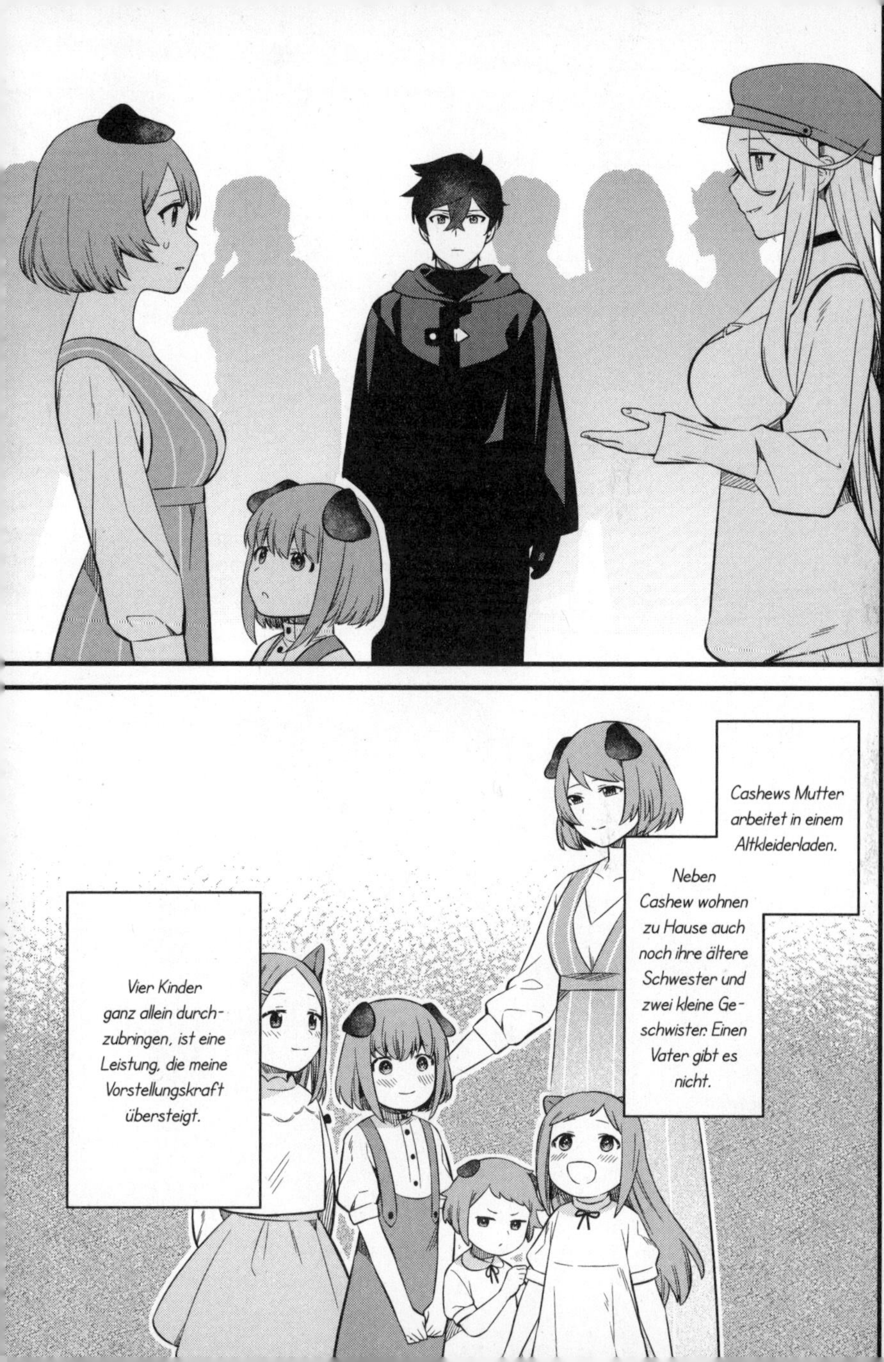
Cashews Mutter arbeitet in einem Altkleiderladen.
Neben Cashew wohnen zu Hause auch noch ihre ältere Schwester und zwei kleine Geschwister. Einen Vater gibt es nicht.
Vier Kinder ganz allein durchzubringen, ist eine Leistung, die meine Vorstellungskraft übersteigt.

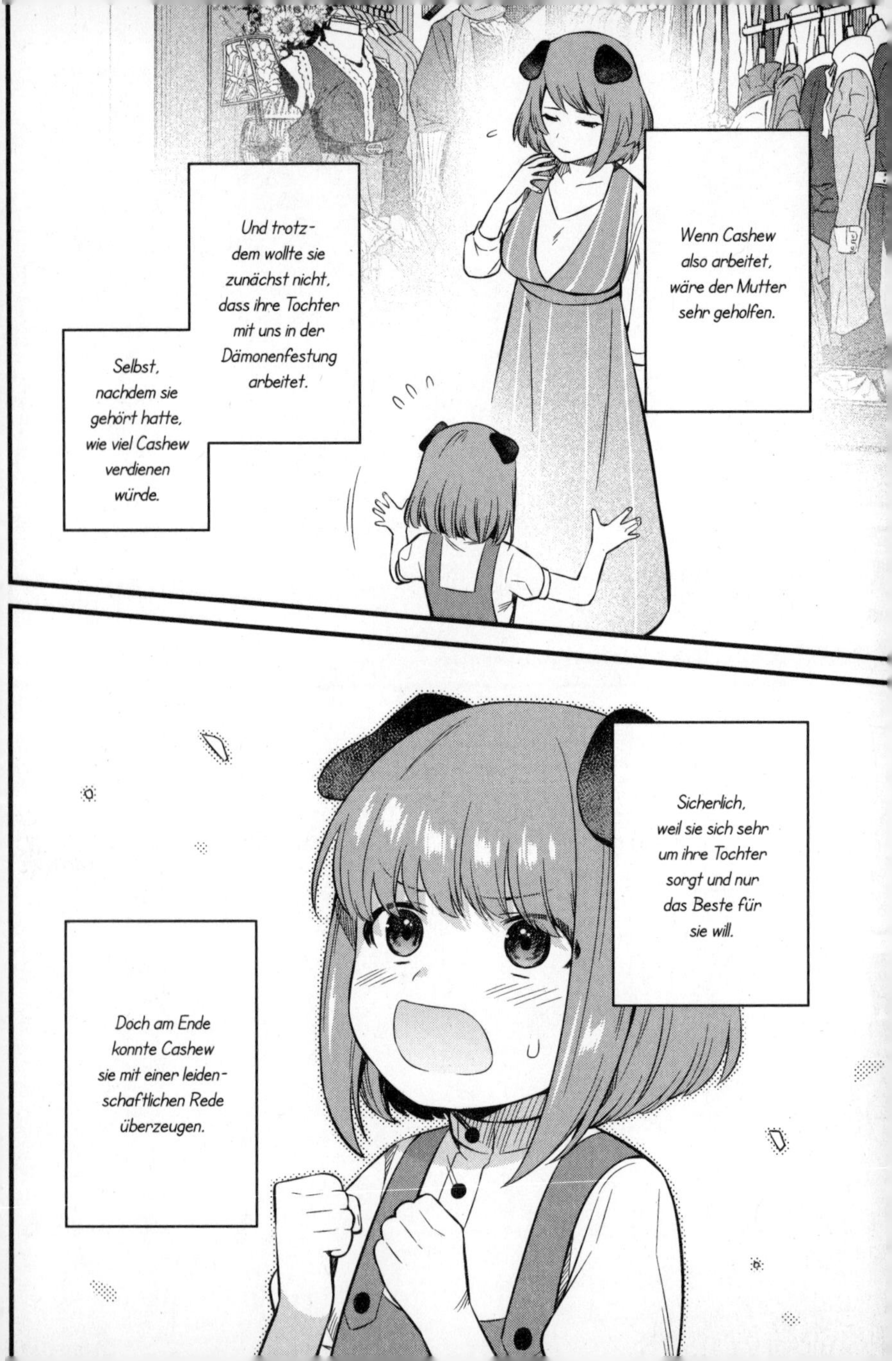
Wenn Cashew also arbeitet, wäre der Mutter sehr geholfen.
Und trotzdem wollte sie zunächst nicht, dass ihre Tochter mit uns in der Dämonenfestung arbeitet.
Selbst, nachdem sie gehört hatte, wie viel Cashew verdienen würde.
Sicherlich, weil sie sich sehr um ihre Tochter sorgt und nur das Beste für sie will.
Doch am Ende konnte Cashew sie mit einer leidenschaftlichen Rede überzeugen.

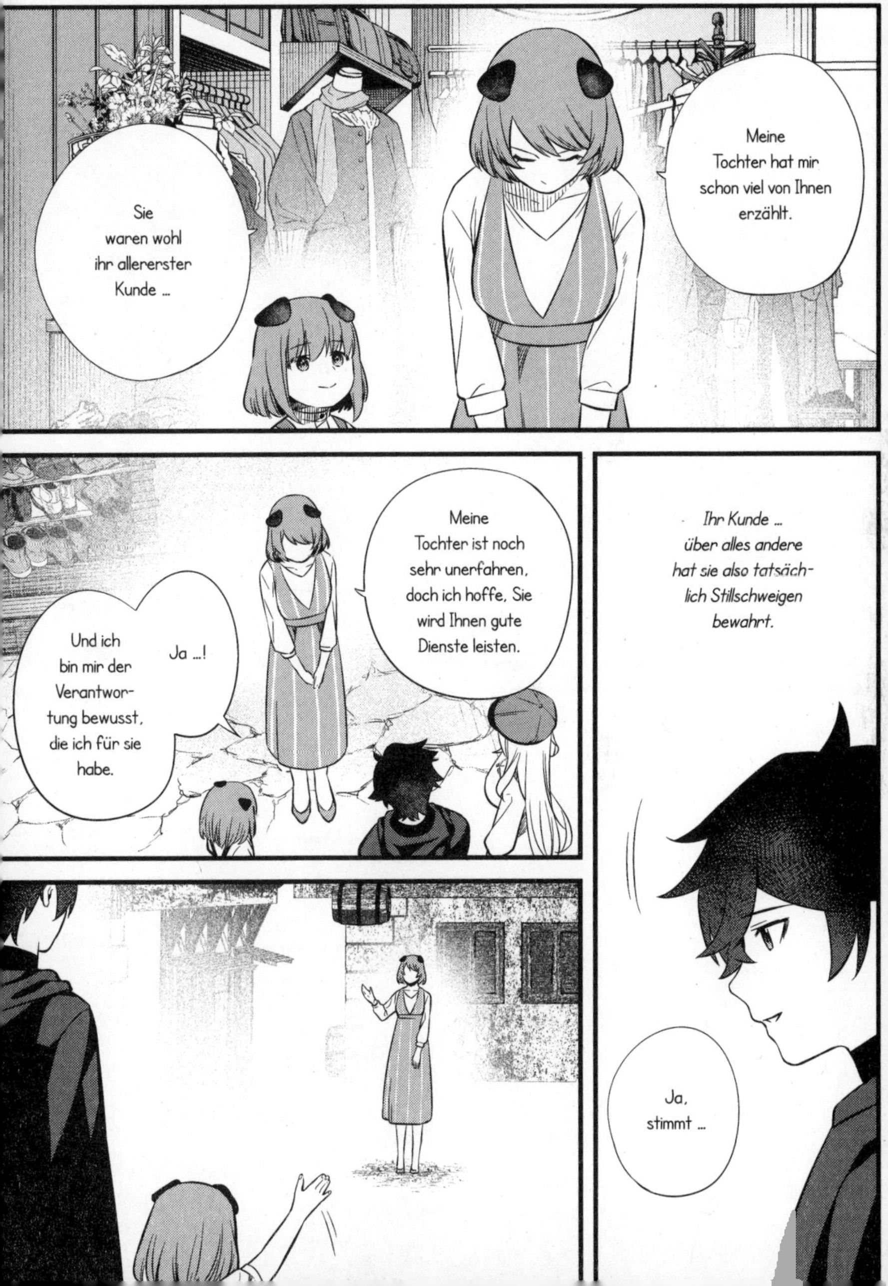
Meine Tochter hat mir schon viel von Ihnen erzählt.
Sie waren wohl ihr allererster Kunde ...
Meine Tochter ist noch sehr unerfahren, doch ich hoffe, Sie wird Ihnen gute Dienste leisten.
Ja ...!
Und ich bin mir der Verantwortung bewusst, die ich für sie habe.
Ihr Kunde ... über alles andere hat sie also tatsächlich Stillschweigen bewahrt.
Ja, stimmt ...

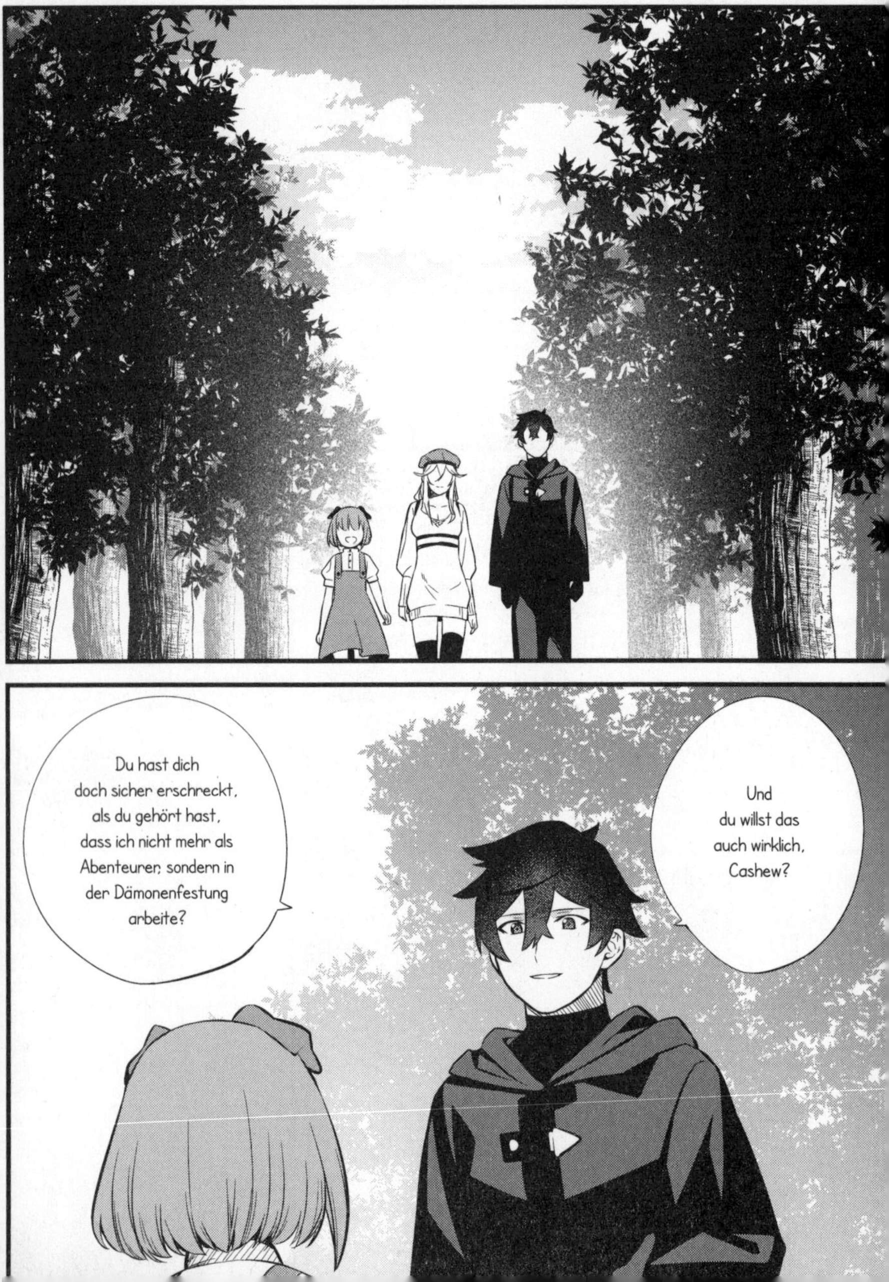
Und du willst das auch wirklich, Cashew?
Du hast dich doch sicher erschreckt, als du gehört hast, dass ich nicht mehr als Abenteurer, sondern in der Dämonenfestung arbeite?

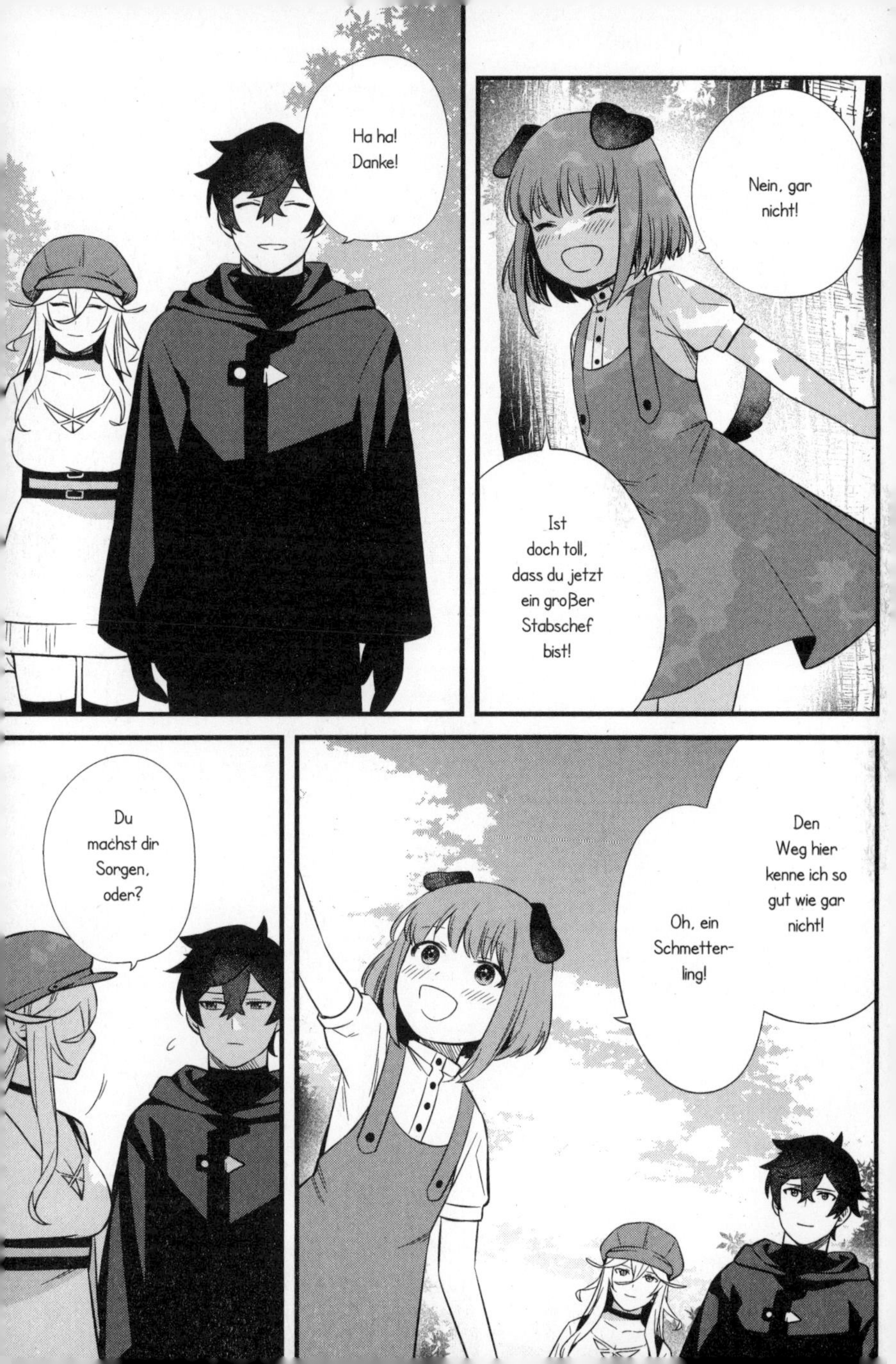
Nein, gar nicht!
Ist doch toll, dass du jetzt ein großer Stabschef bist!
Ha ha! Danke!
Den Weg hier kenne ich so gut wie gar nicht!
Oh, ein Schmetter-ling!
Du machst dir Sorgen, oder?

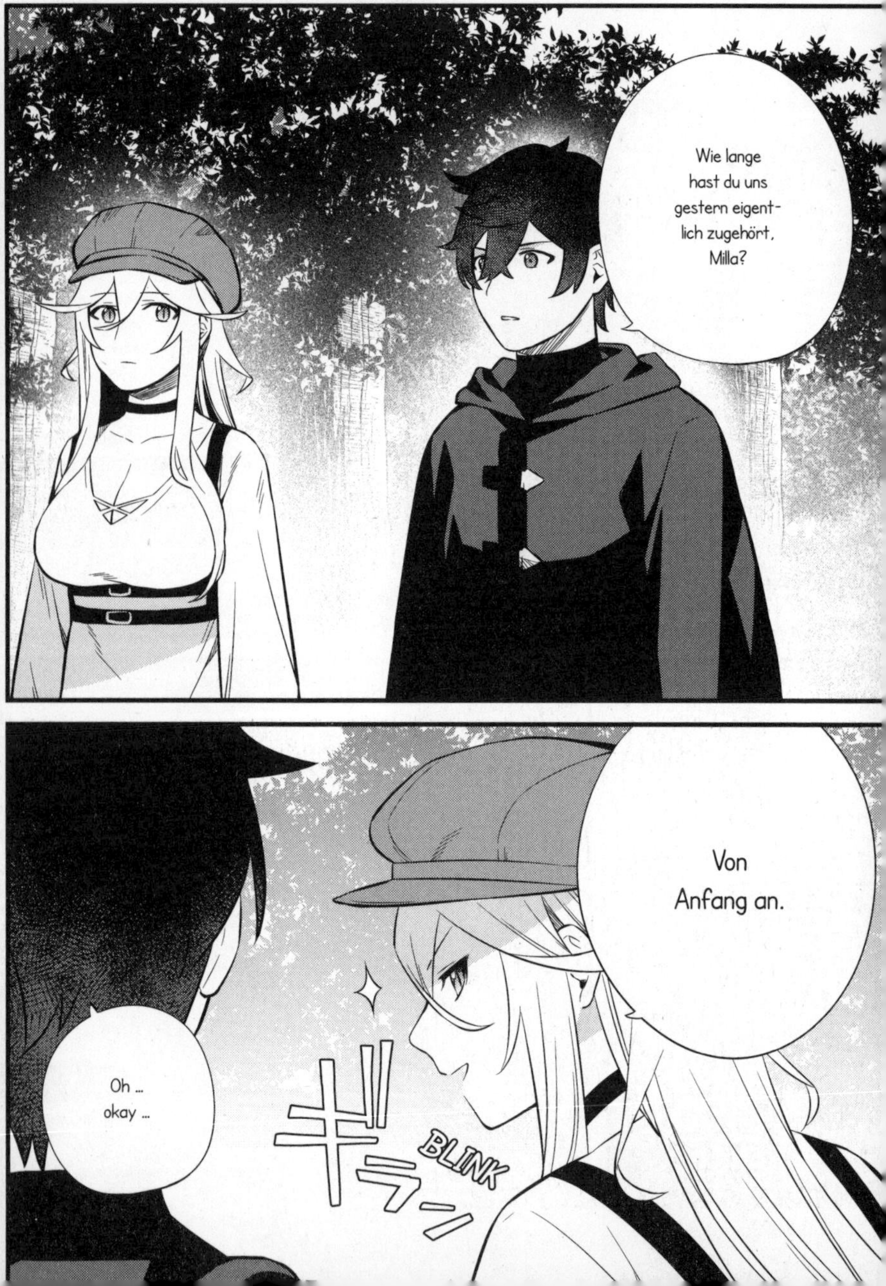
Wie lange hast du uns gestern eigentlich zugehört, Milla?
Von Anfang an.
キラーン
BLINK
Oh ... okay ...

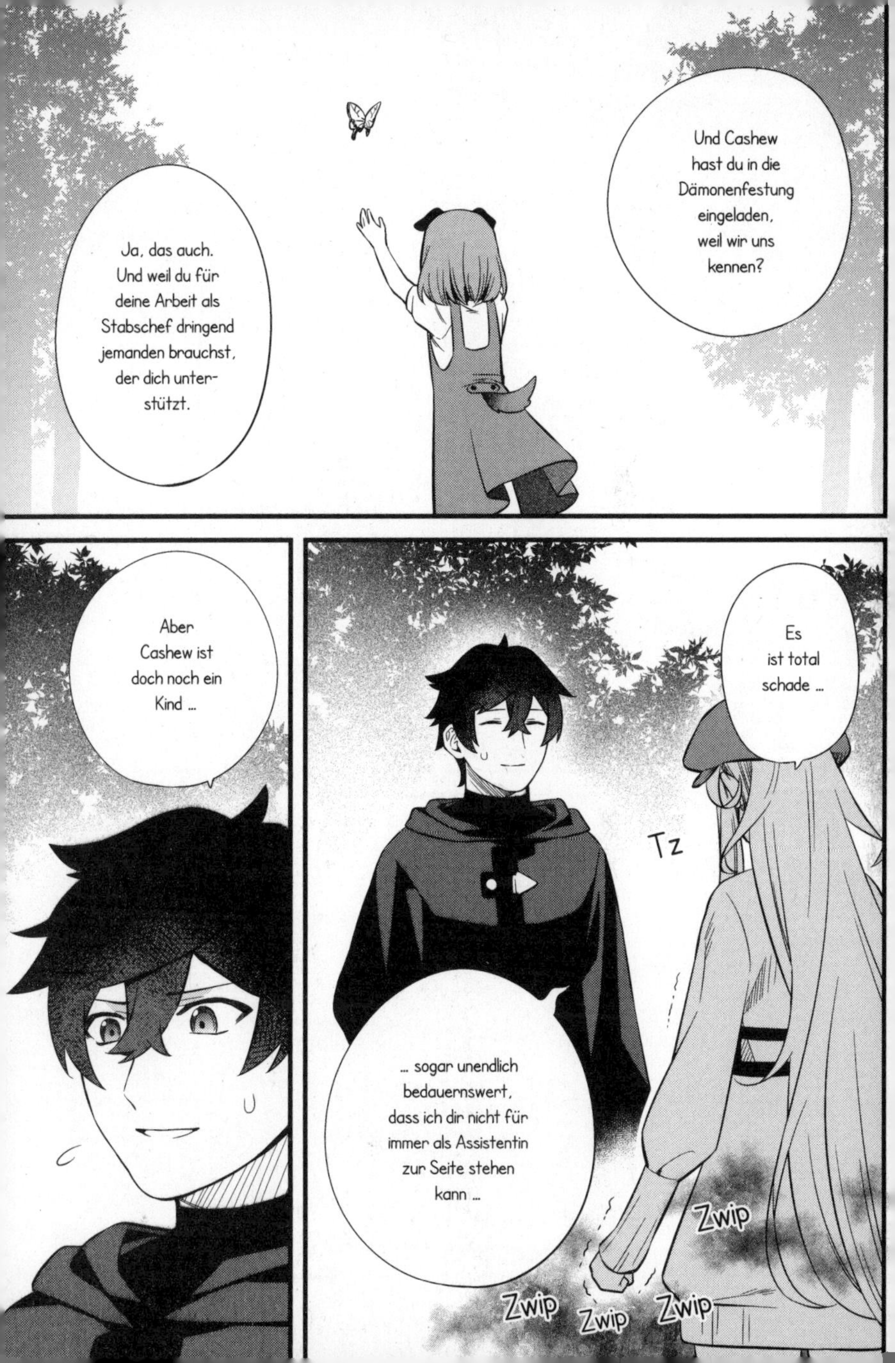
Und Cashew hast du in die Dämonenfestung eingeladen, weil wir uns kennen?
Ja, das auch. Und weil du für deine Arbeit als Stabschef dringend jemanden brauchst, der dich unterstützt.
Es ist total schade ...
Tz
... sogar unendlich bedauernswert, dass ich dir nicht für immer als Assistentin zur Seite stehen kann ...
Zwip
Zwip
Zwip
Zwip
Aber Cashew ist doch noch ein Kind ...

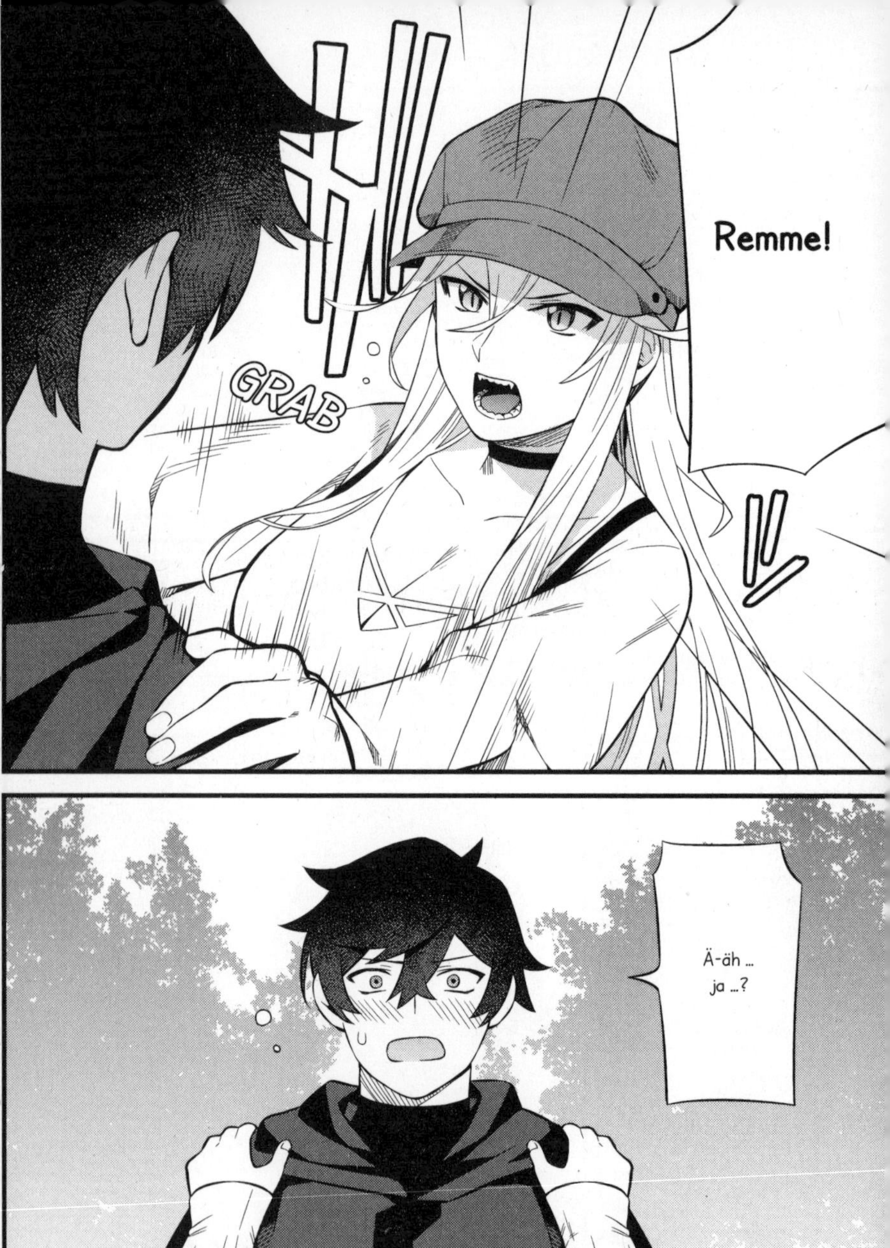
Remme!
GRAB
Ä-äh …
ja …?

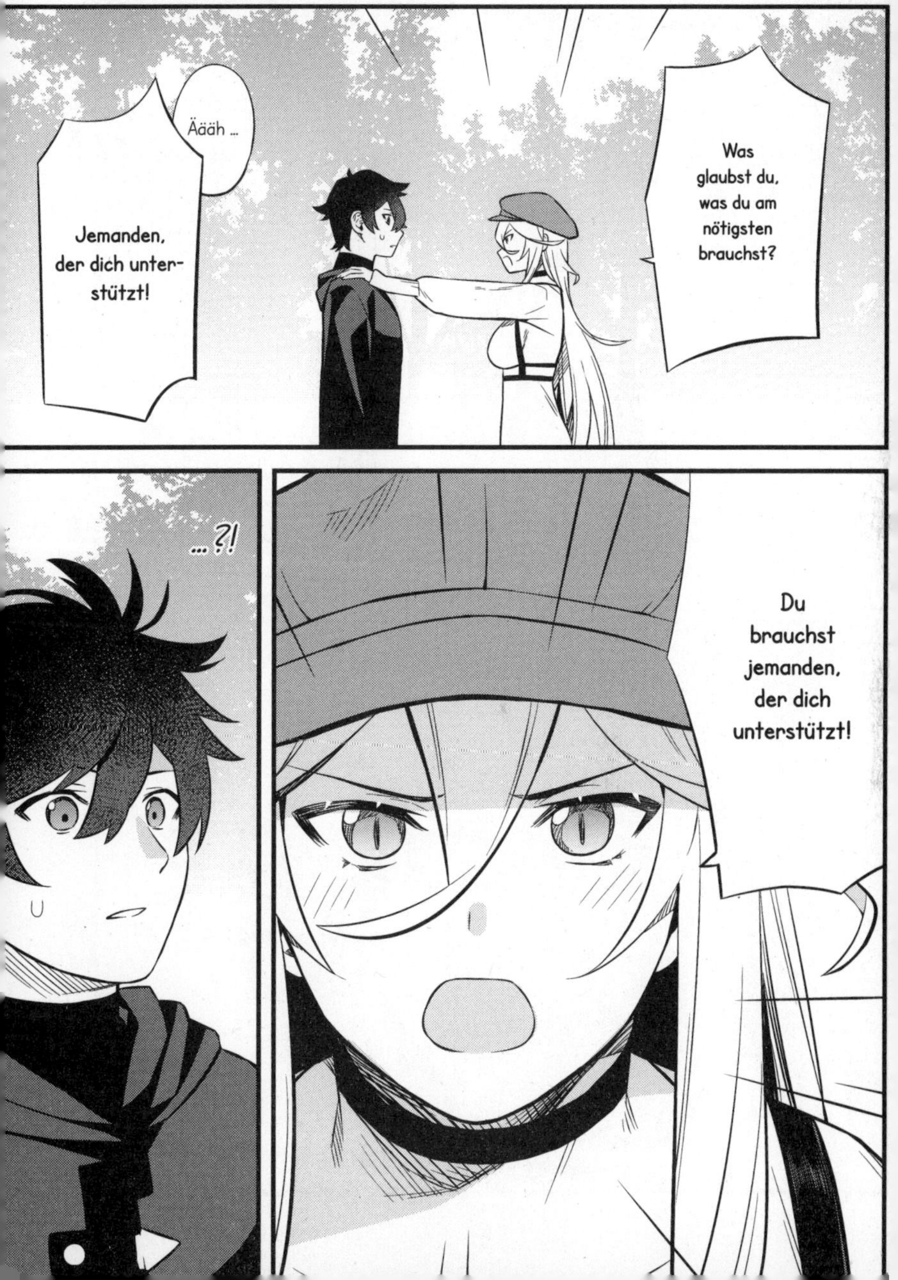
Was glaubst du, was du am nötigsten brauchst?
Äääh ...
Jemanden, der dich unter-stützt!
Du brauchst jemanden, der dich unterstützt!
...?!

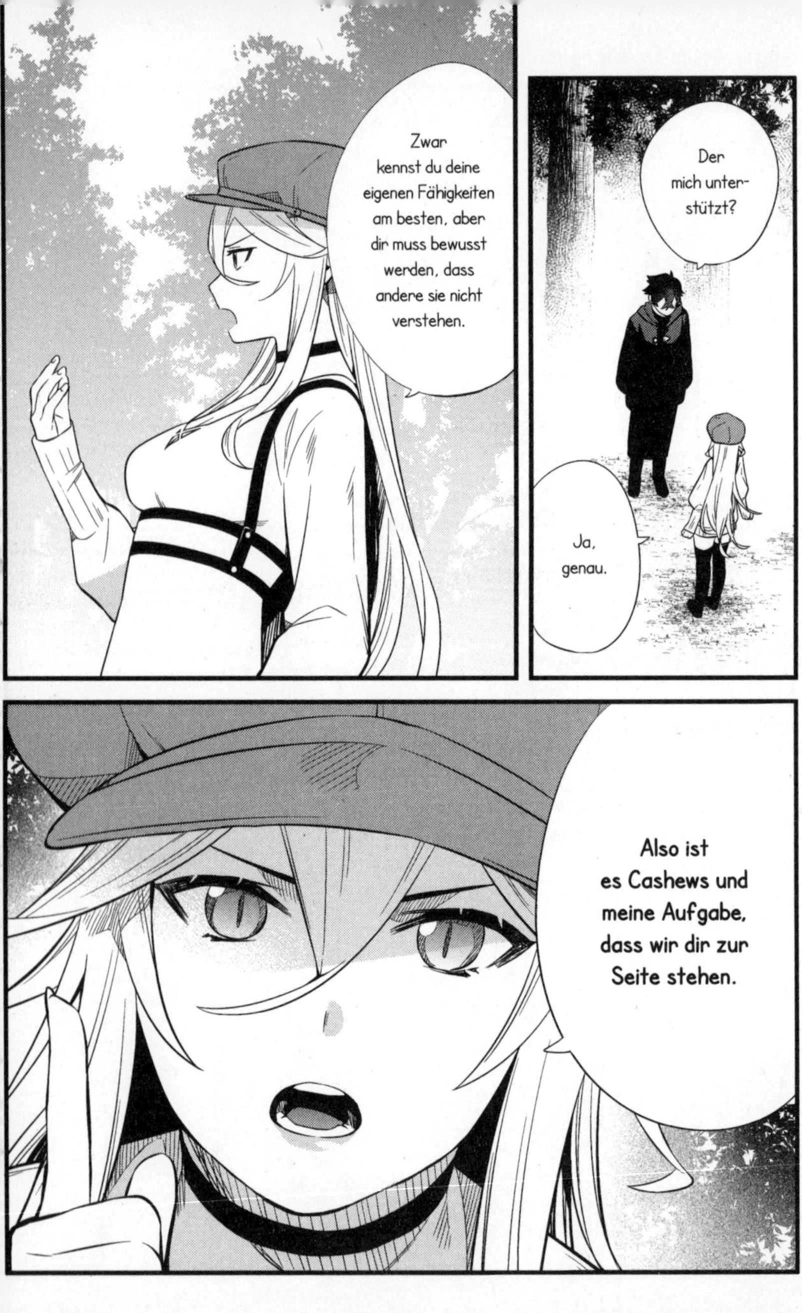
Der mich unterstützt?
Ja, genau.
Zwar kennst du deine eigenen Fähigkeiten am besten, aber dir muss bewusst werden, dass andere sie nicht verstehen.
Also ist es Cashews und meine Aufgabe, dass wir dir zur Seite stehen.

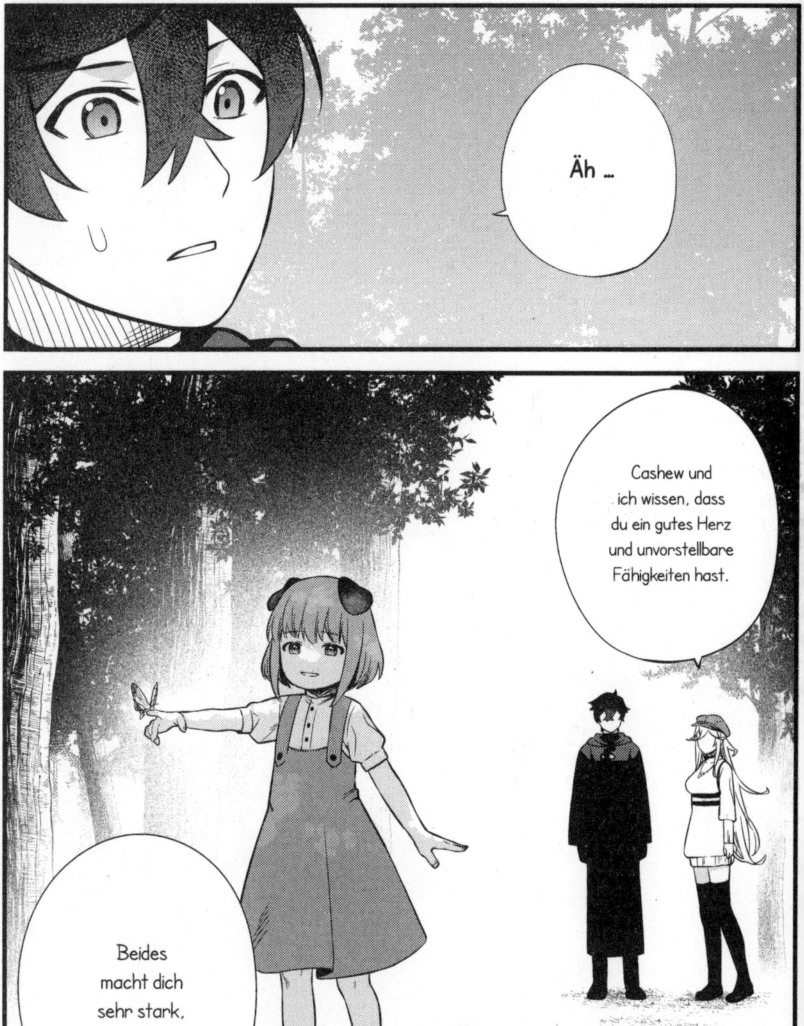
Äh ...
Cashew und ich wissen, dass du ein gutes Herz und unvorstellbare Fähigkeiten hast.
Beides macht dich sehr stark, Remme.

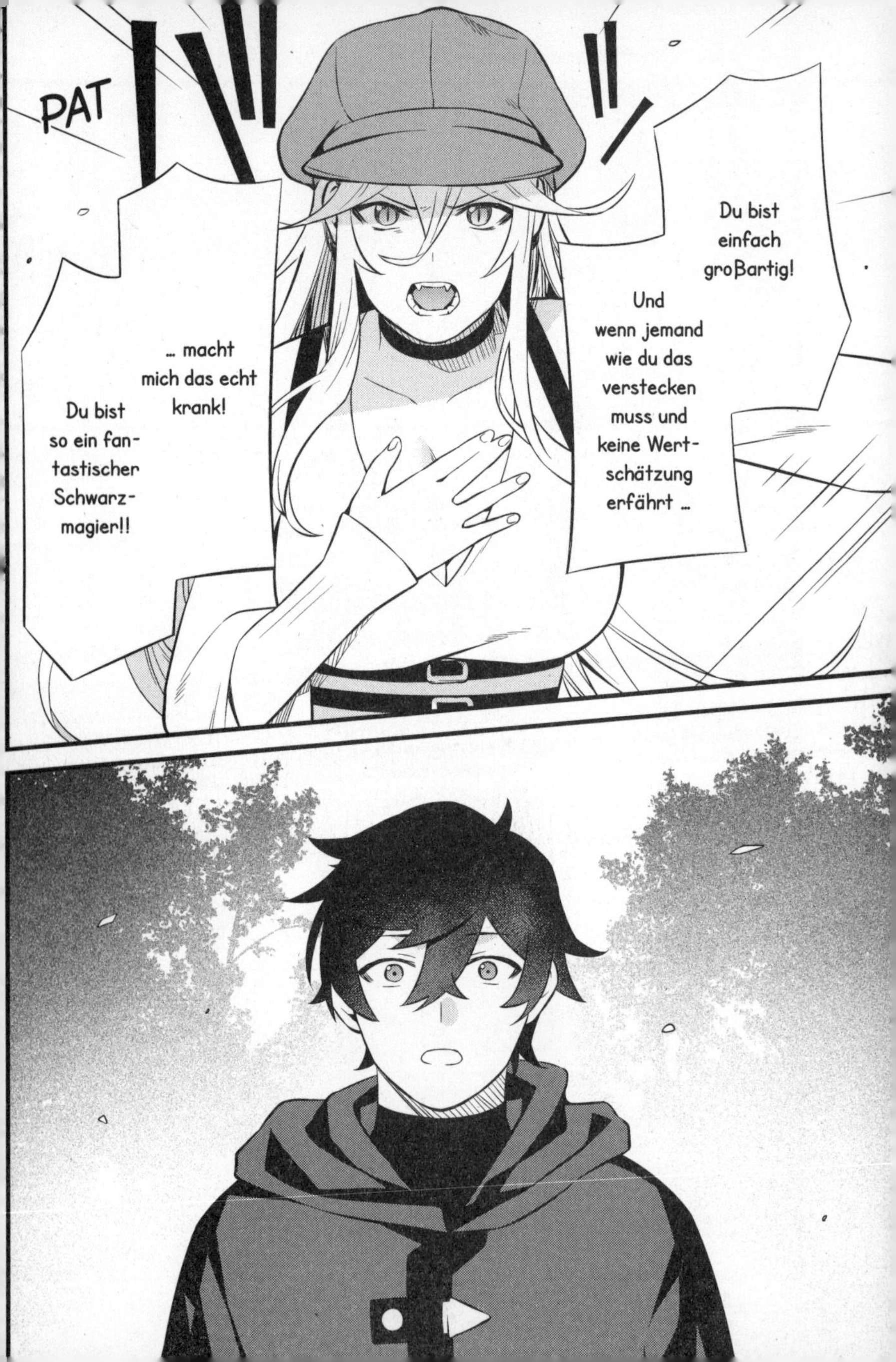
PAT
Du bist einfach großartig!
Und wenn jemand wie du das verstecken muss und keine Wertschätzung erfährt ...
... macht mich das echt krank!
Du bist so ein fantastischer Schwarzmagier!!

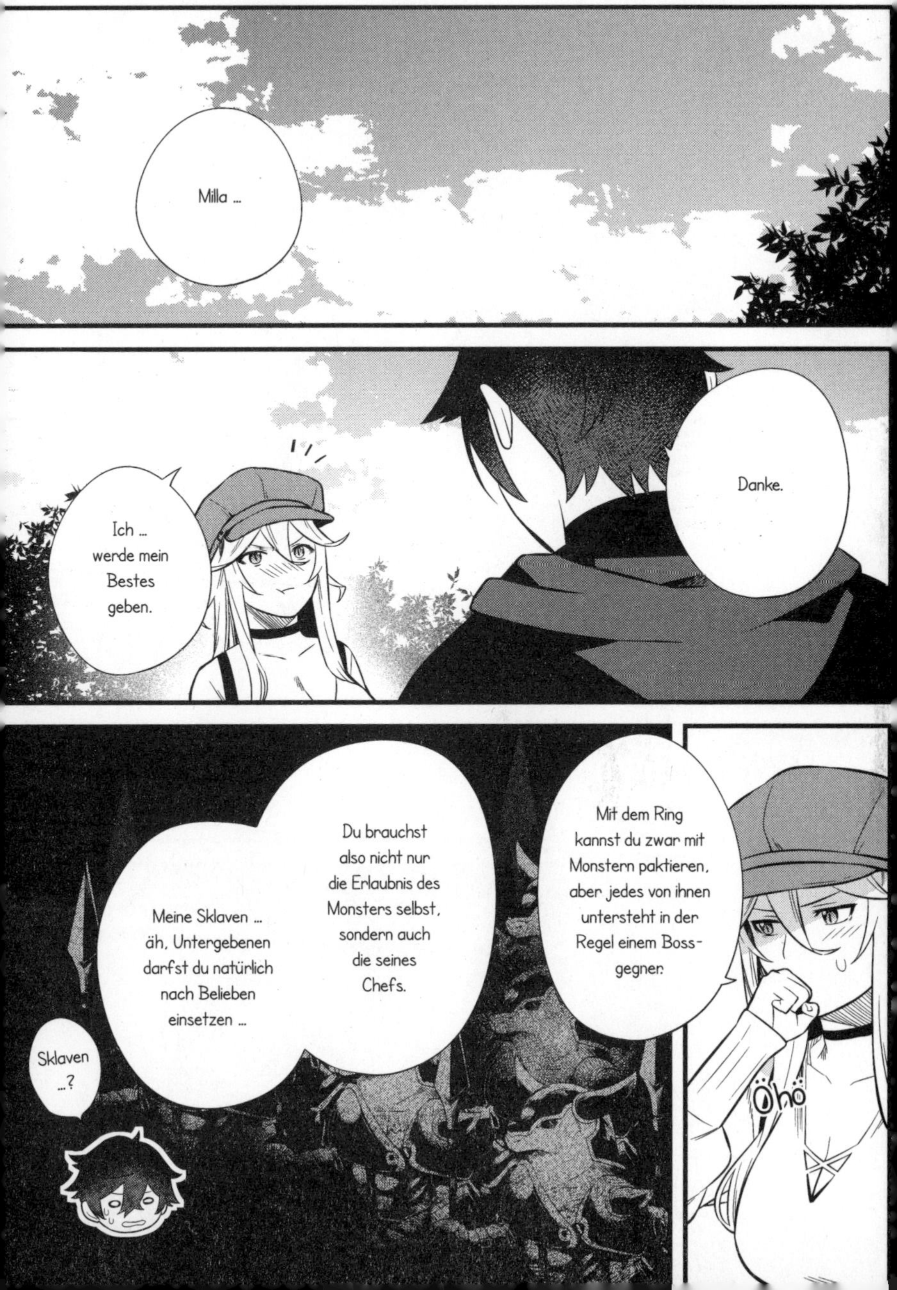
Milla ...
Danke.
Ich ... werde mein Bestes geben.
Mit dem Ring kannst du zwar mit Monstern paktieren, aber jedes von ihnen untersteht in der Regel einem Boss-gegner.
Öhö
Du brauchst also nicht nur die Erlaubnis des Monsters selbst, sondern auch die seines Chefs.
Meine Sklaven ... äh, Untergebenen darfst du natürlich nach Belieben einsetzen ...
Sklaven ...?

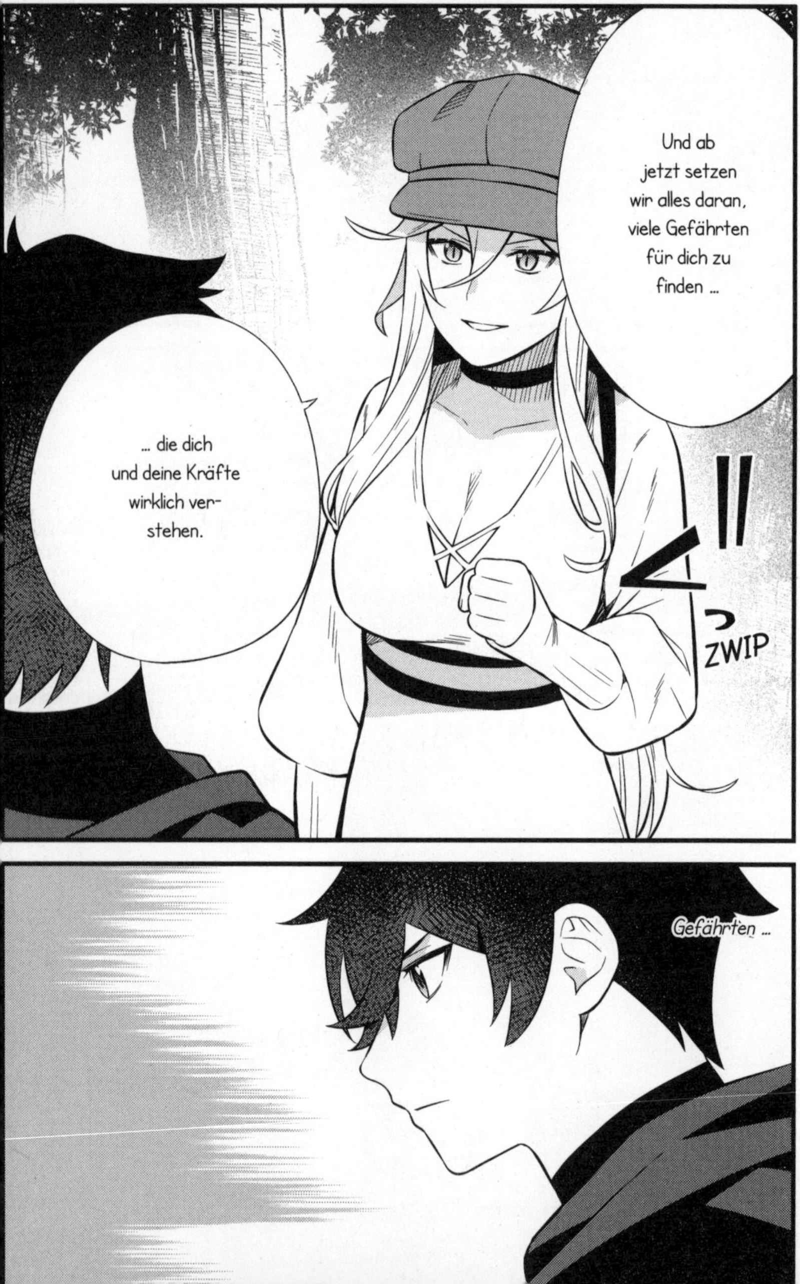
Und ab jetzt setzen wir alles daran, viele Gefährten für dich zu finden ...
... die dich und deine Kräfte wirklich verstehen.
ZWIP
Gefährten ...

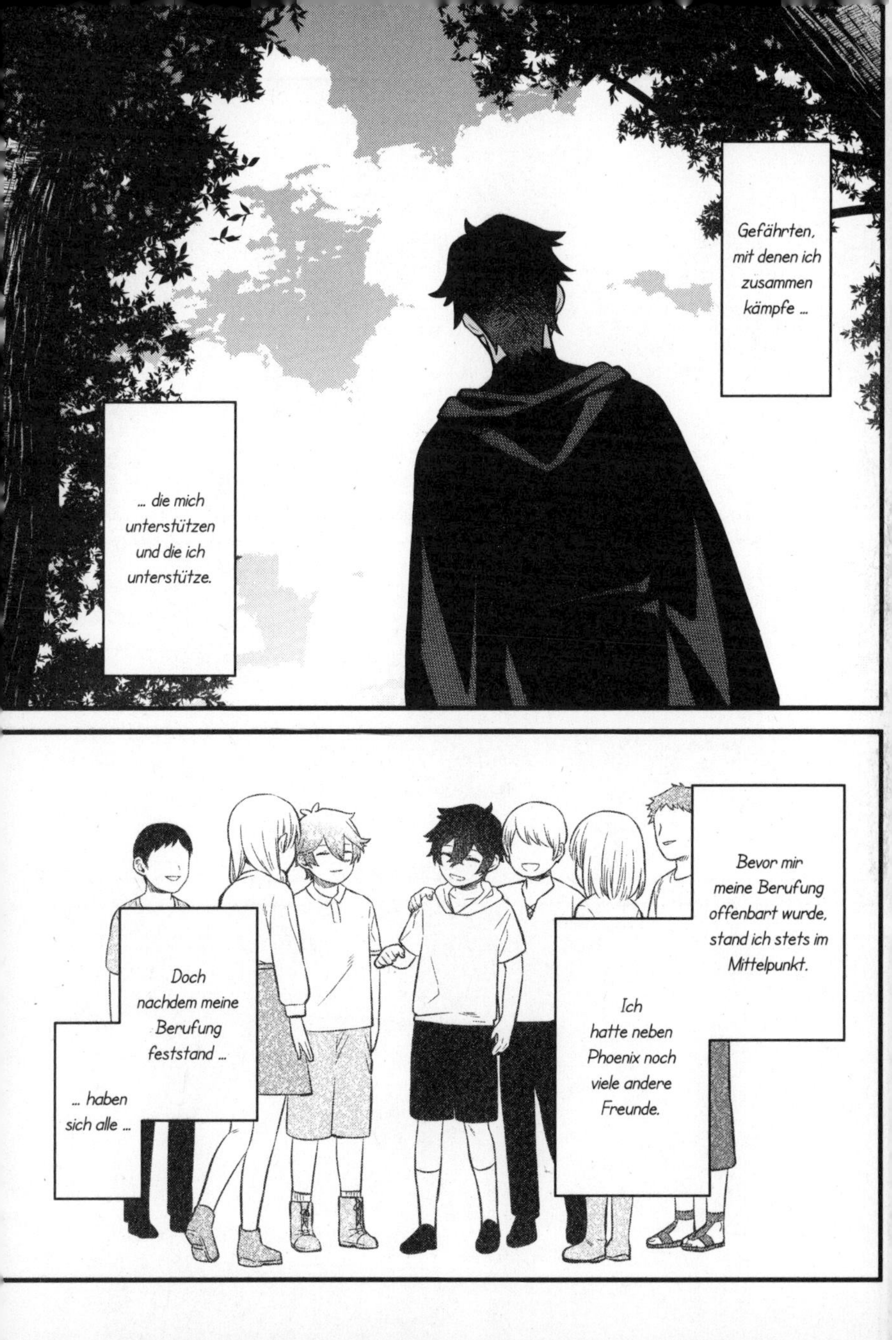
Gefährten, mit denen ich zusammen kämpfe ...
... die mich unterstützen und die ich unterstütze.
Bevor mir meine Berufung offenbart wurde, stand ich stets im Mittelpunkt.
Ich hatte neben Phoenix noch viele andere Freunde.
Doch nachdem meine Berufung feststand ...
... haben sich alle ...

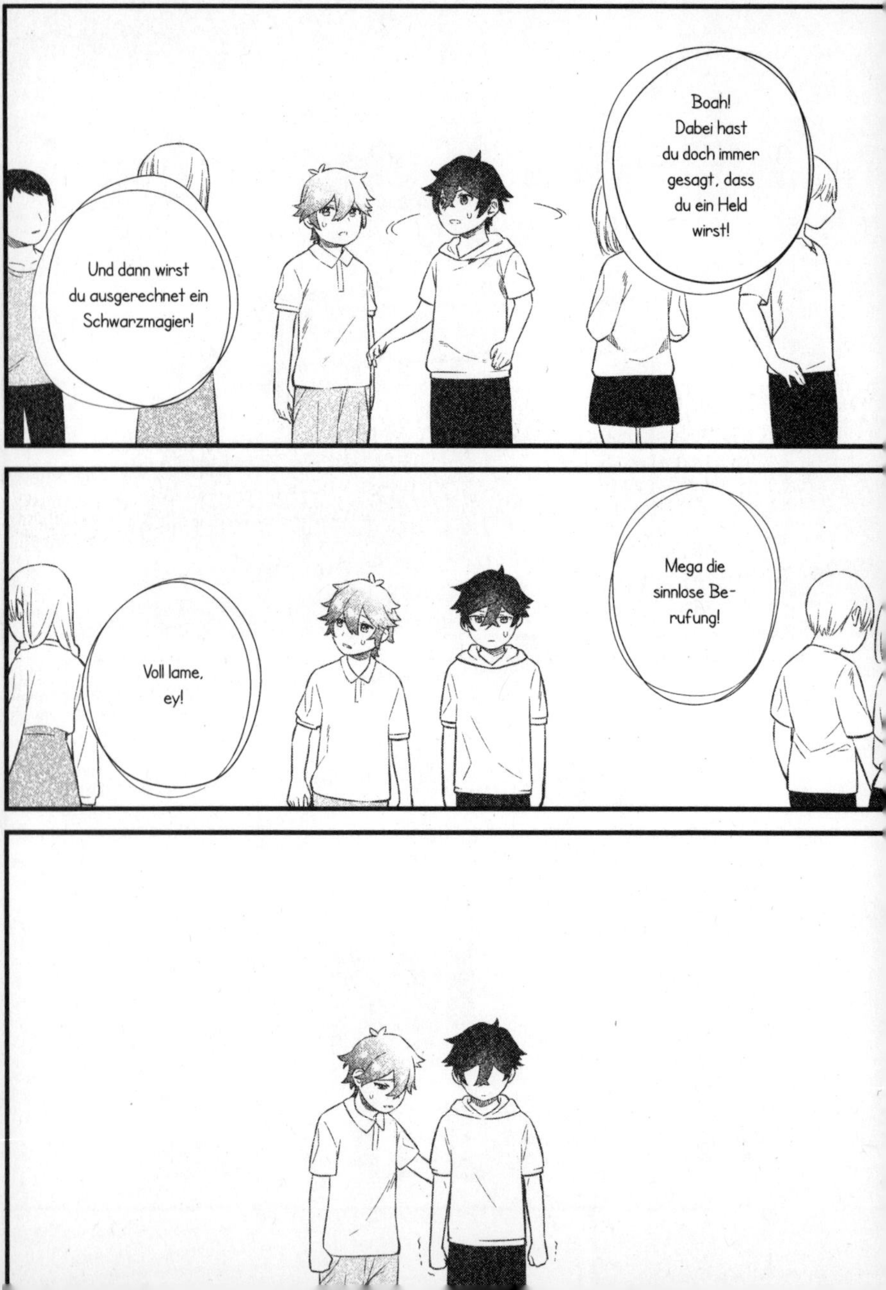
Boah! Dabei hast du doch immer gesagt, dass du ein Held wirst!
Und dann wirst du ausgerechnet ein Schwarzmagier!
Mega die sinnlose Be-rufung!
Voll lame, ey!

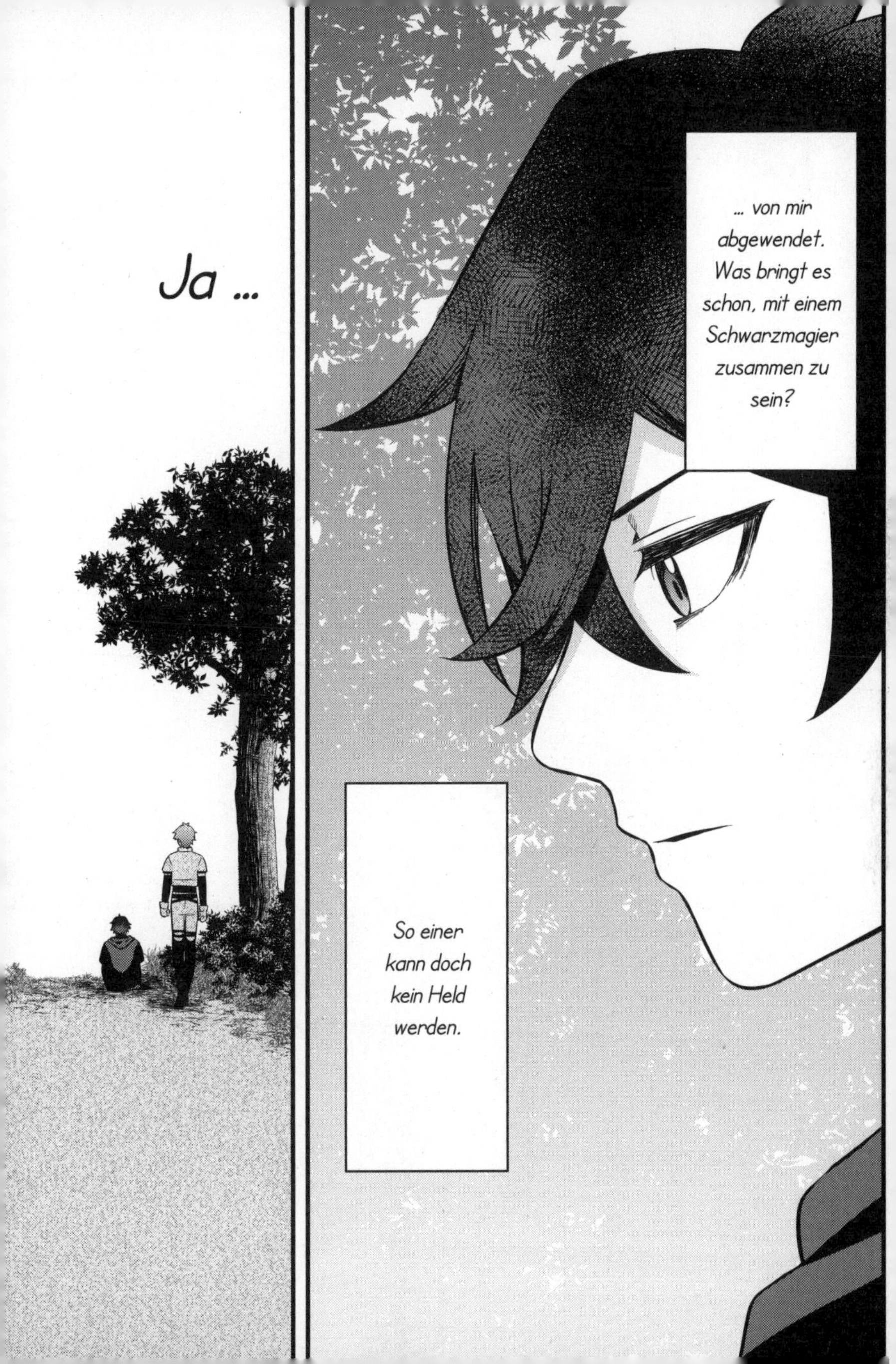
... von mir abgewendet. Was bringt es schon, mit einem Schwarzmagier zusammen zu sein?
So einer kann doch kein Held werden.
Ja ...

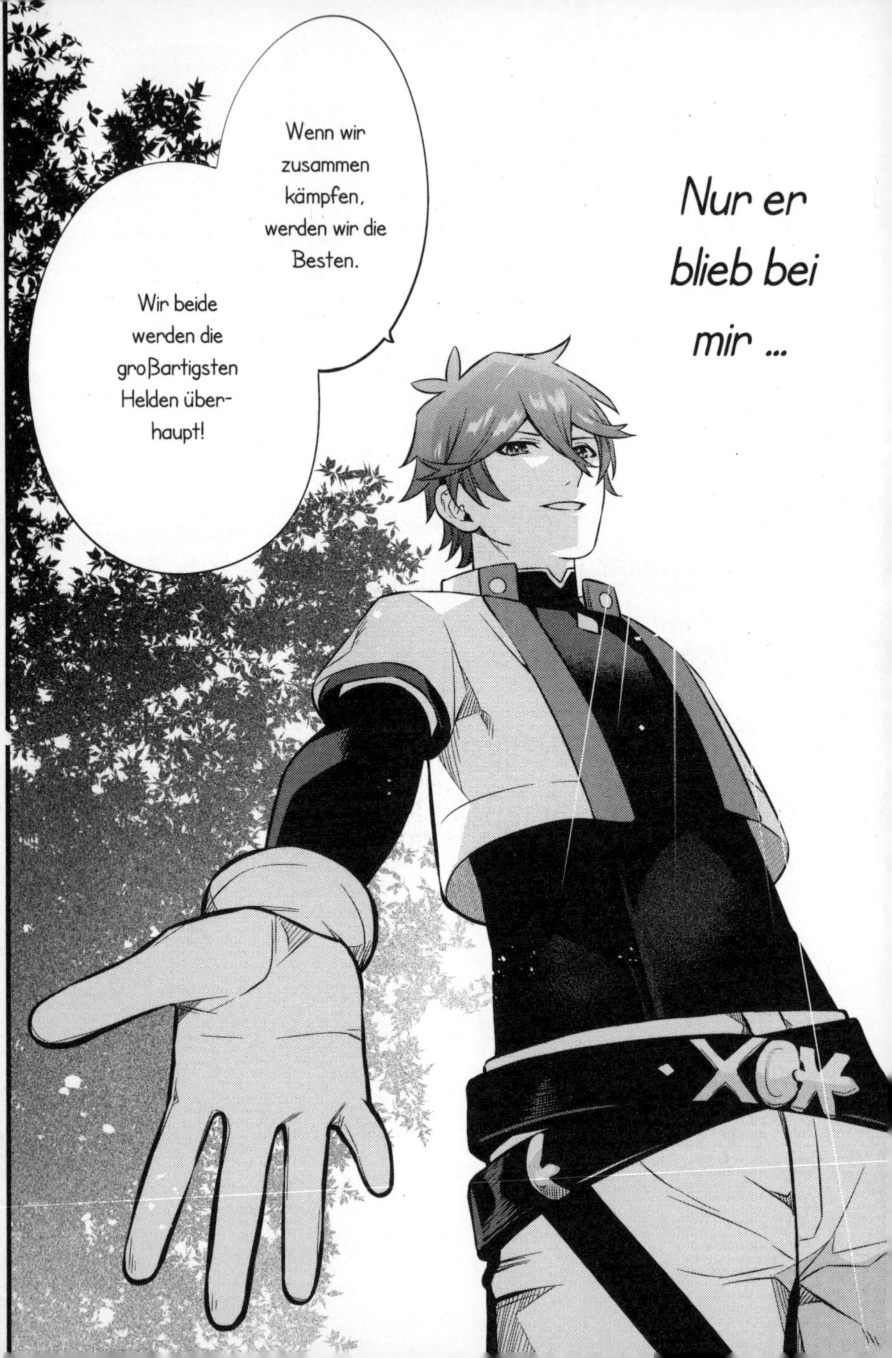
Nur er blieb bei mir ...
Wenn wir zusammen kämpfen, werden wir die Besten.
Wir beide werden die großartigsten Helden überhaupt!

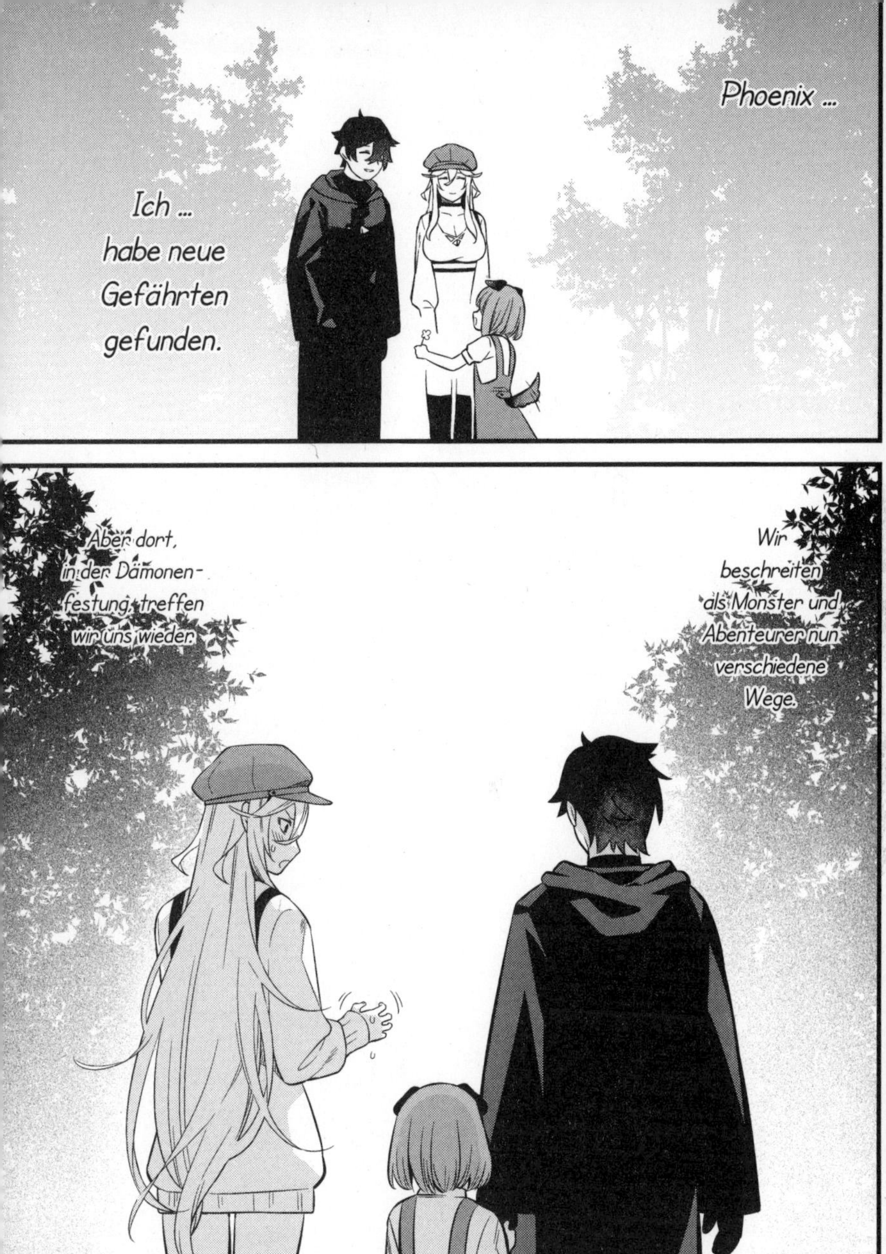
Phoenix ...
Ich ... habe neue Gefährten gefunden.
Wir beschreiten als Monster und Abenteurer nun verschiedene Wege.
Aber dort, in der Dämonenfestung, treffen wir uns wieder.

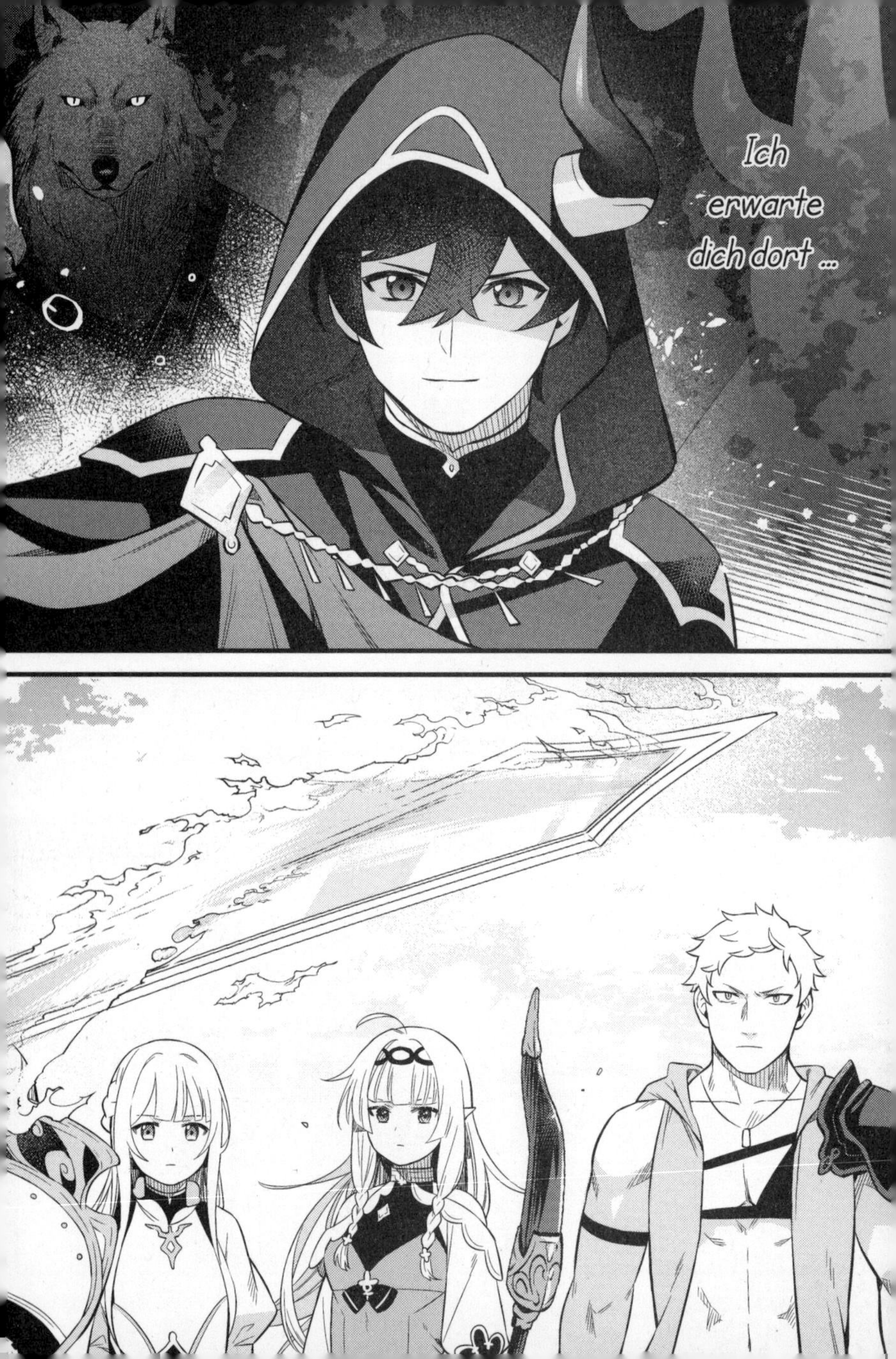
Ich erwarte dich dort ...

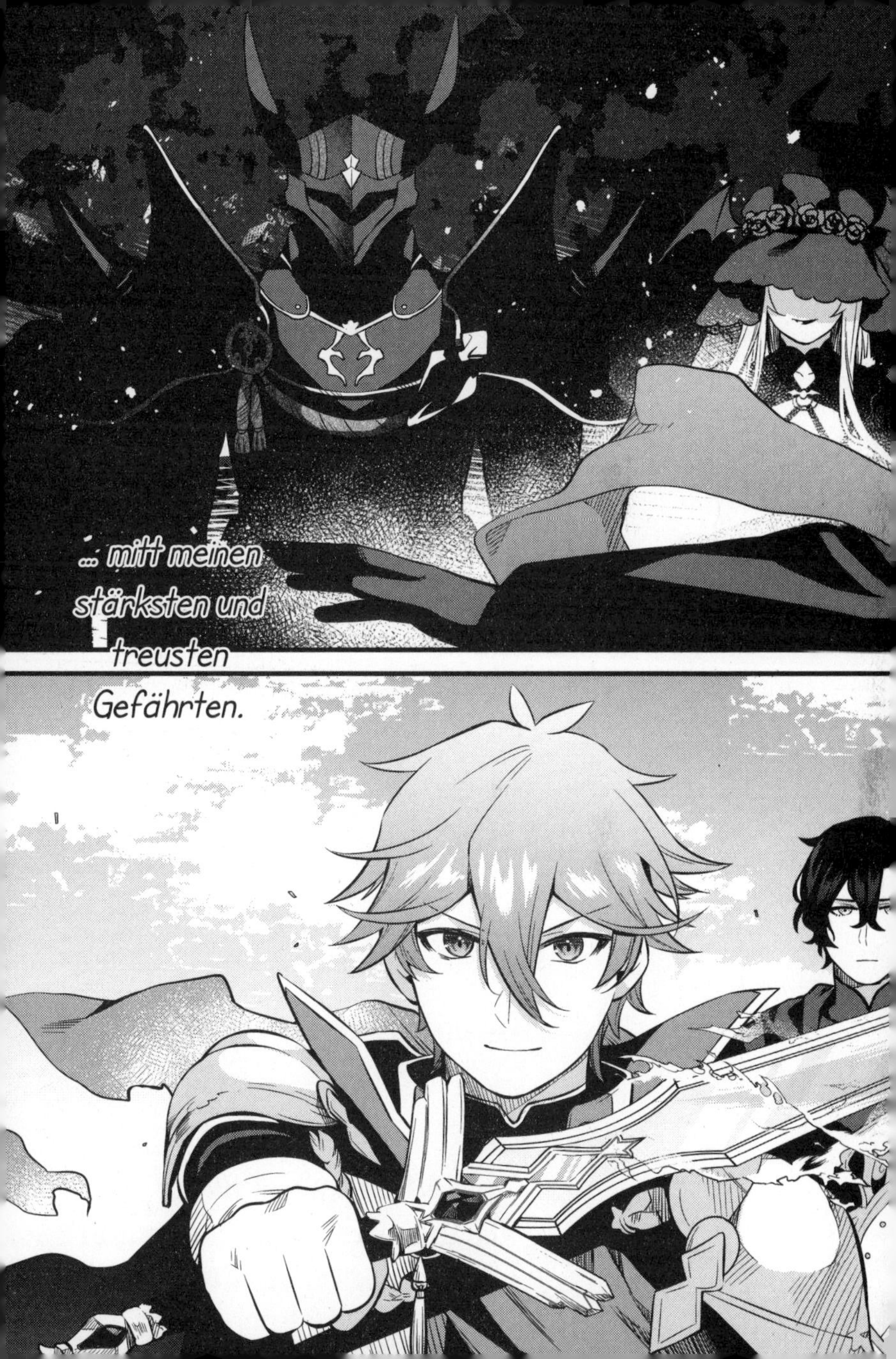
... mitt meinen stärksten und treusten Gefährten.

Willkommen in der
Dämonenfestung, du kämpfst
jetzt auf der dunklen Seite

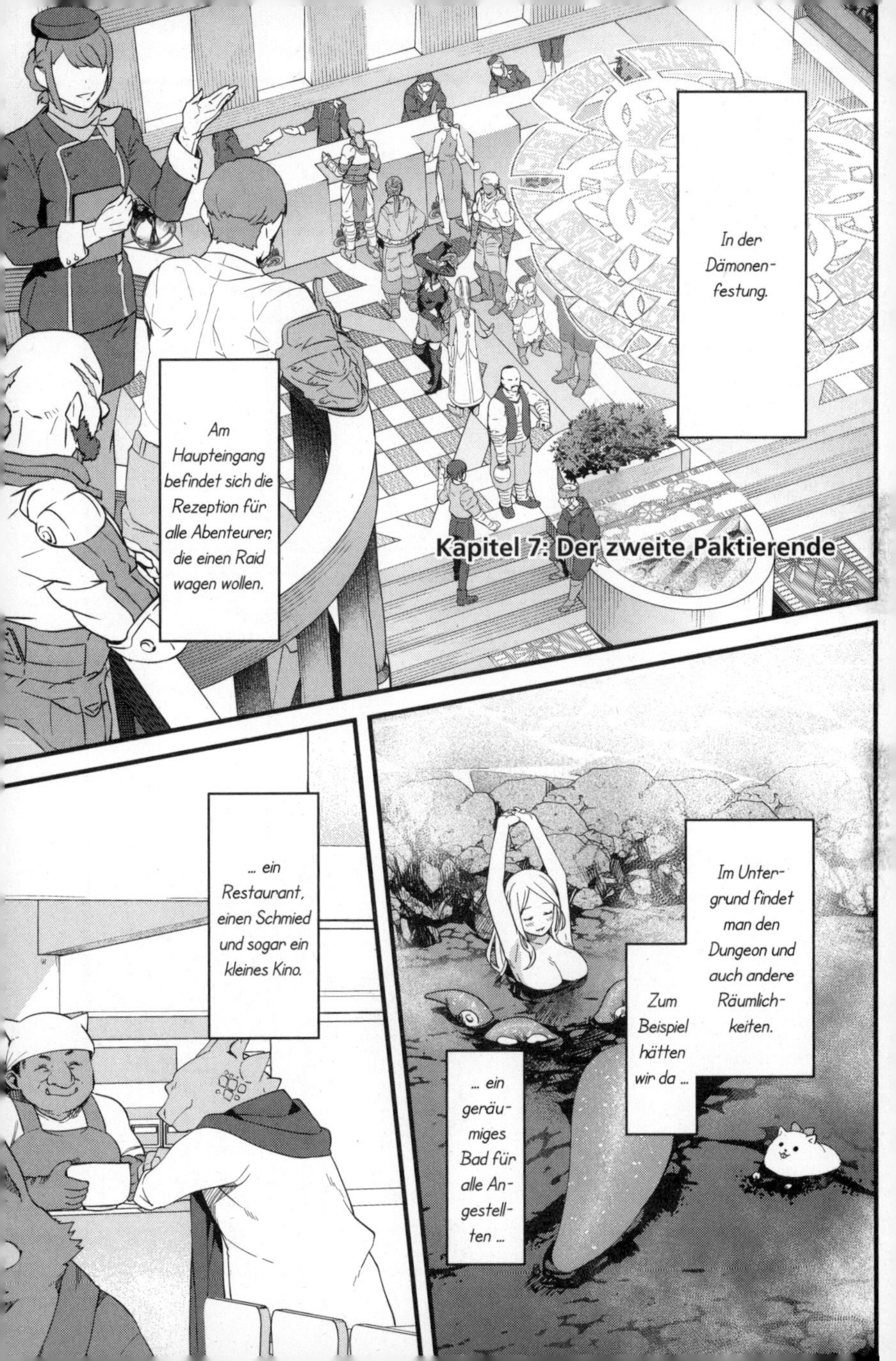
In der Dämonenfestung.
Am Haupteingang befindet sich die Rezeption für alle Abenteurer, die einen Raid wagen wollen.
Kapitel 7: Der zweite Paktierende
Im Untergrund findet man den Dungeon und auch andere Räumlichkeiten.
Zum Beispiel hätten wir da ...
... ein geräumiges Bad für alle Angestellten ...
... ein Restaurant, einen Schmied und sogar ein kleines Kino.

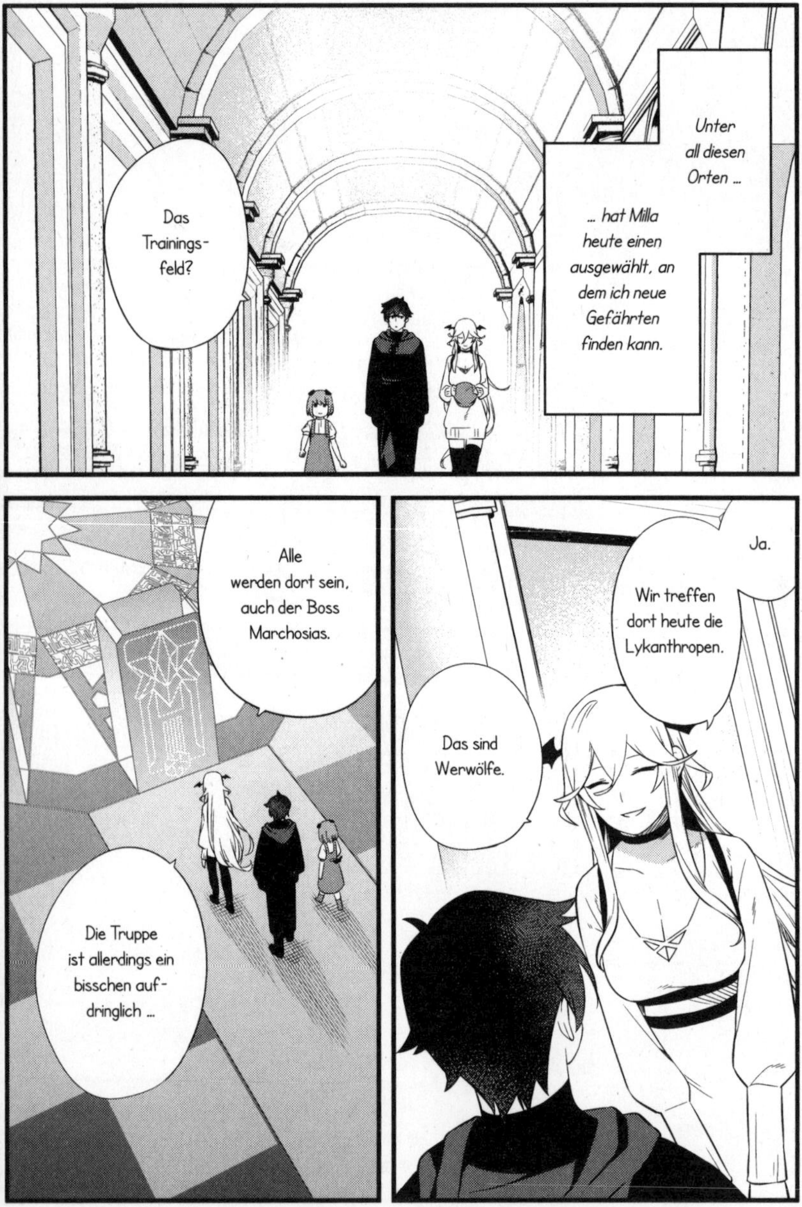
Unter all diesen Orten ...
... hat Milla heute einen ausgewählt, an dem ich neue Gefährten finden kann.
Das Trainings-feld?
Ja.
Wir treffen dort heute die Lykanthropen.
Das sind Werwölfe.
Alle werden dort sein, auch der Boss Marchosias.
Die Truppe ist allerdings ein bisschen auf-dringlich ...

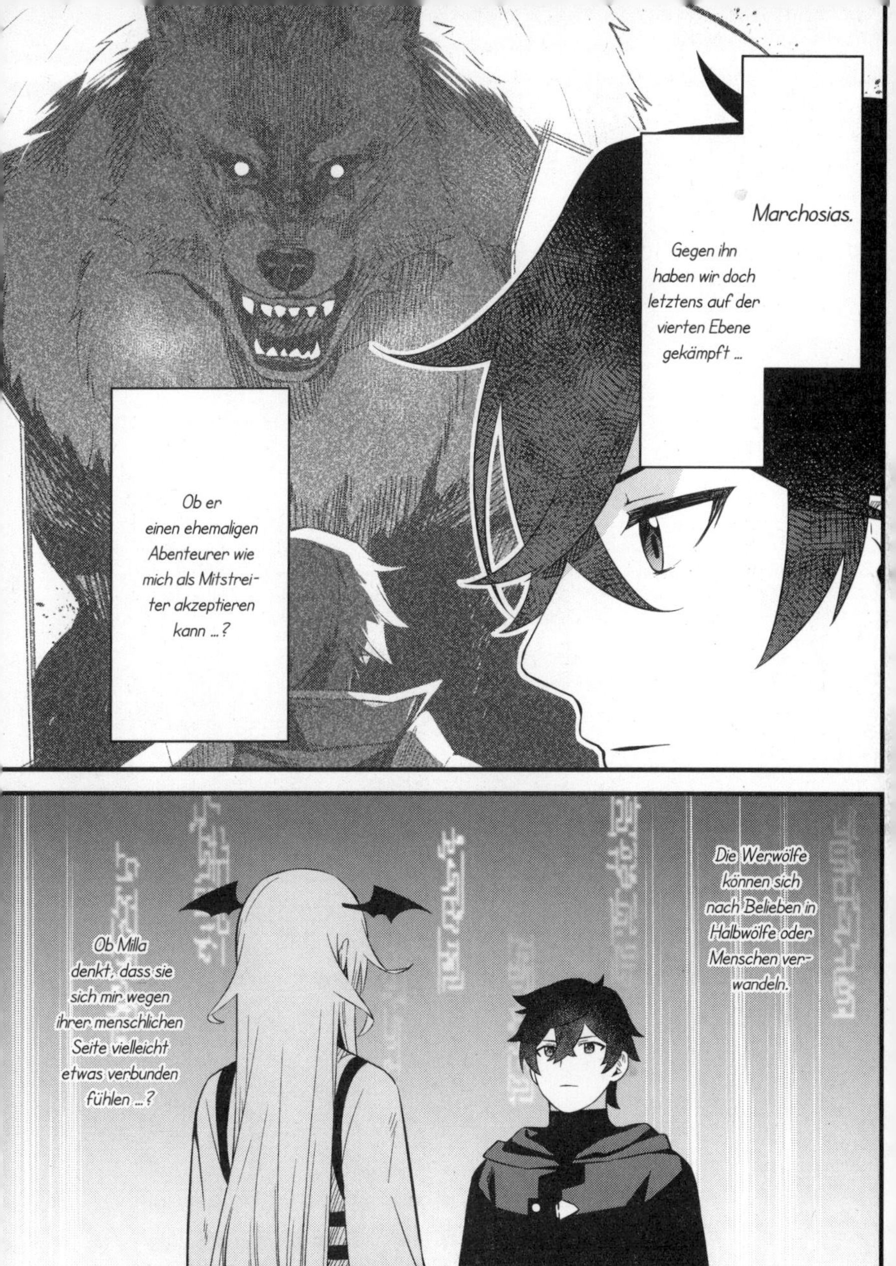
Marchosias.
Gegen ihn haben wir doch letztens auf der vierten Ebene gekämpft ...
Ob er einen ehemaligen Abenteurer wie mich als Mitstreiter akzeptieren kann ...?
Die Werwölfe können sich nach Belieben in Halbwölfe oder Menschen verwandeln.
Ob Milla denkt, dass sie sich mir wegen ihrer menschlichen Seite vielleicht etwas verbunden fühlen ...?

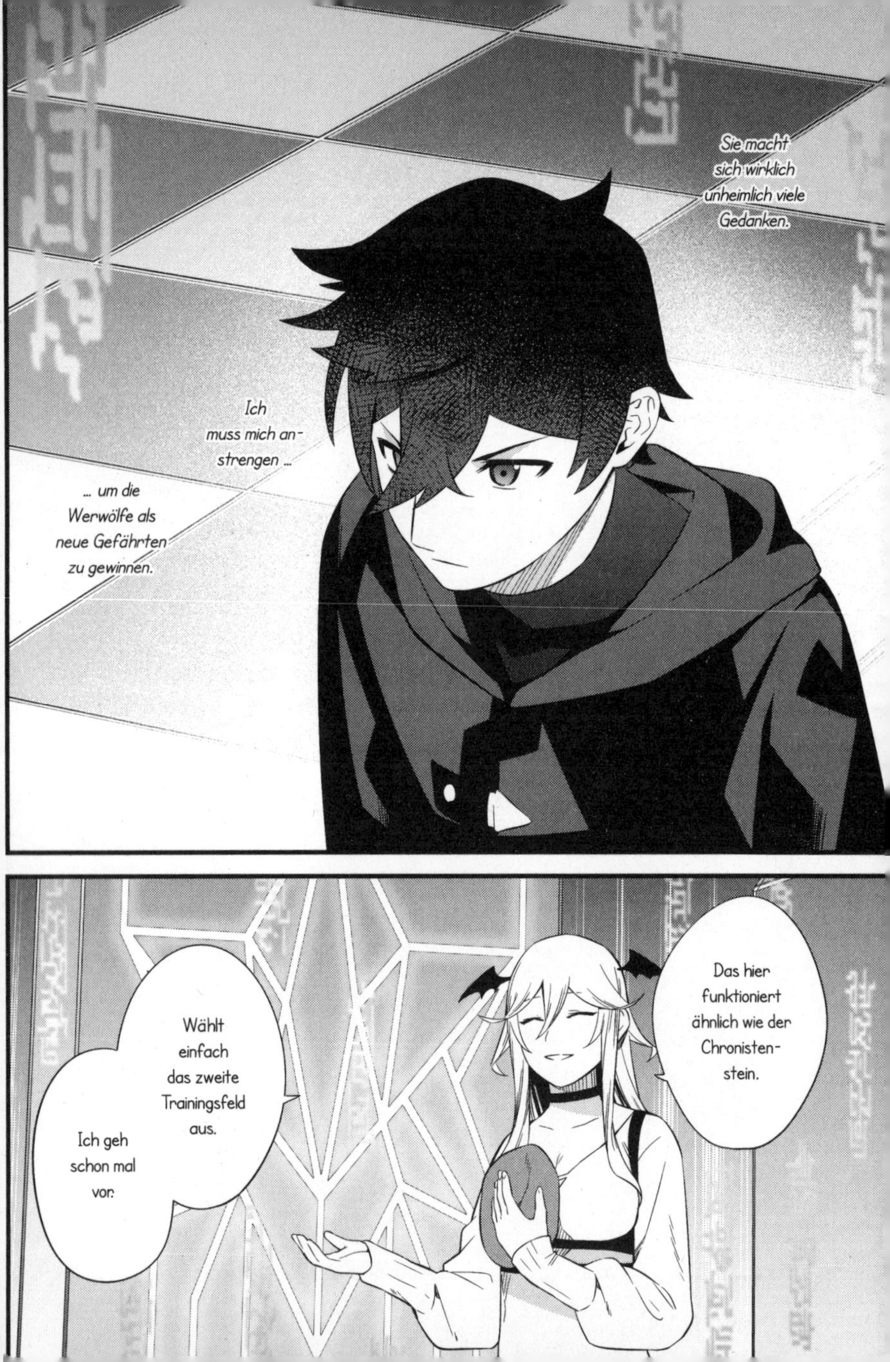
Sie macht sich wirklich unheimlich viele Gedanken.
Ich muss mich an-strengen ...
... um die Werwölfe als neue Gefährten zu gewinnen.
Das hier funktioniert ähnlich wie der Chronisten-stein.
Wählt einfach das zweite Trainingsfeld aus.
Ich geh schon mal vor.

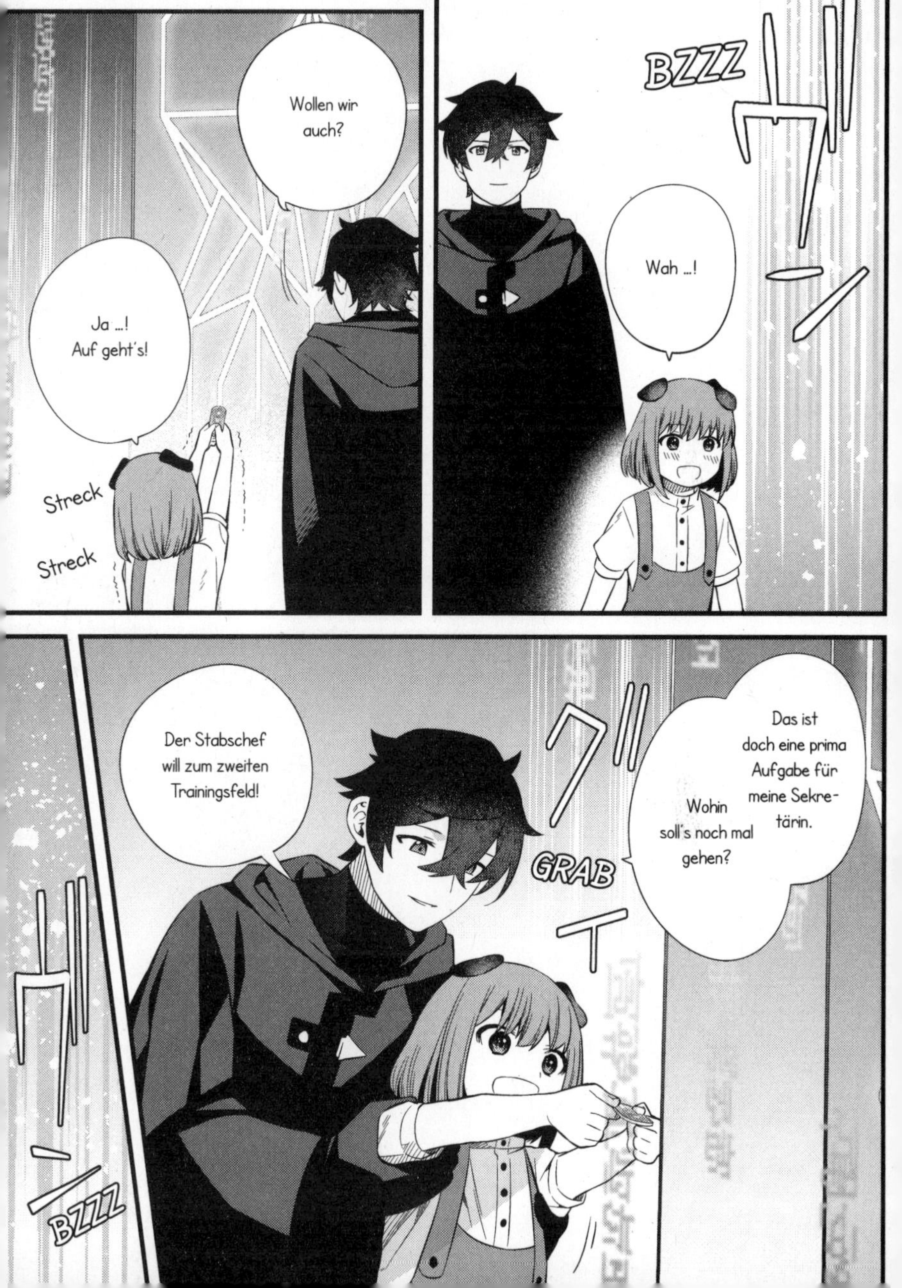
BZZZ
Wah …!
Wollen wir auch?
Ja …! Auf geht's!
Streck
Streck
Das ist doch eine prima Aufgabe für meine Sekretärin.
Wohin soll's noch mal gehen?
GRAB
Der Stabschef will zum zweiten Trainingsfeld!
BZZZ

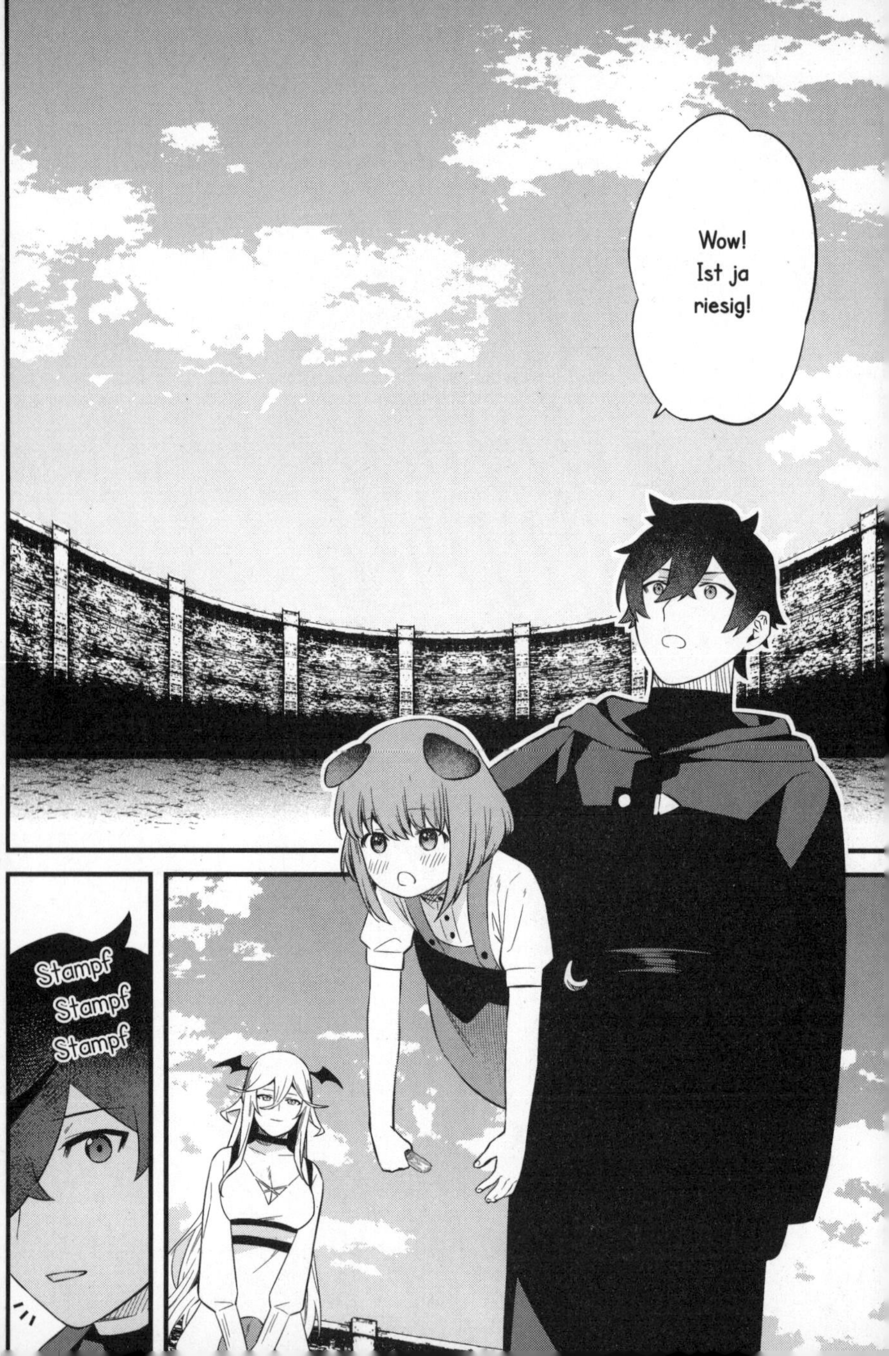
Wow!
Ist ja
riesig!
Stampf
Stampf
Stampf

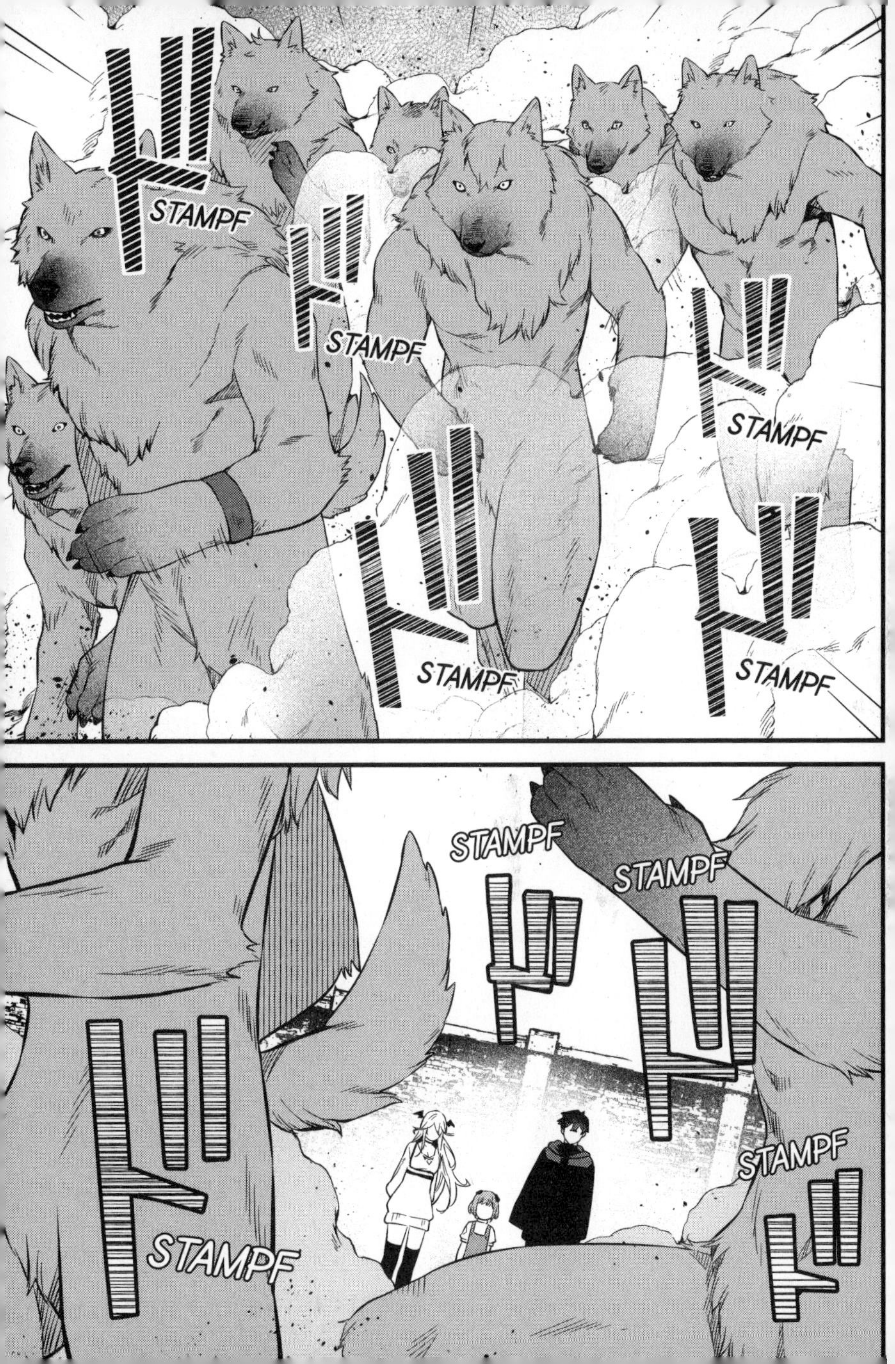
STAMPF
STAMPF
STAMPF
STAMPF
STAMPF
STAMPF
STAMPF
STAMPF
STAMPF

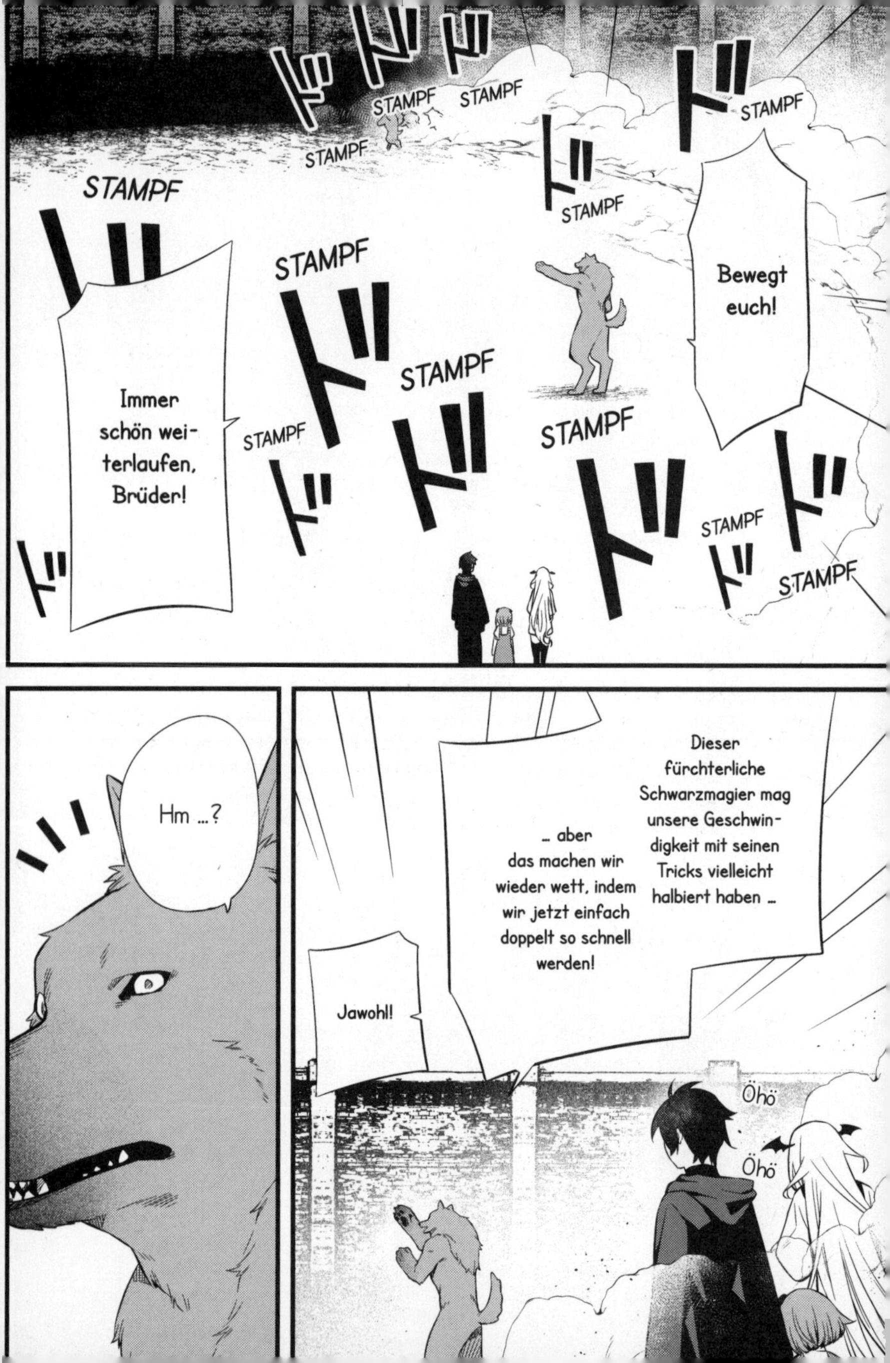
STAMPF
STAMPF
STAMPF
STAMPF
STAMPF
Bewegt euch!
STAMPF
STAMPF
STAMPF
STAMPF
STAMPF
STAMPF
STAMPF
Immer schön weiterlaufen, Brüder!
Dieser fürchterliche Schwarzmagier mag unsere Geschwindigkeit mit seinen Tricks vielleicht halbiert haben ...
... aber das machen wir wieder wett, indem wir jetzt einfach doppelt so schnell werden!
Jawohl!
Öhö
Öhö
Hm ...?

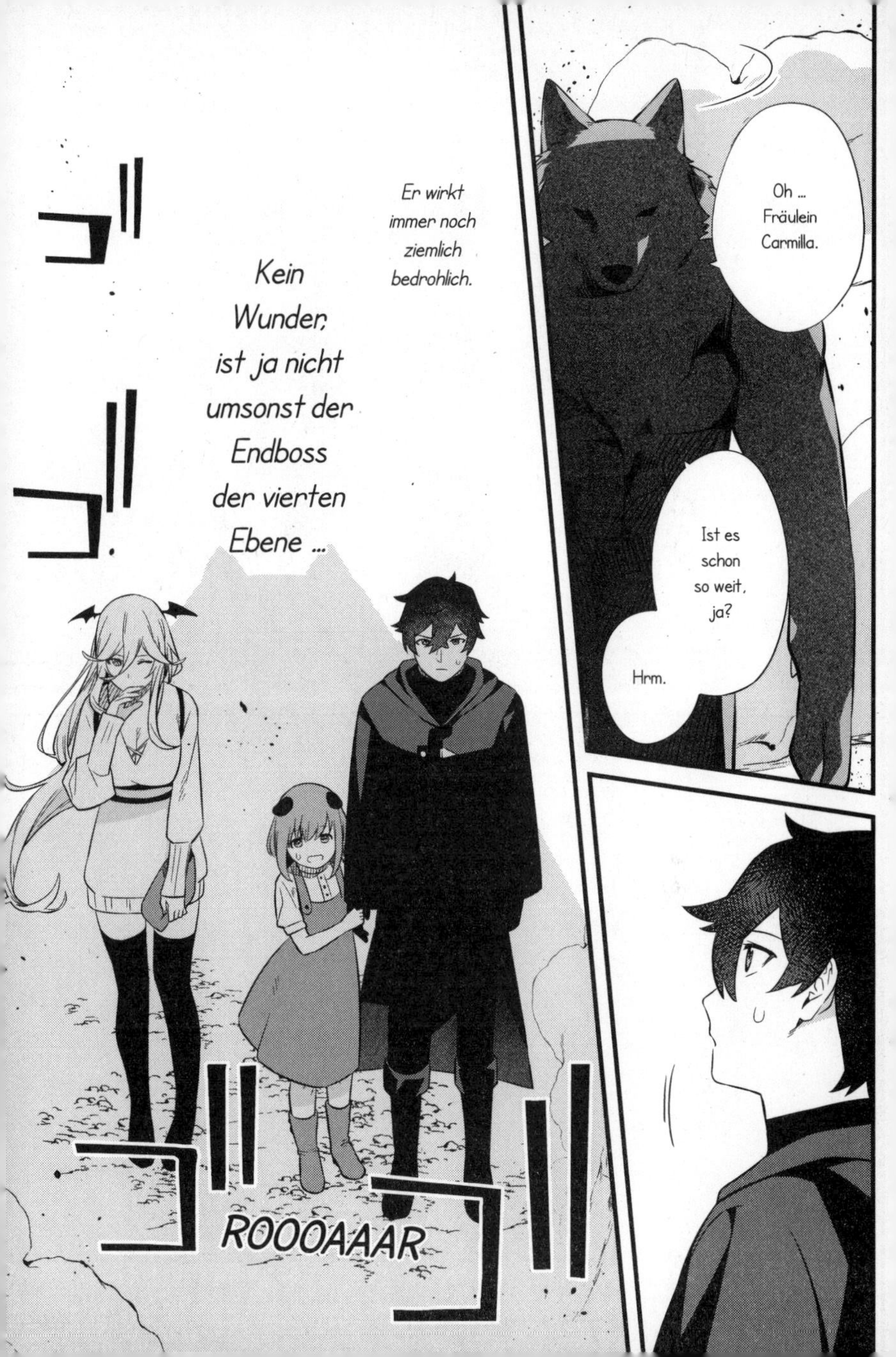

Oh … Fräulein Carmilla.
Ist es schon so weit, ja?
Hrm.
Er wirkt immer noch ziemlich bedrohlich.
Kein Wunder, ist ja nicht umsonst der Endboss der vierten Ebene …
ROOOAAAR

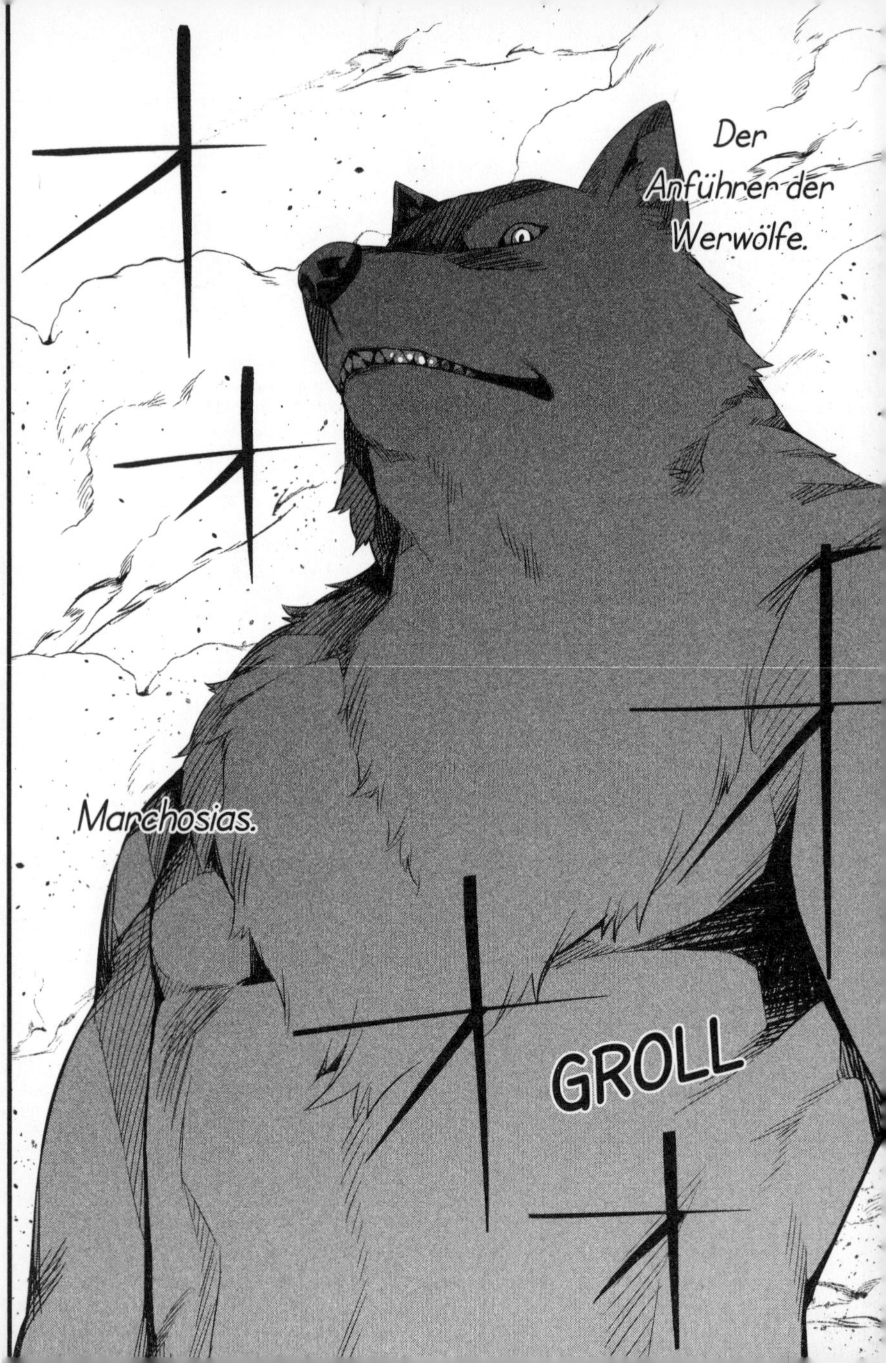
Der Anführer der Werwölfe.
Marchosias.
GROLL

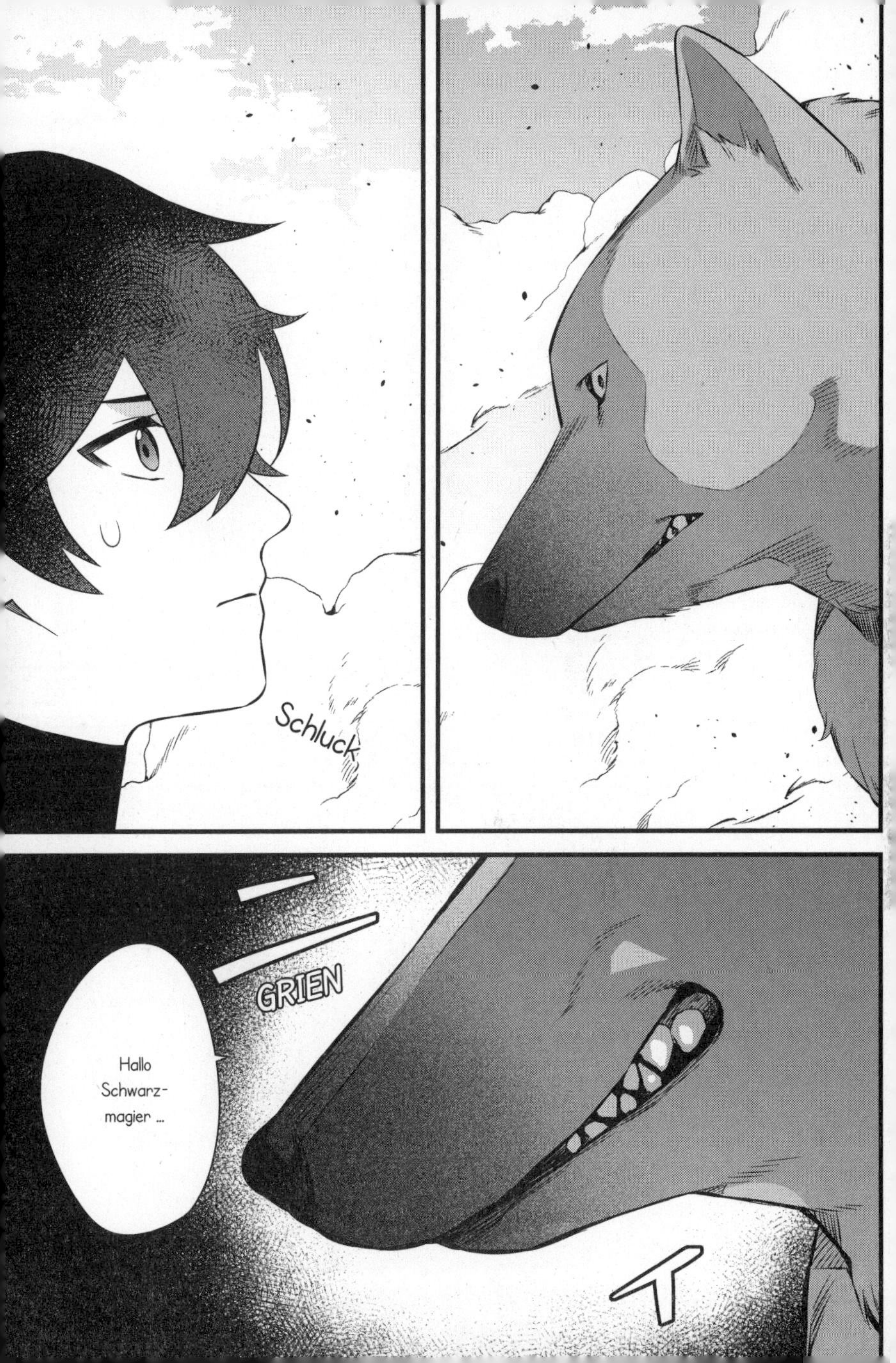
Schluck
GRIEN
Hallo Schwarz-magier ...

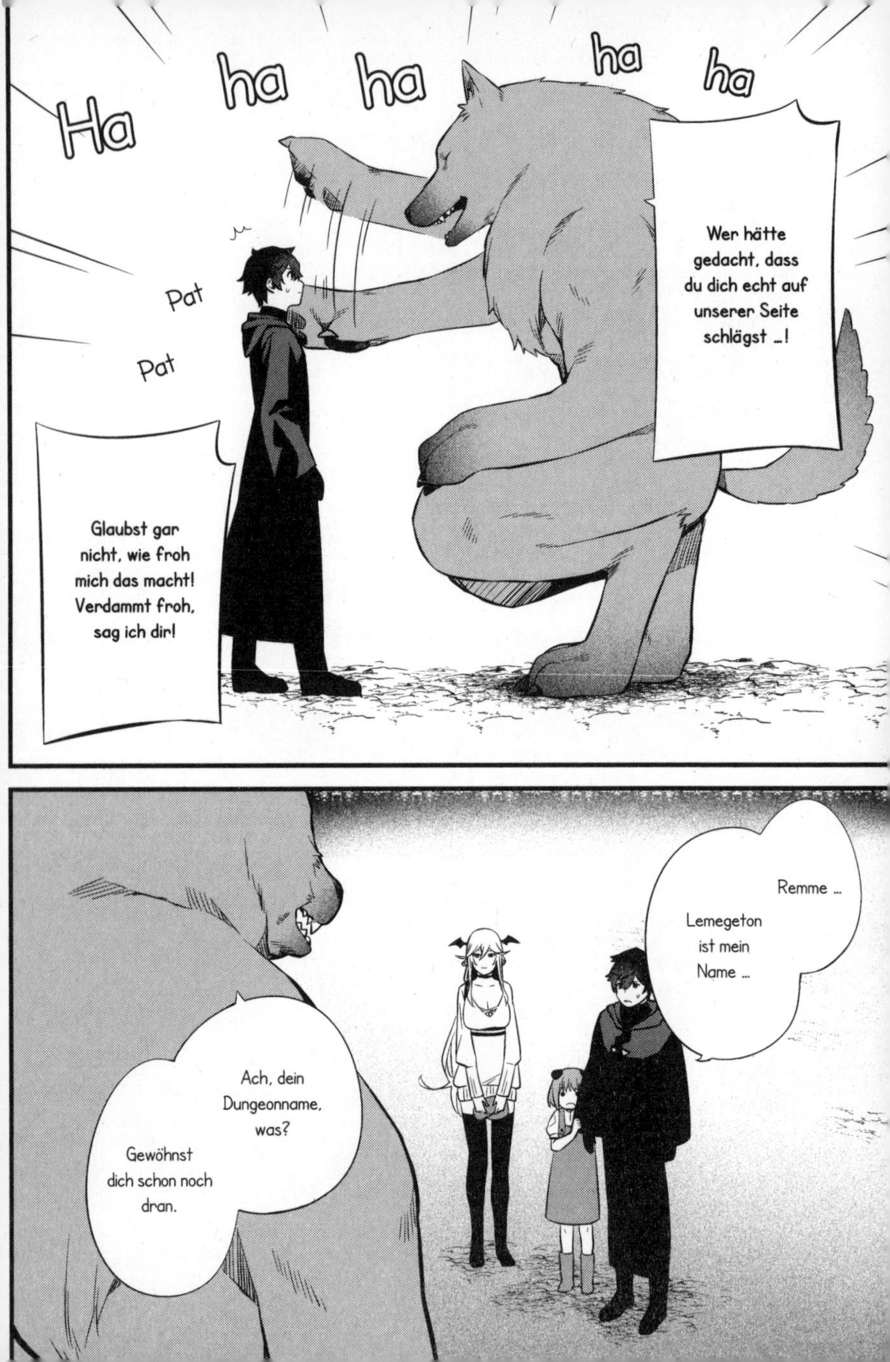
Ha ha ha ha ha
Wer hätte gedacht, dass du dich echt auf unserer Seite schlägst …!
Pat
Pat
Glaubst gar nicht, wie froh mich das macht! Verdammt froh, sag ich dir!
Remme …
Lemegeton ist mein Name …
Ach, dein Dungeonname, was?
Gewöhnst dich schon noch dran.

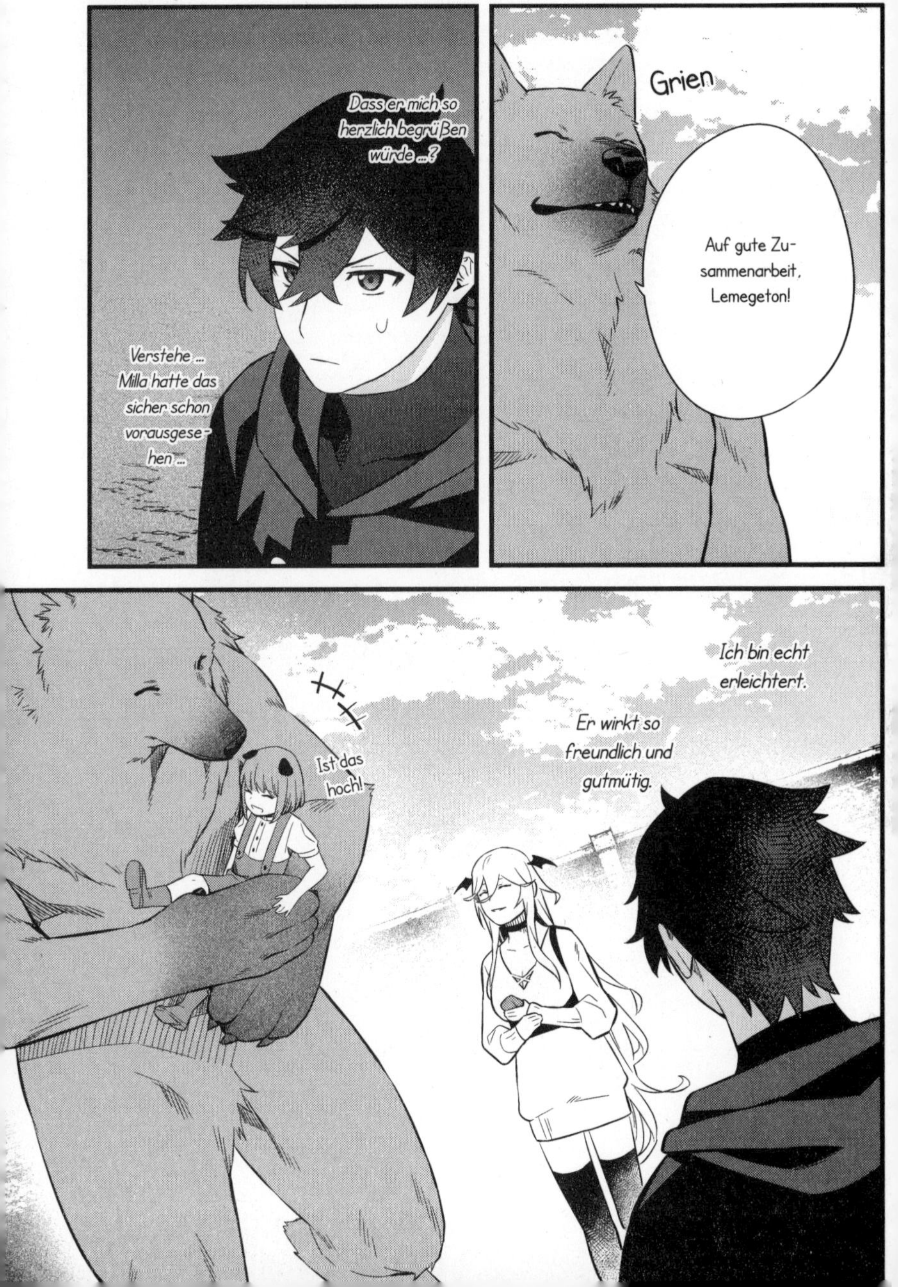
Grien
Auf gute Zusammenarbeit, Lemegeton!
Dass er mich so herzlich begrüßen würde ...?
Verstehe ... Milla hatte das sicher schon vorausgesehen ...
Ich bin echt erleichtert.
Er wirkt so freundlich und gutmütig.
Ist das hoch!

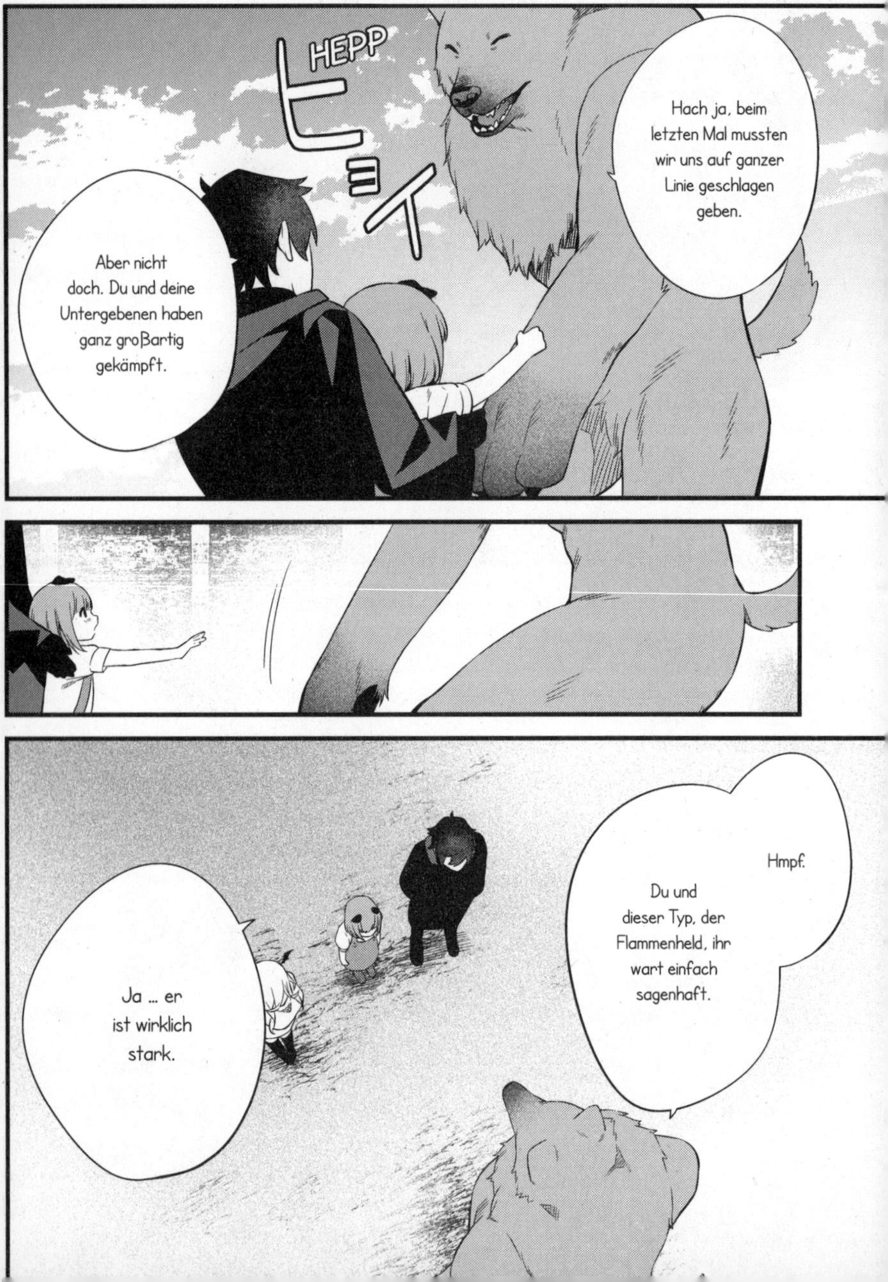
HEPP
ヒョイ
Hach ja, beim letzten Mal mussten wir uns auf ganzer Linie geschlagen geben.
Aber nicht doch. Du und deine Untergebenen haben ganz großartig gekämpft.
Hmpf.
Du und dieser Typ, der Flammenheld, ihr wart einfach sagenhaft.
Ja ... er ist wirklich stark.

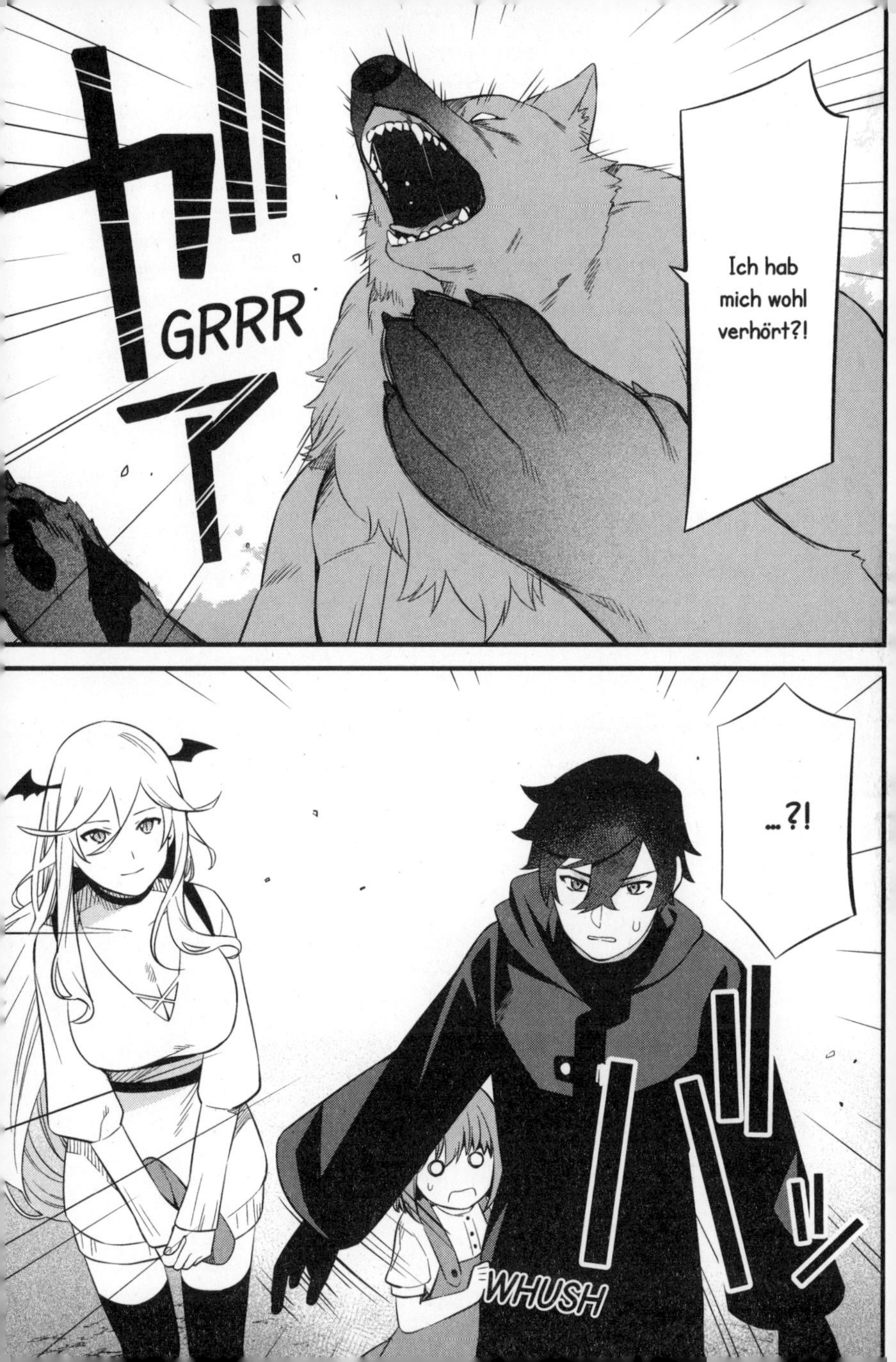
Ich hab mich wohl verhört?!
GRRR
...?!
WHUSH

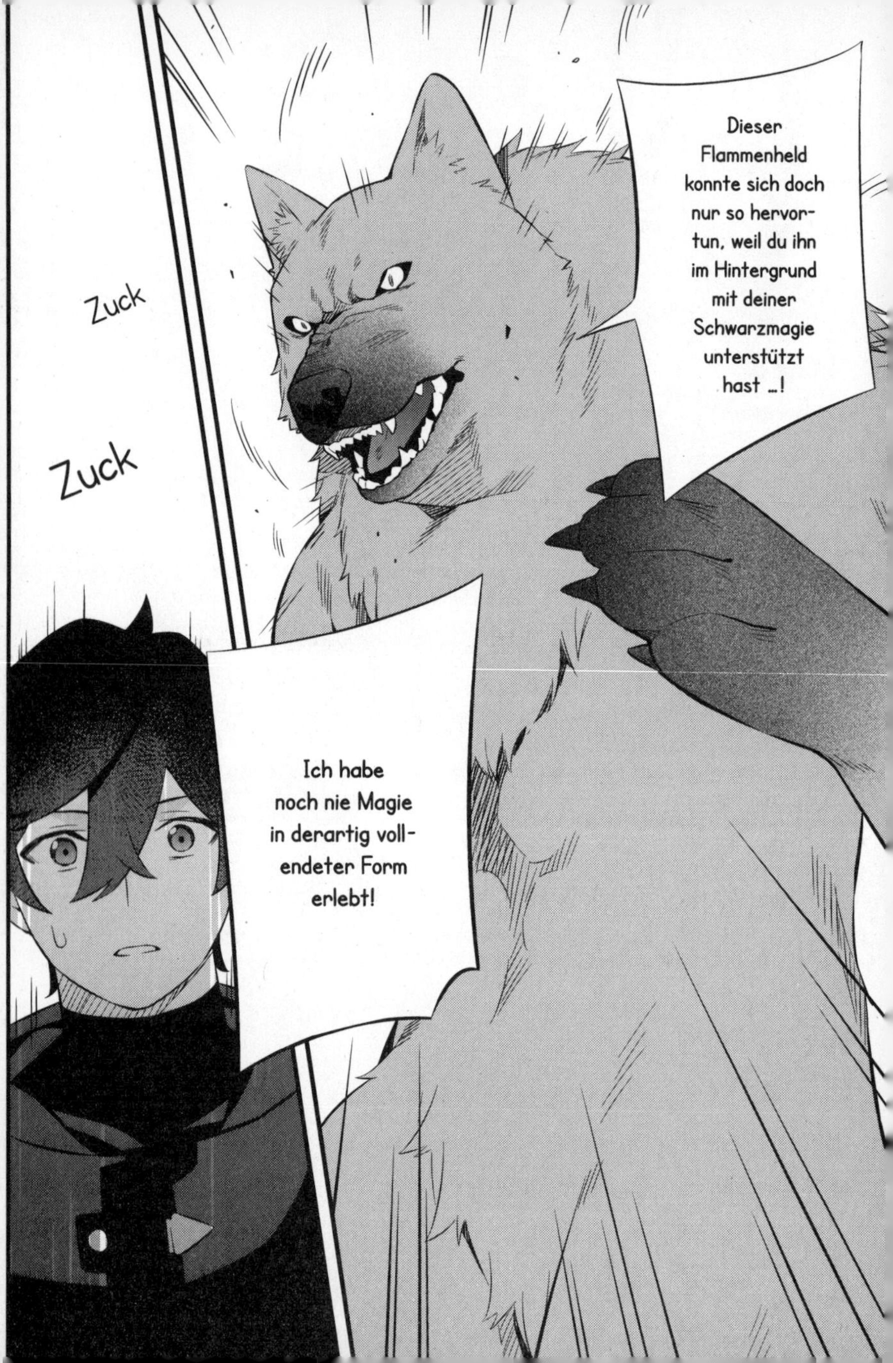
Dieser Flammenheld konnte sich doch nur so hervortun, weil du ihn im Hintergrund mit deiner Schwarzmagie unterstützt hast …!
Zuck
Zuck
Ich habe noch nie Magie in derartig vollendeter Form erlebt!

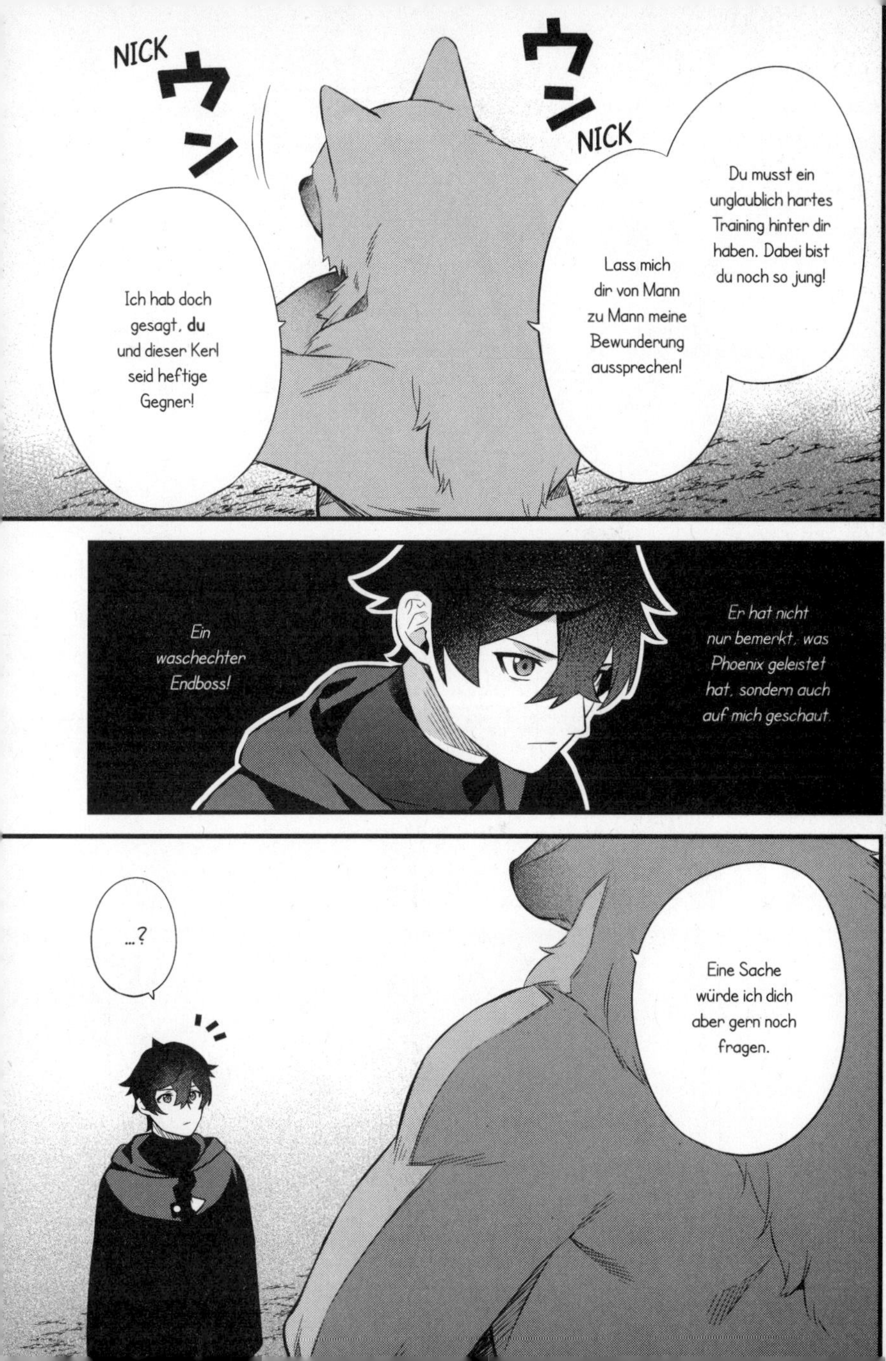
ウン
NICK
ウン
NICK
Du musst ein unglaublich hartes Training hinter dir haben. Dabei bist du noch so jung!
Lass mich dir von Mann zu Mann meine Bewunderung aussprechen!
Ich hab doch gesagt, **du** und dieser Kerl seid heftige Gegner!
Er hat nicht nur bemerkt, was Phoenix geleistet hat, sondern auch auf mich geschaut.
Ein waschechter Endboss!
Eine Sache würde ich dich aber gern noch fragen.
...?

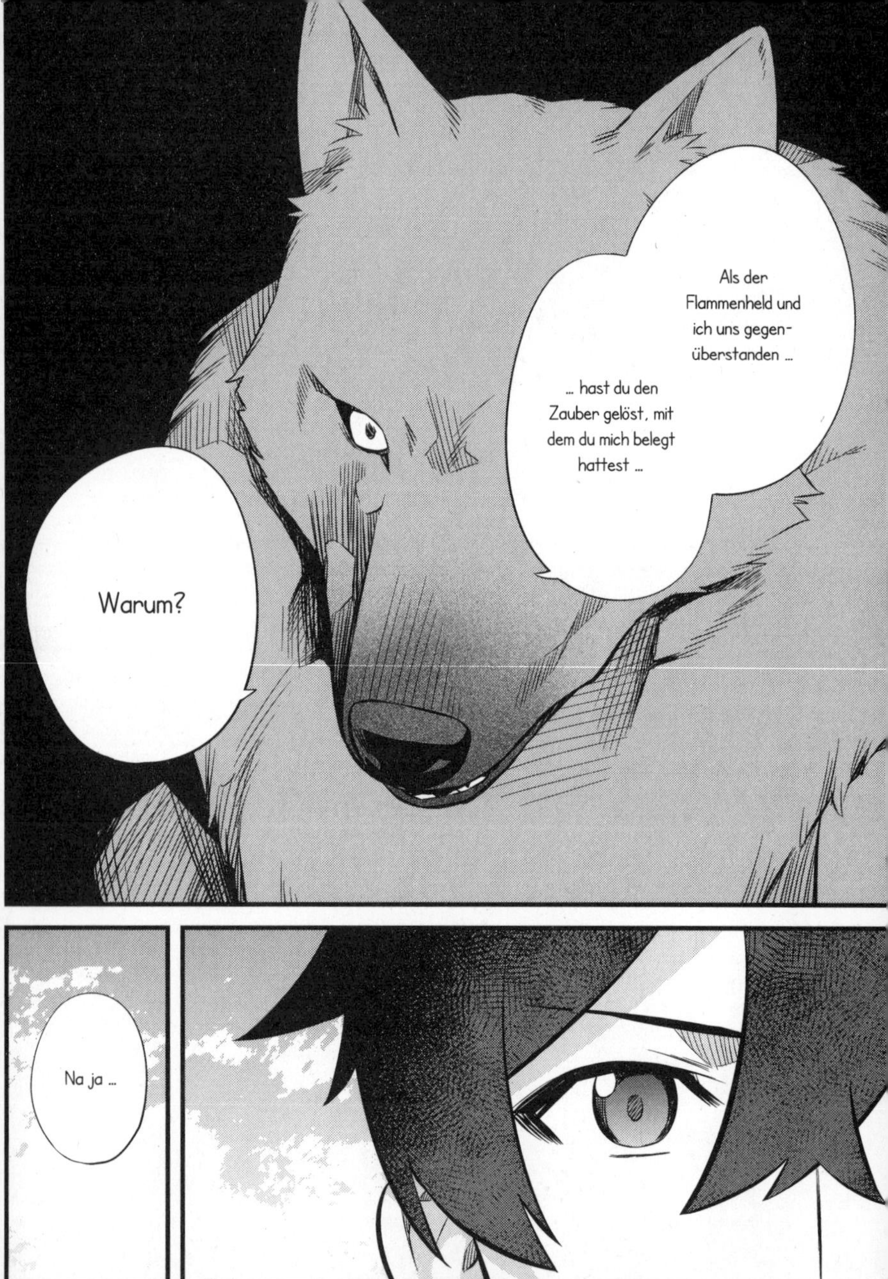
Als der Flammenheld und ich uns gegenüberstanden ...
... hast du den Zauber gelöst, mit dem du mich belegt hattest ...
Warum?
Na ja ...

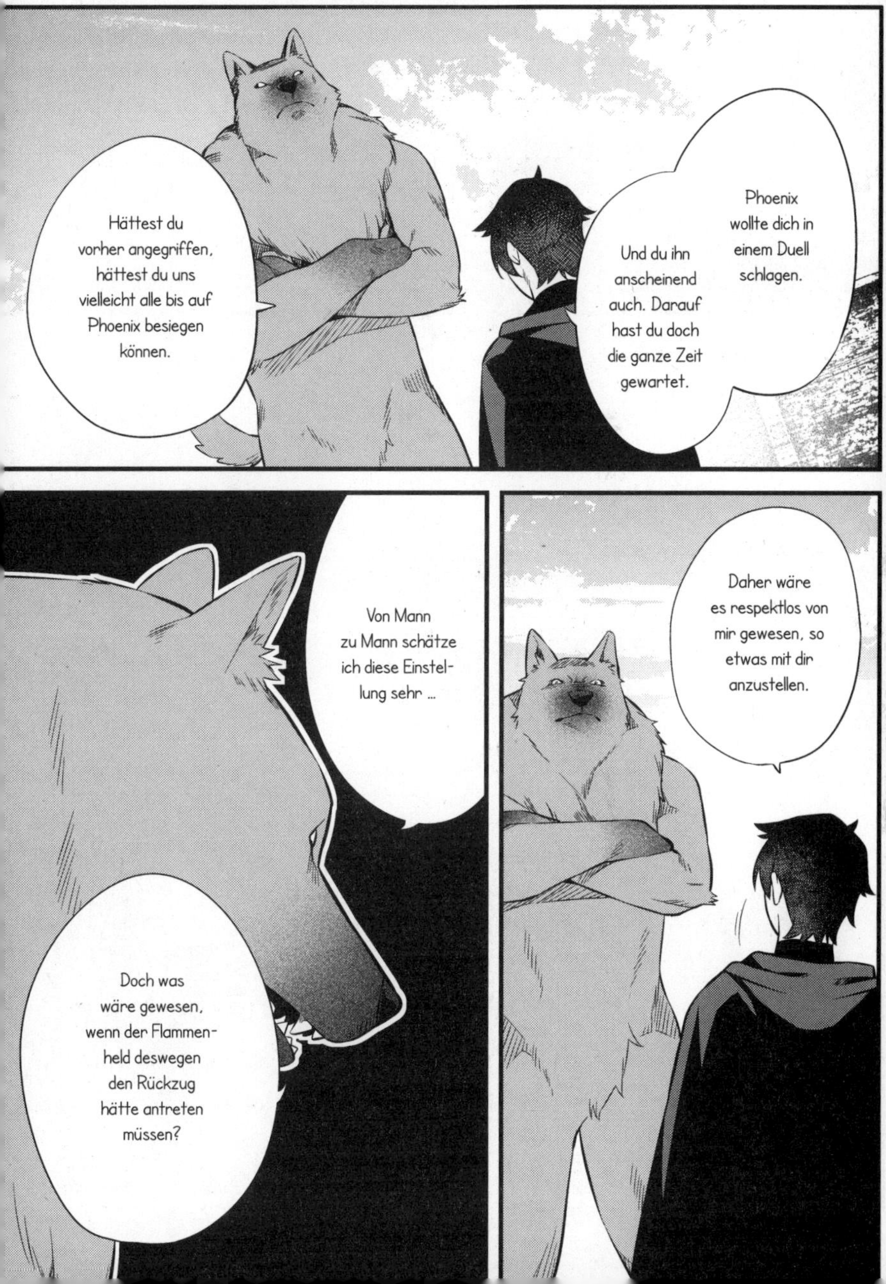
Phoenix wollte dich in einem Duell schlagen.
Und du ihn anscheinend auch. Darauf hast du doch die ganze Zeit gewartet.
Hättest du vorher angegriffen, hättest du uns vielleicht alle bis auf Phoenix besiegen können.
Daher wäre es respektlos von mir gewesen, so etwas mit dir anzustellen.
Von Mann zu Mann schätze ich diese Einstellung sehr …
Doch was wäre gewesen, wenn der Flammenheld deswegen den Rückzug hätte antreten müssen?

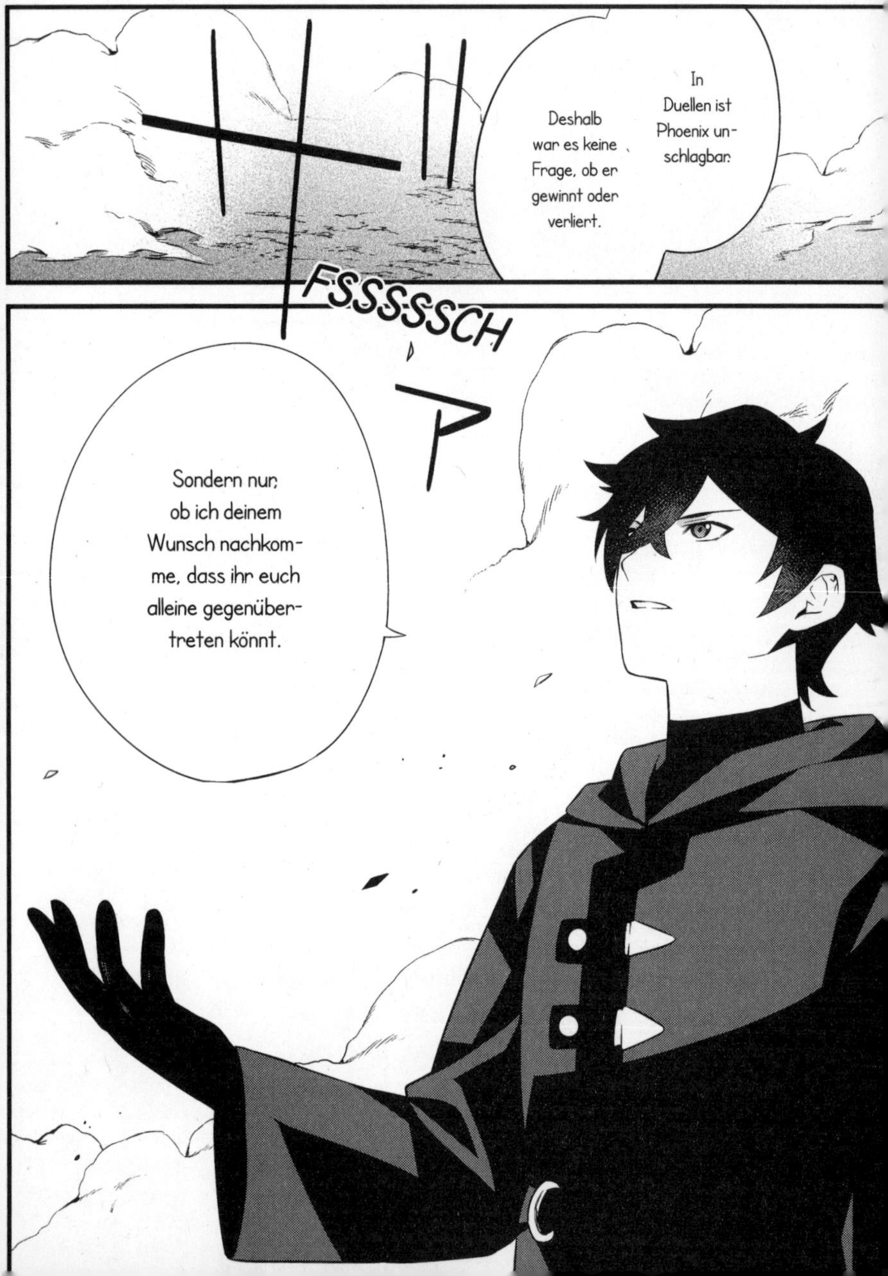
In Duellen ist Phoenix unschlagbar.
Deshalb war es keine Frage, ob er gewinnt oder verliert.
FSSSSSCH
Sondern nur, ob ich deinem Wunsch nachkomme, dass ihr euch alleine gegenübertreten könnt.

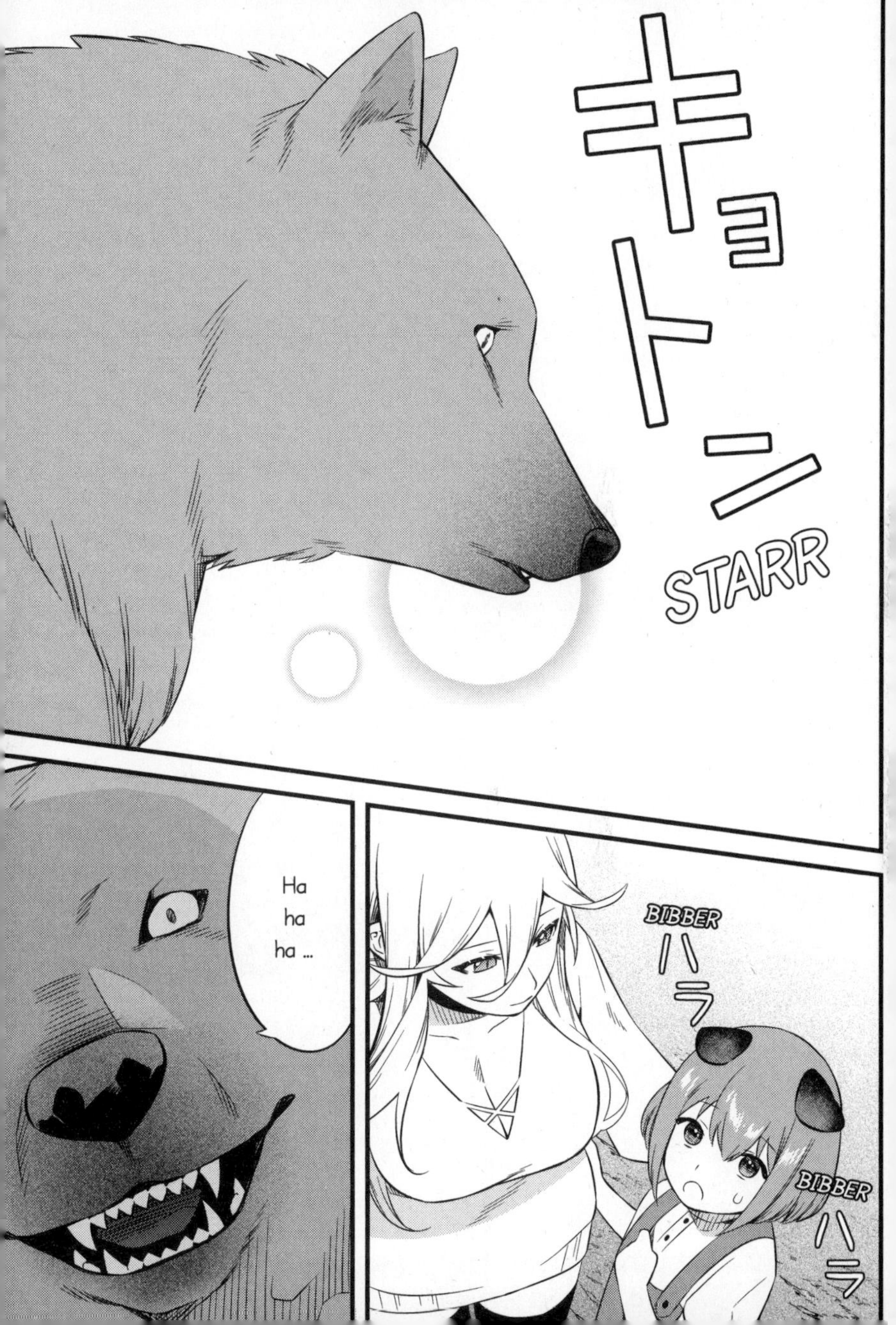
キョトーン
STARR
Ha ha ha ...
BIBBER
ハラ
BIBBER
ハラ

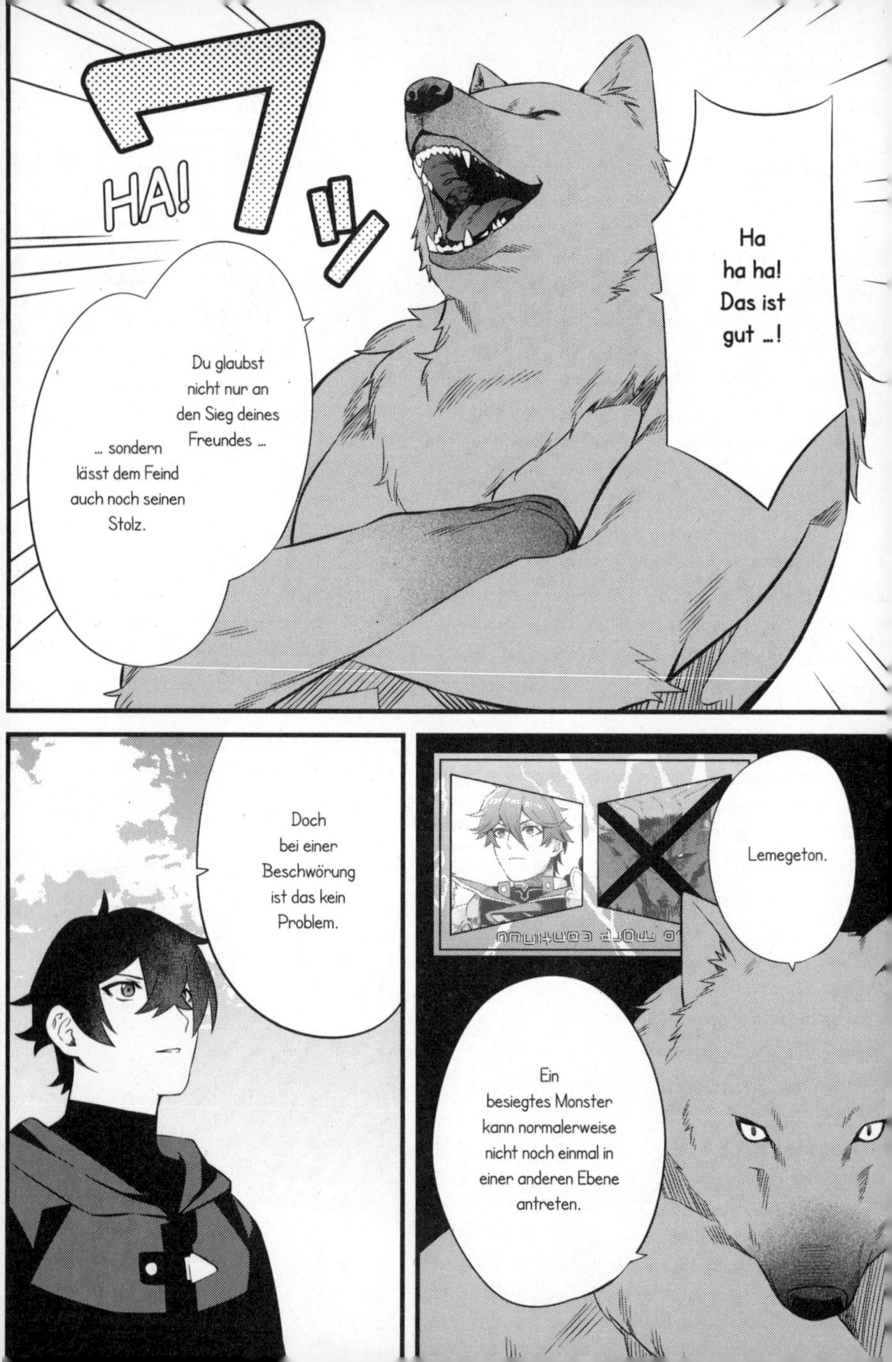
HA!
Ha ha ha! Das ist gut …!
Du glaubst nicht nur an den Sieg deines Freundes …
… sondern lässt dem Feind auch noch seinen Stolz.
Lemegeton.
Ein besiegtes Monster kann normalerweise nicht noch einmal in einer anderen Ebene antreten.
Doch bei einer Beschwörung ist das kein Problem.

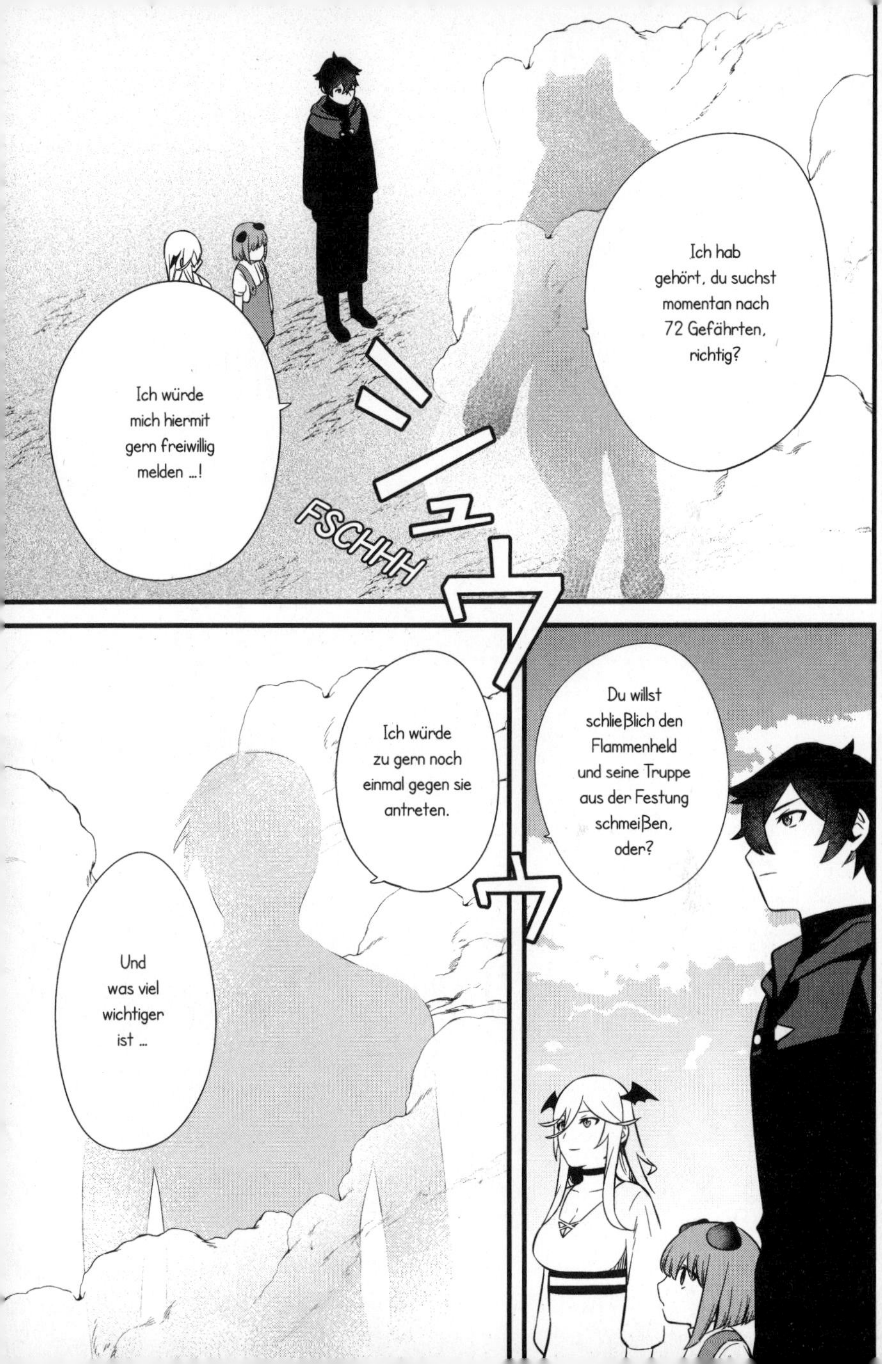
Ich hab gehört, du suchst momentan nach 72 Gefährten, richtig?
Ich würde mich hiermit gern freiwillig melden ...!
FSCHHH
Du willst schließlich den Flammenheld und seine Truppe aus der Festung schmeißen, oder?
Ich würde zu gern noch einmal gegen sie antreten.
Und was viel wichtiger ist ...

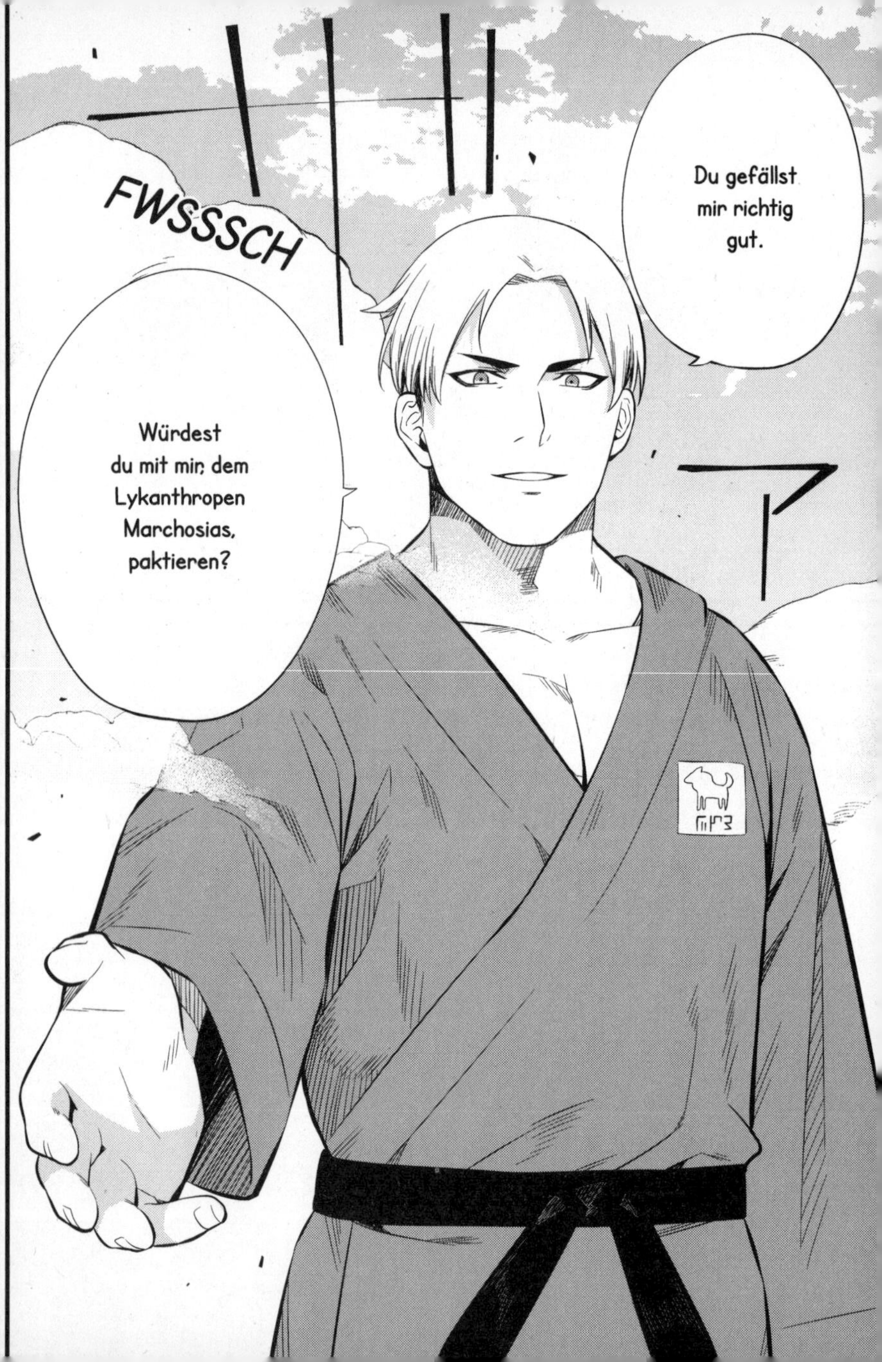
FWSSSCH
Du gefällst mir richtig gut.
Würdest du mit mir, dem Lykanthropen Marchosias, paktieren?

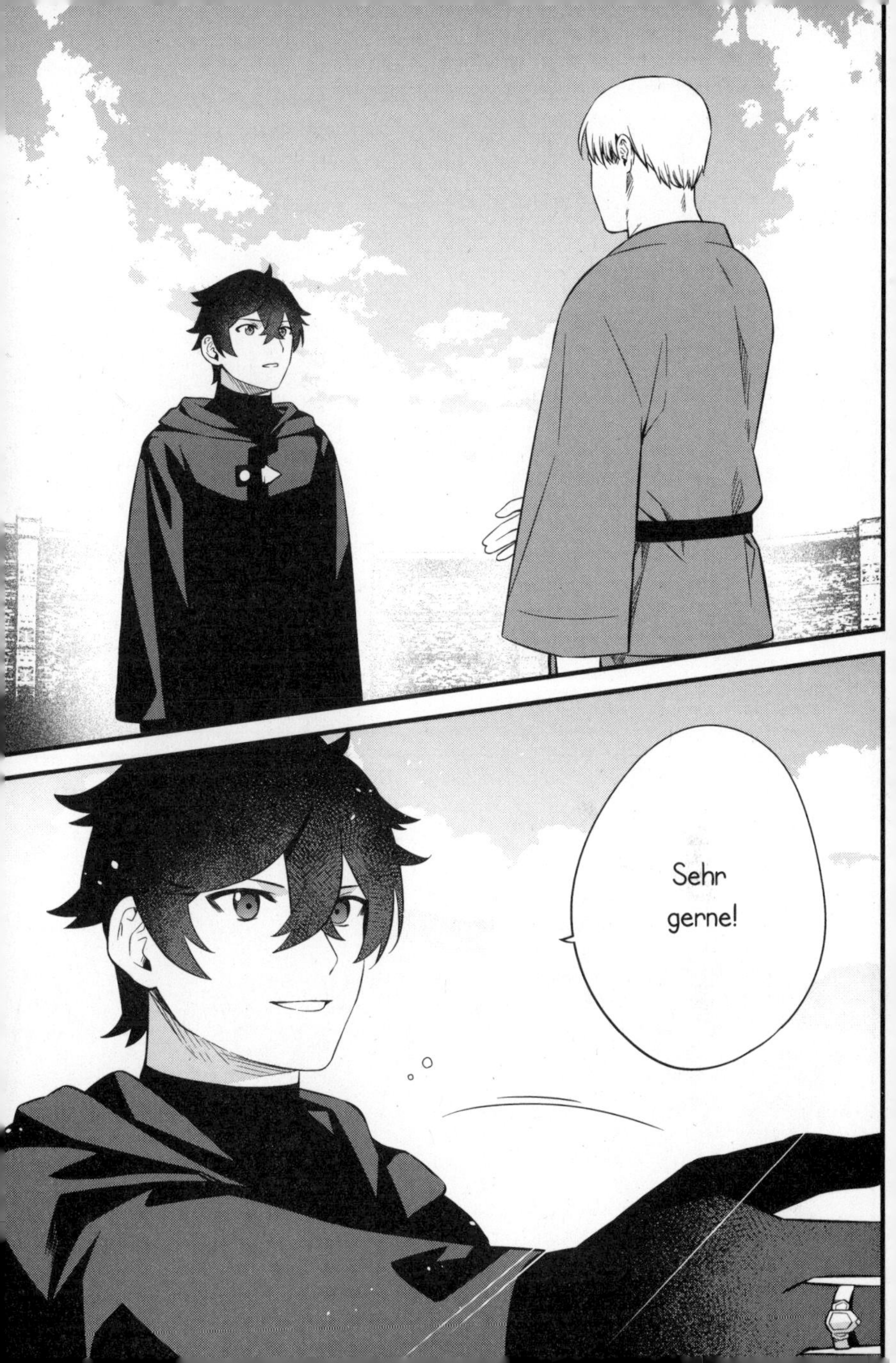
Sehr gerne!

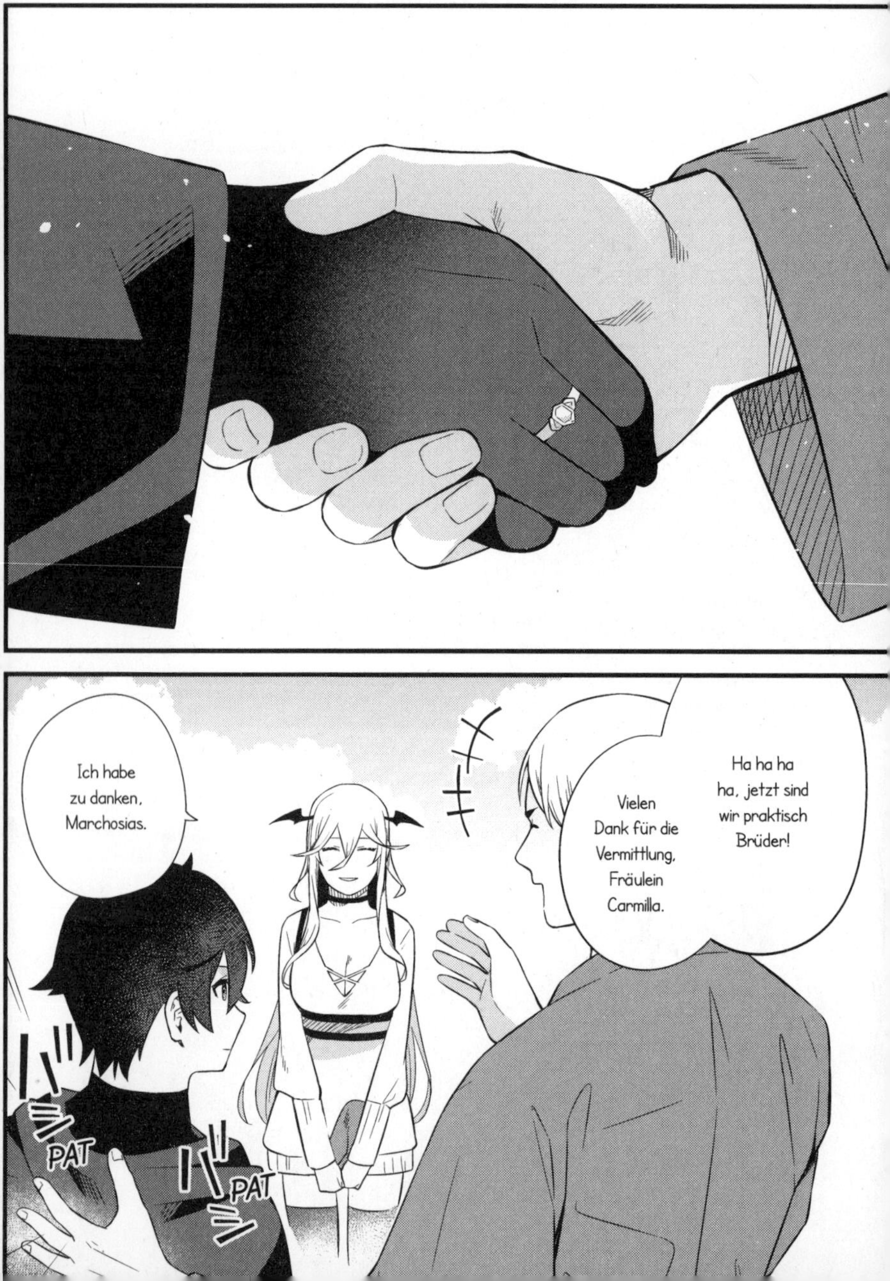
Ha ha ha ha, jetzt sind wir praktisch Brüder!
Vielen Dank für die Vermittlung, Fräulein Carmilla.
Ich habe zu danken, Marchosias.
PAT
PAT

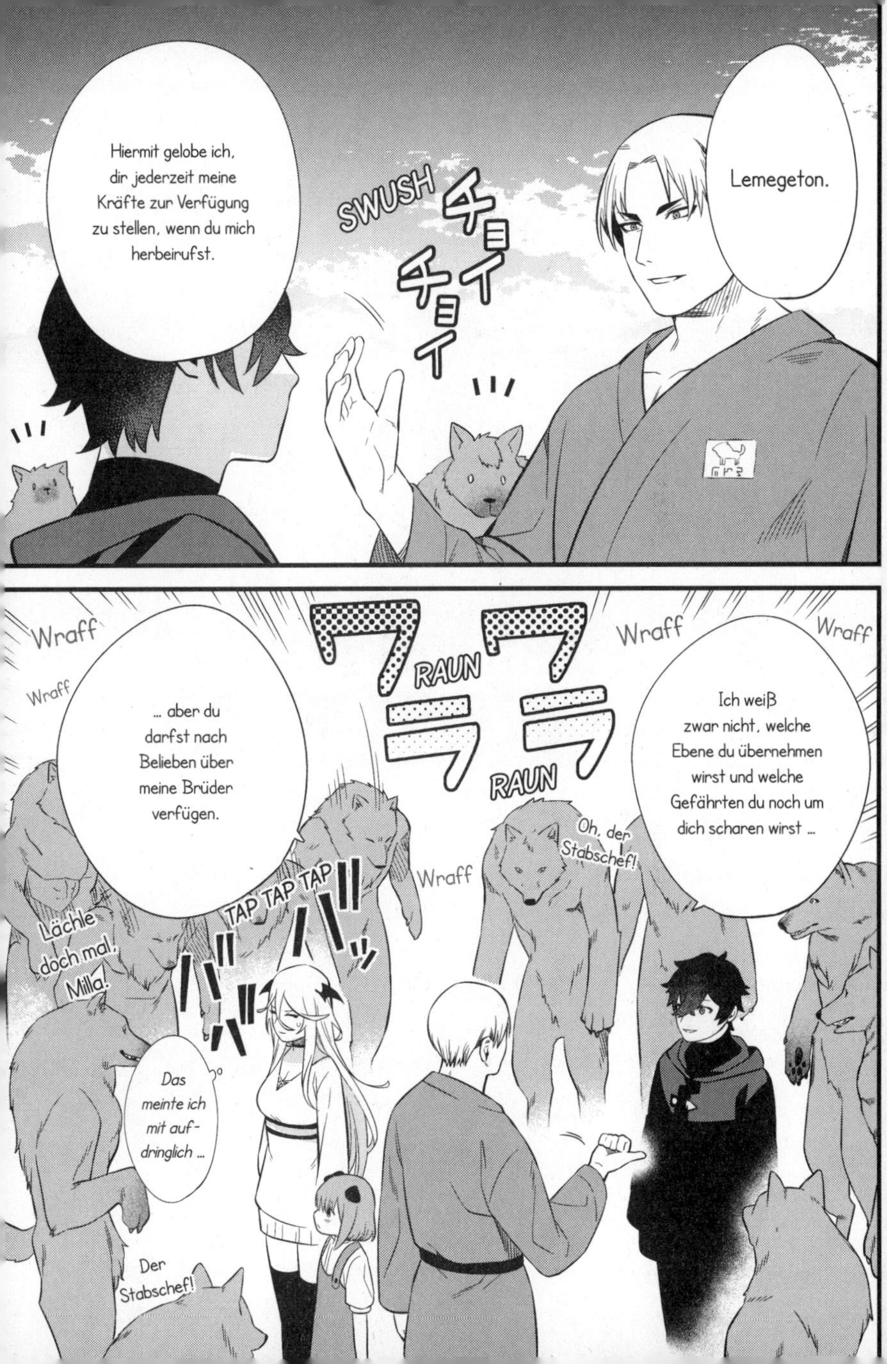
Lemegeton.
SWUSH
チョイ
チョイ
Hiermit gelobe ich, dir jederzeit meine Kräfte zur Verfügung zu stellen, wenn du mich herbeirufst.
Wraff
Wraff
Wraff
Wraff
ワラ
RAUN
ワラ
RAUN
Ich weiß zwar nicht, welche Ebene du übernehmen wirst und welche Gefährten du noch um dich scharen wirst ...
... aber du darfst nach Belieben über meine Brüder verfügen.
Oh, der Stabschef!
Wraff
TAP TAP TAP
Lächle doch mal, Milla.
Das meinte ich mit aufdringlich ...
Der Stabschef!

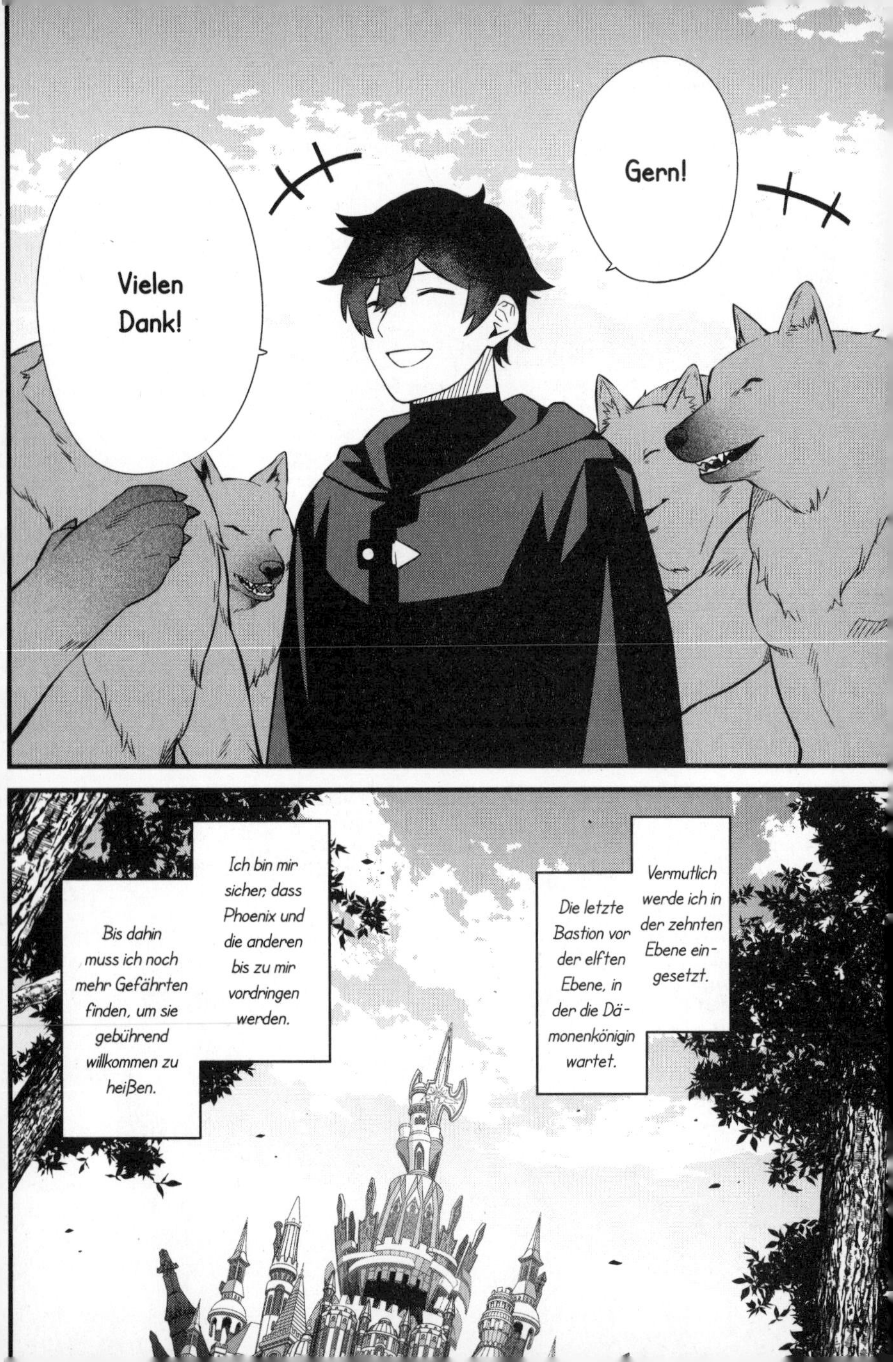
Gern!
Vielen Dank!
Vermutlich werde ich in der zehnten Ebene eingesetzt.
Die letzte Bastion vor der elften Ebene, in der die Dämonenkönigin wartet.
Ich bin mir sicher, dass Phoenix und die anderen bis zu mir vordringen werden.
Bis dahin muss ich noch mehr Gefährten finden, um sie gebührend willkommen zu heißen.

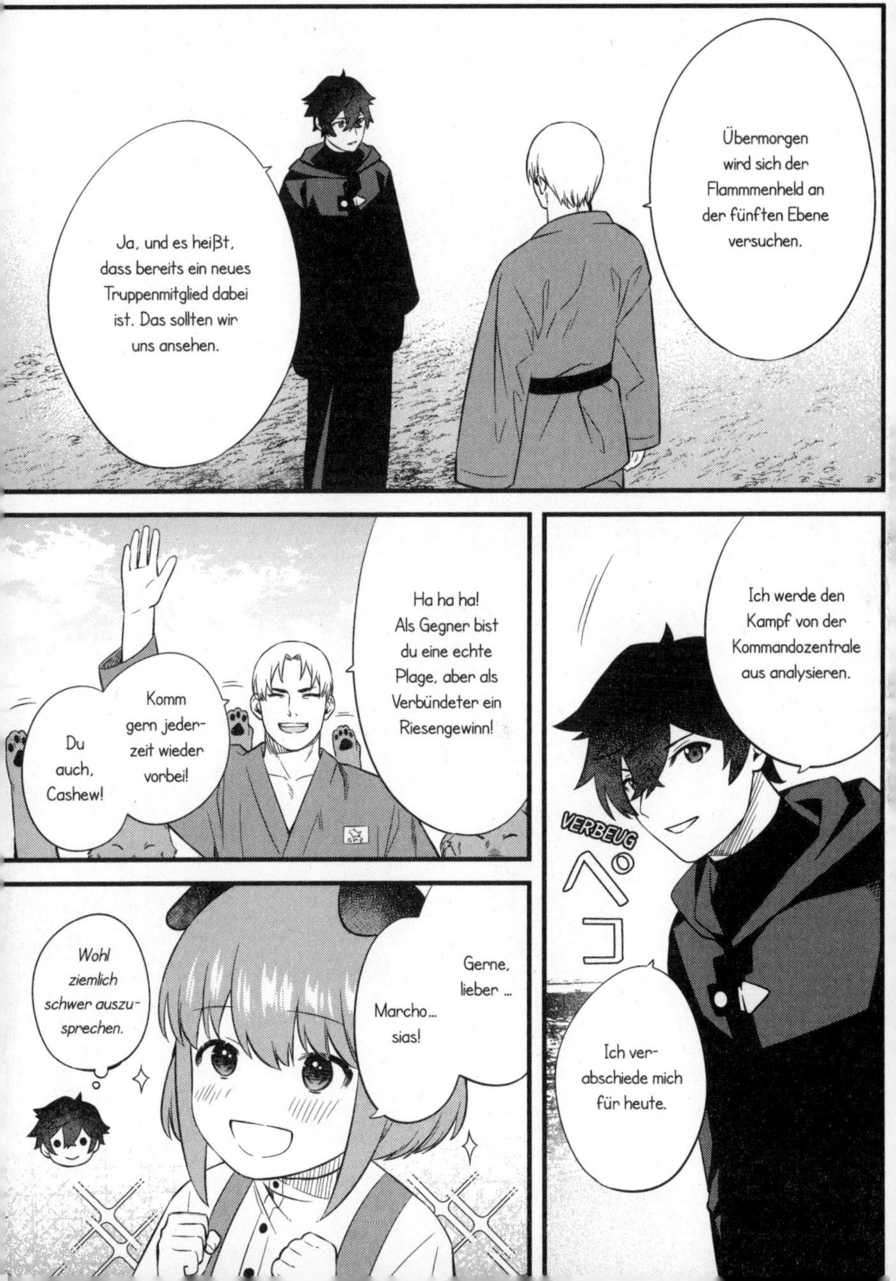
Übermorgen wird sich der Flammmenheld an der fünften Ebene versuchen.
Ja, und es heißt, dass bereits ein neues Truppenmitglied dabei ist. Das sollten wir uns ansehen.
Ich werde den Kampf von der Kommandozentrale aus analysieren.
VERBEUG
ペコ
Ich verabschiede mich für heute.
Ha ha ha! Als Gegner bist du eine echte Plage, aber als Verbündeter ein Riesengewinn!
Komm gern jederzeit wieder vorbei!
Du auch, Cashew!
Gerne, lieber ...
Marcho... sias!
Wohl ziemlich schwer auszusprechen.

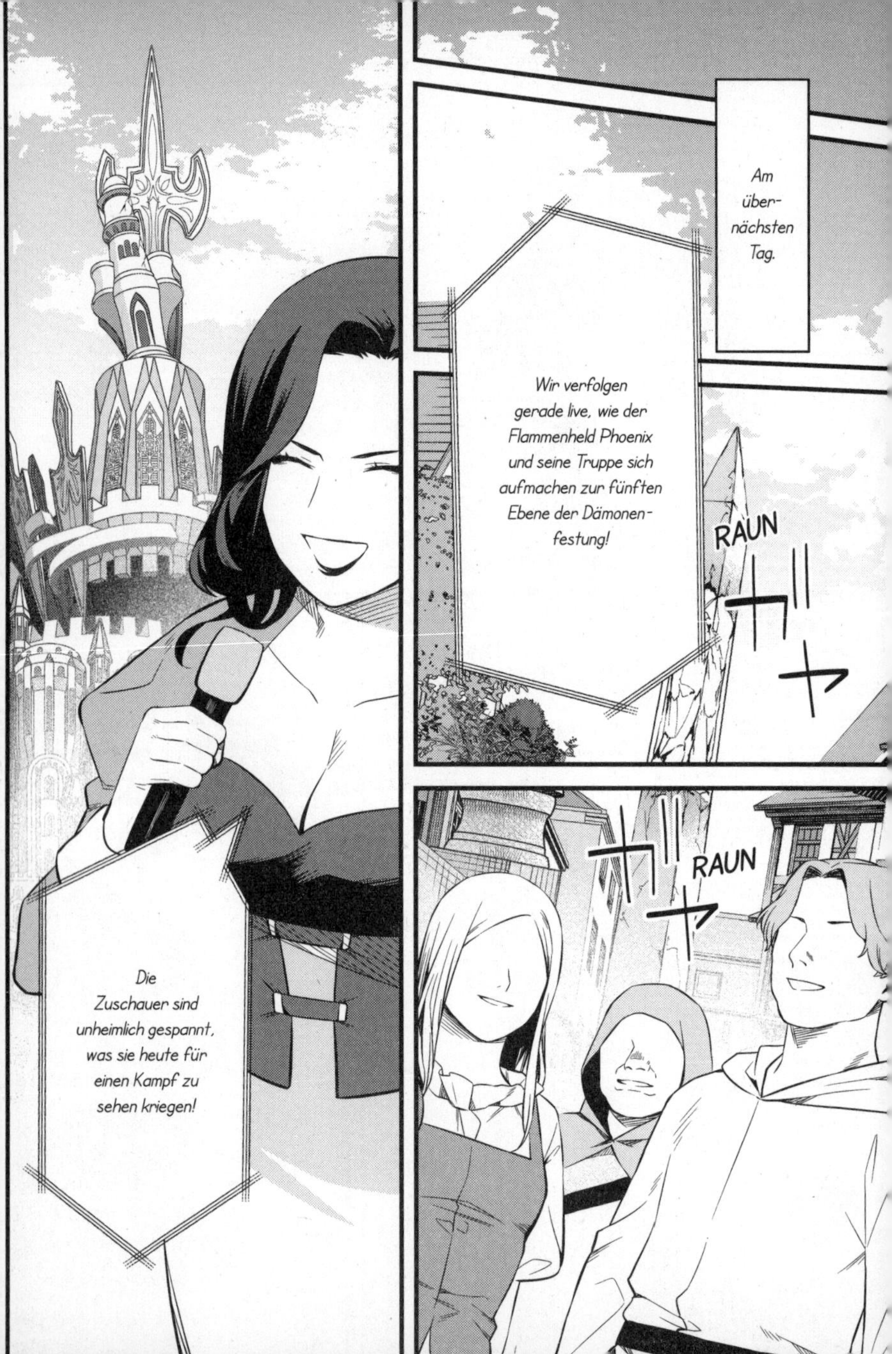
Am übernächsten Tag.
Wir verfolgen gerade live, wie der Flammenheld Phoenix und seine Truppe sich aufmachen zur fünften Ebene der Dämonenfestung!
RAUN
RAUN
Die Zuschauer sind unheimlich gespannt, was sie heute für einen Kampf zu sehen kriegen!

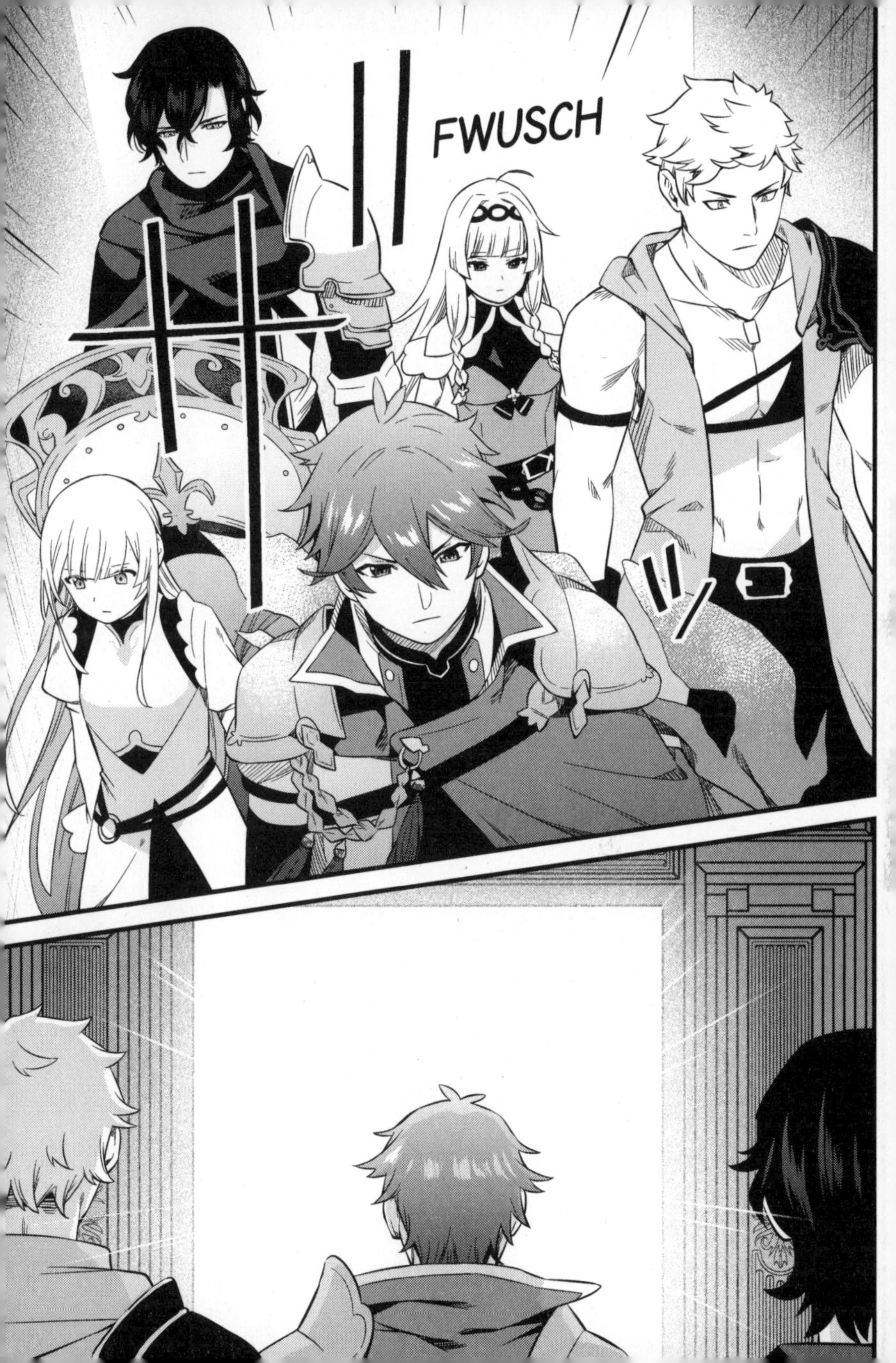
FWUSCH

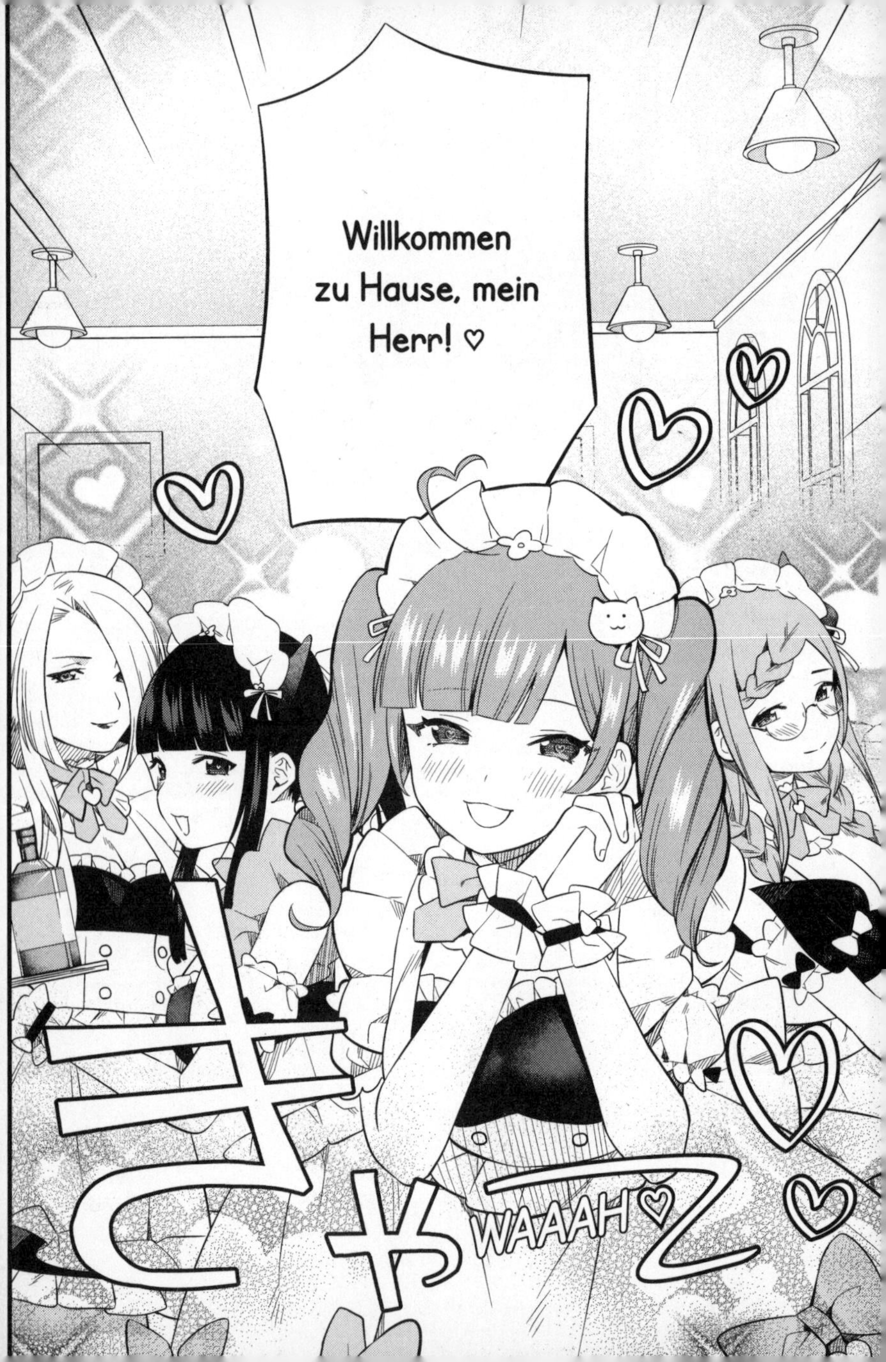
Willkommen zu Hause, mein Herr! ♡
きゃ
WAAAH♡

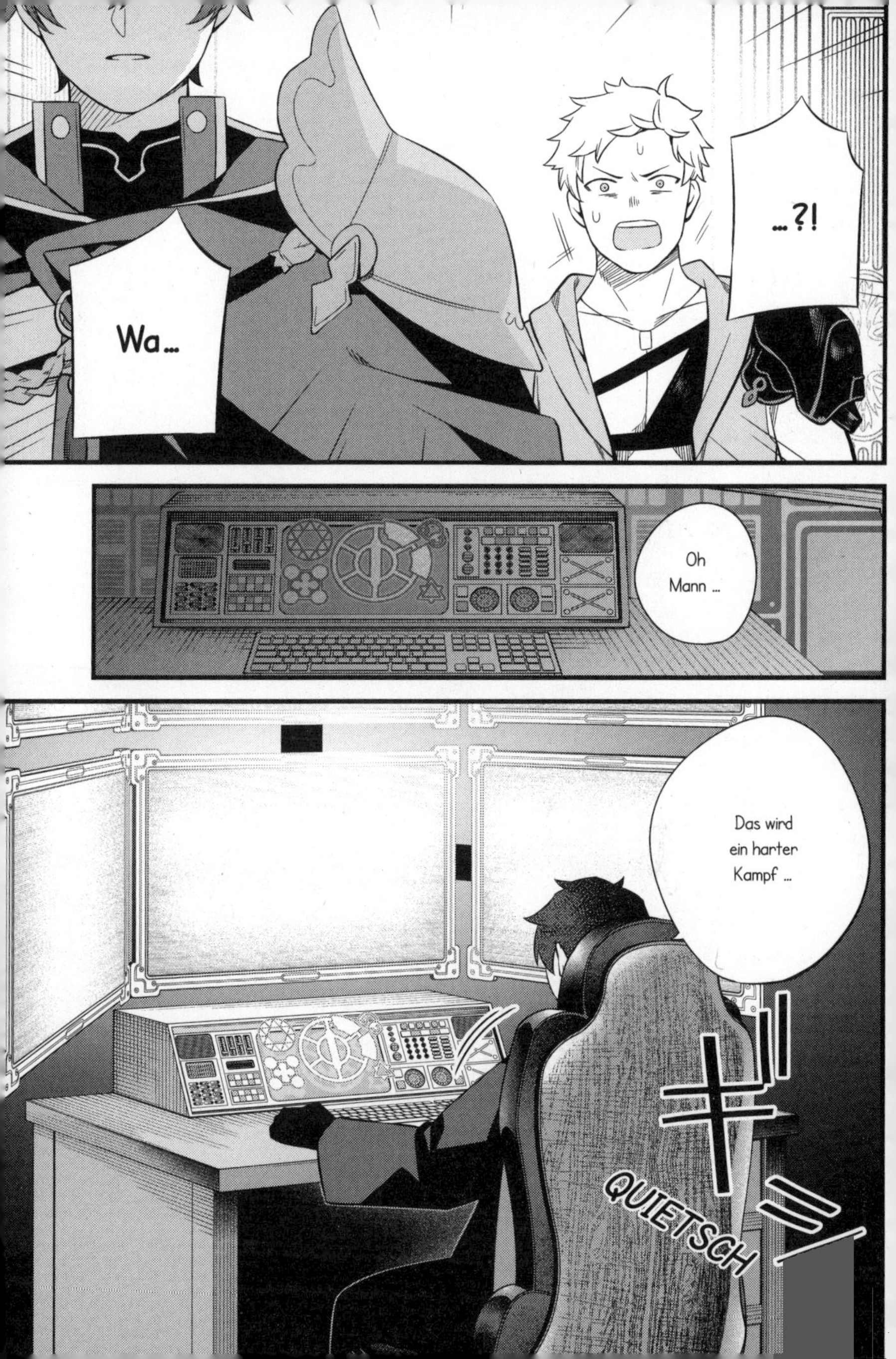
...?!
Wa ...
Oh Mann ...
Das wird ein harter Kampf ...
QUIETSCH

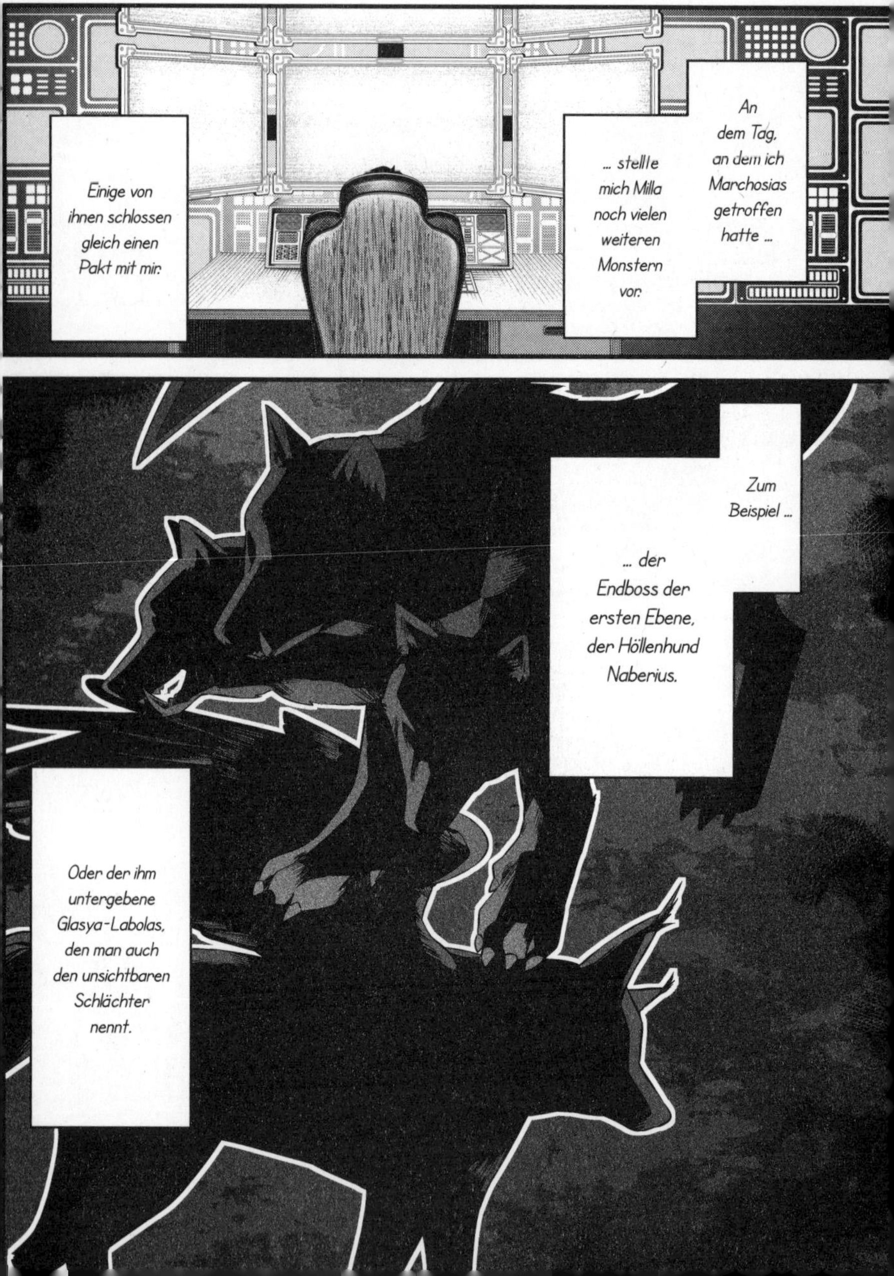
An dem Tag, an dem ich Marchosias getroffen hatte ...
... stellte mich Milla noch vielen weiteren Monstern vor.
Einige von ihnen schlossen gleich einen Pakt mit mir.
Zum Beispiel ...
... der Endboss der ersten Ebene, der Höllenhund Naberius.
Oder der ihm untergebene Glasya-Labolas, den man auch den unsichtbaren Schlächter nennt.

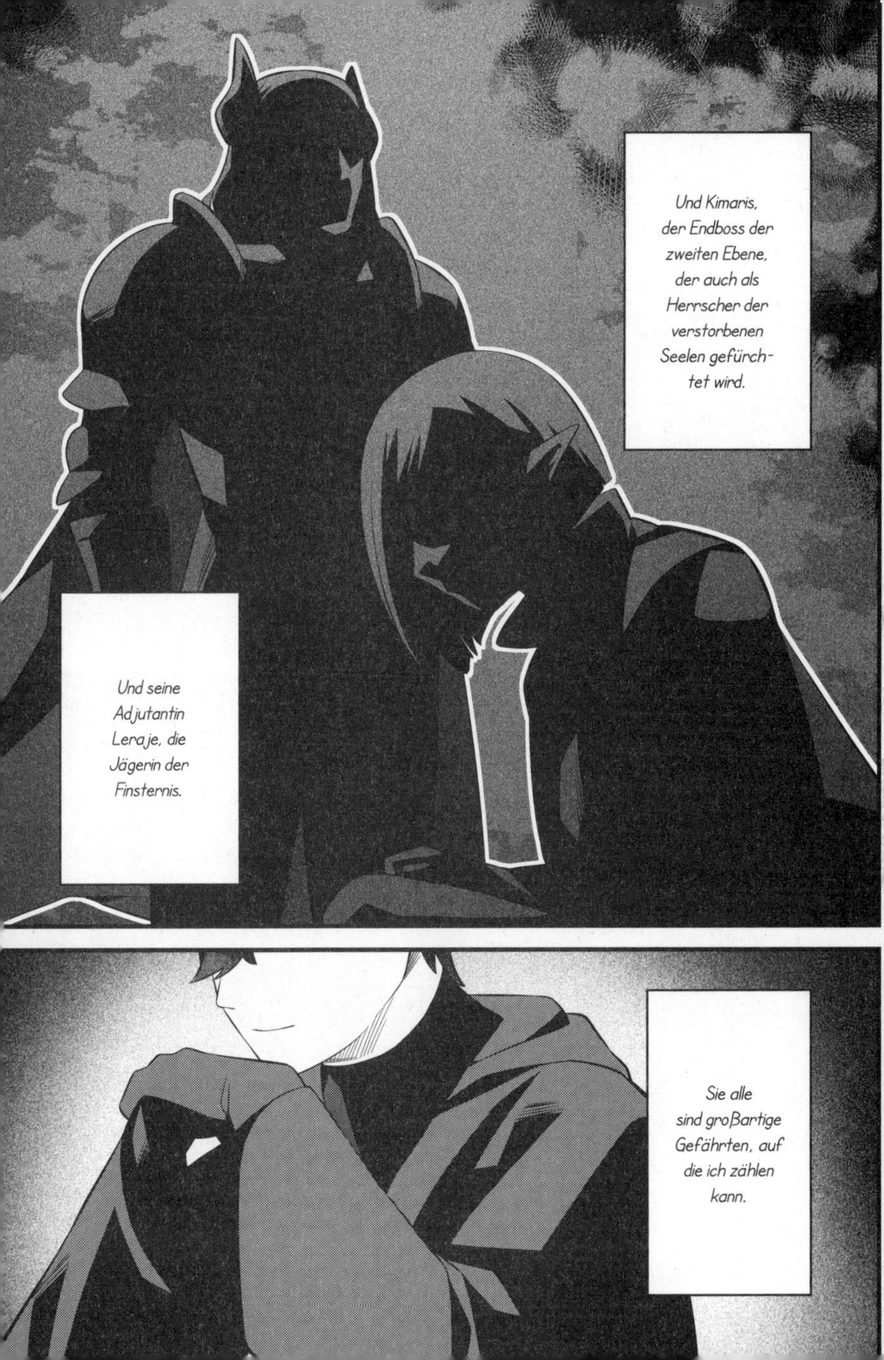
Und Kimaris, der Endboss der zweiten Ebene, der auch als Herrscher der verstorbenen Seelen gefürchtet wird.
Und seine Adjutantin Leraje, die Jägerin der Finsternis.
Sie alle sind großartige Gefährten, auf die ich zählen kann.

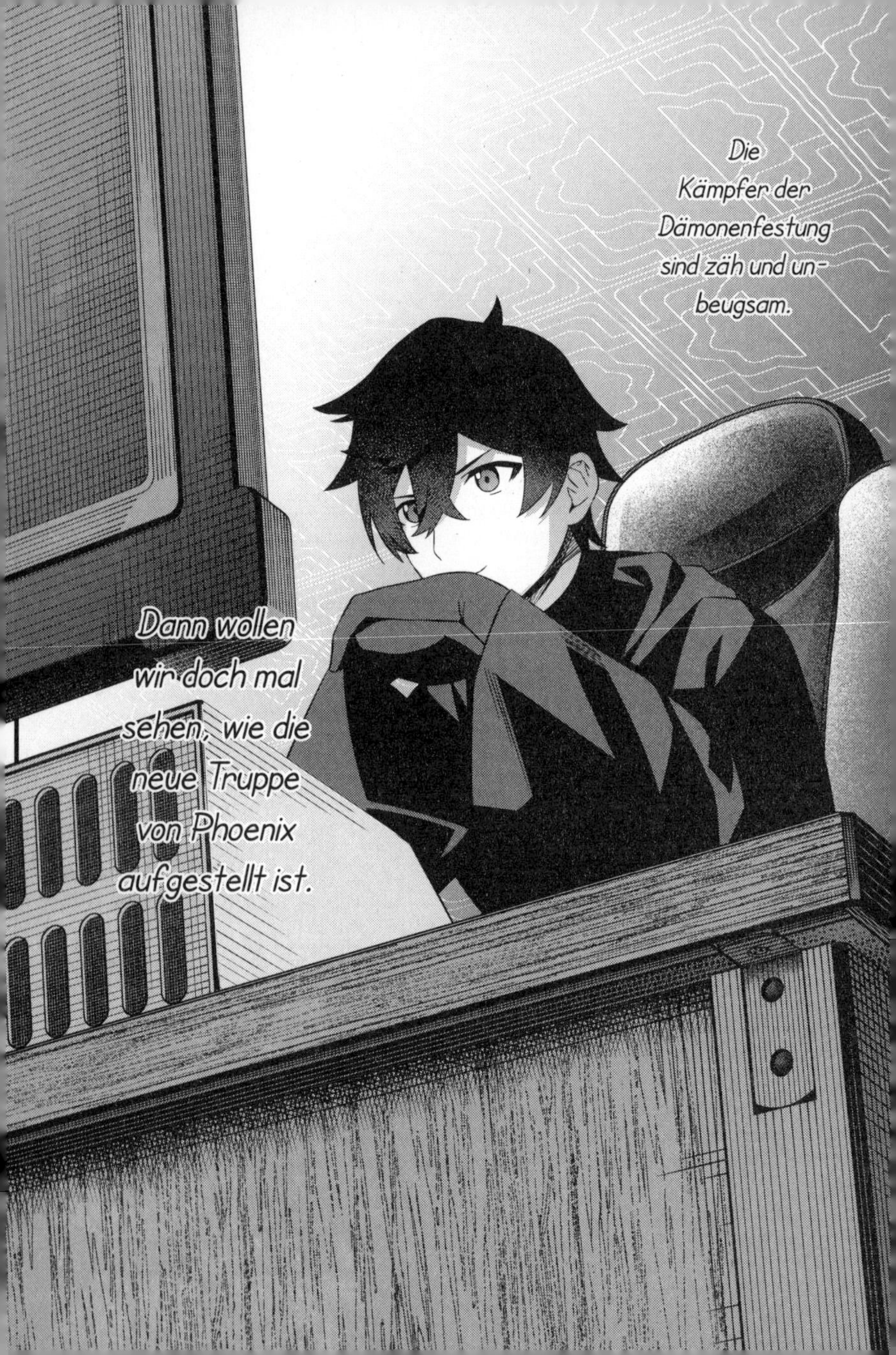
Die Kämpfer der Dämonenfestung sind zäh und unbeugsam.
Dann wollen wir doch mal sehen, wie die neue Truppe von Phoenix aufgestellt ist.

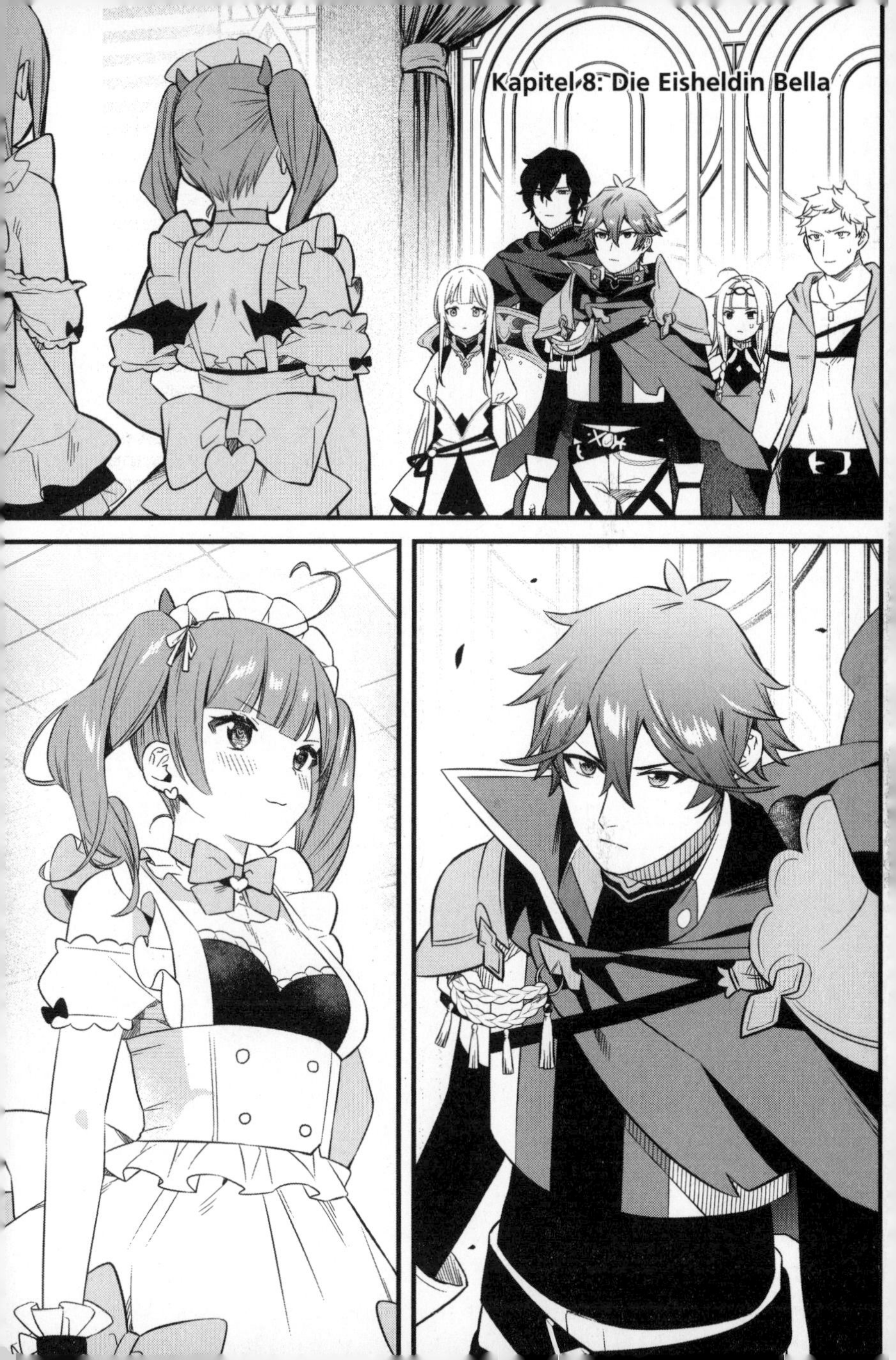
Kapitel 8: Die Eisheldin Bella

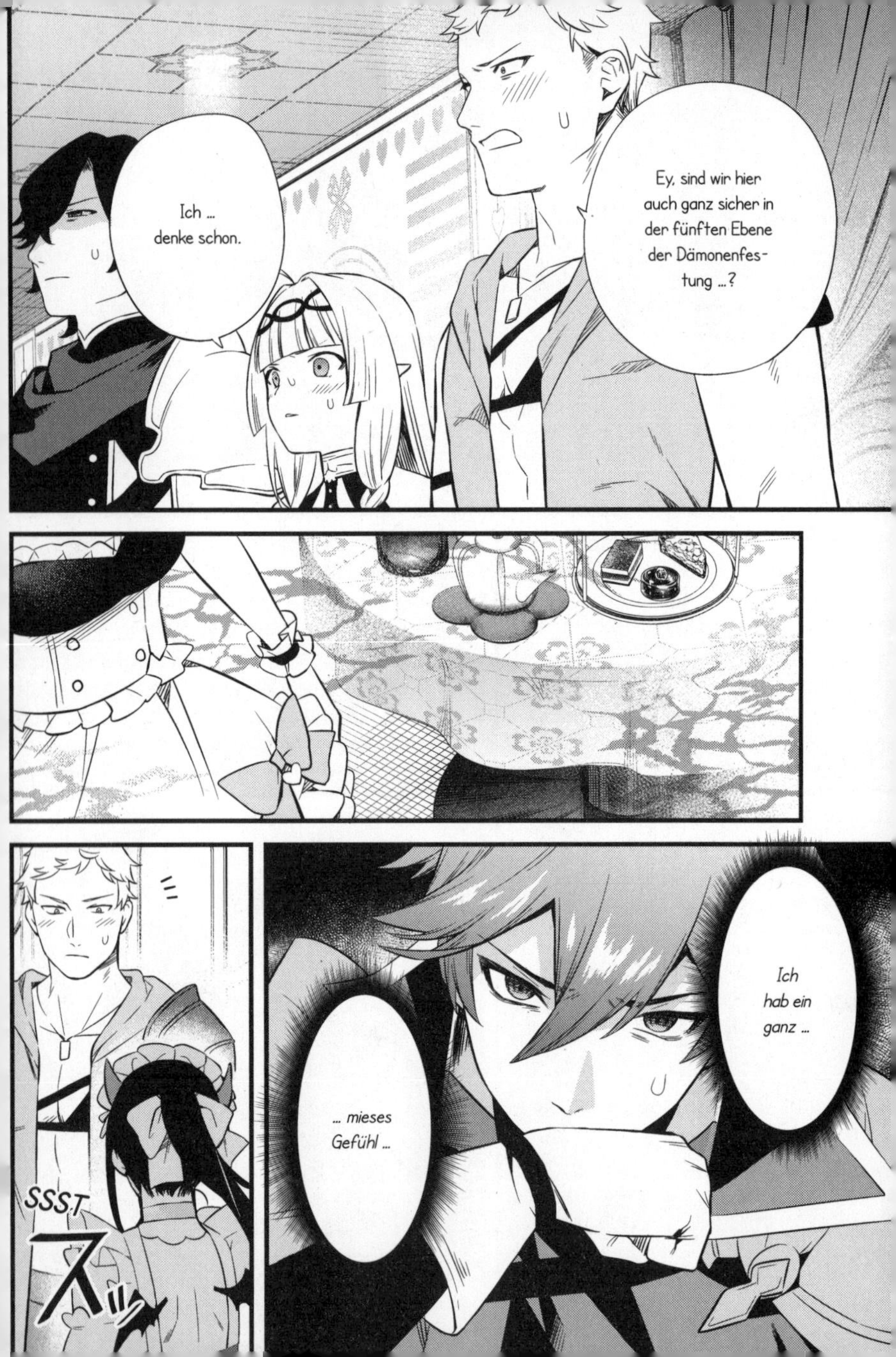
Ey, sind wir hier auch ganz sicher in der fünften Ebene der Dämonenfes-tung ...?
Ich ... denke schon.
Ich hab ein ganz ...
... mieses Gefühl ...
SSST

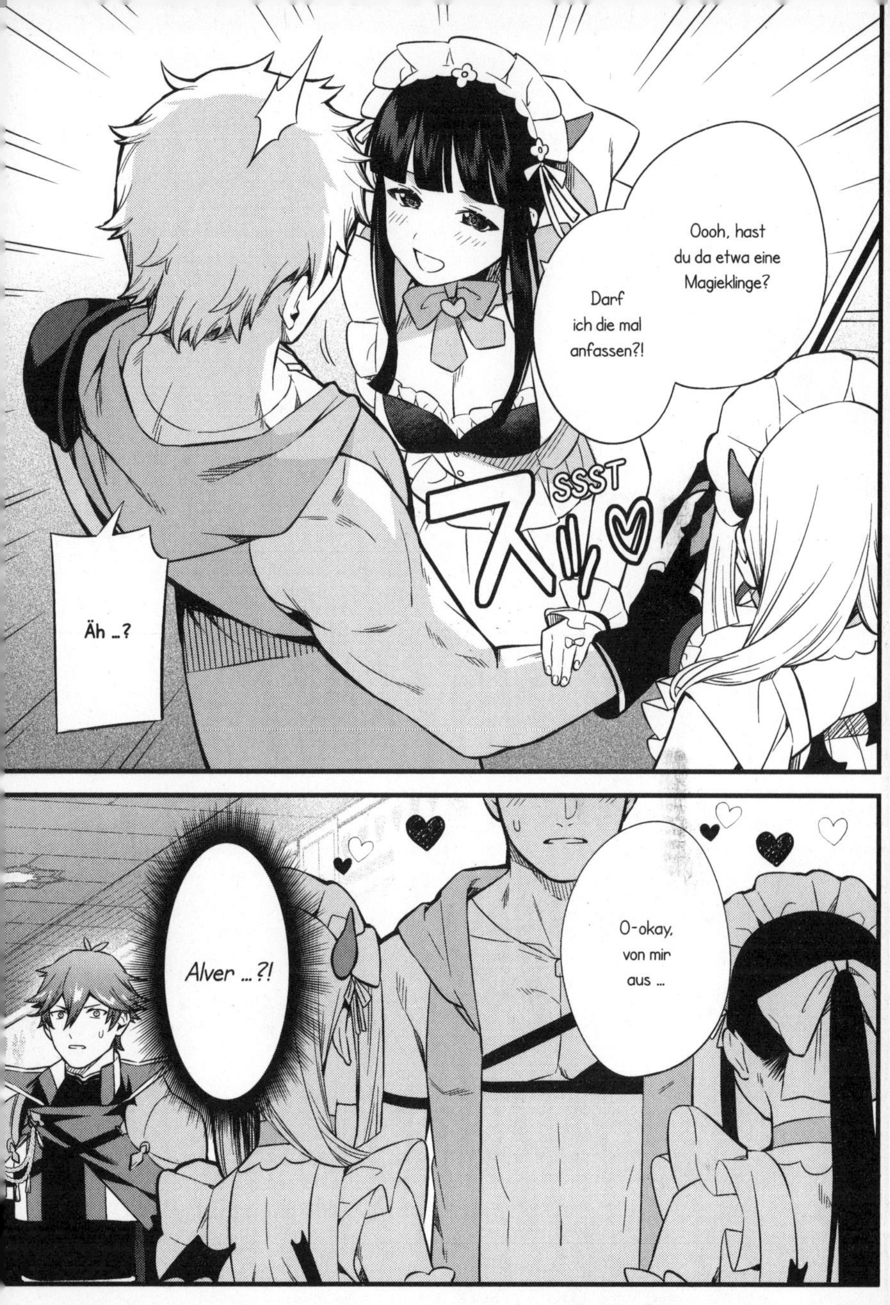
Oooh, hast du da etwa eine Magieklinge?
Darf ich die mal anfassen?!
SSST
Äh ...?
O-okay, von mir aus ...
Alver ...?!

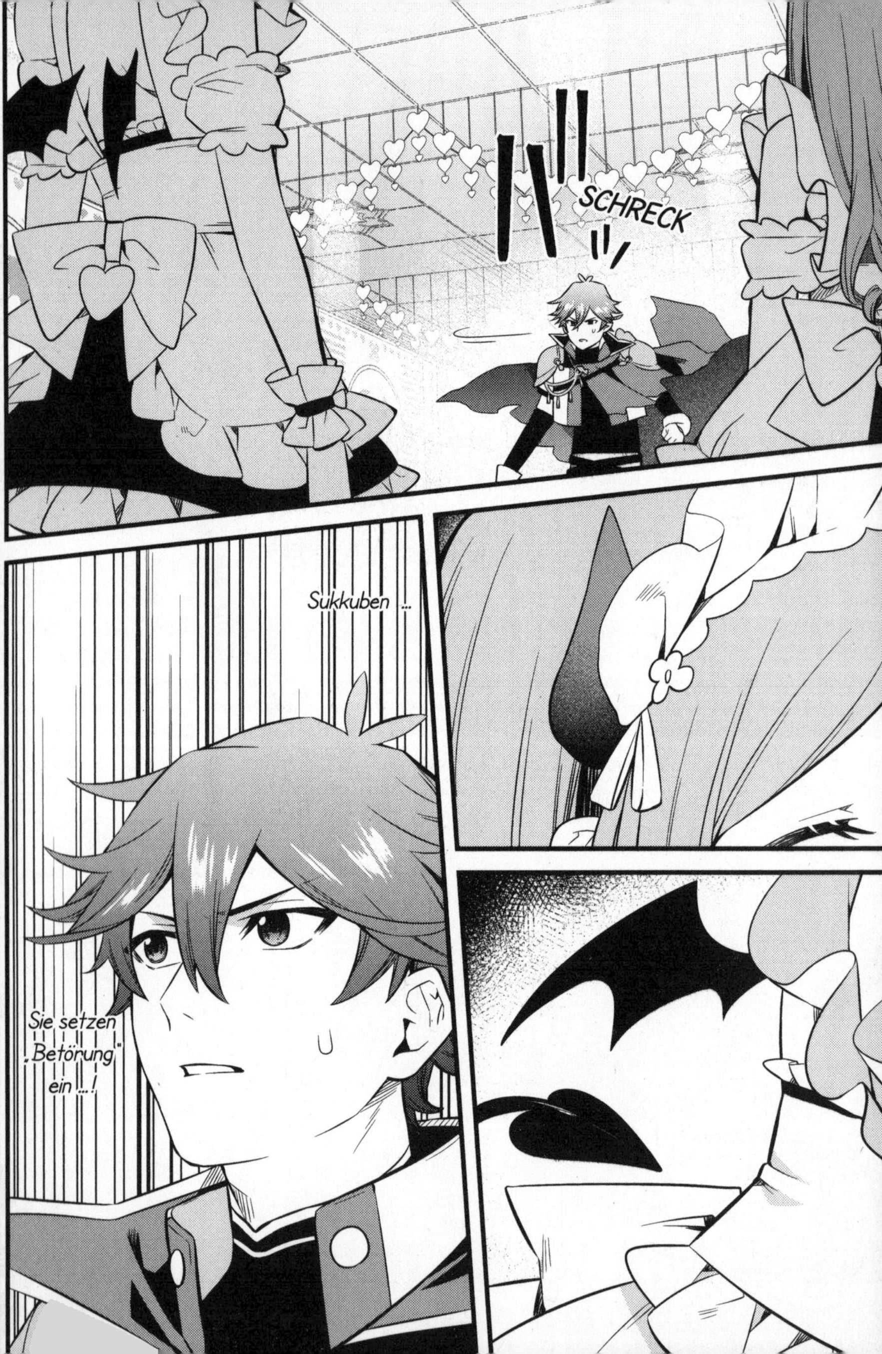
SCHRECK
Sukkuben ...
Sie setzen „Betörung" ein ...!

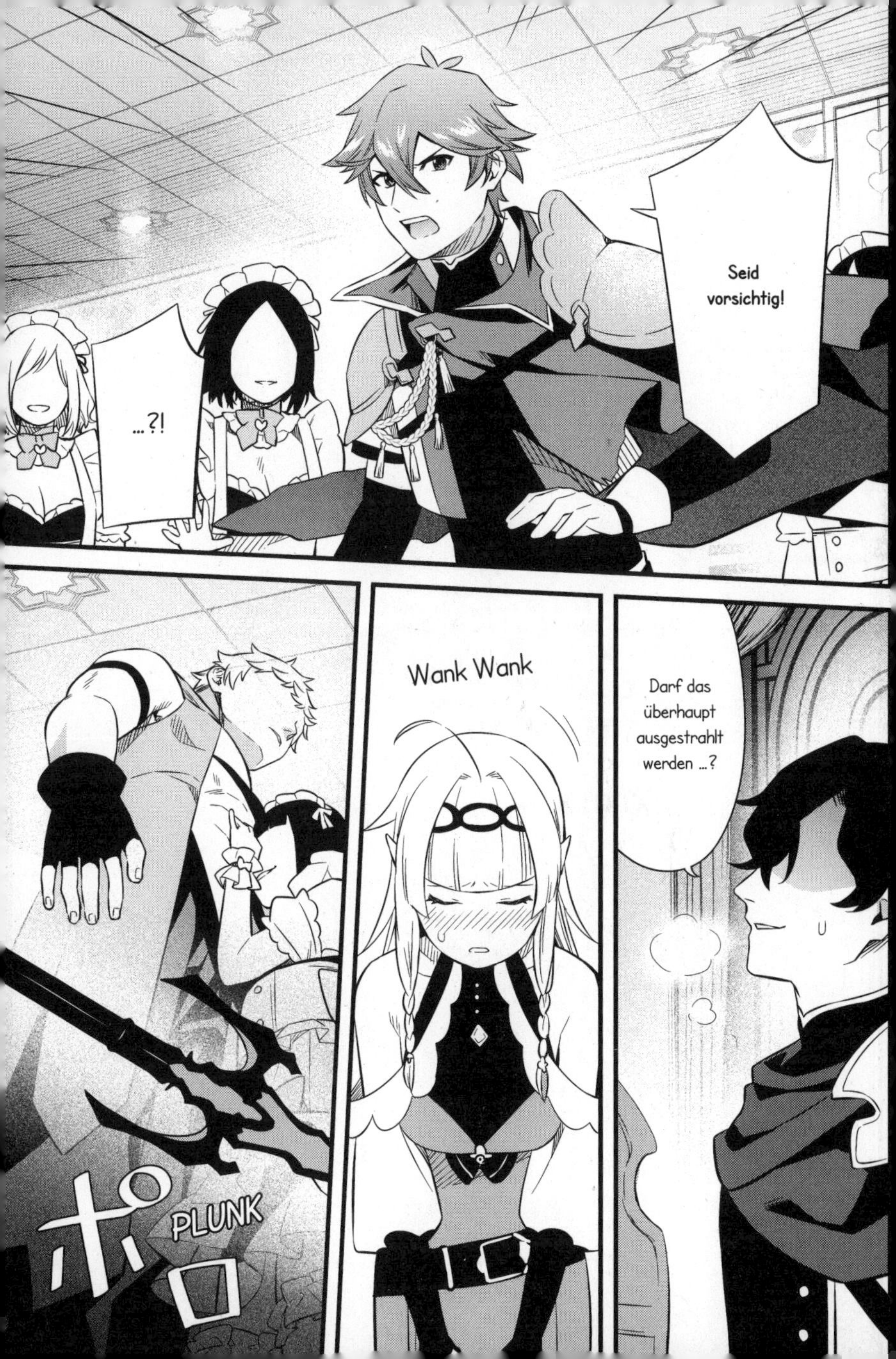
Seid vorsichtig!
...?!
Darf das überhaupt ausgestrahlt werden ...?
Wank Wank
ポロ
PLUNK

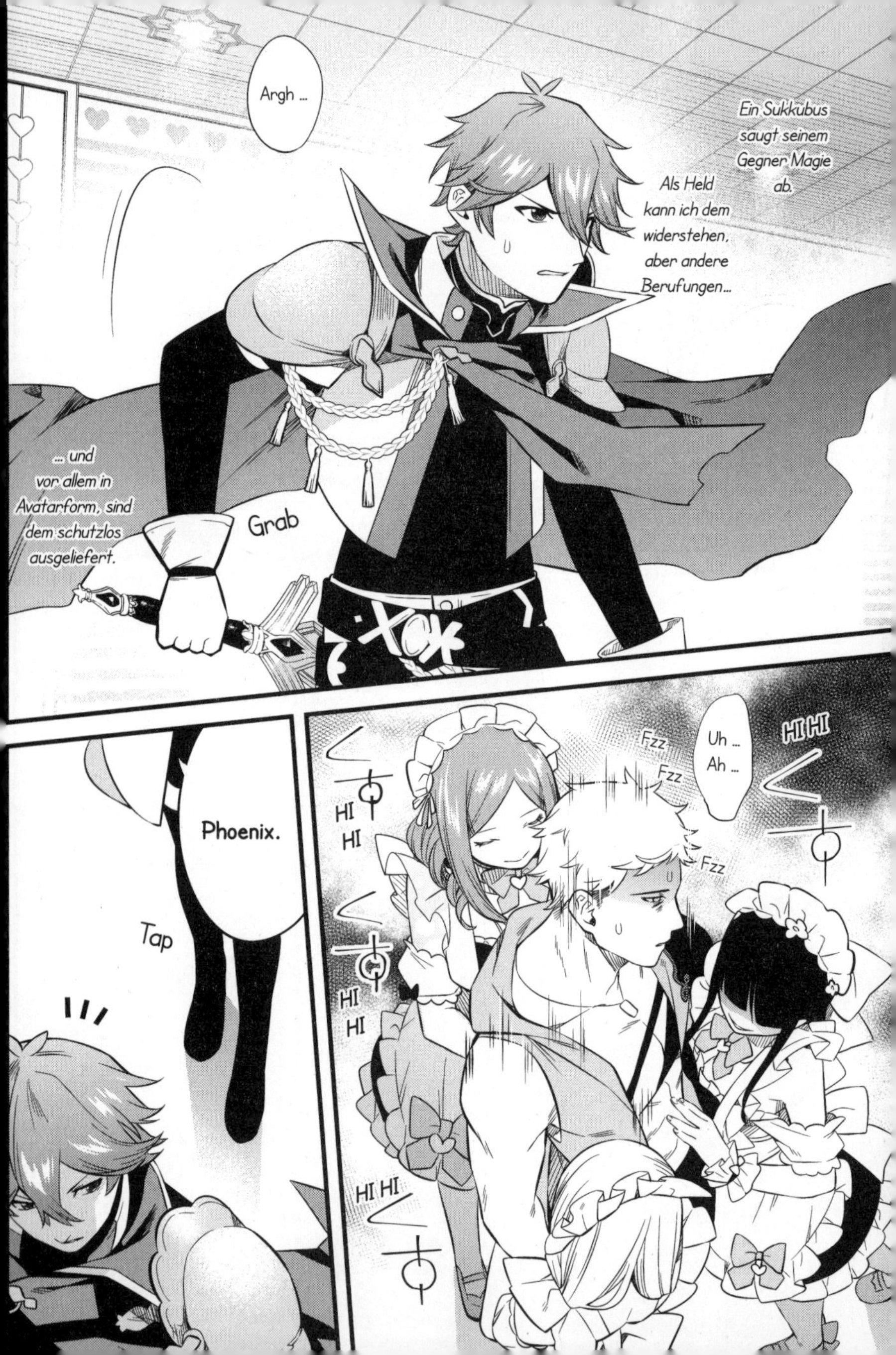
Argh ...
Ein Sukkubus saugt seinem Gegner Magie ab.
Als Held kann ich dem widerstehen, aber andere Berufungen...
... und vor allem in Avatarform, sind dem schutzlos ausgeliefert.
Grab
Uh ... Ah ...
HI HI
Fzz
Fzz
Fzz
HI HI
HI HI
HI HI
Phoenix.
Tap

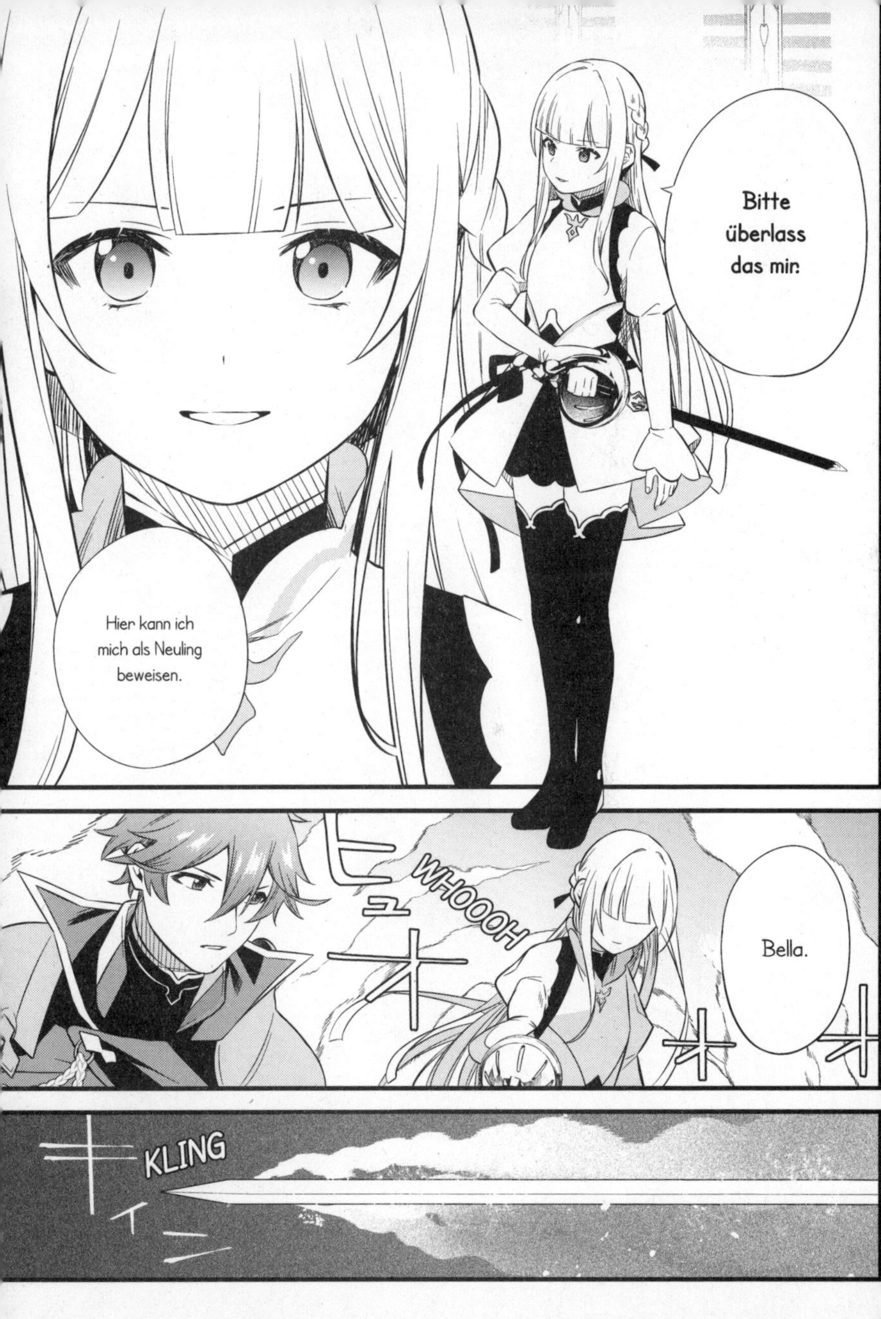
Bitte überlass das mir.
Hier kann ich mich als Neuling beweisen.
Bella.
WHOOOH
KLING

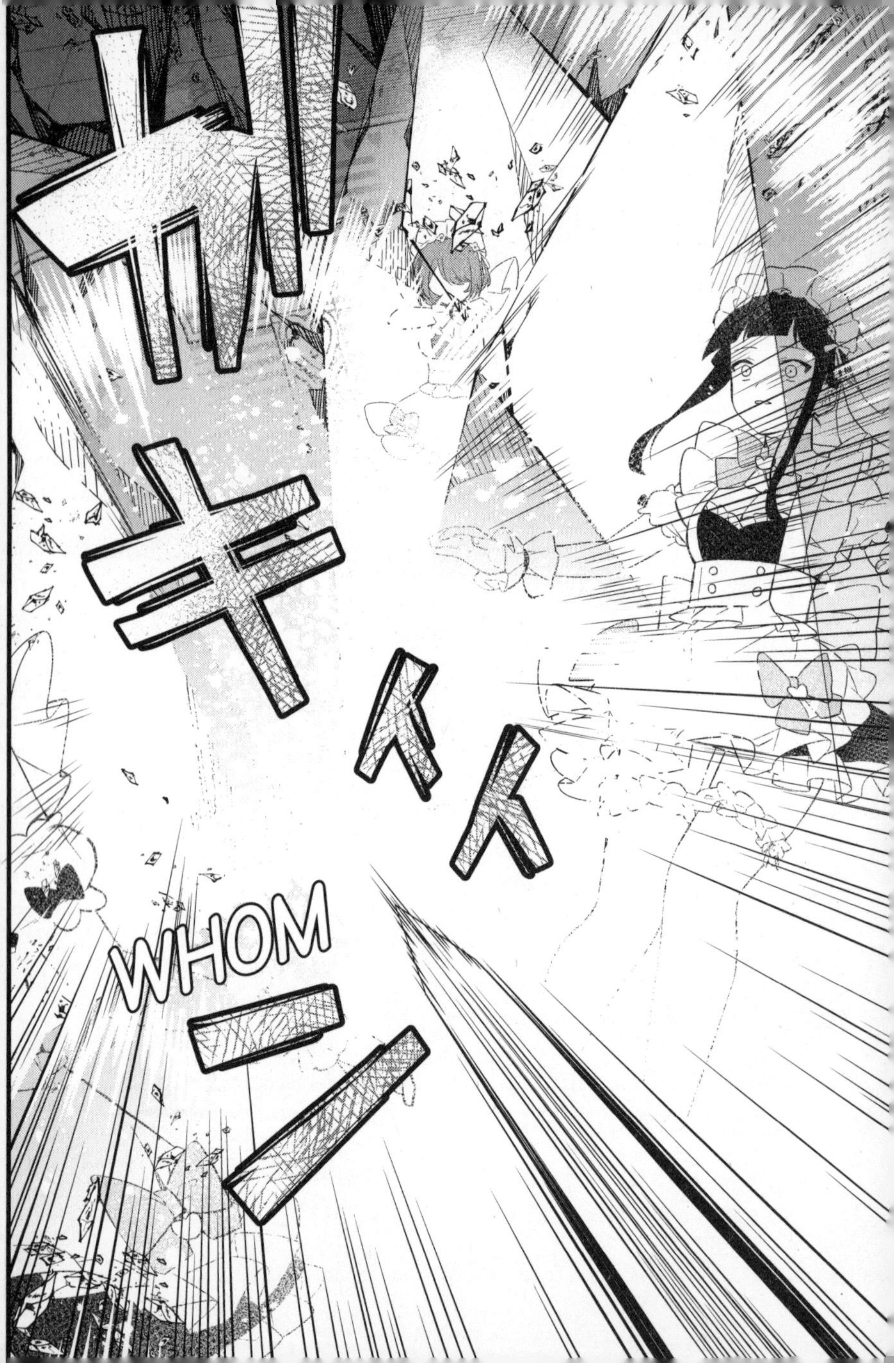
WHOM

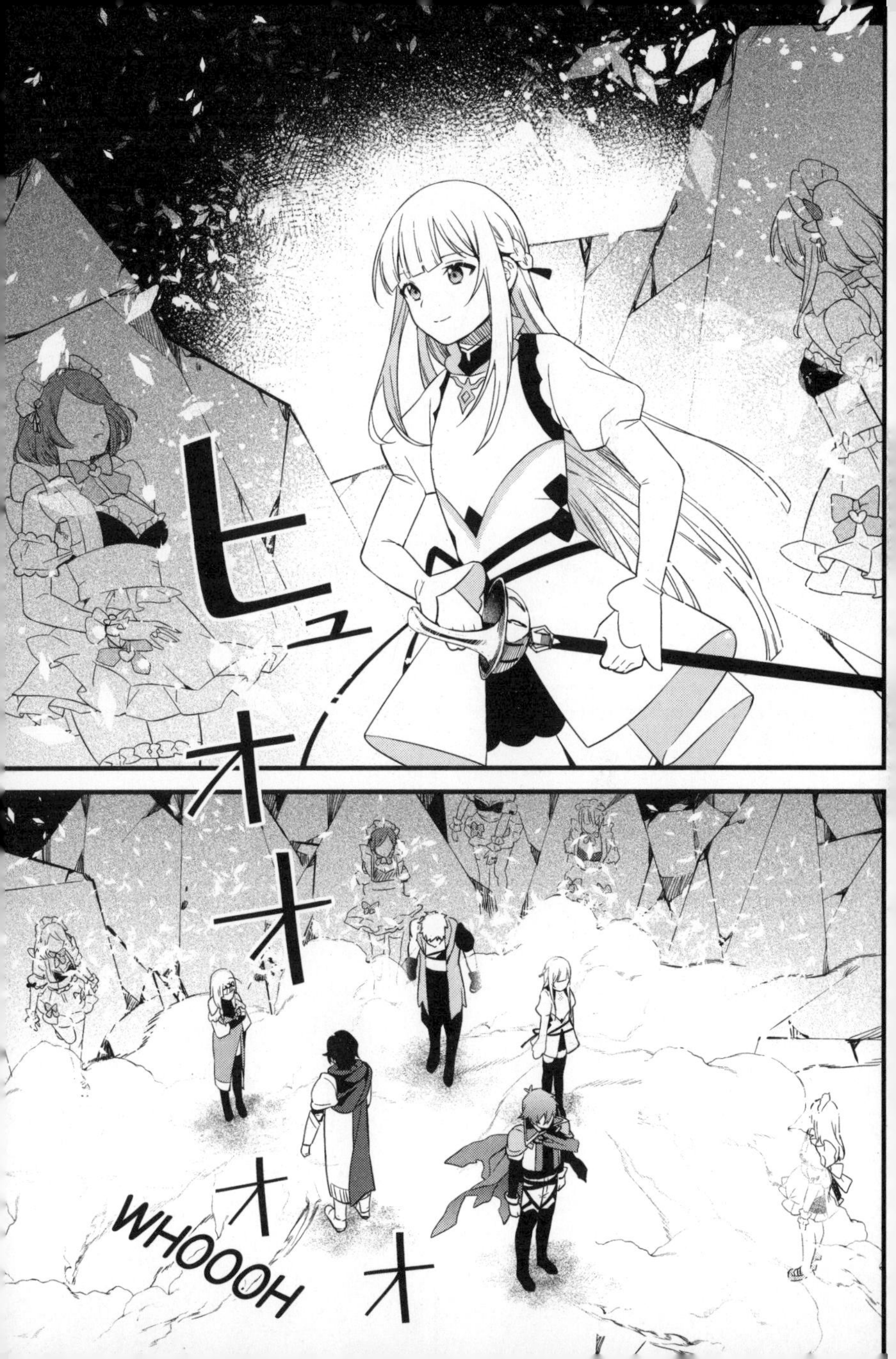

ヒュオオオオ
WHOOOH

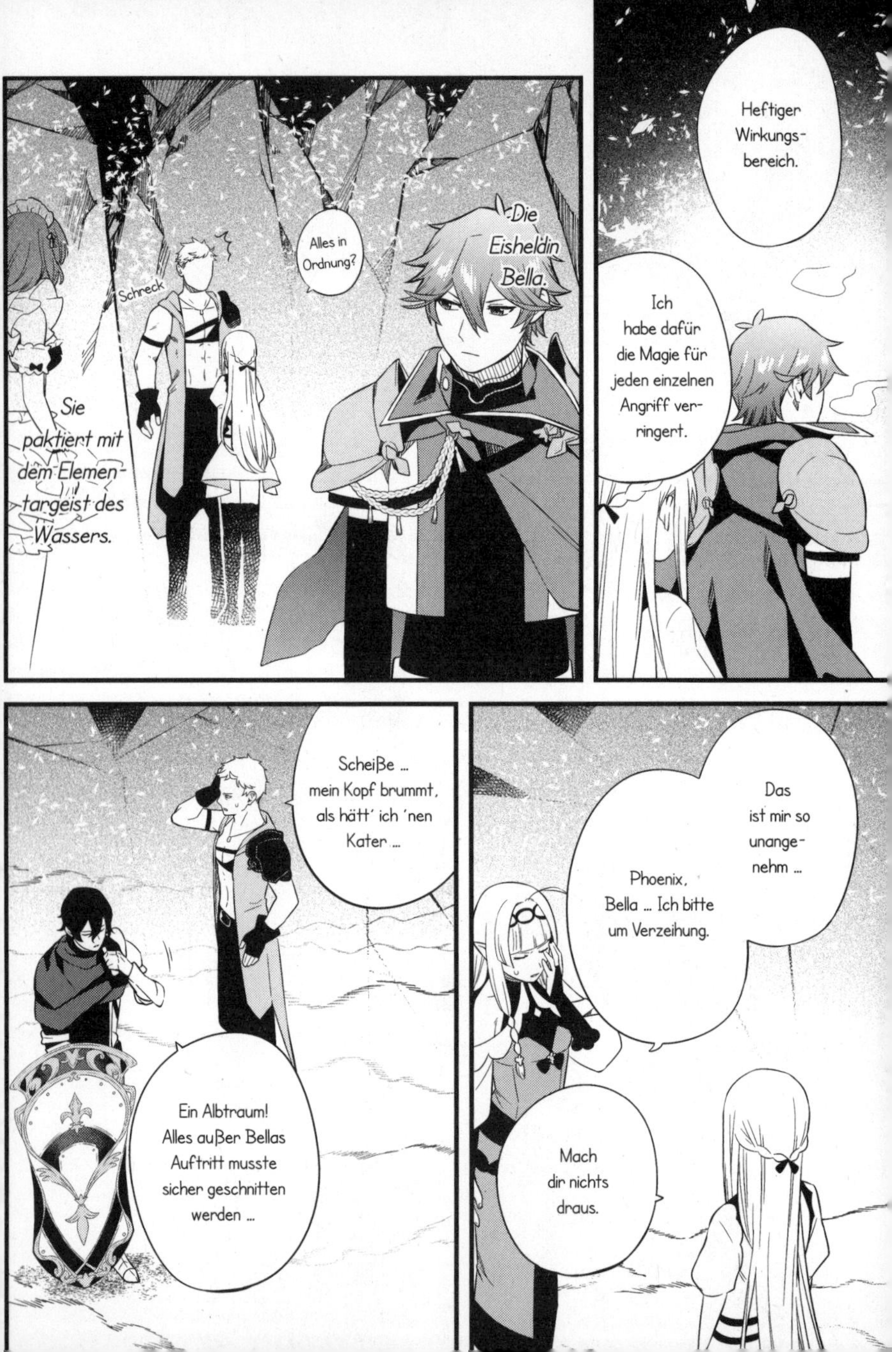
Heftiger Wirkungs-bereich.
Ich habe dafür die Magie für jeden einzelnen Angriff ver-ringert.
Die Eisheldin Bella.
Alles in Ordnung?
Schreck
Sie paktiert mit dem Elemen-targeist des Wassers.
Das ist mir so unange-nehm ...
Phoenix, Bella ... Ich bitte um Verzeihung.
Mach dir nichts draus.
Scheiße ... mein Kopf brummt, als hätt' ich 'nen Kater ...
Ein Albtraum! Alles außer Bellas Auftritt musste sicher geschnitten werden ...

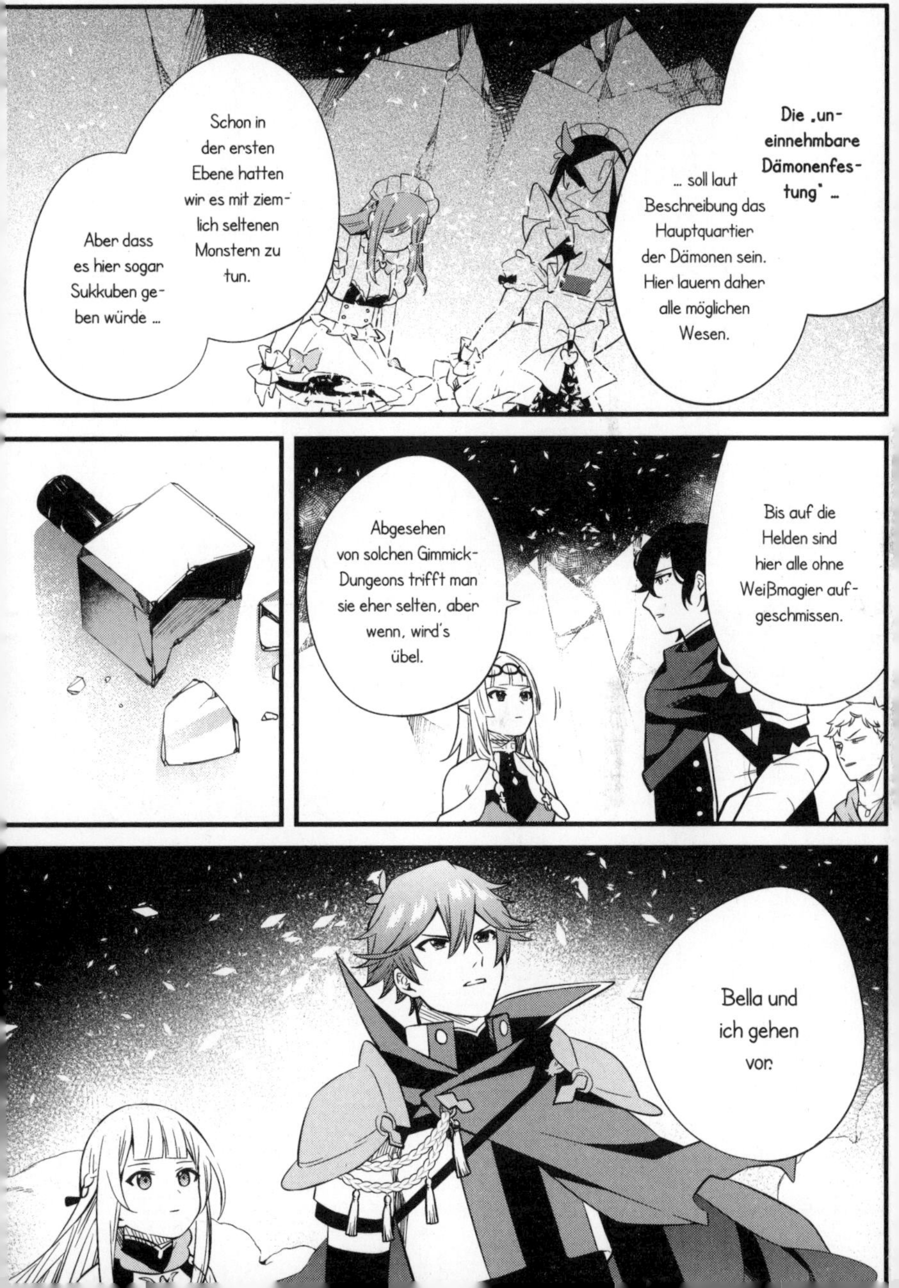
Die „uneinnehmbare Dämonenfestung" …
… soll laut Beschreibung das Hauptquartier der Dämonen sein. Hier lauern daher alle möglichen Wesen.
Schon in der ersten Ebene hatten wir es mit ziemlich seltenen Monstern zu tun.
Aber dass es hier sogar Sukkuben geben würde …
Bis auf die Helden sind hier alle ohne Weißmagier aufgeschmissen.
Abgesehen von solchen Gimmick-Dungeons trifft man sie eher selten, aber wenn, wird's übel.
Bella und ich gehen vor.

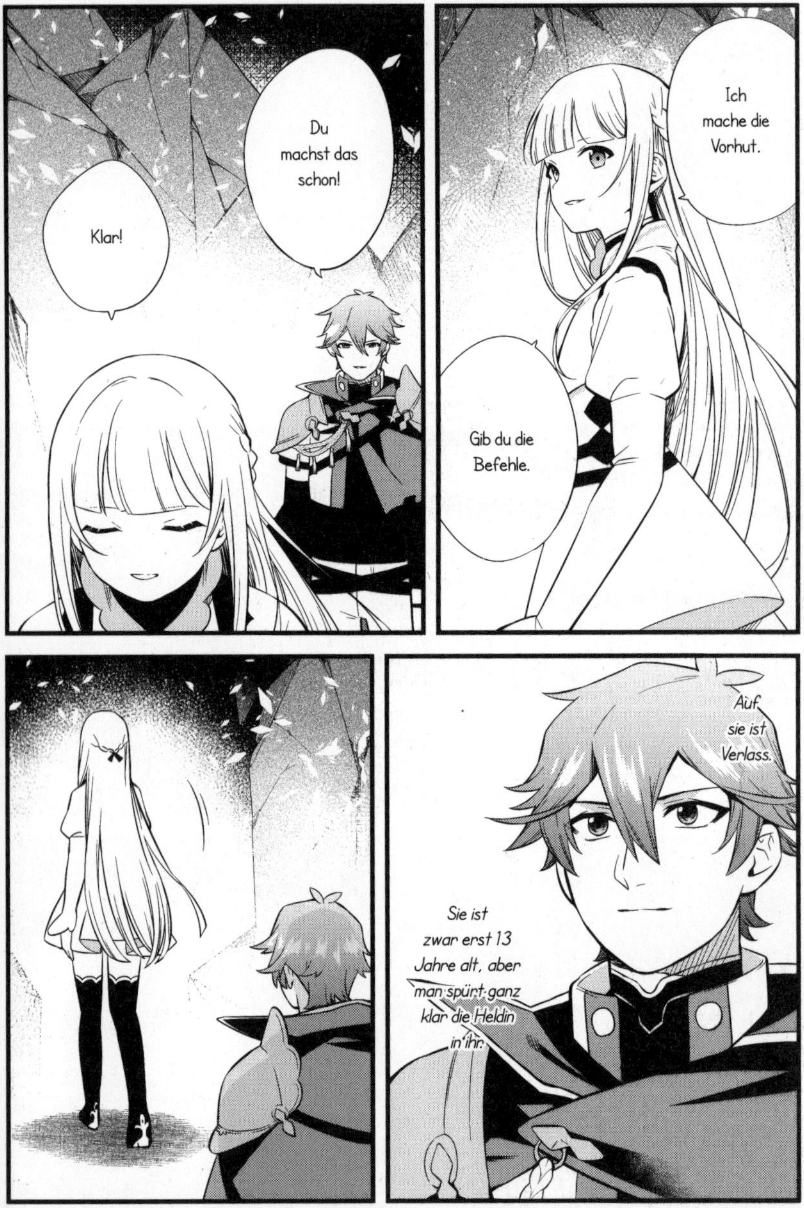
Ich mache die Vorhut.
Gib du die Befehle.
Du machst das schon!
Klar!
Auf sie ist Verlass.
Sie ist zwar erst 13 Jahre alt, aber man spürt ganz klar die Heldin in ihr.

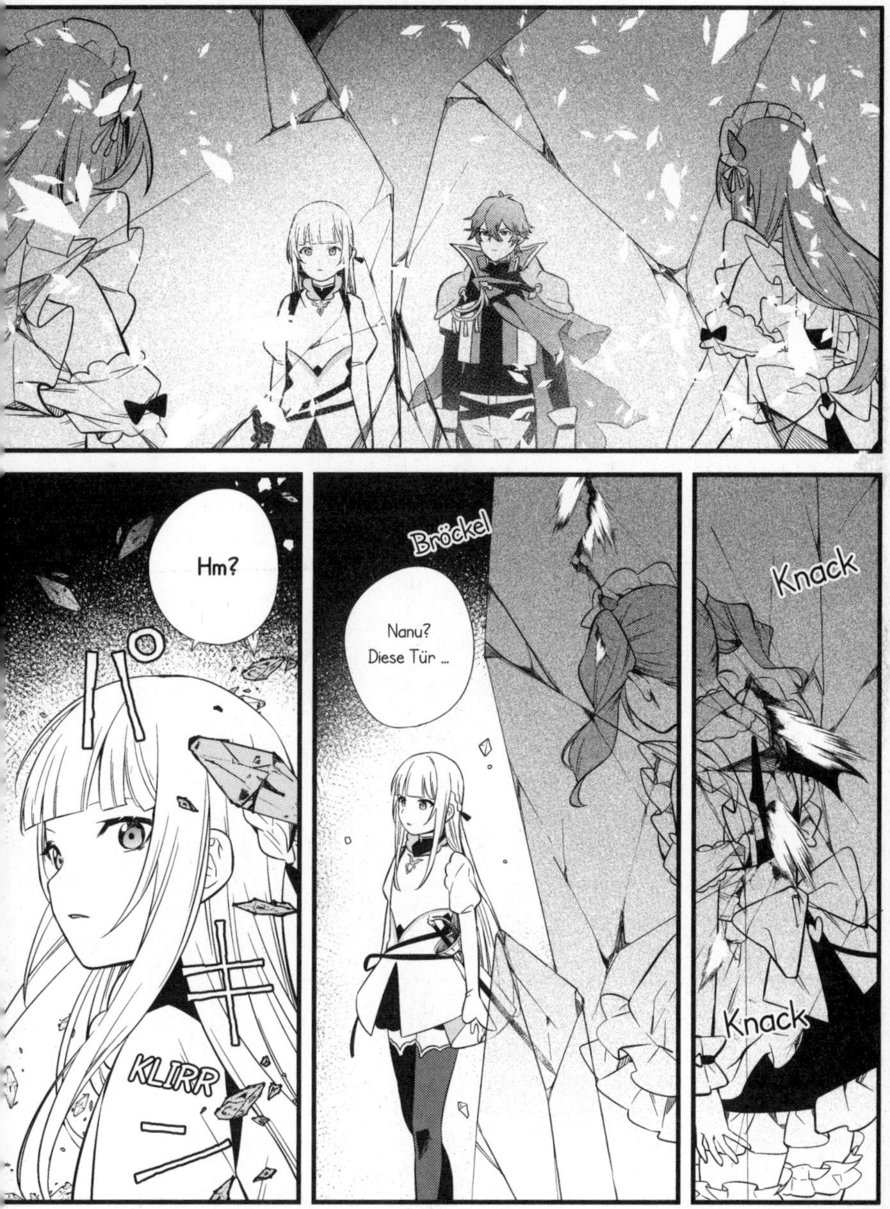
Hm?
KLIRR
Bröckel
Nanu?
Diese Tür ...
Knack
Knack

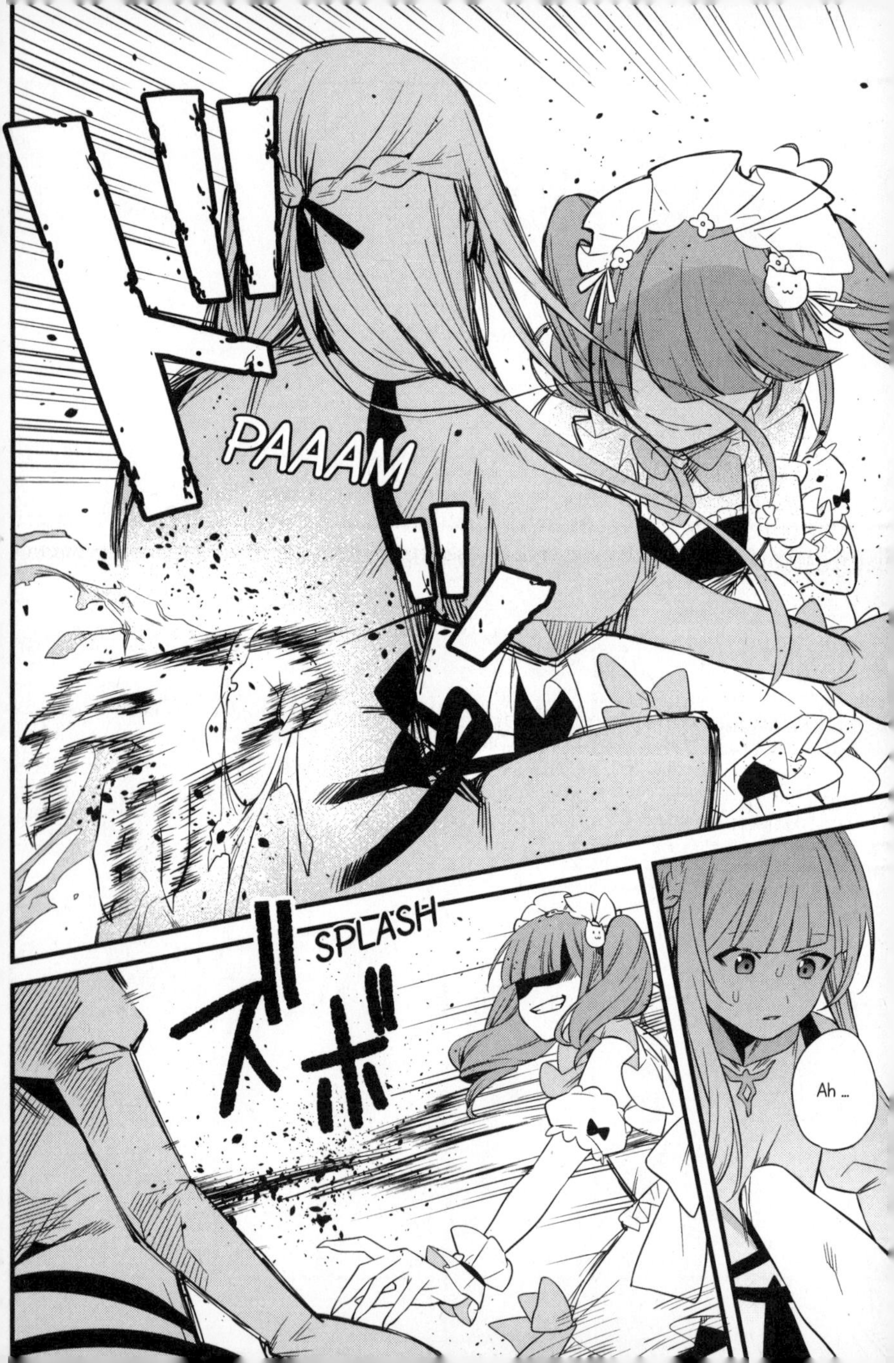
ドッ
PAAAM
ズボ
SPLASH
Ah ...

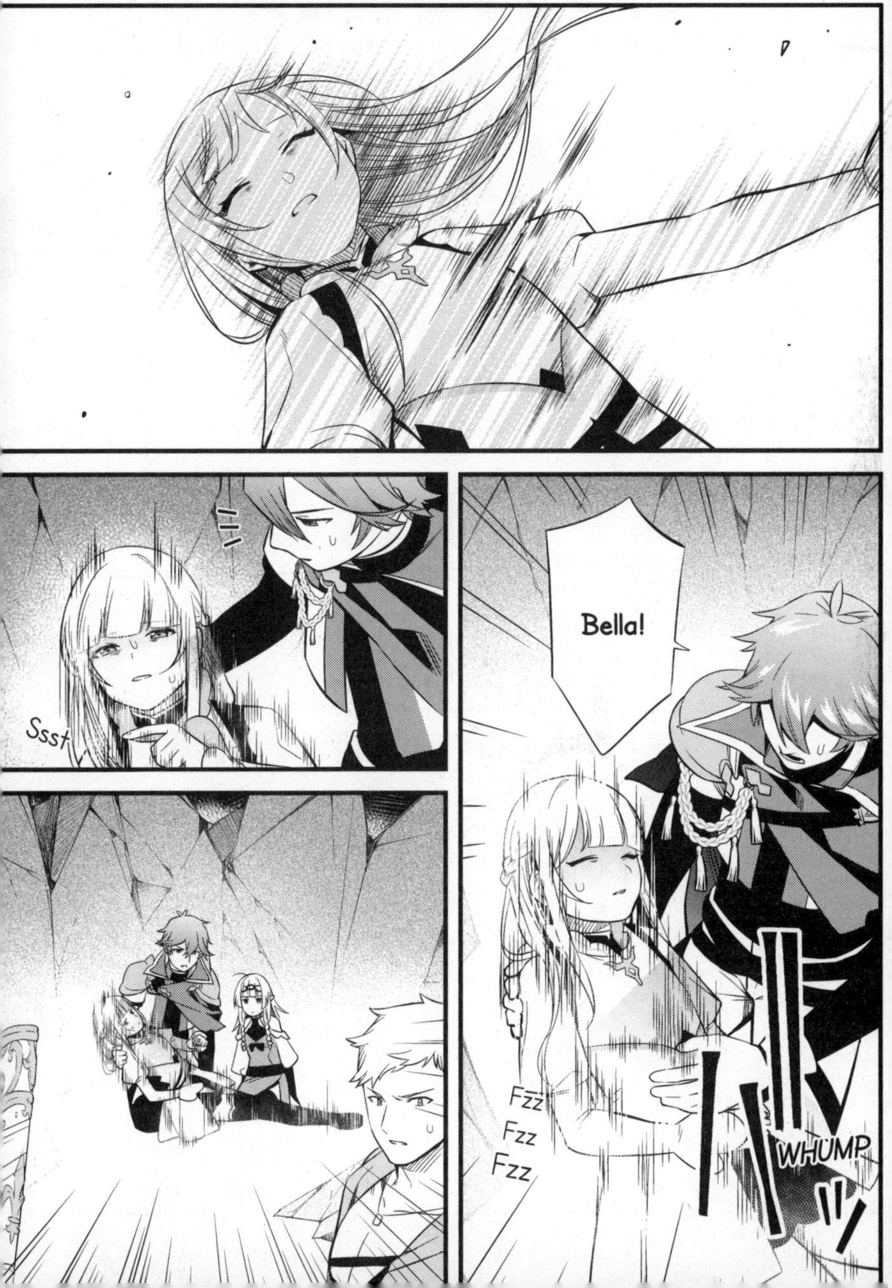
Bella!
WHUMP
Fzz
Fzz
Fzz
Ssst

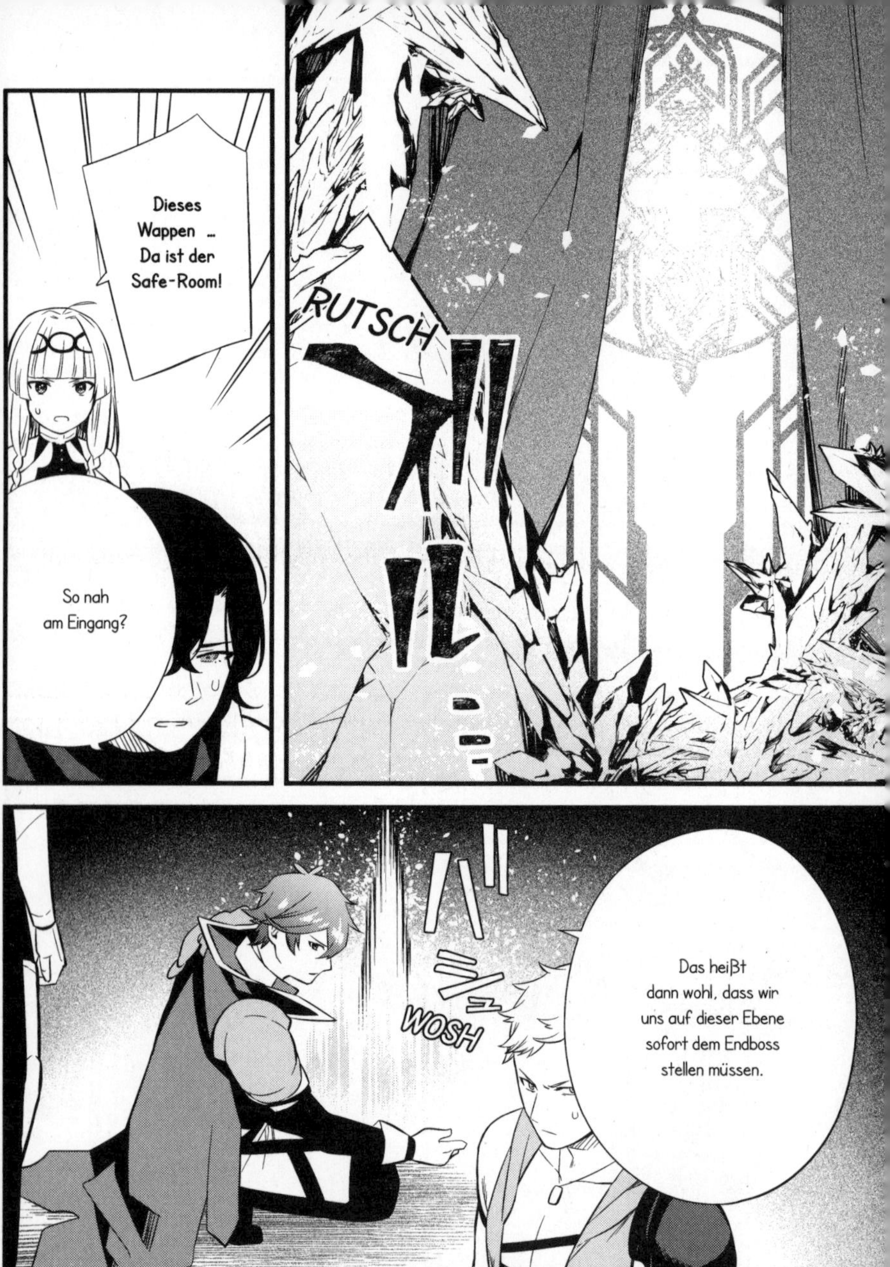
RUTSCH
Dieses Wappen ... Da ist der Safe-Room!
So nah am Eingang?
WOSH
Das heißt dann wohl, dass wir uns auf dieser Ebene sofort dem Endboss stellen müssen.

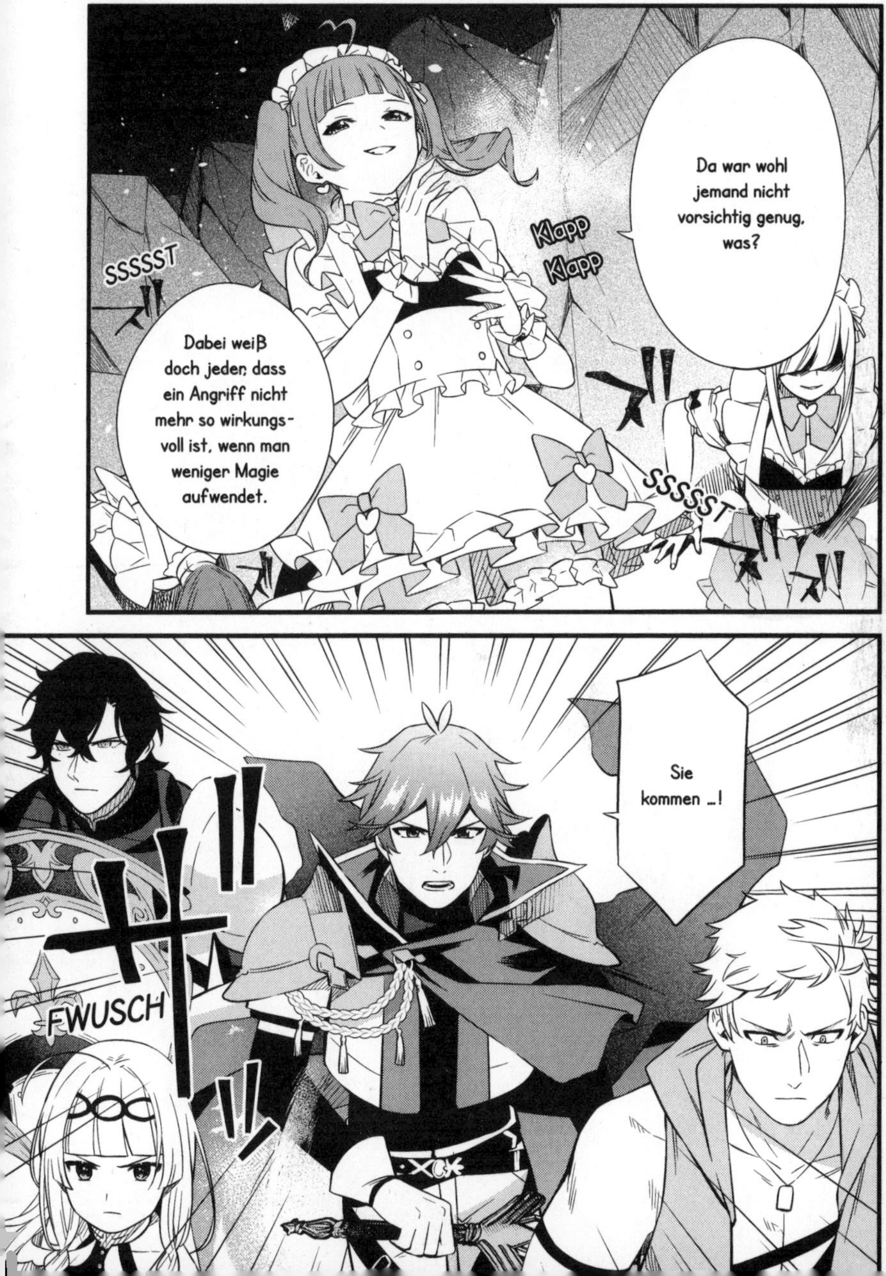
Da war wohl jemand nicht vorsichtig genug, was?
Klapp Klapp
SSSSST
Dabei weiß doch jeder, dass ein Angriff nicht mehr so wirkungs-voll ist, wenn man weniger Magie aufwendet.
SSSSST
Sie kommen …!
FWUSCH

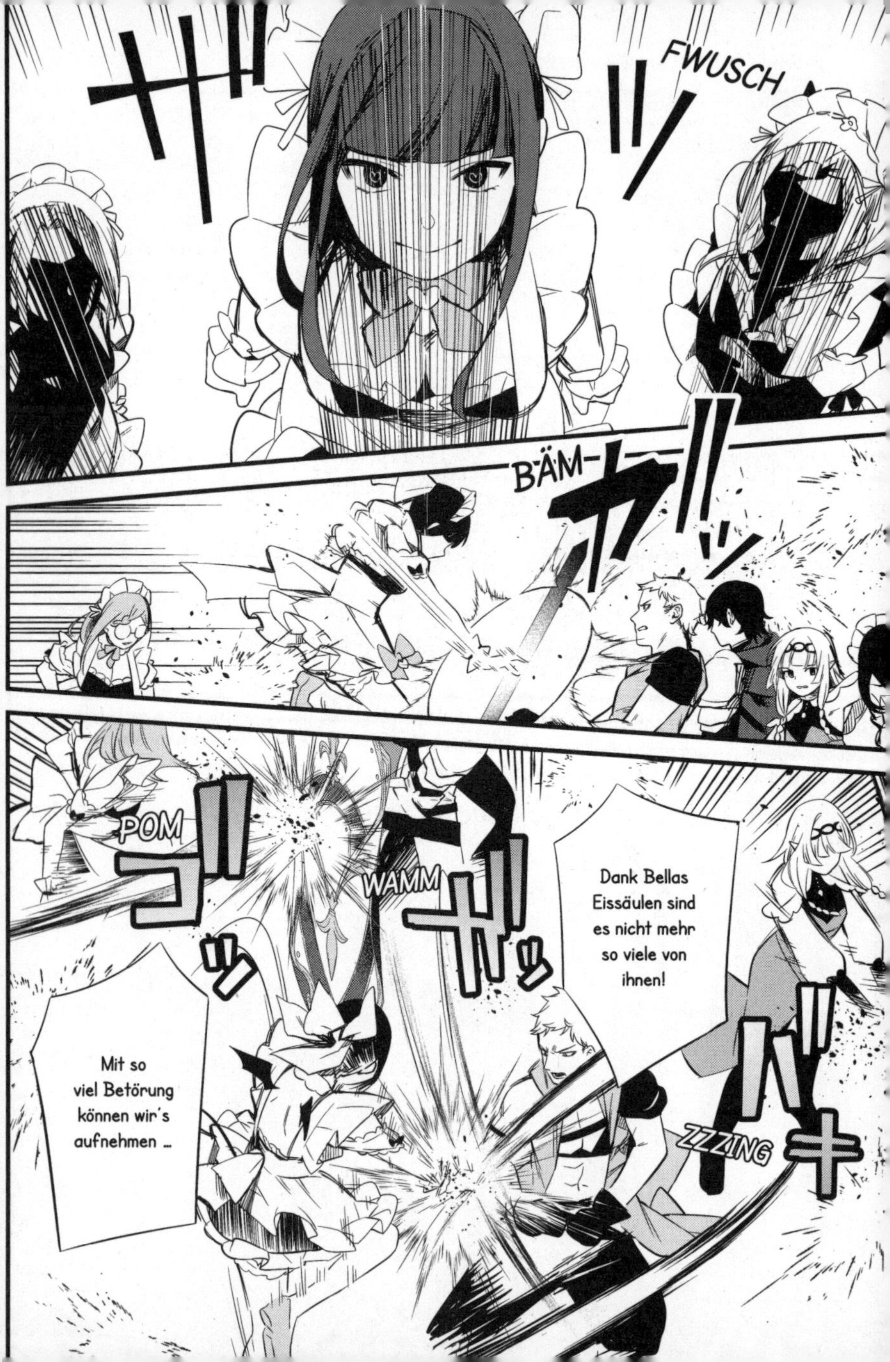
FWUSCH
BÄM
Dank Bellas Eissäulen sind es nicht mehr so viele von ihnen!
ZZZING
WAMM
POM
Mit so viel Betörung können wir's aufnehmen ...

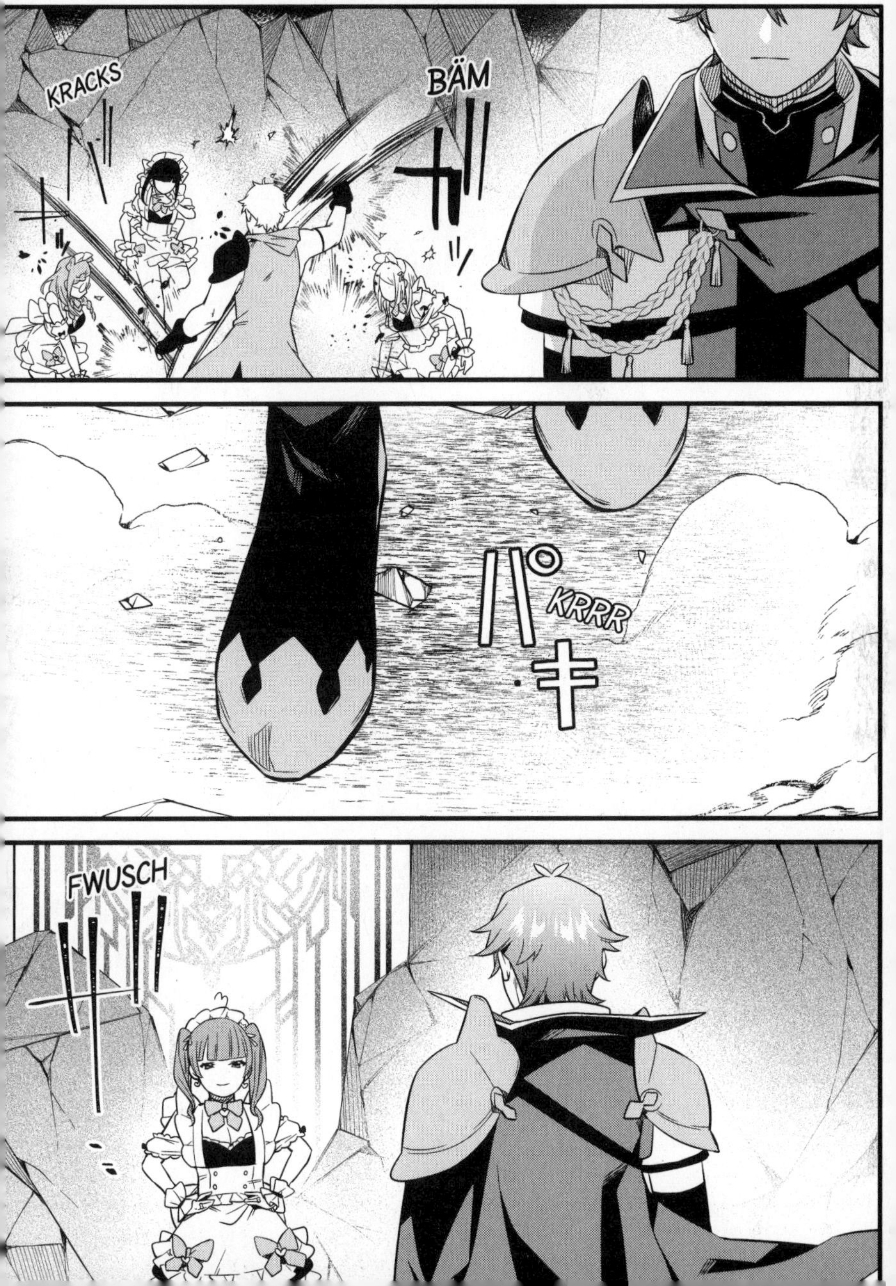
KRACKS
BÄM
KRRR
FWUSCH

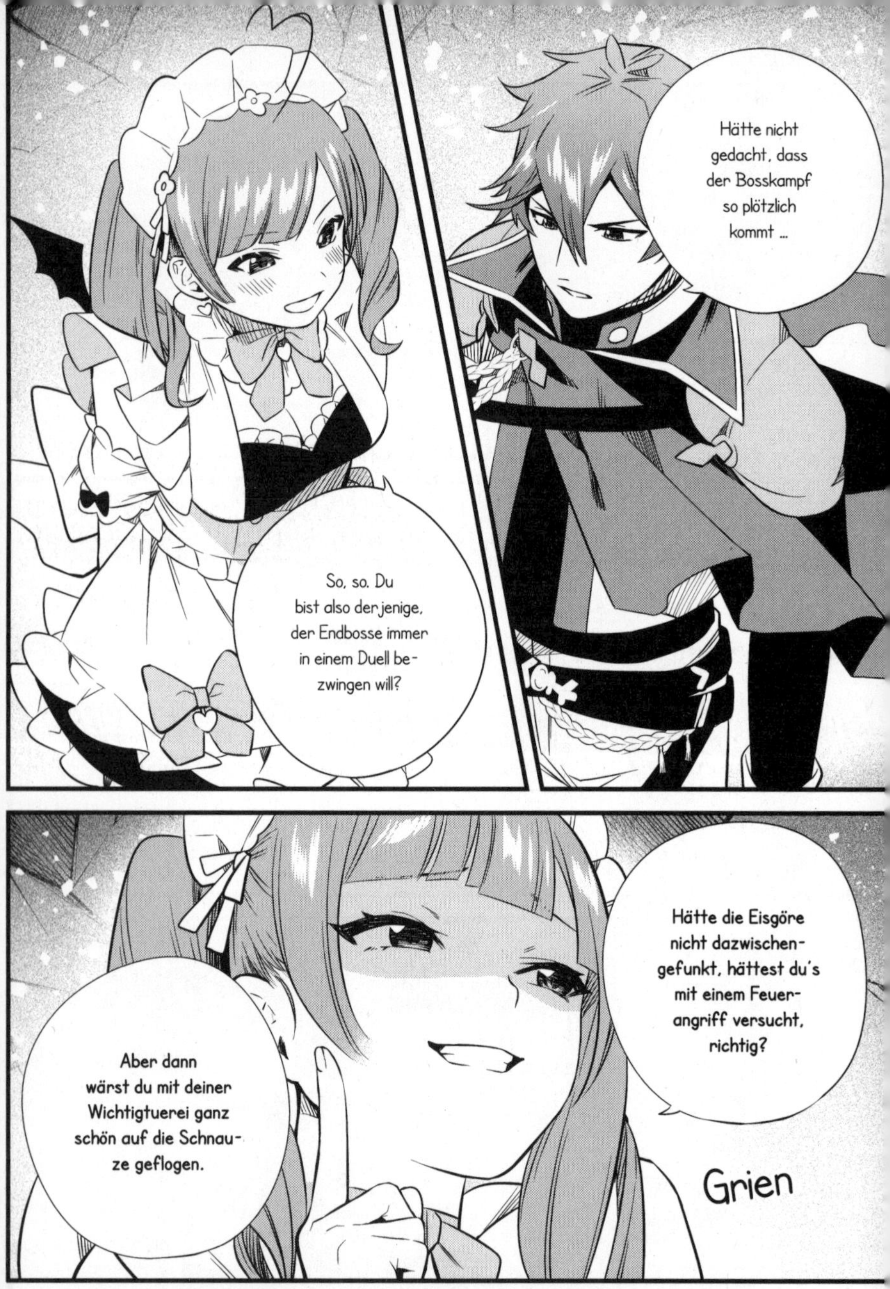

Hätte nicht gedacht, dass der Bosskampf so plötzlich kommt …
So, so. Du bist also derjenige, der Endbosse immer in einem Duell bezwingen will?
Hätte die Eisgöre nicht dazwischengefunkt, hättest du's mit einem Feuerangriff versucht, richtig?
Aber dann wärst du mit deiner Wichtigtuerei ganz schön auf die Schnauze geflogen.
Grien

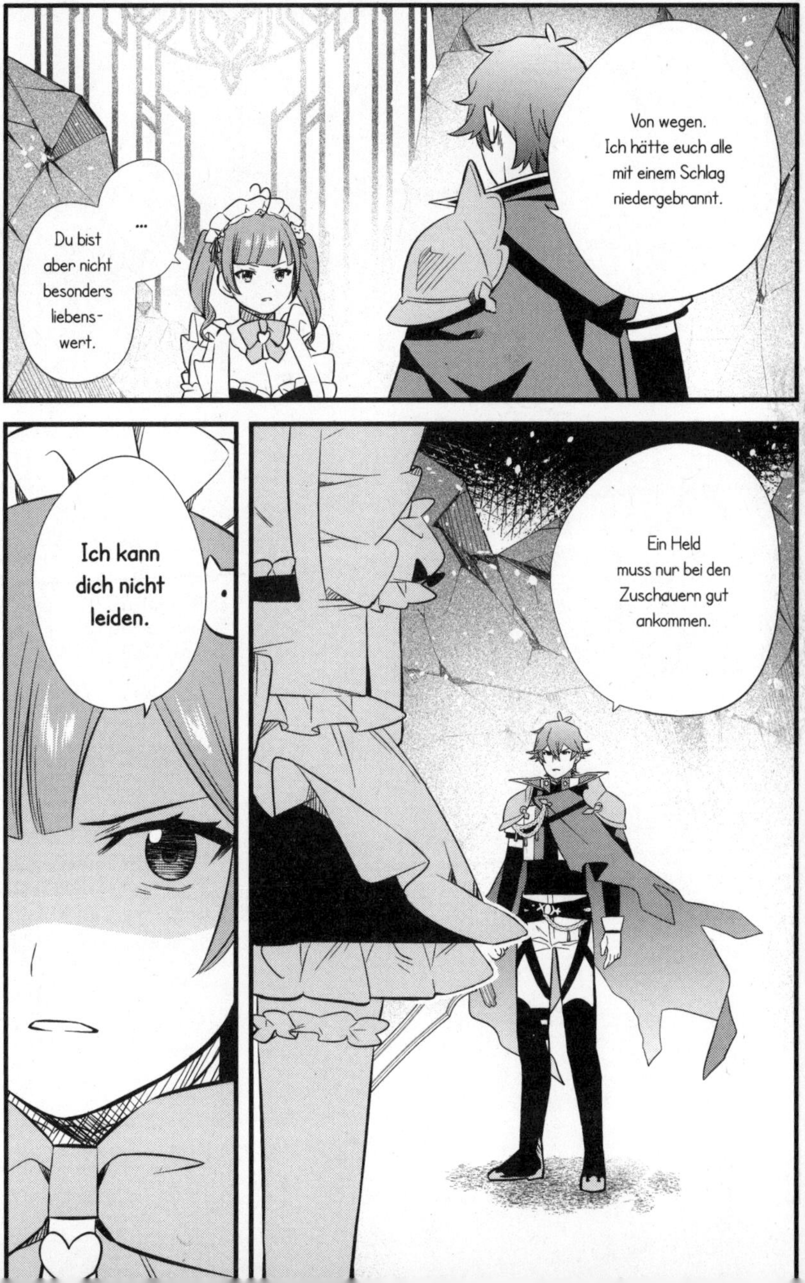
Von wegen. Ich hätte euch alle mit einem Schlag niedergebrannt.
...
Du bist aber nicht besonders liebens-wert.
Ein Held muss nur bei den Zuschauern gut ankommen.
Ich kann dich nicht leiden.

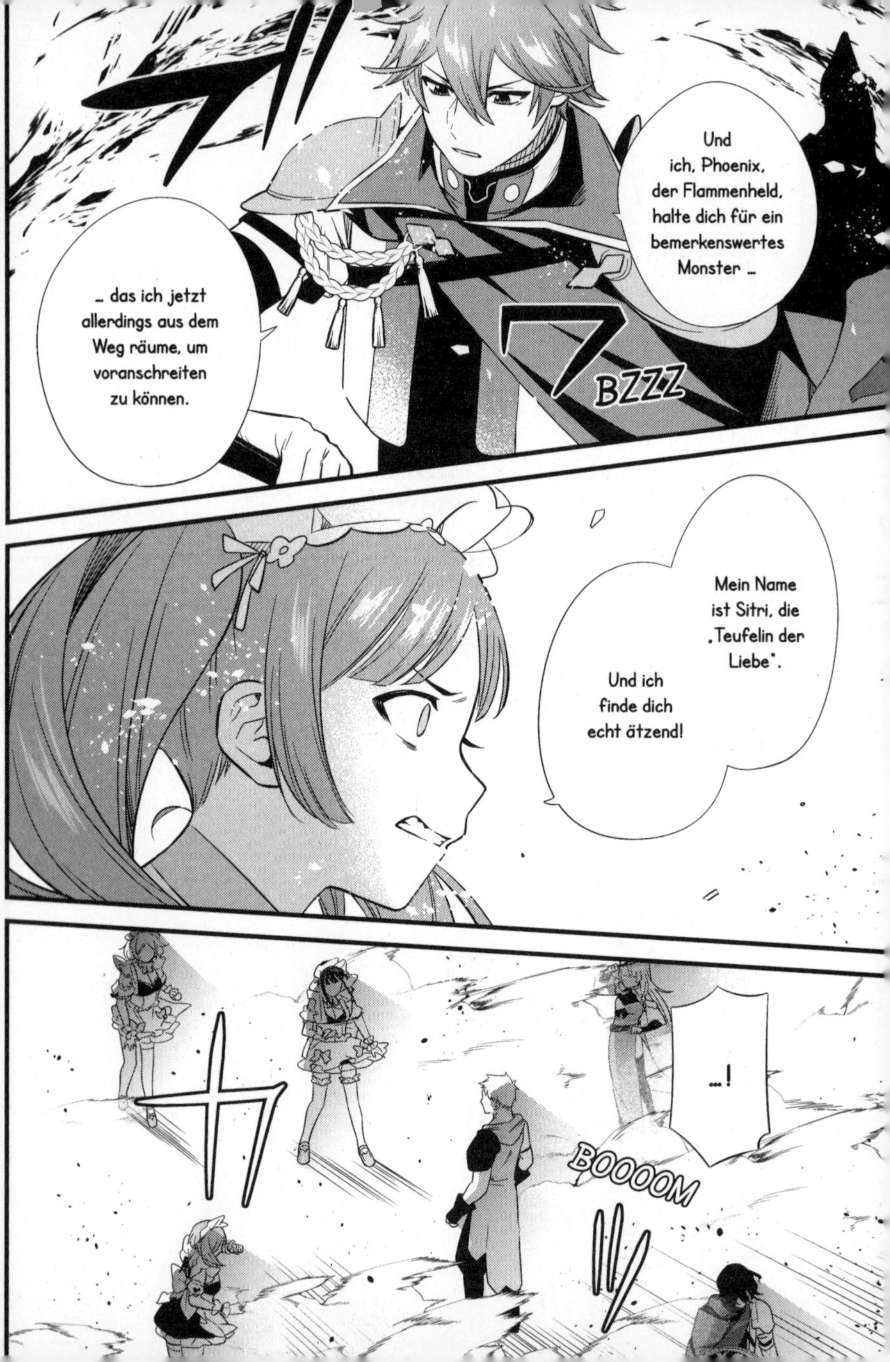

Und ich, Phoenix, der Flammenheld, halte dich für ein bemerkenswertes Monster ...
... das ich jetzt allerdings aus dem Weg räume, um voranschreiten zu können.
BZZZ
Mein Name ist Sitri, die „Teufelin der Liebe".
Und ich finde dich echt ätzend!
...!
BOOOOM

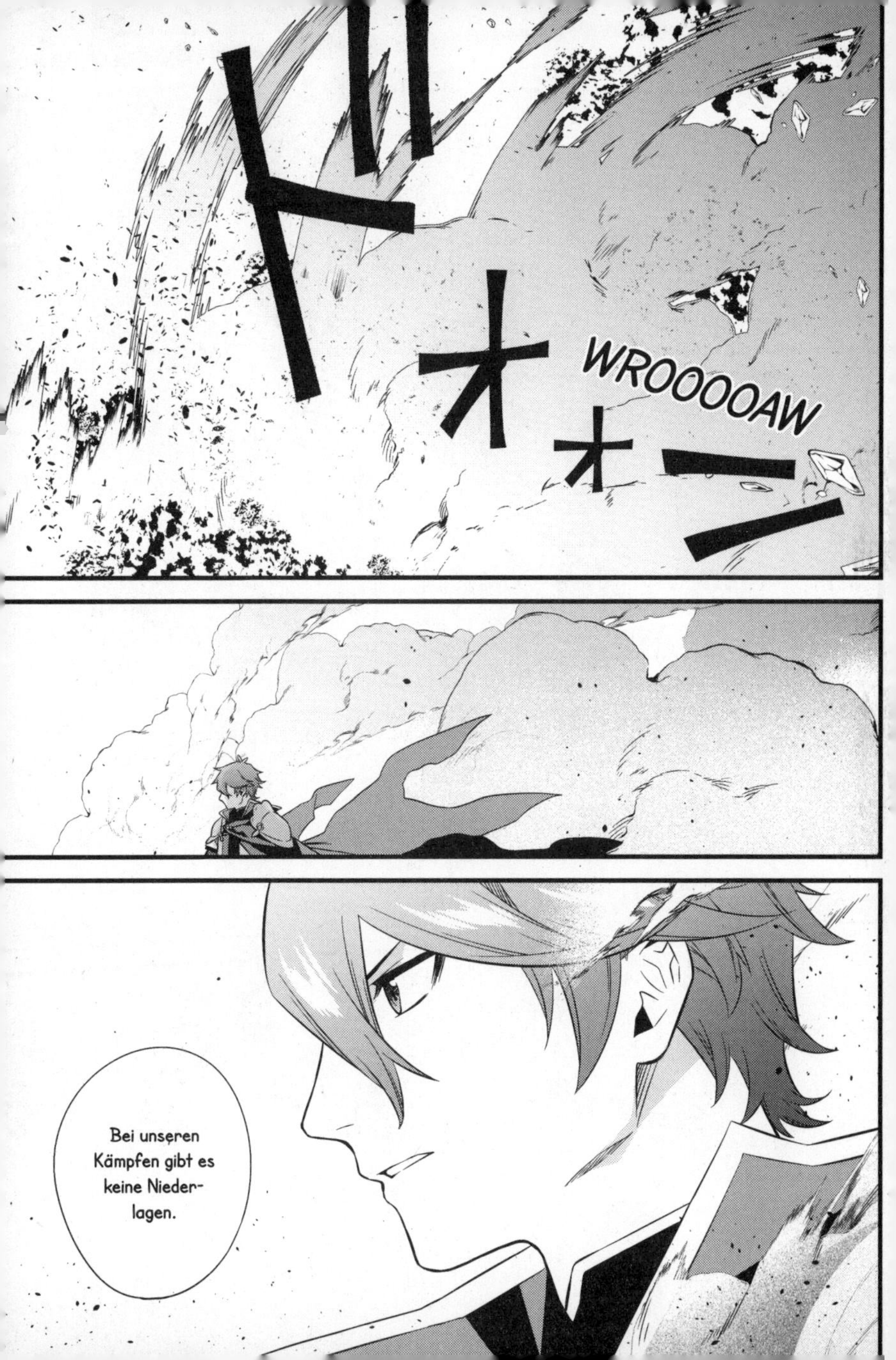

ドォォーー
WROOOOAW
Bei unseren Kämpfen gibt es keine Niederlagen.

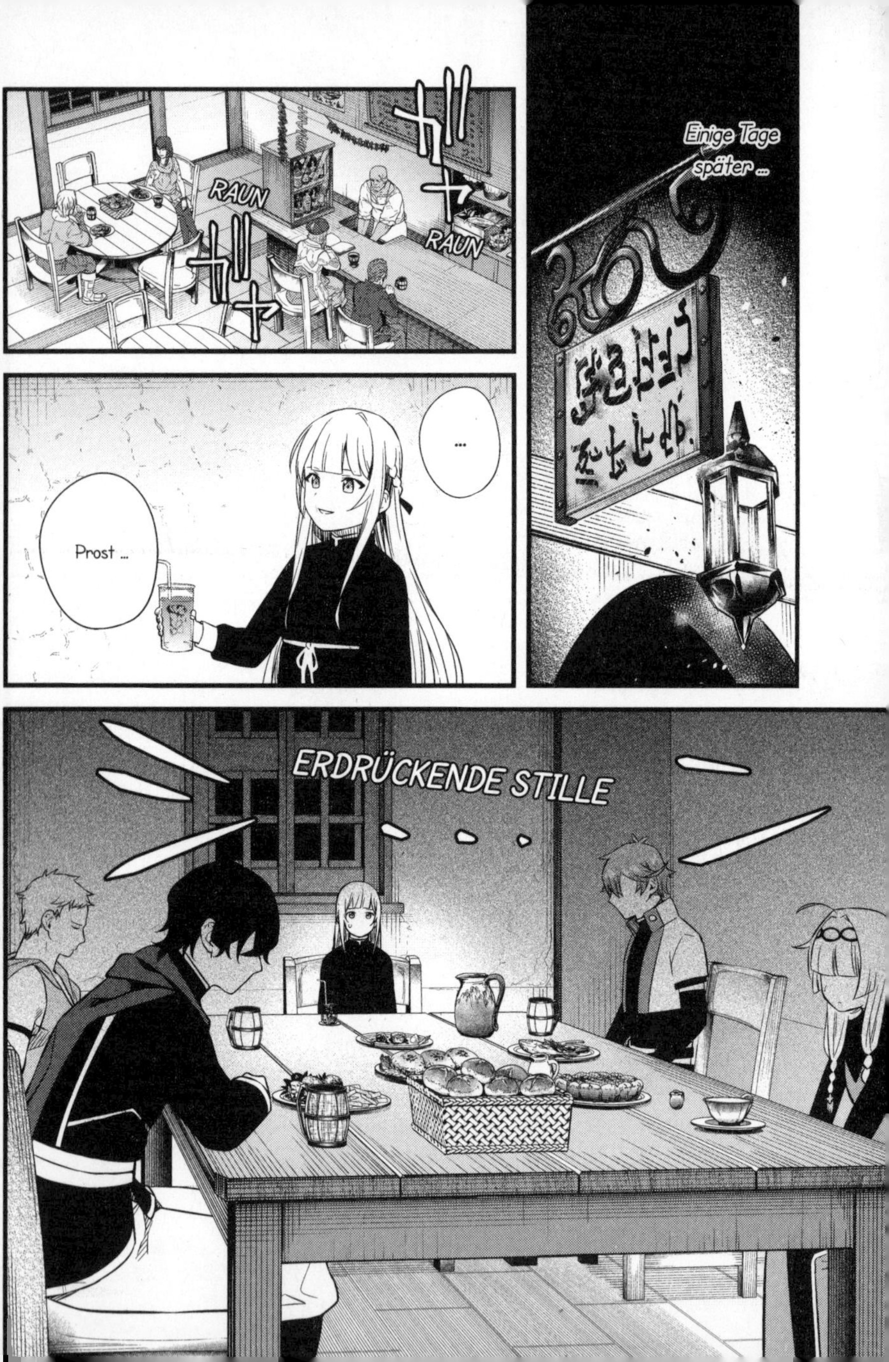
Einige Tage später ...
RAUN
RAUN
...
Prost ...
ERDRÜCKENDE STILLE

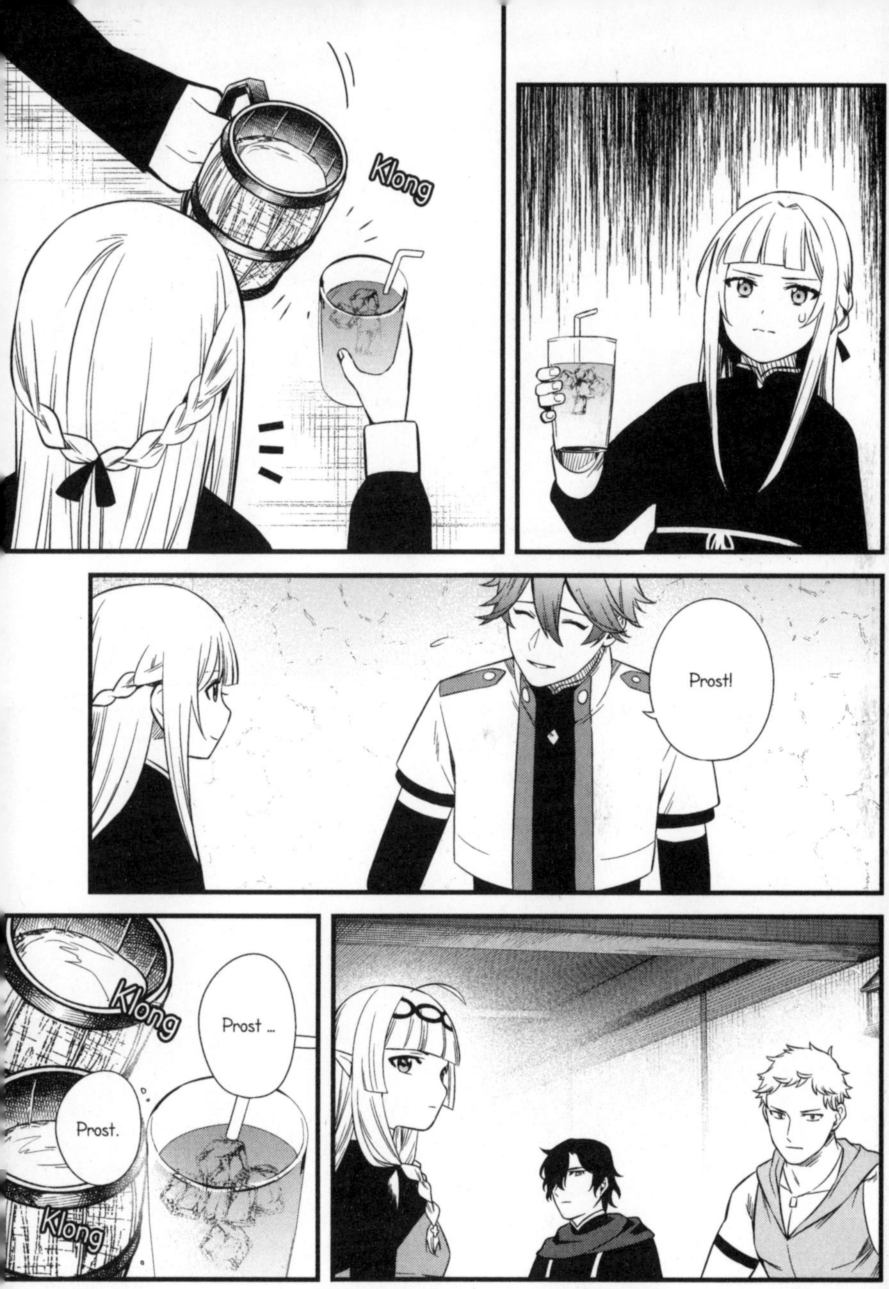
Klong
Prost!
Klong
Prost …
Prost.
Klong

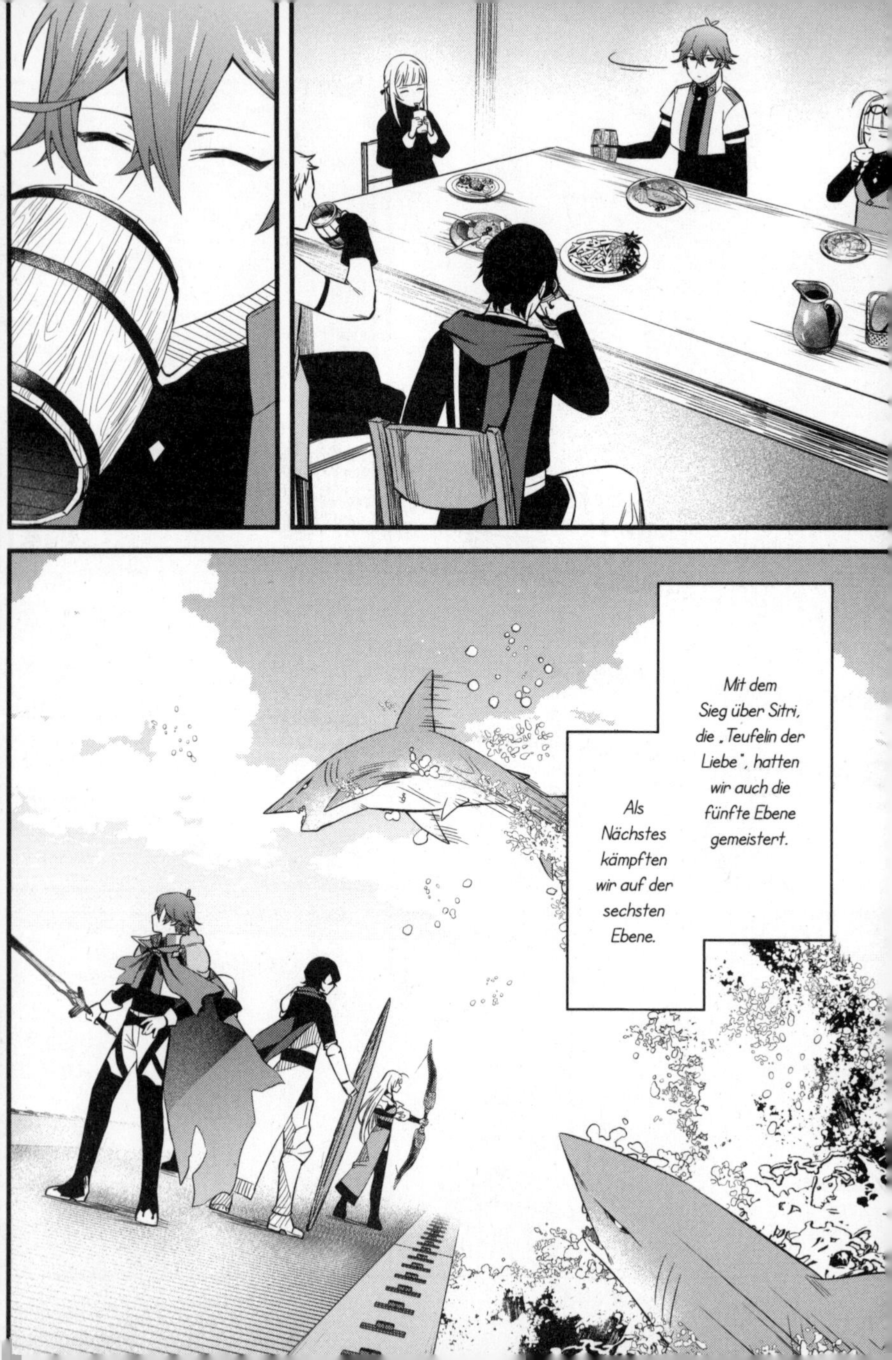
Mit dem Sieg über Sitri, die „Teufelin der Liebe“, hatten wir auch die fünfte Ebene gemeistert.
Als Nächstes kämpften wir auf der sechsten Ebene.

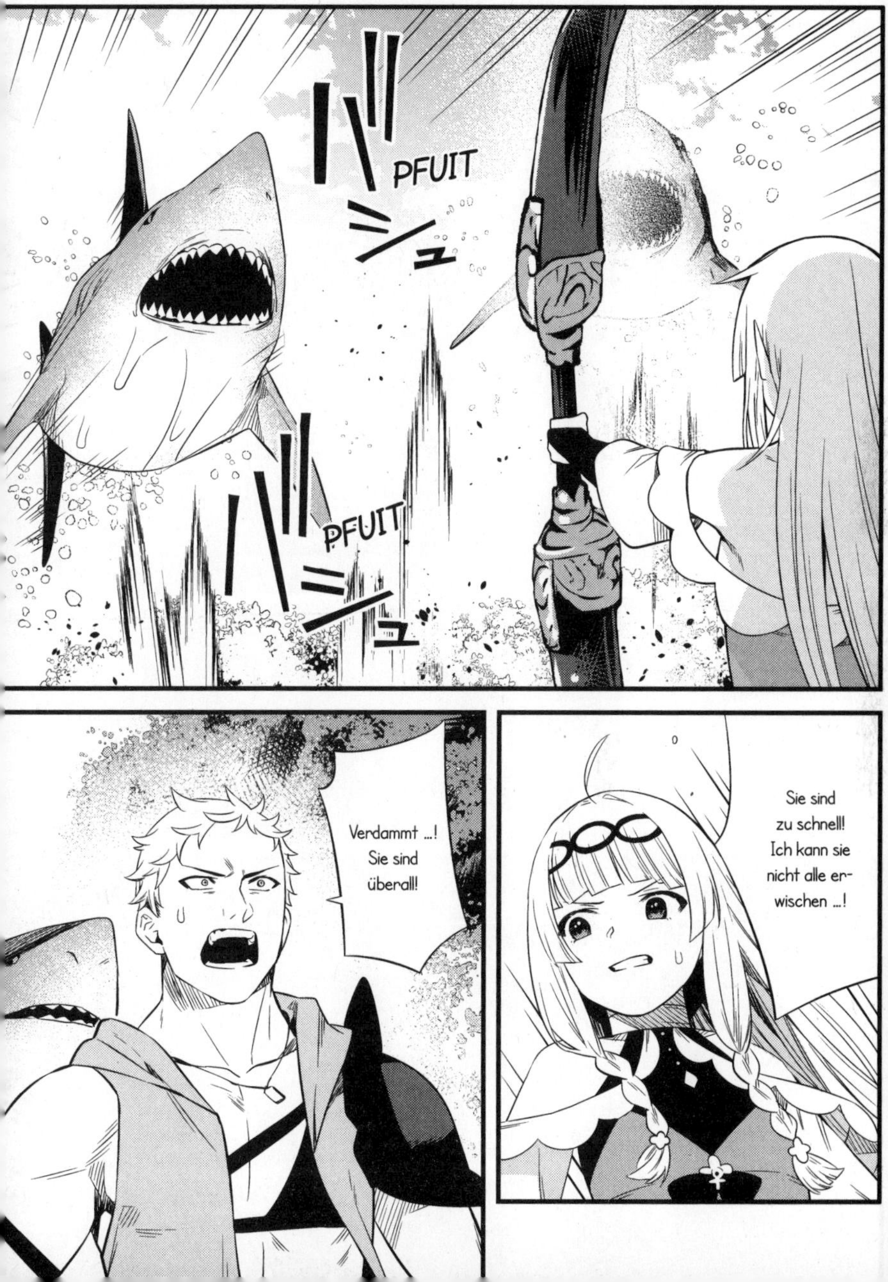
PFUIT
PFUIT
Sie sind zu schnell! Ich kann sie nicht alle erwischen ...!
Verdammt ...! Sie sind überall!

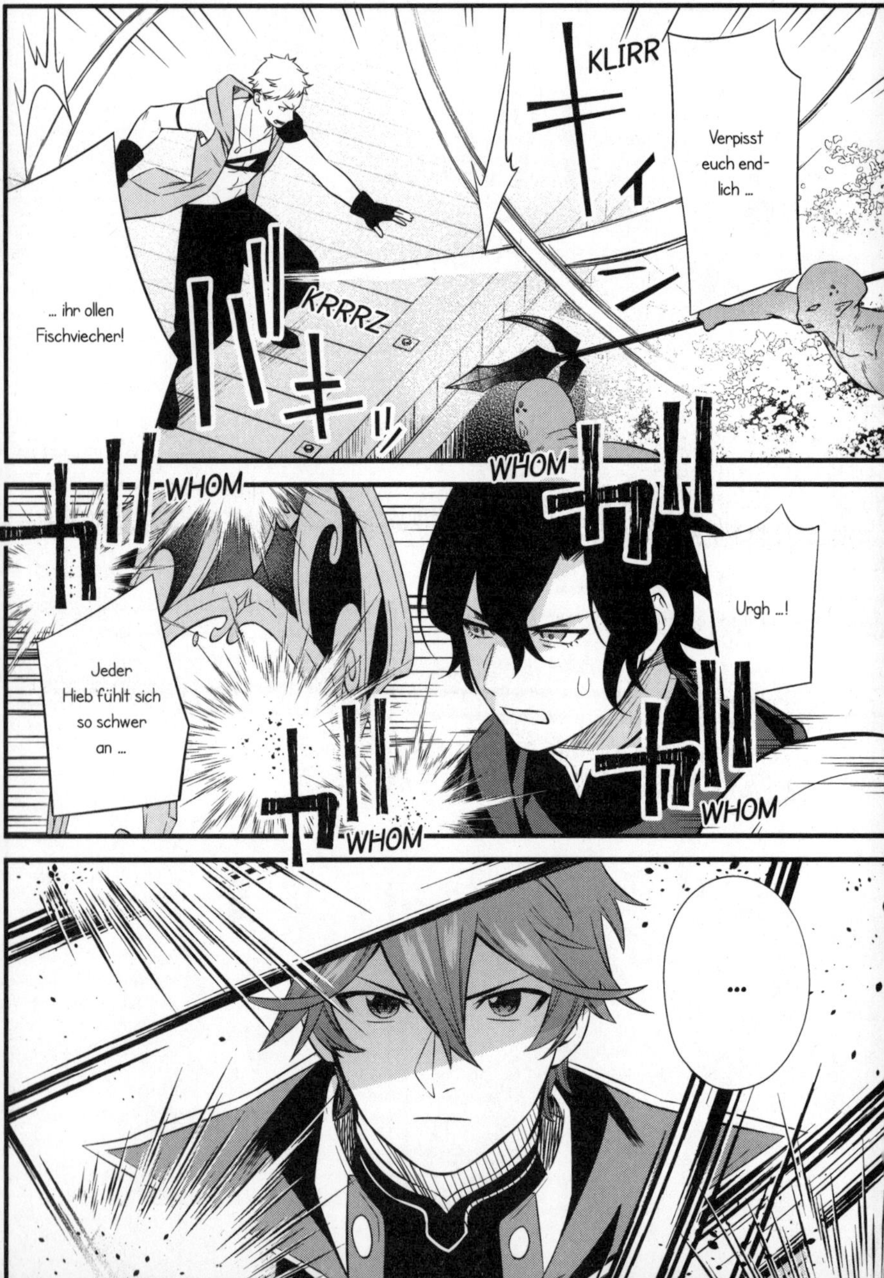
KLIRR
Verpisst euch endlich ...
KRRRZ
... ihr ollen Fischviecher!
WHOM
WHOM
Urgh ...!
Jeder Hieb fühlt sich so schwer an ...
WHOM
WHOM
...

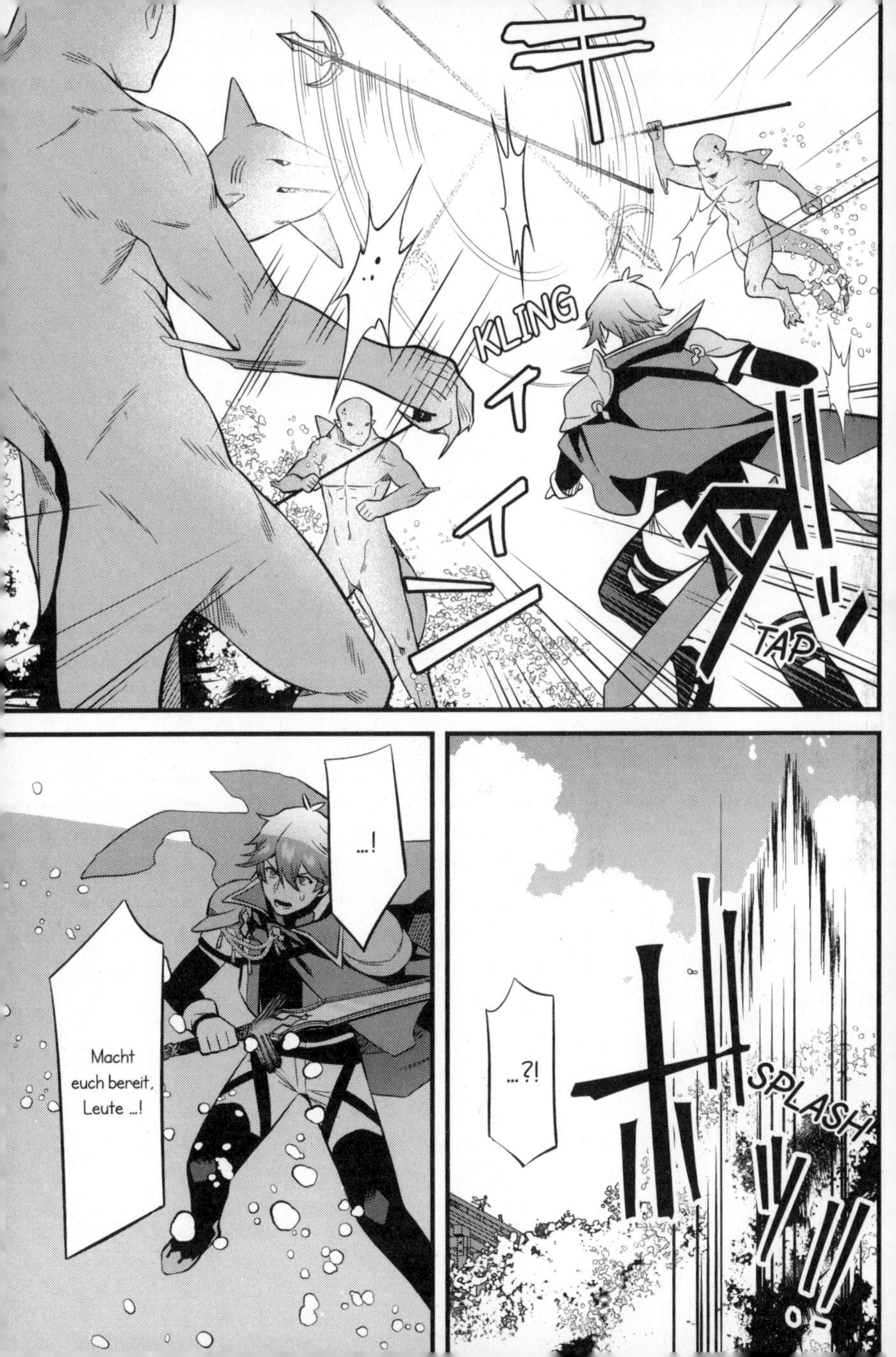
KLING
TAP
...?!
SPLASH
...!
Macht euch bereit, Leute ...!

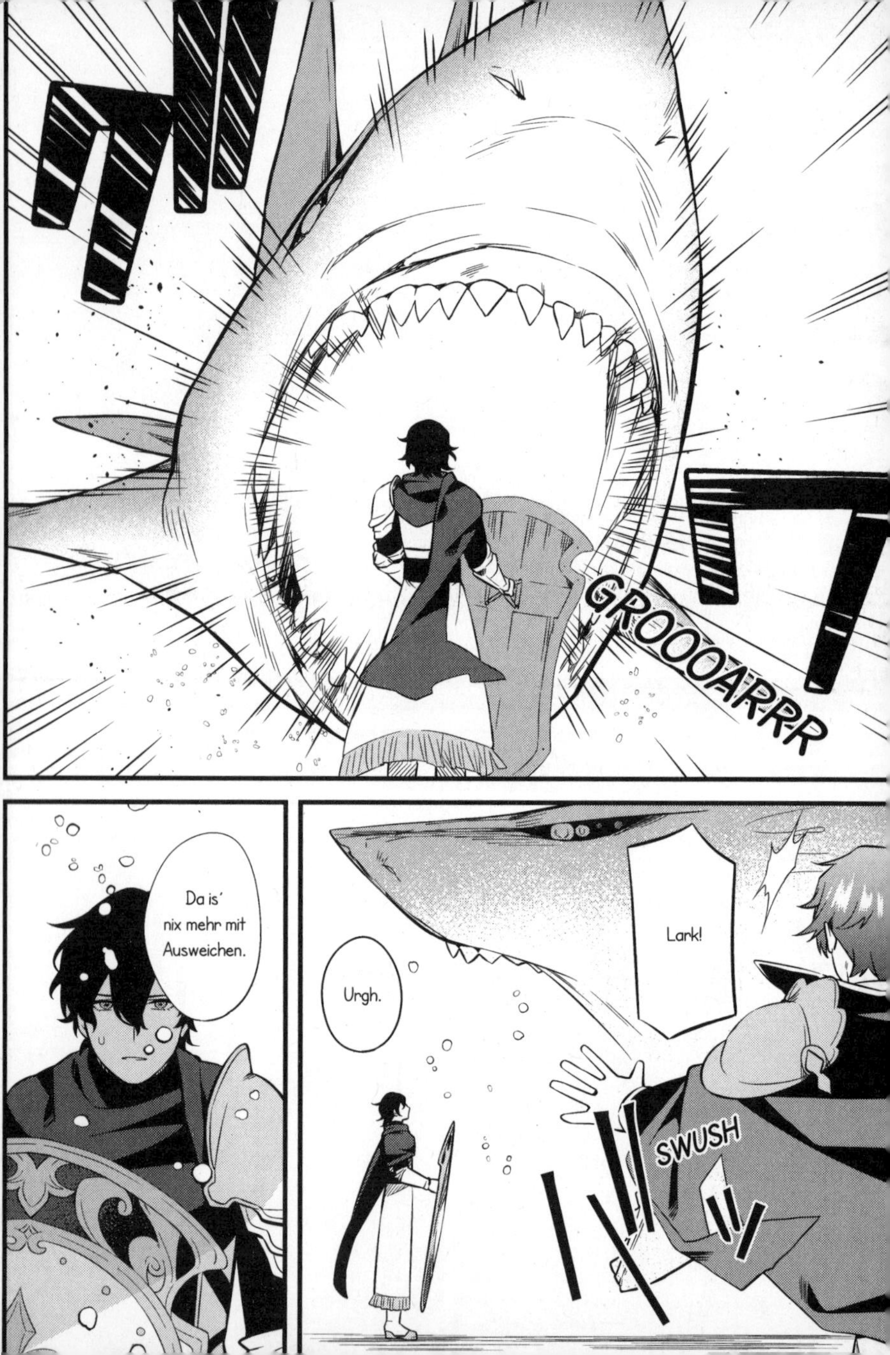
GROOOARRR
Lark!
Urgh.
SWUSH
Da is´ nix mehr mit Ausweichen.

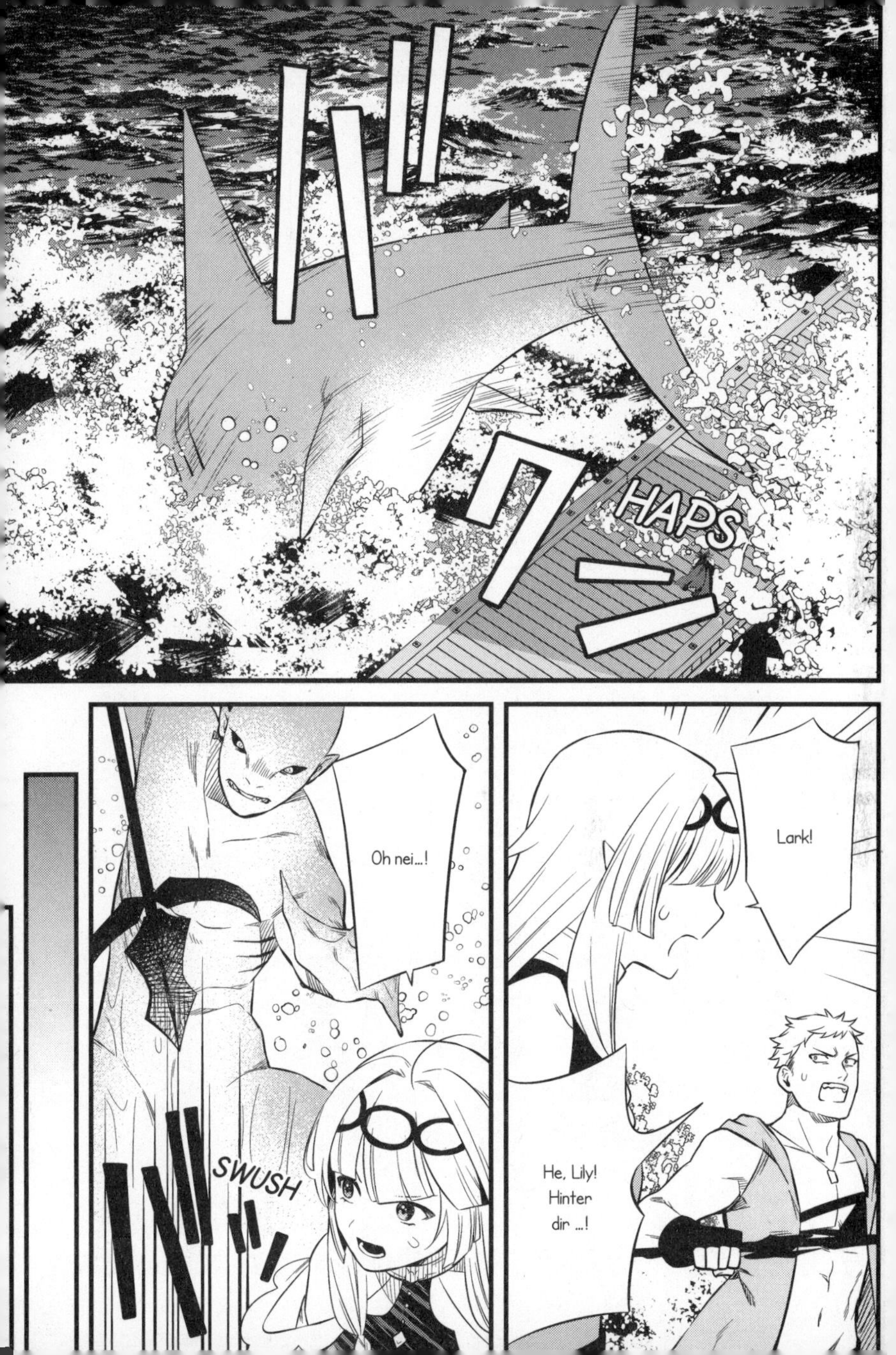
HAPS
Lark!
He, Lily! Hinter dir ...!
Oh nei...!
SWUSH

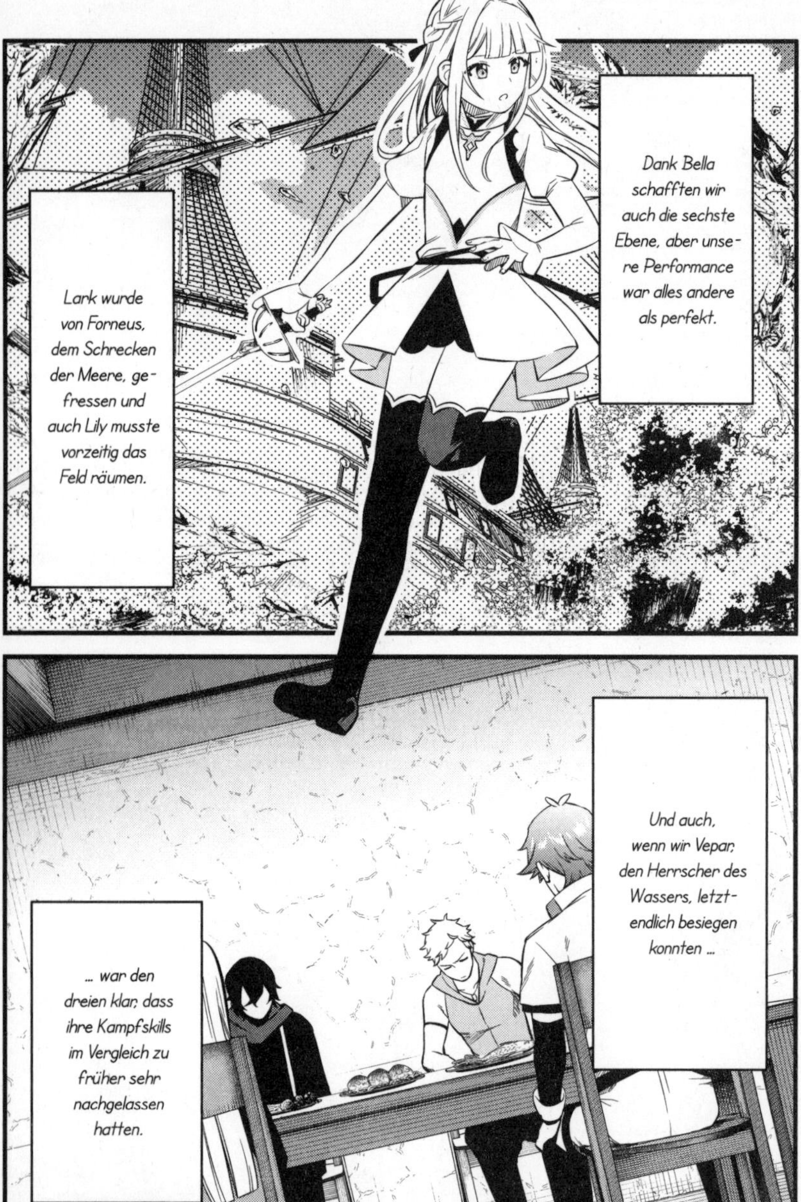
Dank Bella schafften wir auch die sechste Ebene, aber unsere Performance war alles andere als perfekt.
Lark wurde von Forneus, dem Schrecken der Meere, gefressen und auch Lily musste vorzeitig das Feld räumen.
Und auch, wenn wir Vepar, den Herrscher des Wassers, letztendlich besiegen konnten ...
... war den dreien klar, dass ihre Kampfskills im Vergleich zu früher sehr nachgelassen hatten.

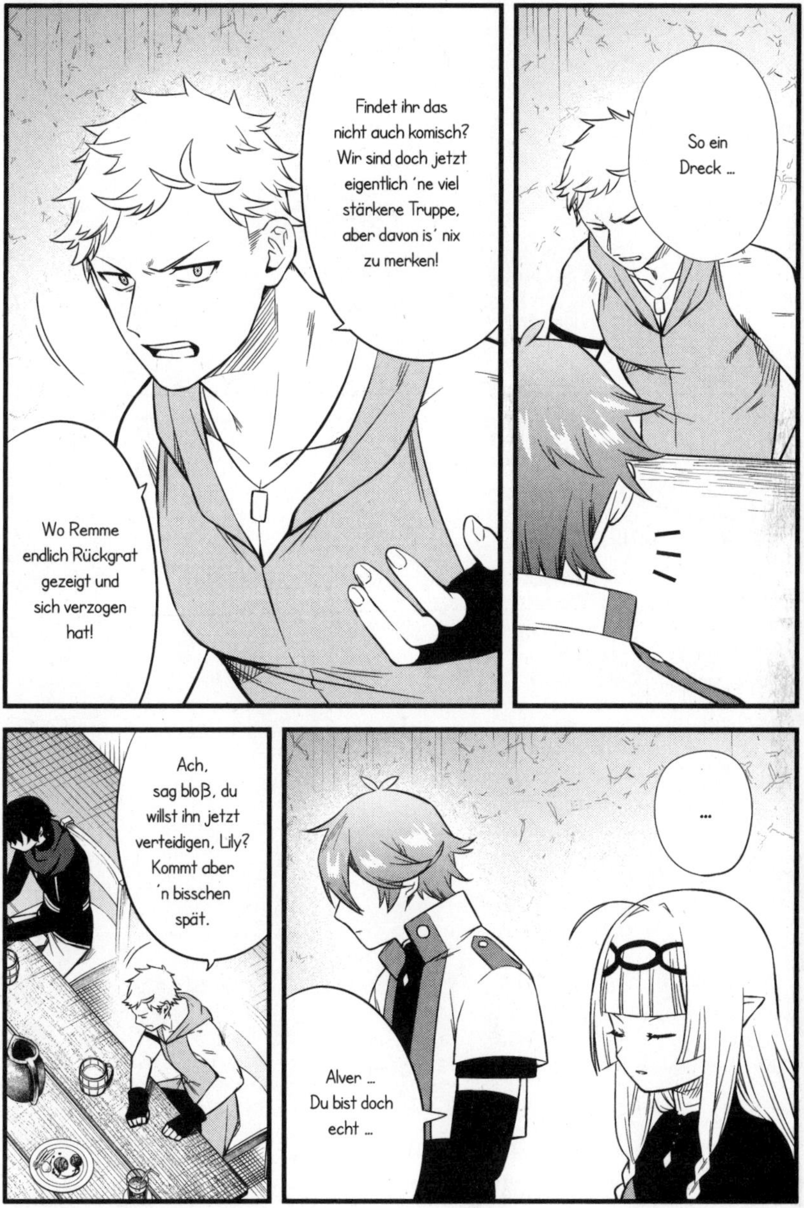
So ein Dreck ...
Findet ihr das nicht auch komisch? Wir sind doch jetzt eigentlich 'ne viel stärkere Truppe, aber davon is' nix zu merken!
Wo Remme endlich Rückgrat gezeigt und sich verzogen hat!
...
Alver ... Du bist doch echt ...
Ach, sag bloß, du willst ihn jetzt verteidigen, Lily? Kommt aber 'n bisschen spät.

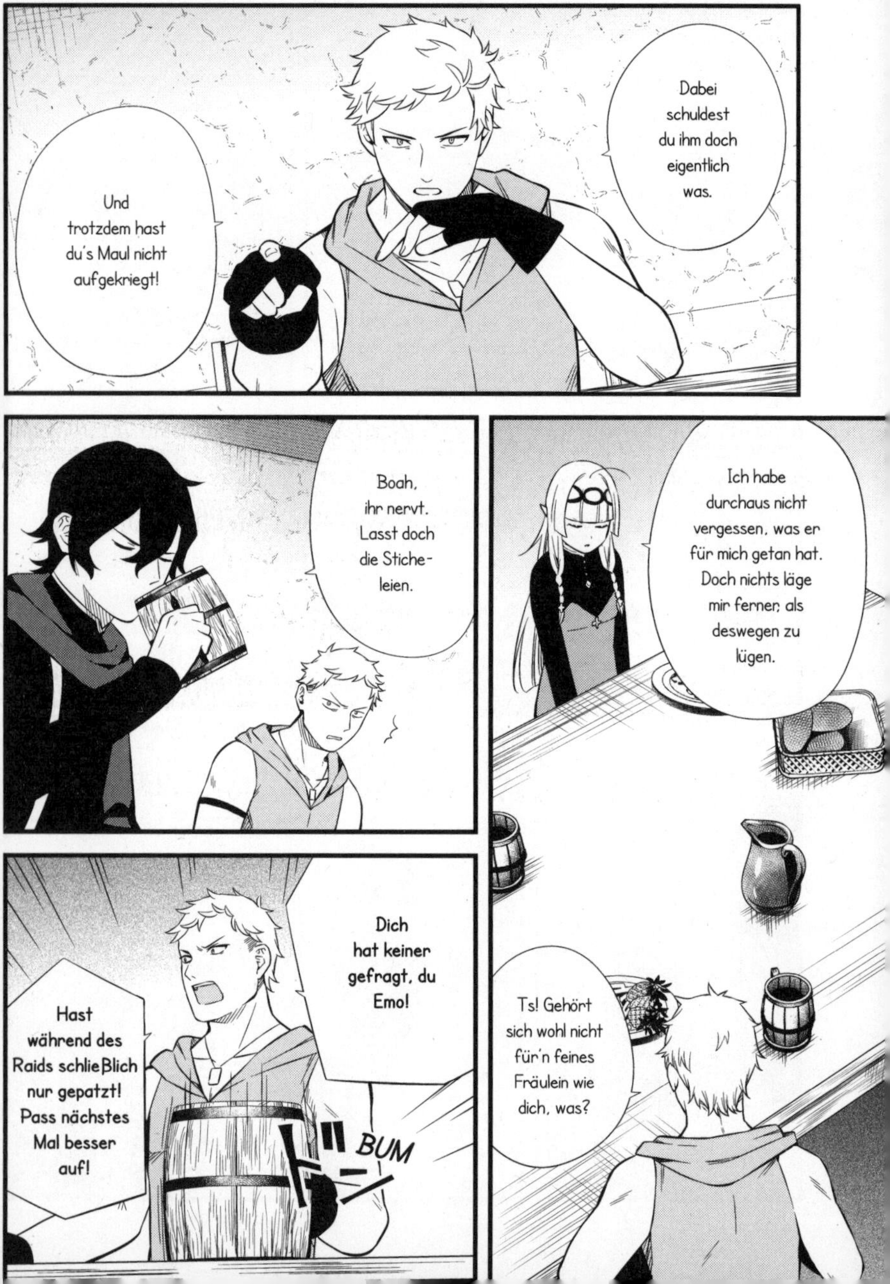
Dabei schuldest du ihm doch eigentlich was.
Und trotzdem hast du's Maul nicht aufgekriegt!
Ich habe durchaus nicht vergessen, was er für mich getan hat. Doch nichts läge mir ferner, als deswegen zu lügen.
Ts! Gehört sich wohl nicht für'n feines Fräulein wie dich, was?
Boah, ihr nervt. Lasst doch die Stiche-leien.
Dich hat keiner gefragt, du Emo!
BUM
Hast während des Raids schließlich nur gepatzt! Pass nächstes Mal besser auf!

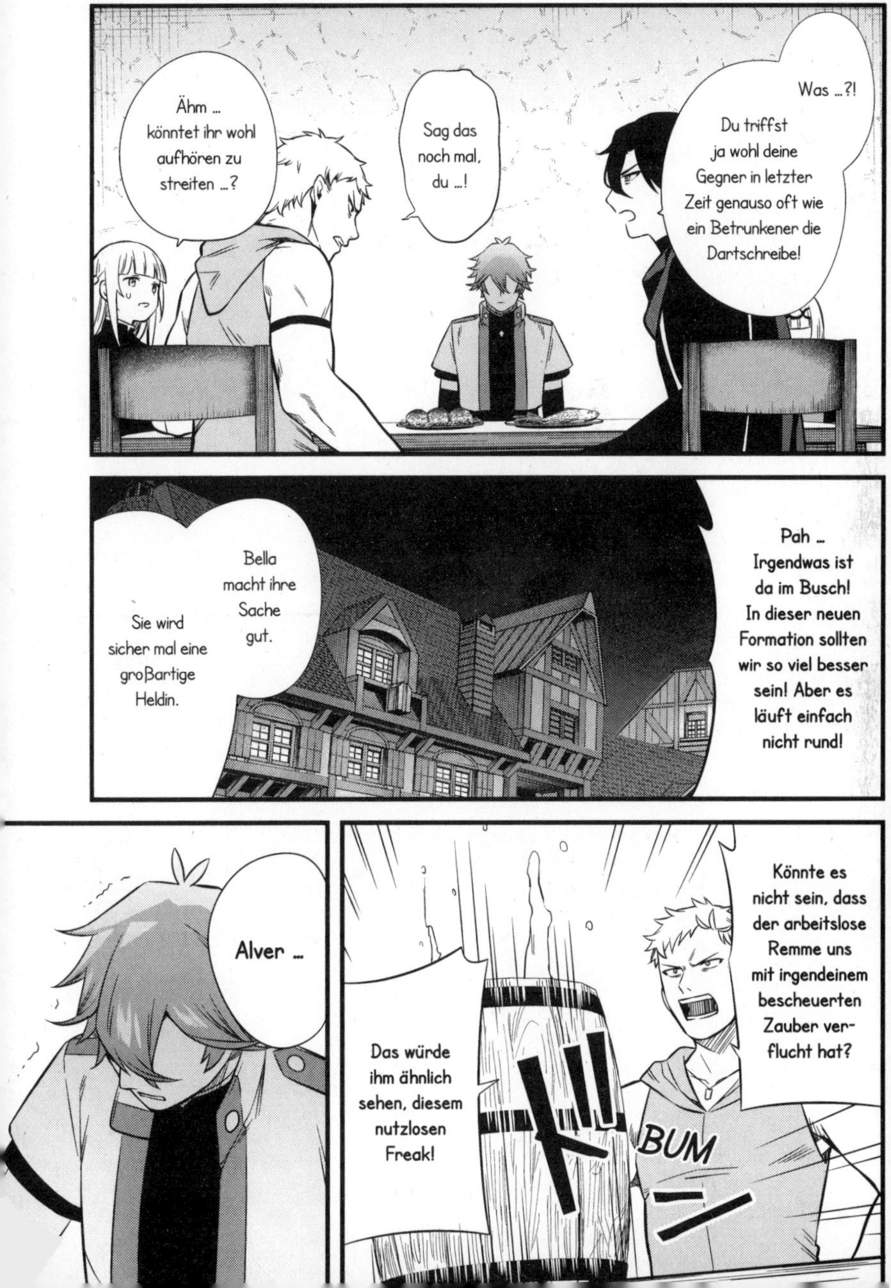
Was …?!
Du triffst ja wohl deine Gegner in letzter Zeit genauso oft wie ein Betrunkener die Dartschreibe!
Sag das noch mal, du …!
Ähm … könntet ihr wohl aufhören zu streiten …?
Pah … Irgendwas ist da im Busch! In dieser neuen Formation sollten wir so viel besser sein! Aber es läuft einfach nicht rund!
Bella macht ihre Sache gut.
Sie wird sicher mal eine großartige Heldin.
Könnte es nicht sein, dass der arbeitslose Remme uns mit irgendeinem bescheuerten Zauber verflucht hat?
BUM
Das würde ihm ähnlich sehen, diesem nutzlosen Freak!
Alver …

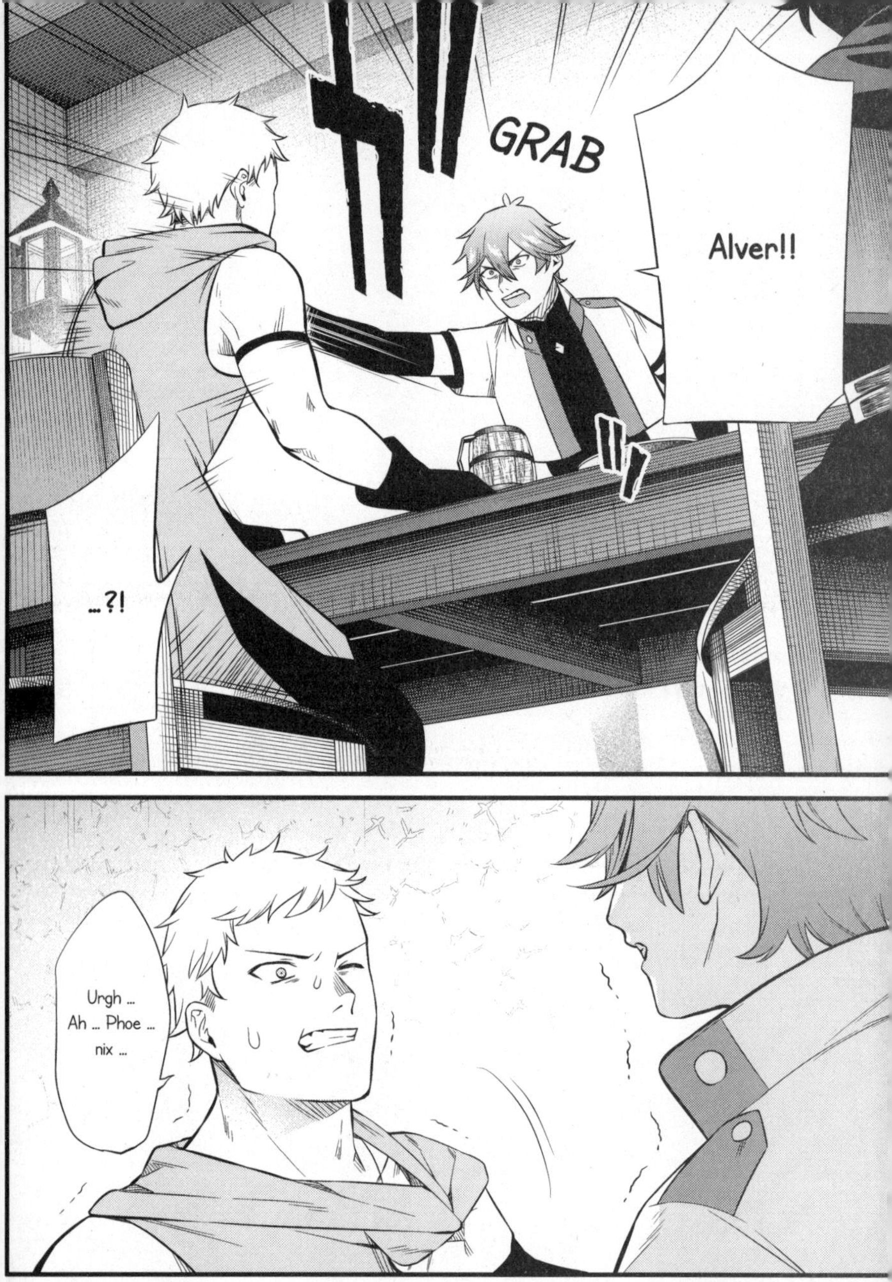
GRAB
Alver!!
...?!
Urgh ... Ah ... Phoe ... nix ...

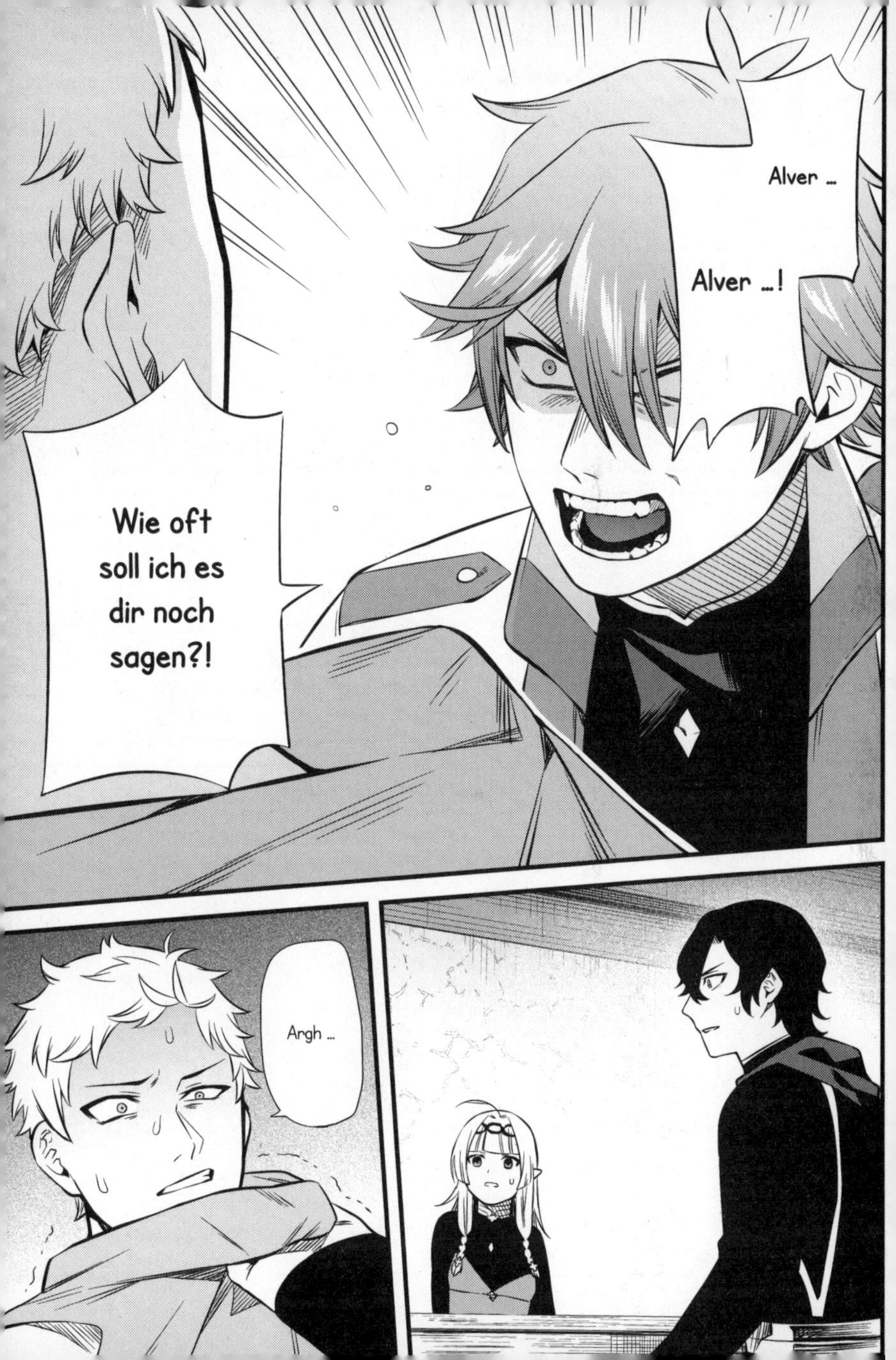

Alver ...
Alver ...!
Wie oft soll ich es dir noch sagen?!
Argh ...

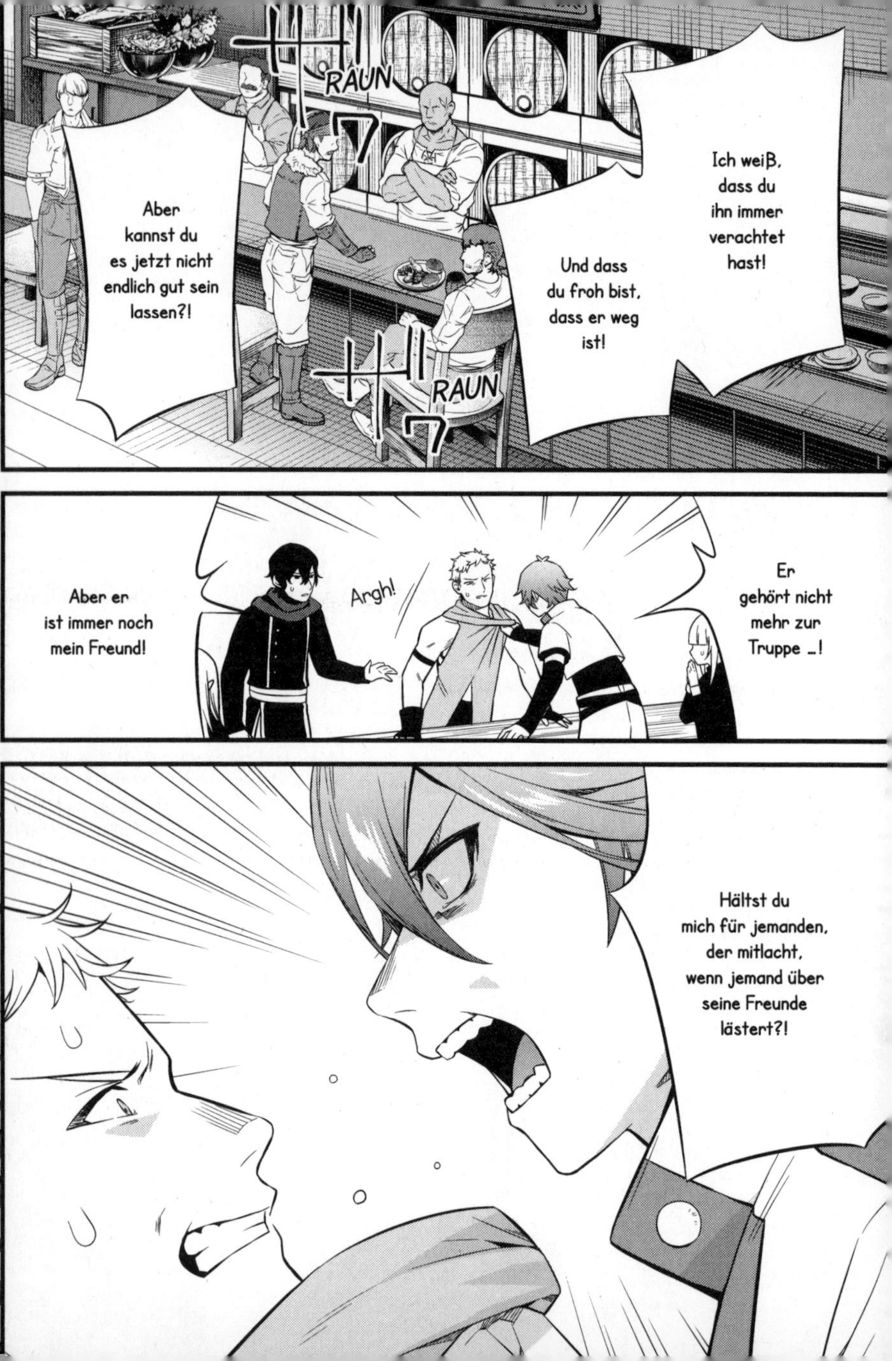
Ich weiß, dass du ihn immer verachtet hast!
Und dass du froh bist, dass er weg ist!
RAUN
Aber kannst du es jetzt nicht endlich gut sein lassen?!
RAUN
Er gehört nicht mehr zur Truppe ...!
Argh!
Aber er ist immer noch mein Freund!
Hältst du mich für jemanden, der mitlacht, wenn jemand über seine Freunde lästert?!

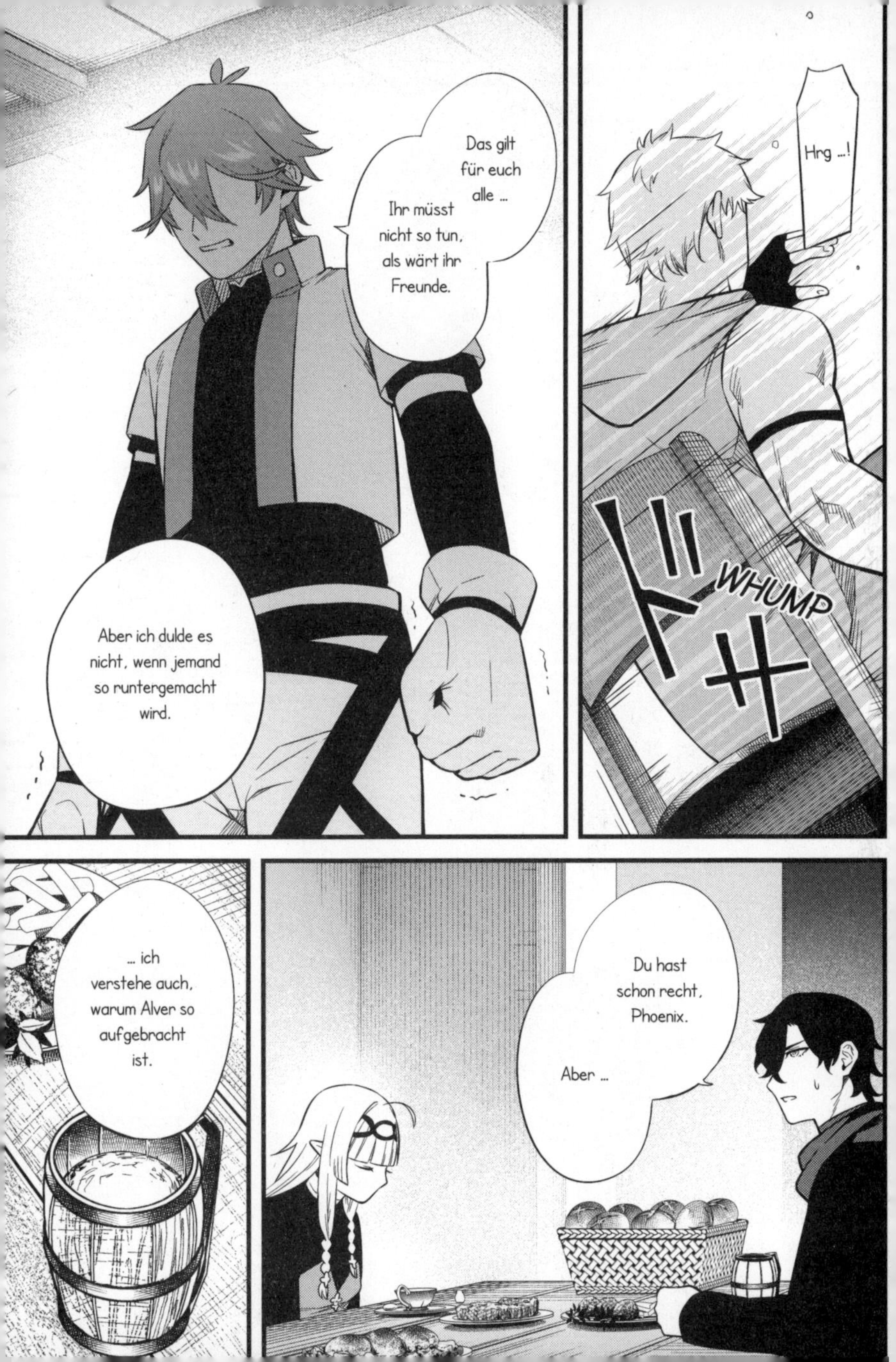

Hrg ...!
WHUMP
Das gilt für euch alle ...
Ihr müsst nicht so tun, als wärt ihr Freunde.
Aber ich dulde es nicht, wenn jemand so runtergemacht wird.
Du hast schon recht, Phoenix.
Aber ...
... ich verstehe auch, warum Alver so aufgebracht ist.

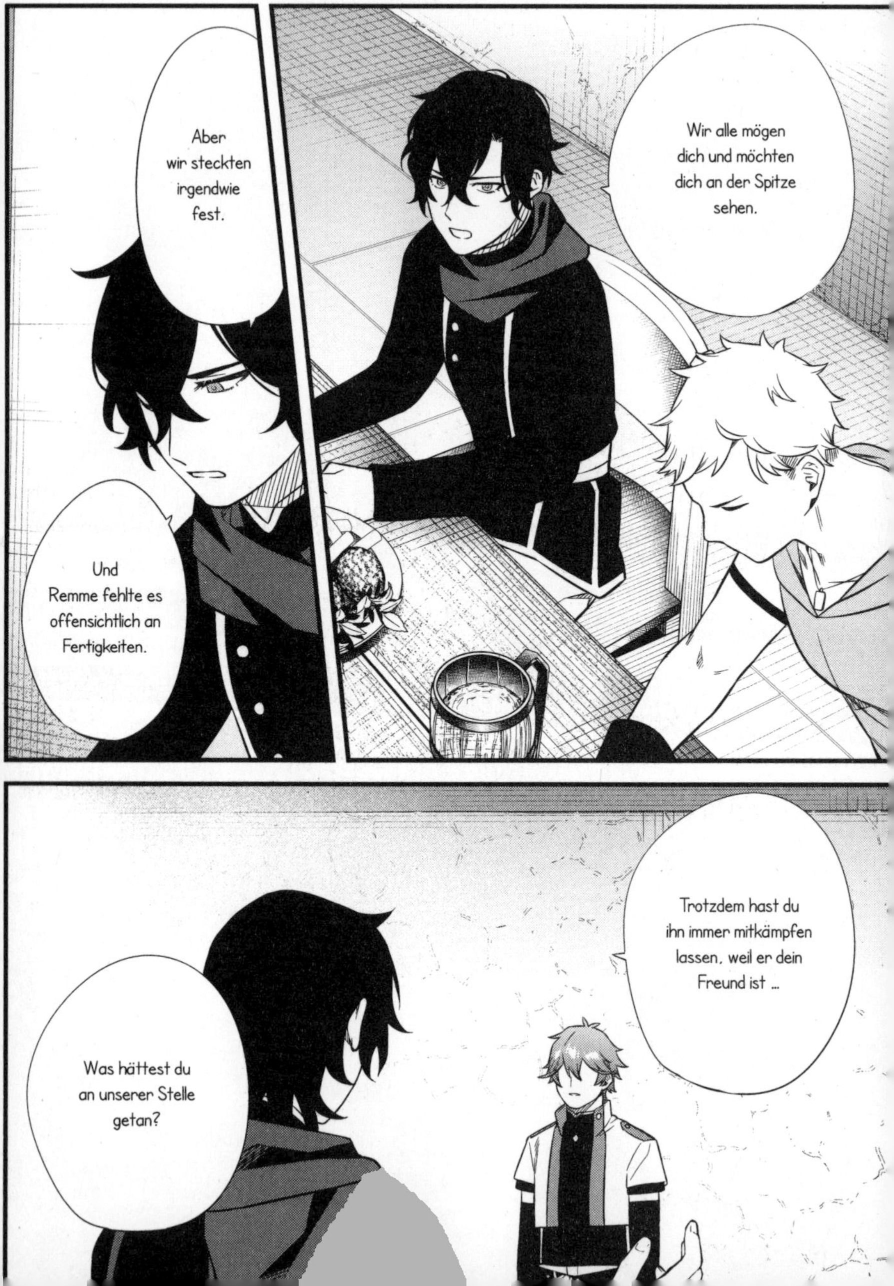
Wir alle mögen dich und möchten dich an der Spitze sehen.
Aber wir steckten irgendwie fest.
Und Remme fehlte es offensichtlich an Fertigkeiten.
Trotzdem hast du ihn immer mitkämpfen lassen, weil er dein Freund ist ...
Was hättest du an unserer Stelle getan?

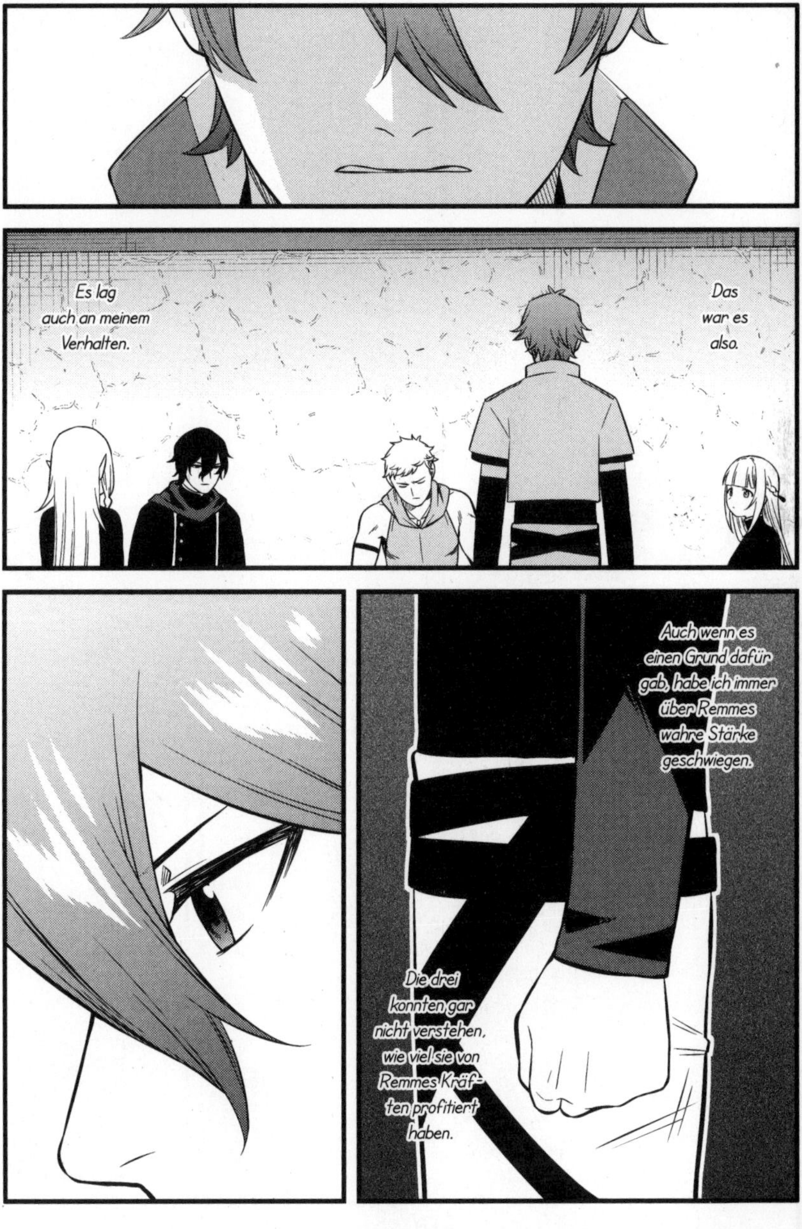
Das war es also.
Es lag auch an meinem Verhalten.
Auch wenn es einen Grund dafür gab, habe ich immer über Remmes wahre Stärke geschwiegen.
Die drei konnten gar nicht verstehen, wie viel sie von Remmes Kräften profitiert haben.

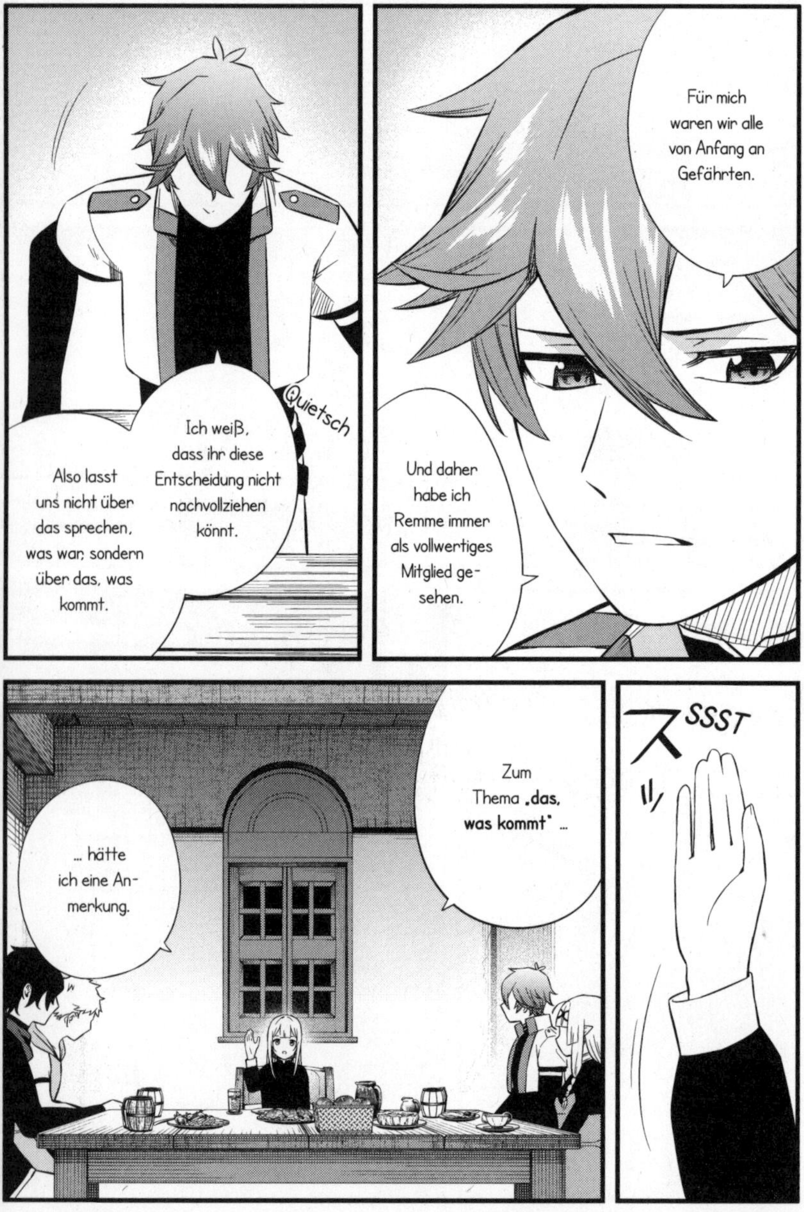
Für mich waren wir alle von Anfang an Gefährten.
Und daher habe ich Remme immer als vollwertiges Mitglied gesehen.
Quietsch
Ich weiß, dass ihr diese Entscheidung nicht nachvollziehen könnt.
Also lasst uns nicht über das sprechen, was war, sondern über das, was kommt.
SSST
Zum Thema **„das, was kommt"** ...
... hätte ich eine Anmerkung.

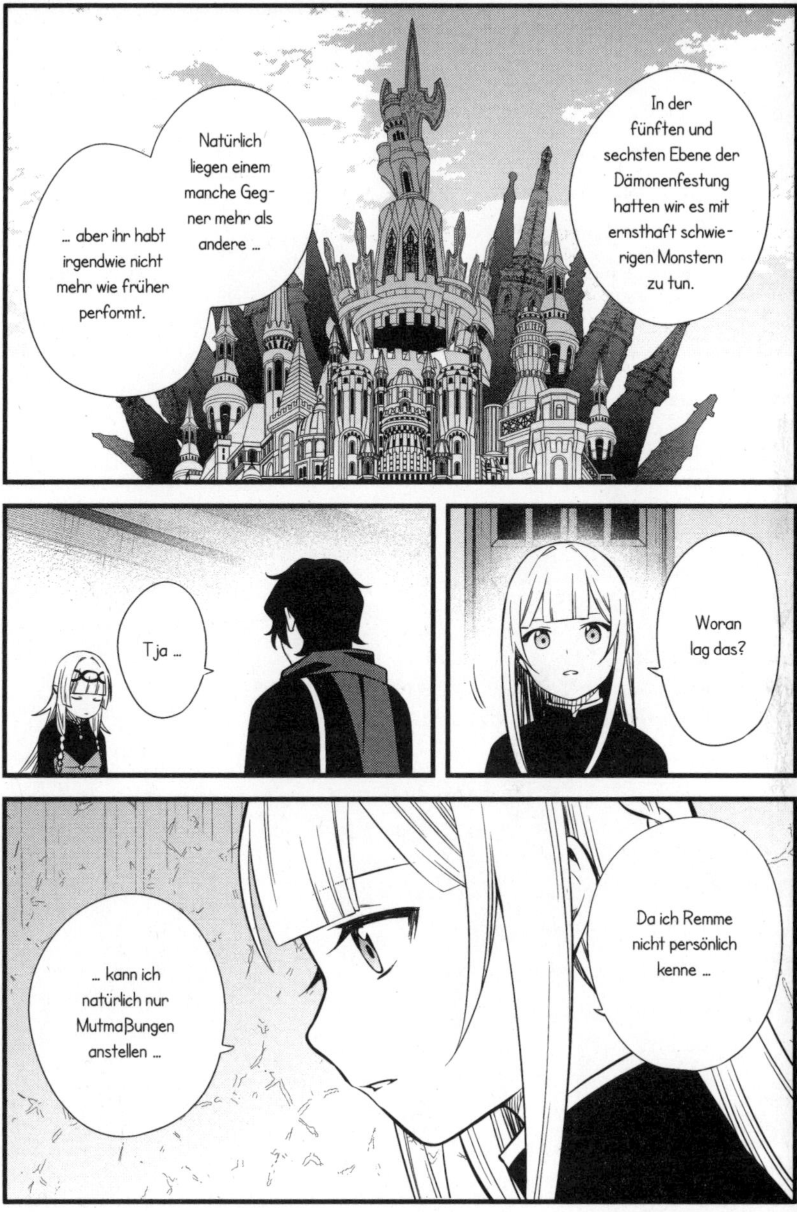
In der fünften und sechsten Ebene der Dämonenfestung hatten wir es mit ernsthaft schwierigen Monstern zu tun.
Natürlich liegen einem manche Gegner mehr als andere ...
... aber ihr habt irgendwie nicht mehr wie früher performt.
Woran lag das?
Tja ...
Da ich Remme nicht persönlich kenne ...
... kann ich natürlich nur Mutmaßungen anstellen ...

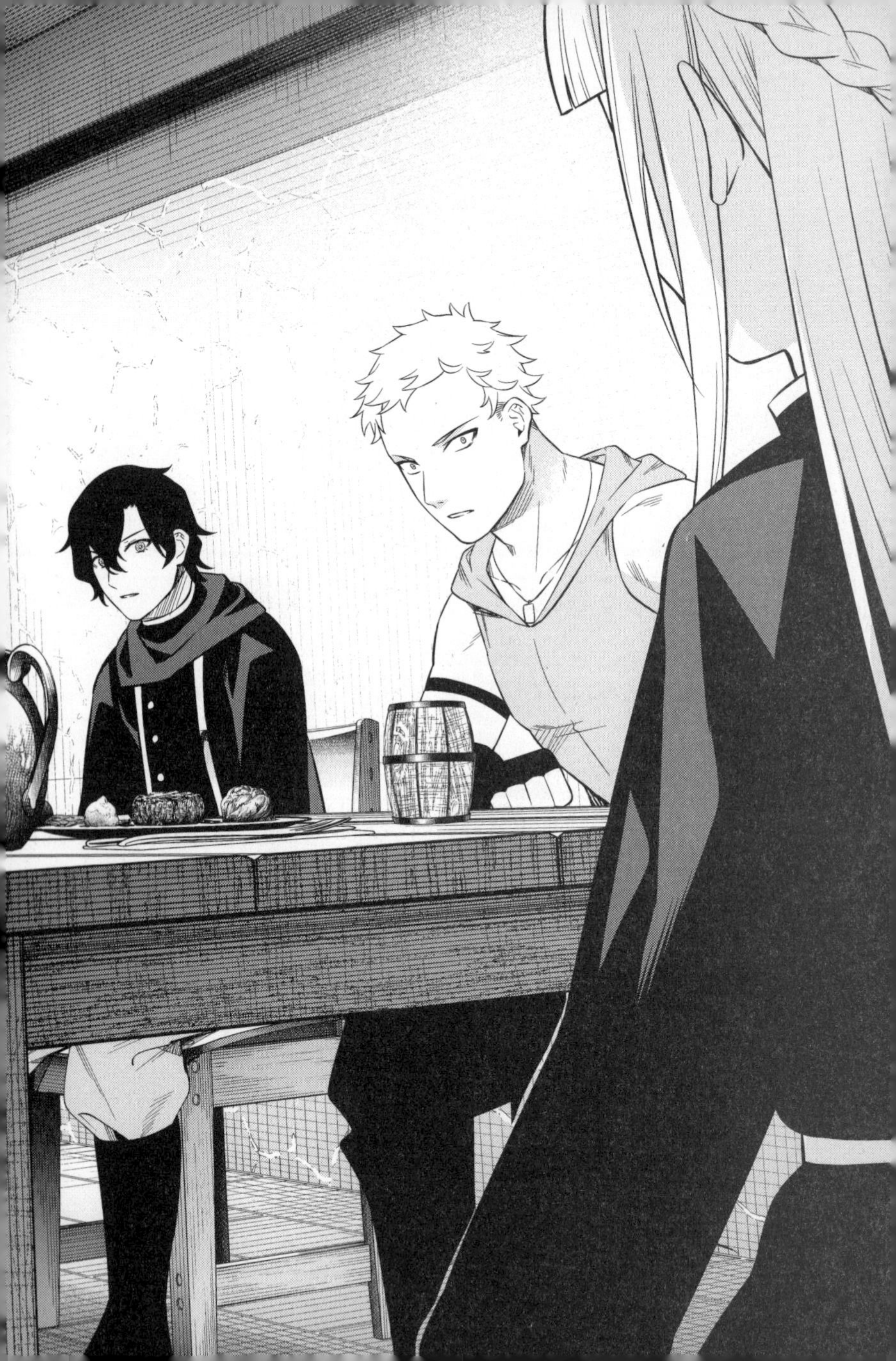

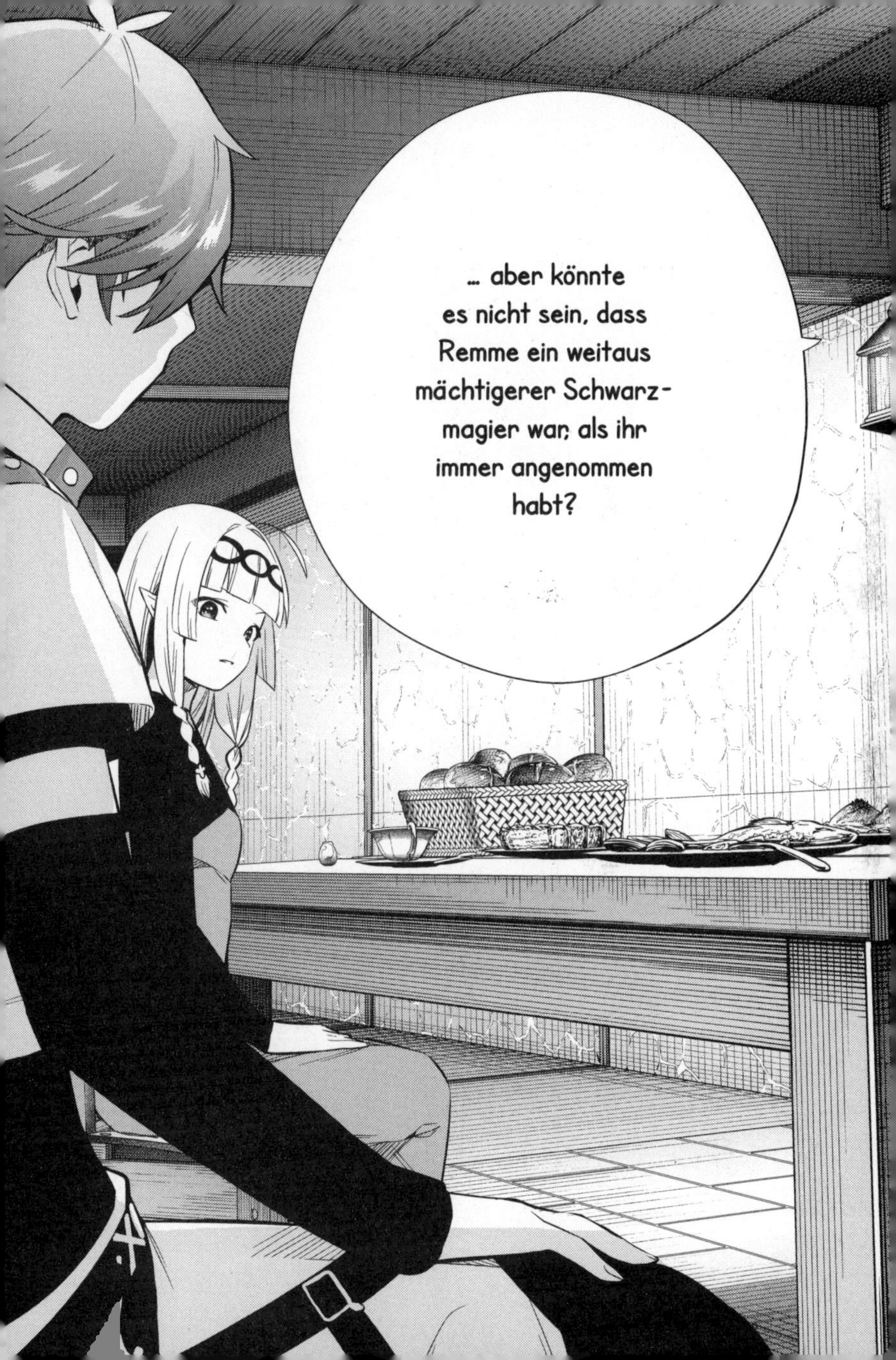
... aber könnte es nicht sein, dass Remme ein weitaus mächtigerer Schwarzmagier war, als ihr immer angenommen habt?

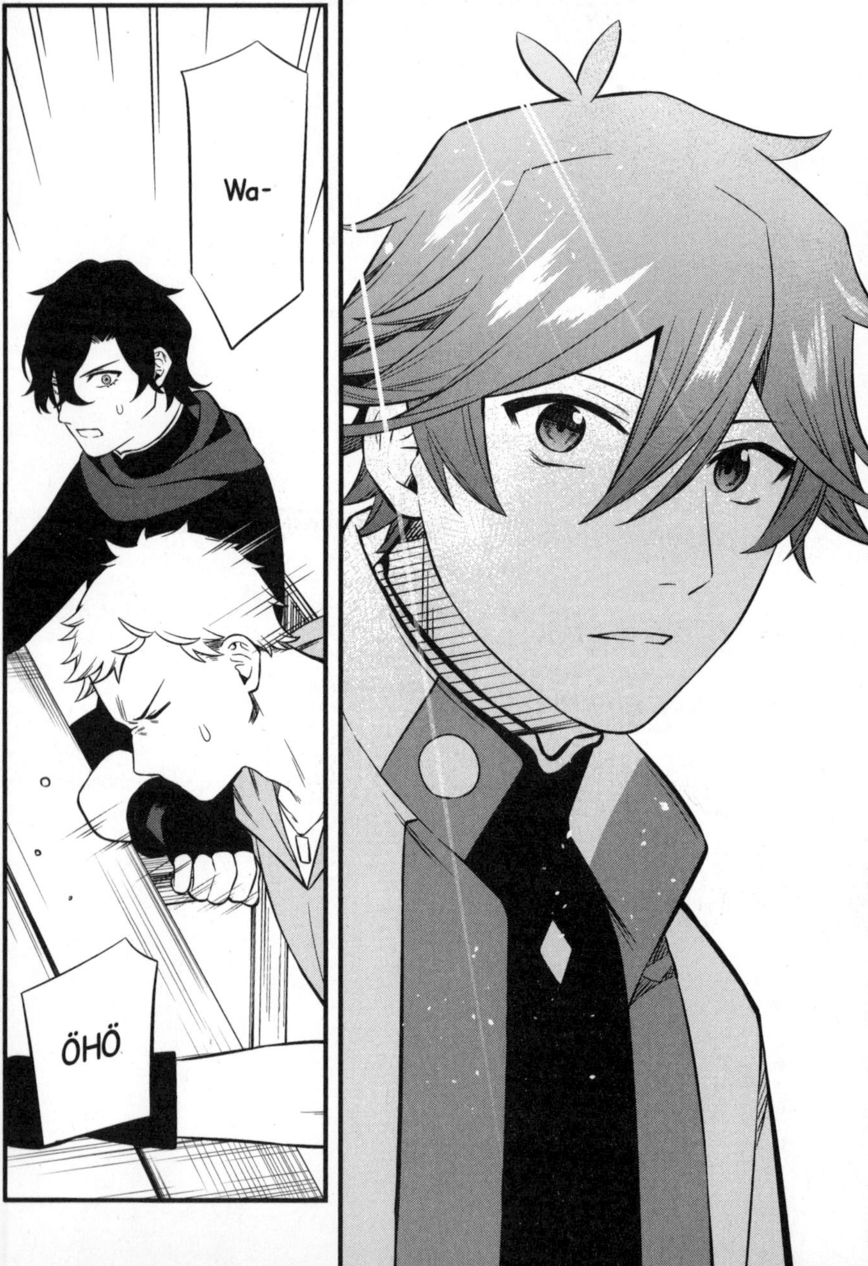
Wa-
ÖHÖ

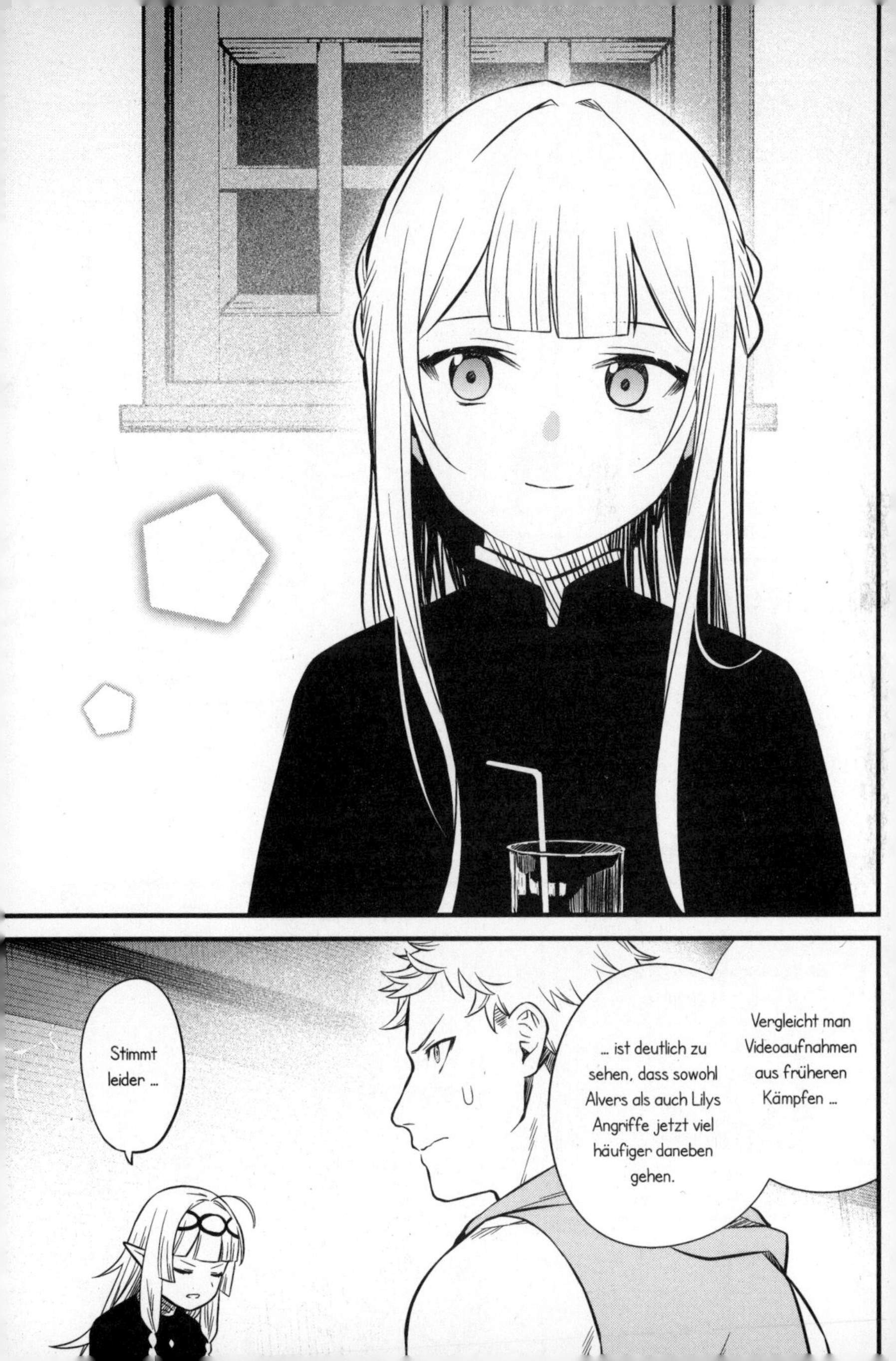
Vergleicht man Videoaufnahmen aus früheren Kämpfen ...
... ist deutlich zu sehen, dass sowohl Alvers als auch Lilys Angriffe jetzt viel häufiger daneben gehen.
Stimmt leider ...

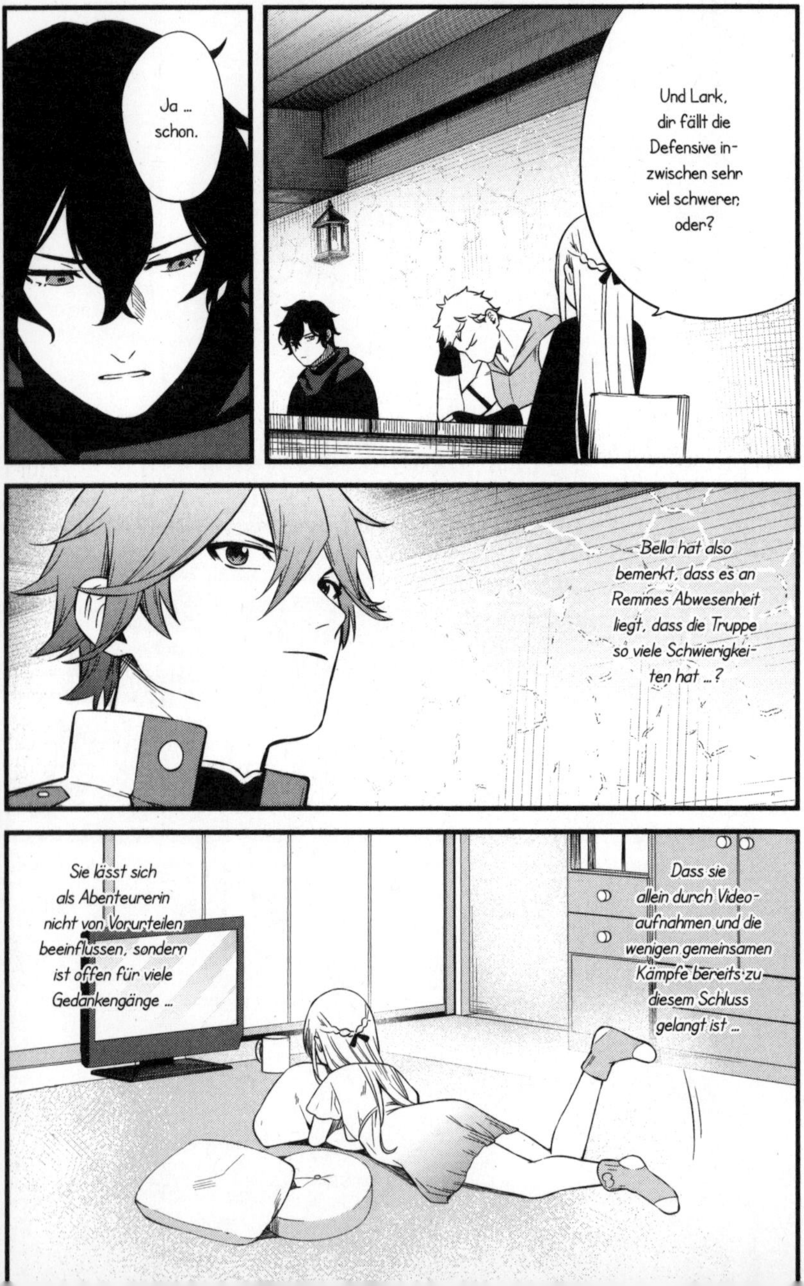
Und Lark, dir fällt die Defensive inzwischen sehr viel schwerer, oder?
Ja ... schon.
Bella hat also bemerkt, dass es an Remmes Abwesenheit liegt, dass die Truppe so viele Schwierigkeiten hat ...?
Dass sie allein durch Videoaufnahmen und die wenigen gemeinsamen Kämpfe bereits zu diesem Schluss gelangt ist ...
Sie lässt sich als Abenteurerin nicht von Vorurteilen beeinflussen, sondern ist offen für viele Gedankengänge ...

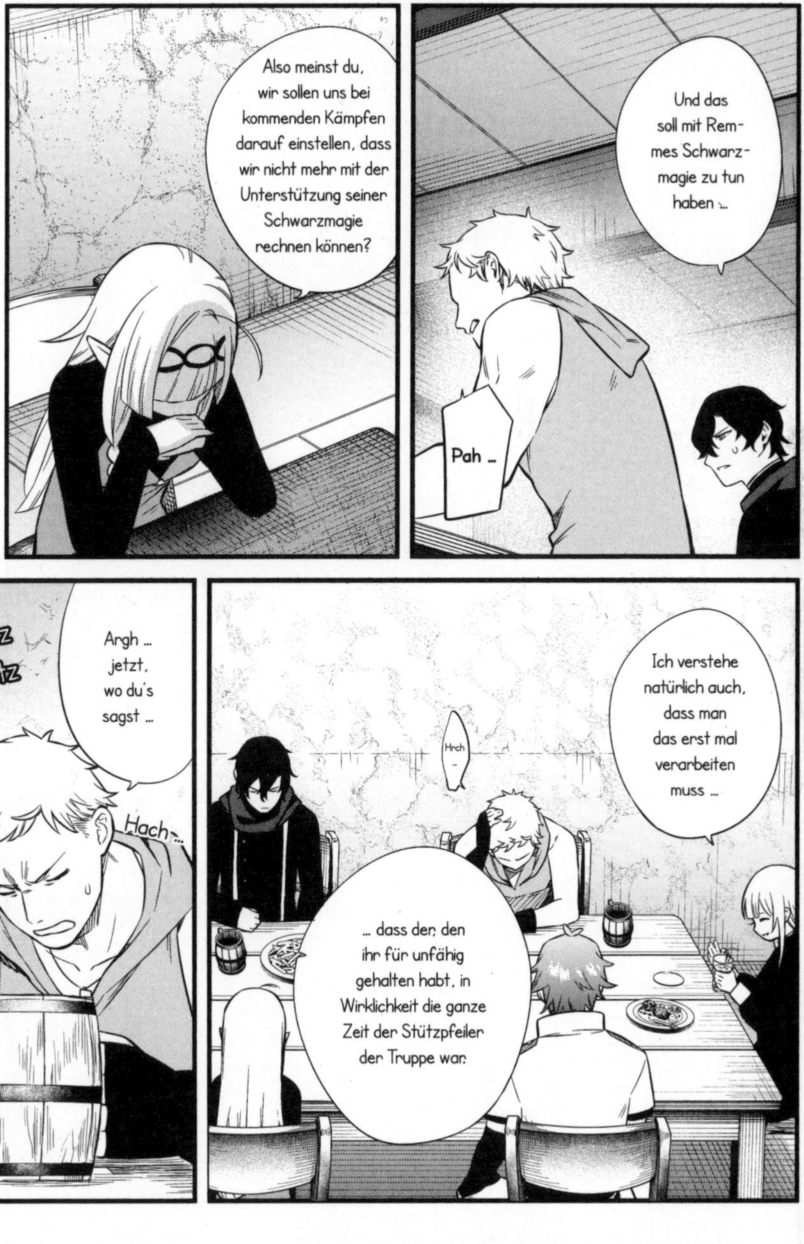
Und das soll mit Remmes Schwarzmagie zu tun haben ...
Pah ...
Also meinst du, wir sollen uns bei kommenden Kämpfen darauf einstellen, dass wir nicht mehr mit der Unterstützung seiner Schwarzmagie rechnen können?
Ich verstehe natürlich auch, dass man das erst mal verarbeiten muss ...
... dass der, den ihr für unfähig gehalten habt, in Wirklichkeit die ganze Zeit der Stützpfeiler der Truppe war.
Hrch ...
Argh ... jetzt, wo du's sagst ...
Kratz Kratz
Hach ...

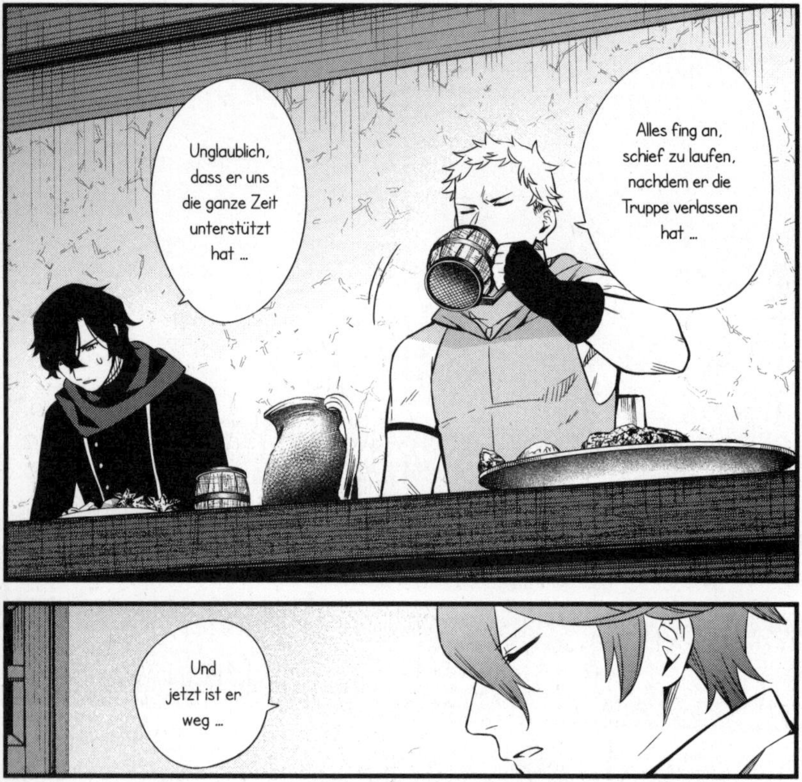
Alles fing an, schief zu laufen, nachdem er die Truppe verlassen hat ...
Unglaublich, dass er uns die ganze Zeit unterstützt hat ...
Und jetzt ist er weg ...
Aber ich weiß, ihr seid trotzdem stark.
Lassen wir Bellas Gedanken erst mal sacken und überlegen uns eine neue Strategie.

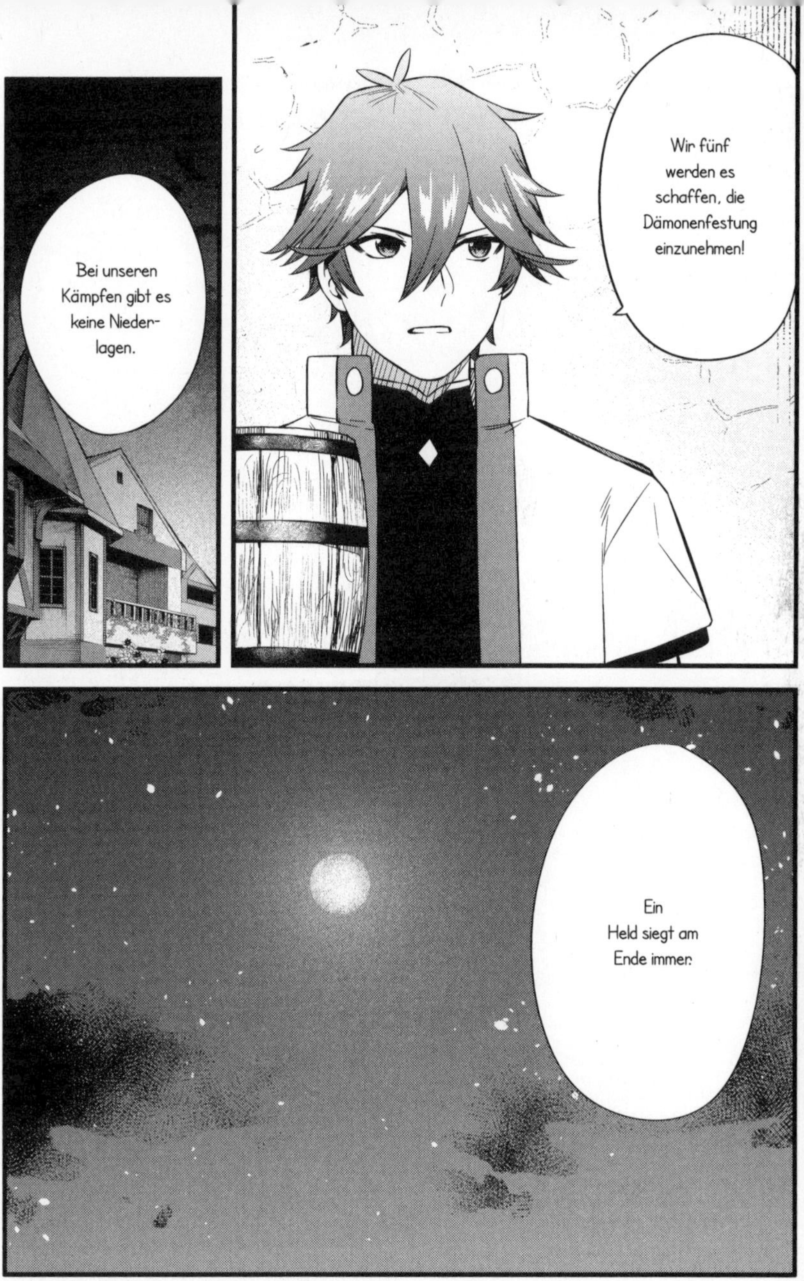
Wir fünf werden es schaffen, die Dämonenfestung einzunehmen!
Bei unseren Kämpfen gibt es keine Niederlagen.
Ein Held siegt am Ende immer.

Willkommen in der
Dämonenfestung, du kämpfst
jetzt auf der dunklen Seite

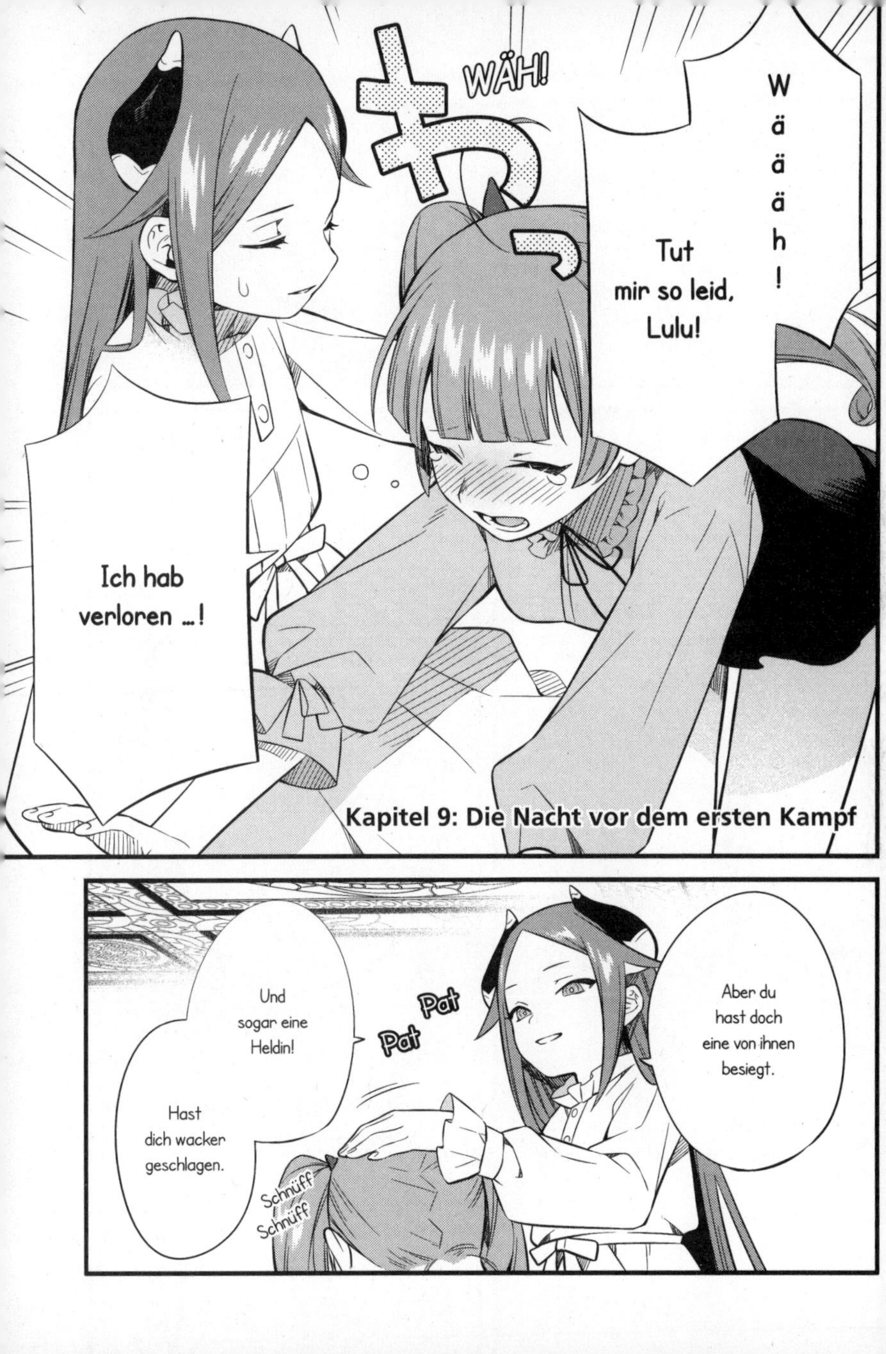
Wääh!
Tut mir so leid, Lulu!
WÄH!
Ich hab verloren …!
Kapitel 9: Die Nacht vor dem ersten Kampf
Aber du hast doch eine von ihnen besiegt.
Pat
Pat
Und sogar eine Heldin!
Hast dich wacker geschlagen.
Schnüff
Schnüff

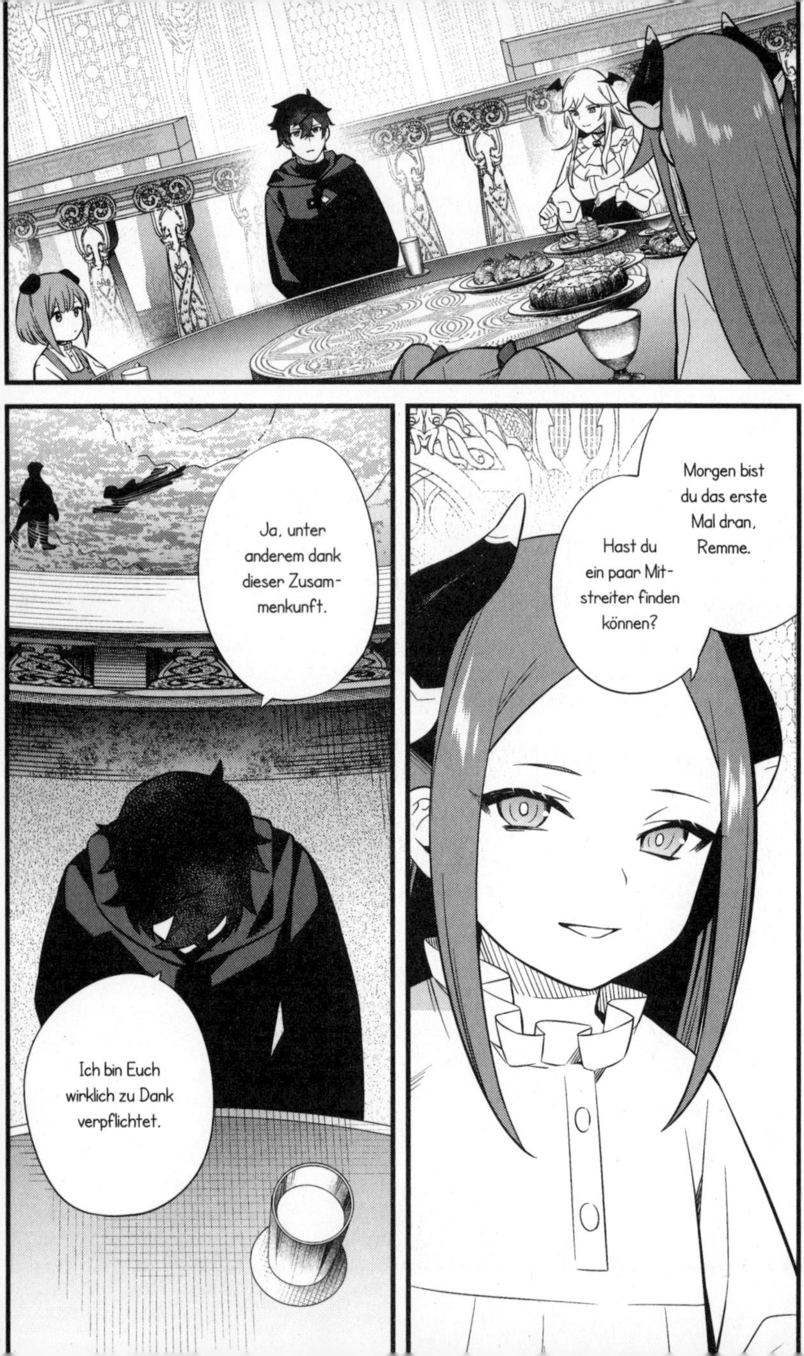
Morgen bist du das erste Mal dran, Remme.
Hast du ein paar Mitstreiter finden können?
Ja, unter anderem dank dieser Zusammenkunft.
Ich bin Euch wirklich zu Dank verpflichtet.

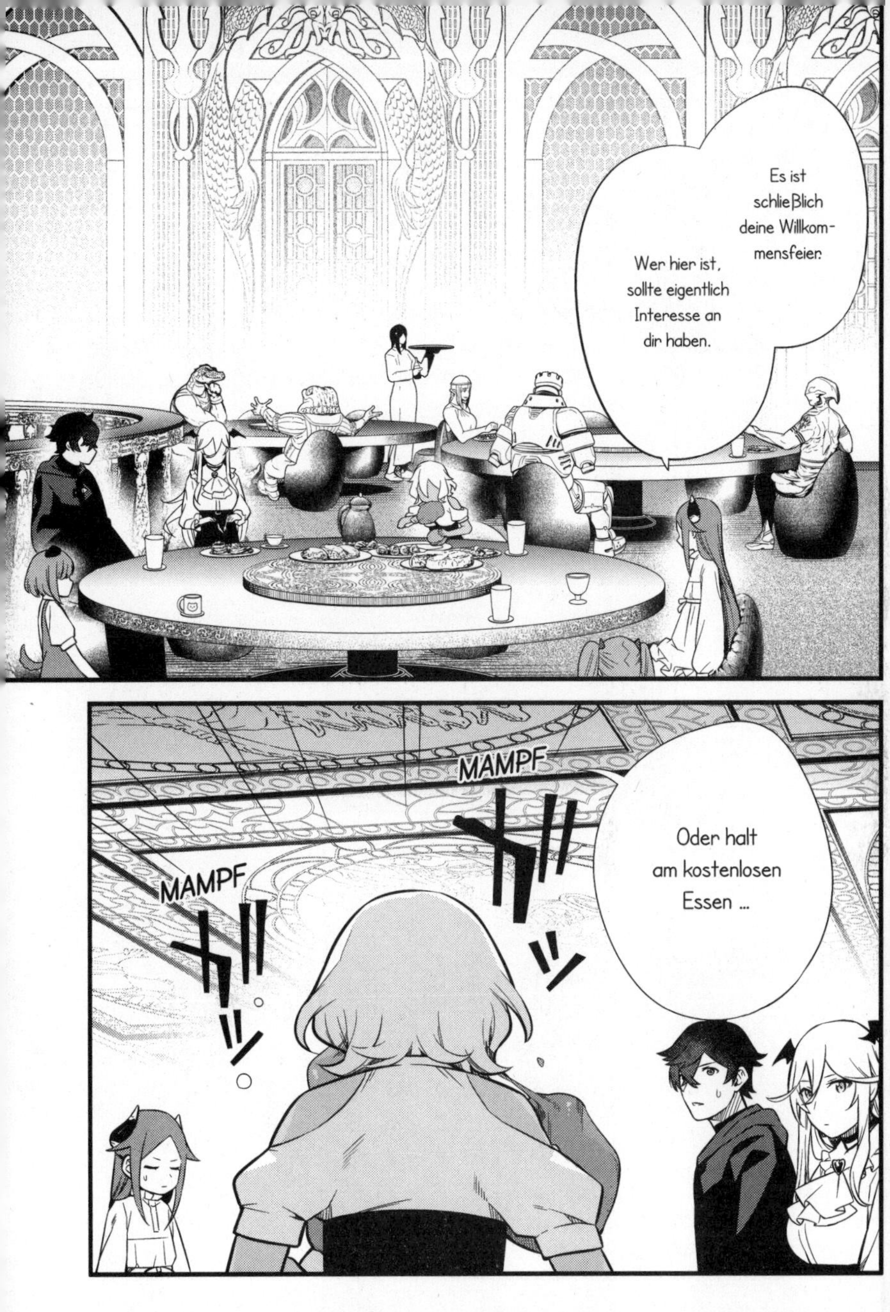
Es ist schließlich deine Willkommensfeier.
Wer hier ist, sollte eigentlich Interesse an dir haben.
Oder halt am kostenlosen Essen ...
MAMPF
MAMPF

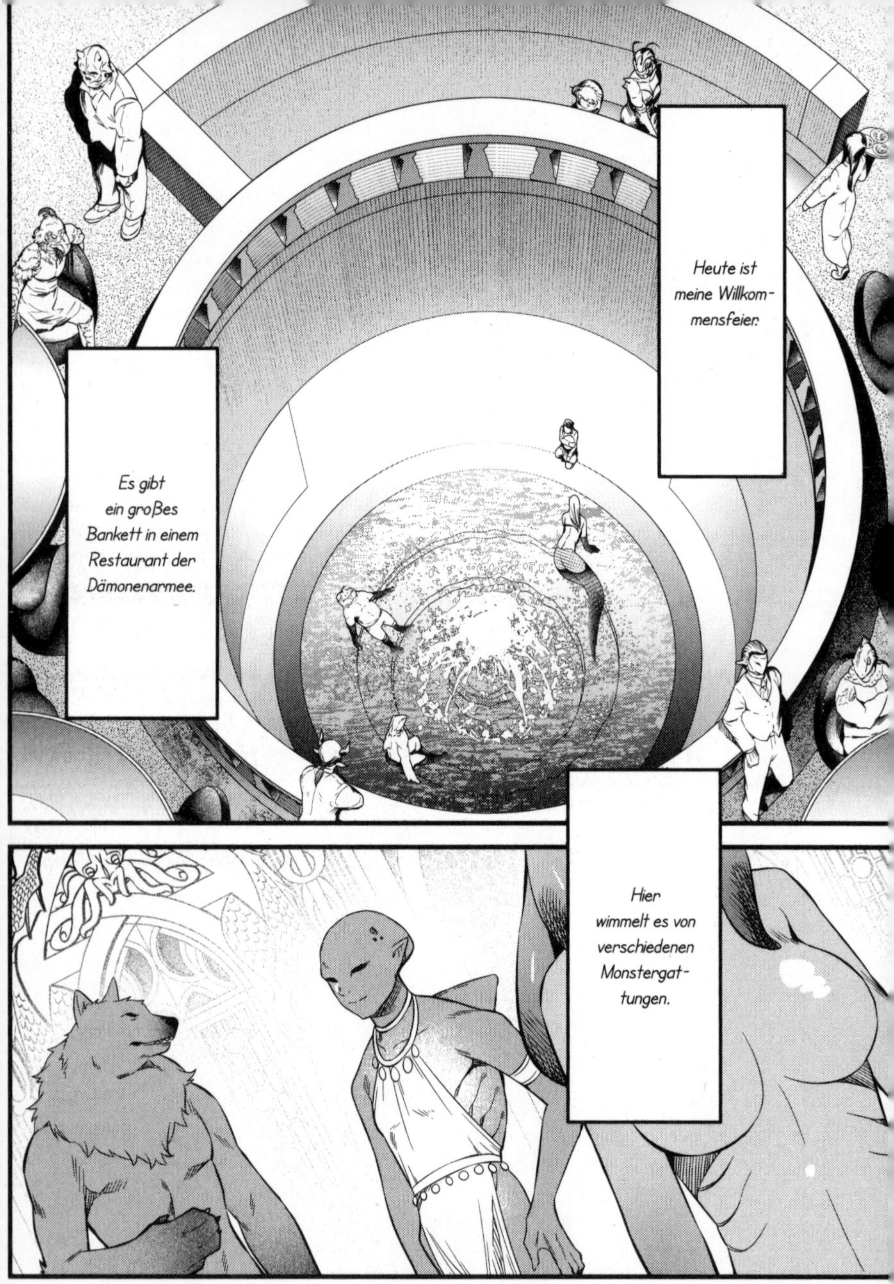
Heute ist meine Willkommensfeier.
Es gibt ein großes Bankett in einem Restaurant der Dämonenarmee.
Hier wimmelt es von verschiedenen Monstergattungen.

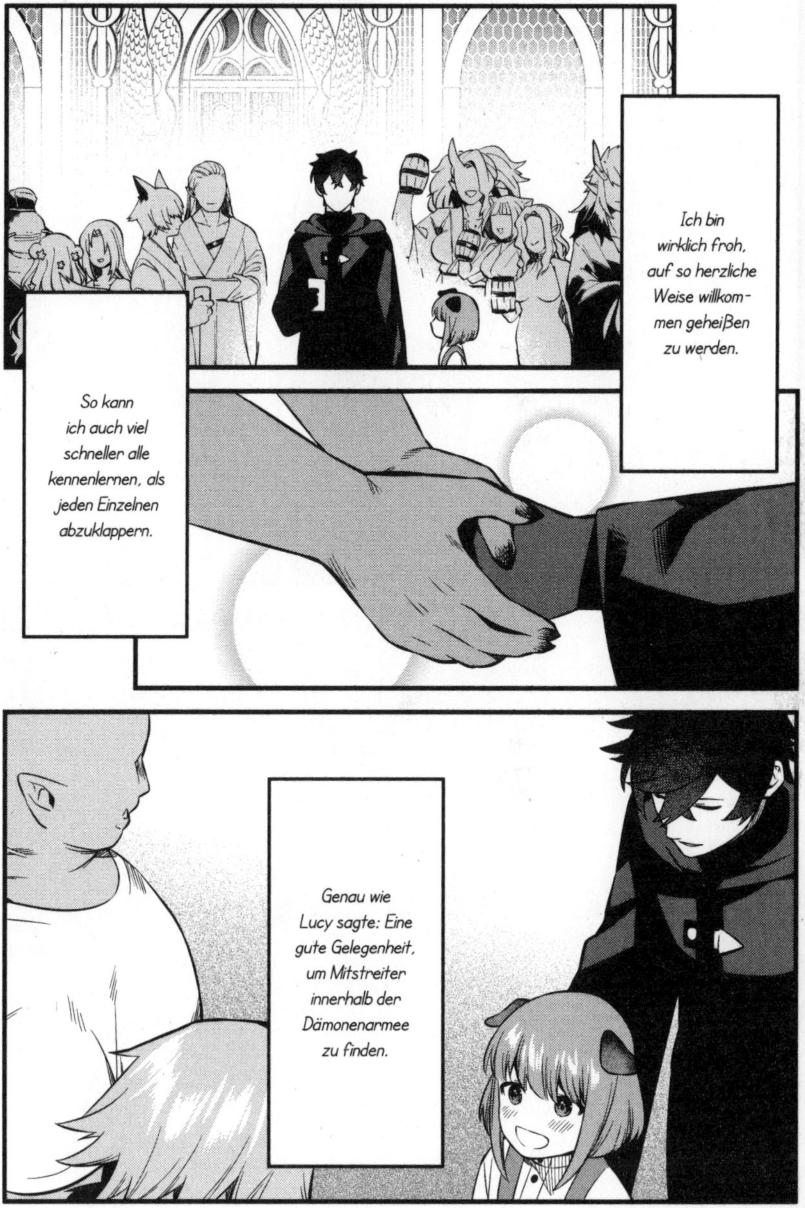
Ich bin wirklich froh, auf so herzliche Weise willkommen geheißen zu werden.
So kann ich auch viel schneller alle kennenlernen, als jeden Einzelnen abzuklappern.
Genau wie Lucy sagte: Eine gute Gelegenheit, um Mitstreiter innerhalb der Dämonenarmee zu finden.

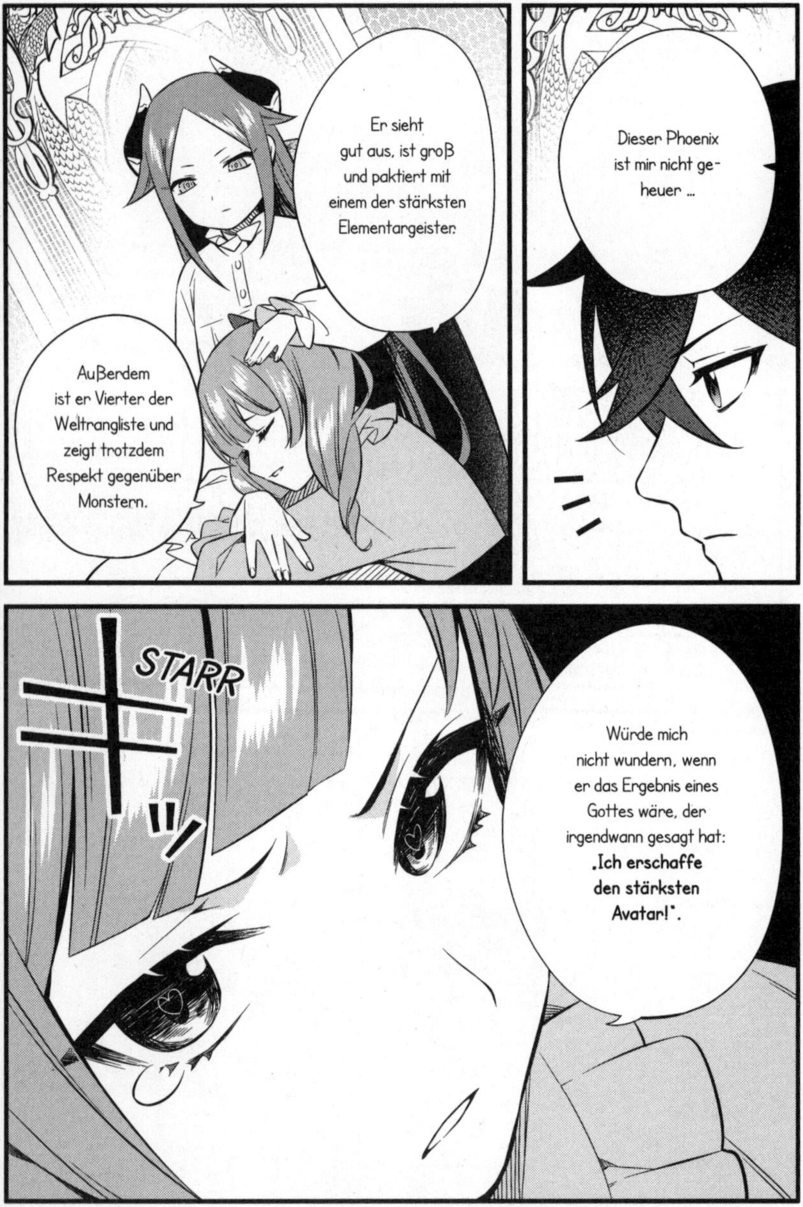
Dieser Phoenix ist mir nicht geheuer ...
Er sieht gut aus, ist groß und paktiert mit einem der stärksten Elementargeister.
Außerdem ist er Vierter der Weltrangliste und zeigt trotzdem Respekt gegenüber Monstern.
Würde mich nicht wundern, wenn er das Ergebnis eines Gottes wäre, der irgendwann gesagt hat: „Ich erschaffe den stärksten Avatar!".
STARR

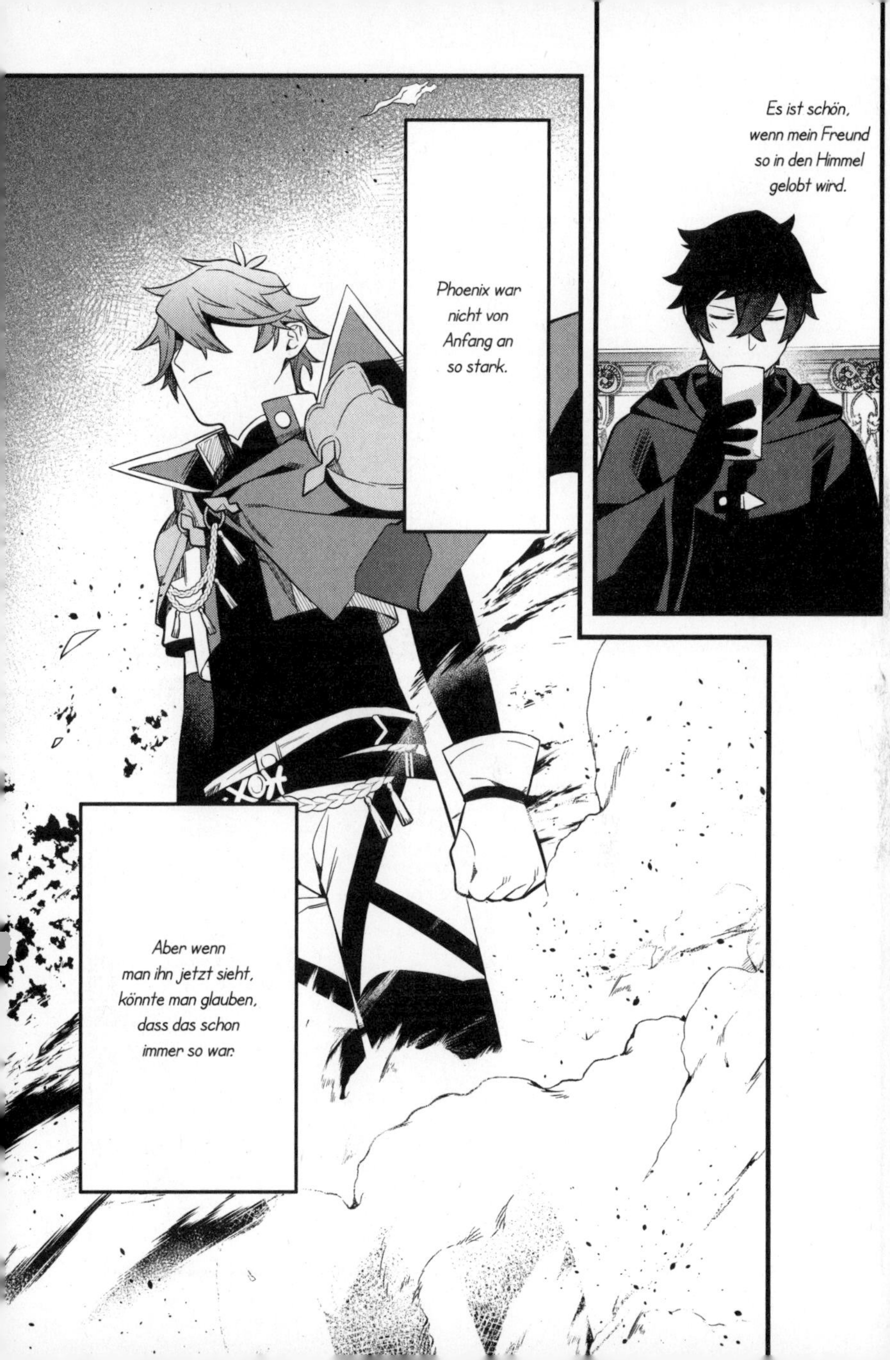
Es ist schön, wenn mein Freund so in den Himmel gelobt wird.
Phoenix war nicht von Anfang an so stark.
Aber wenn man ihn jetzt sieht, könnte man glauben, dass das schon immer so war.

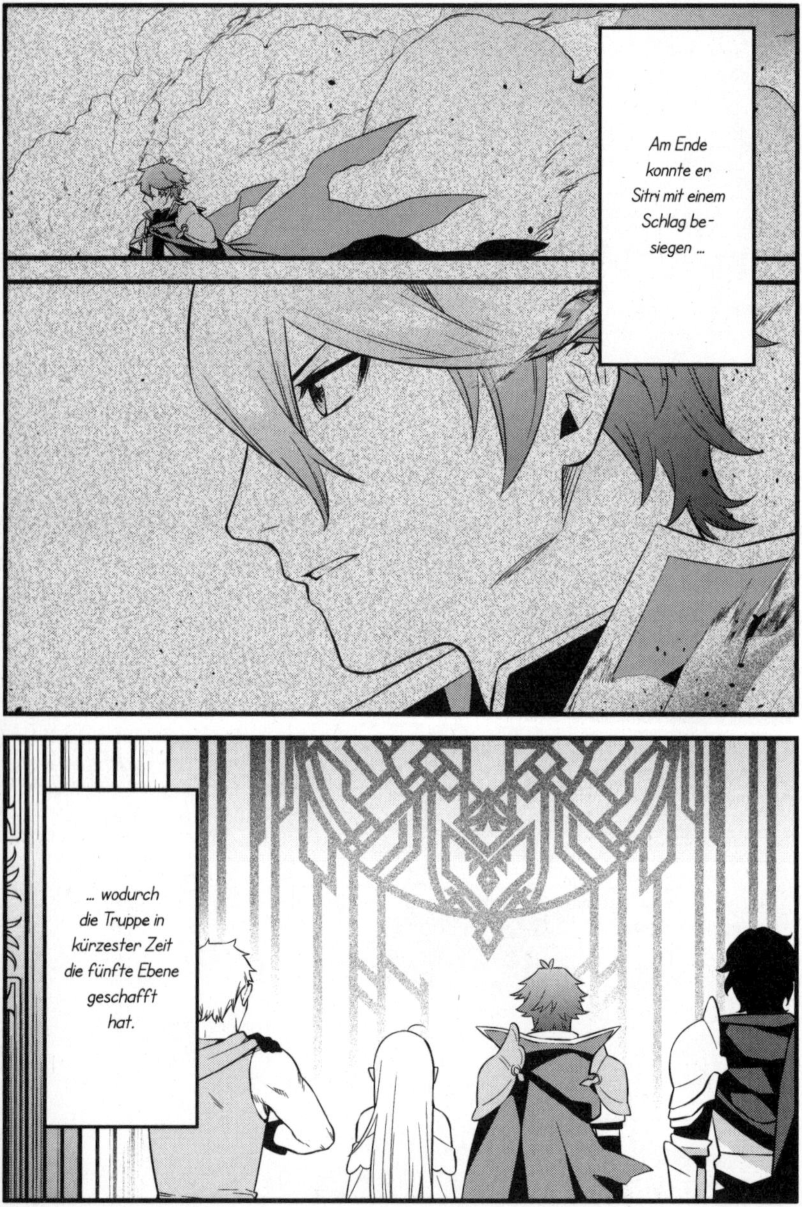
Am Ende konnte er Sitri mit einem Schlag besiegen ...
... wodurch die Truppe in kürzester Zeit die fünfte Ebene geschafft hat.

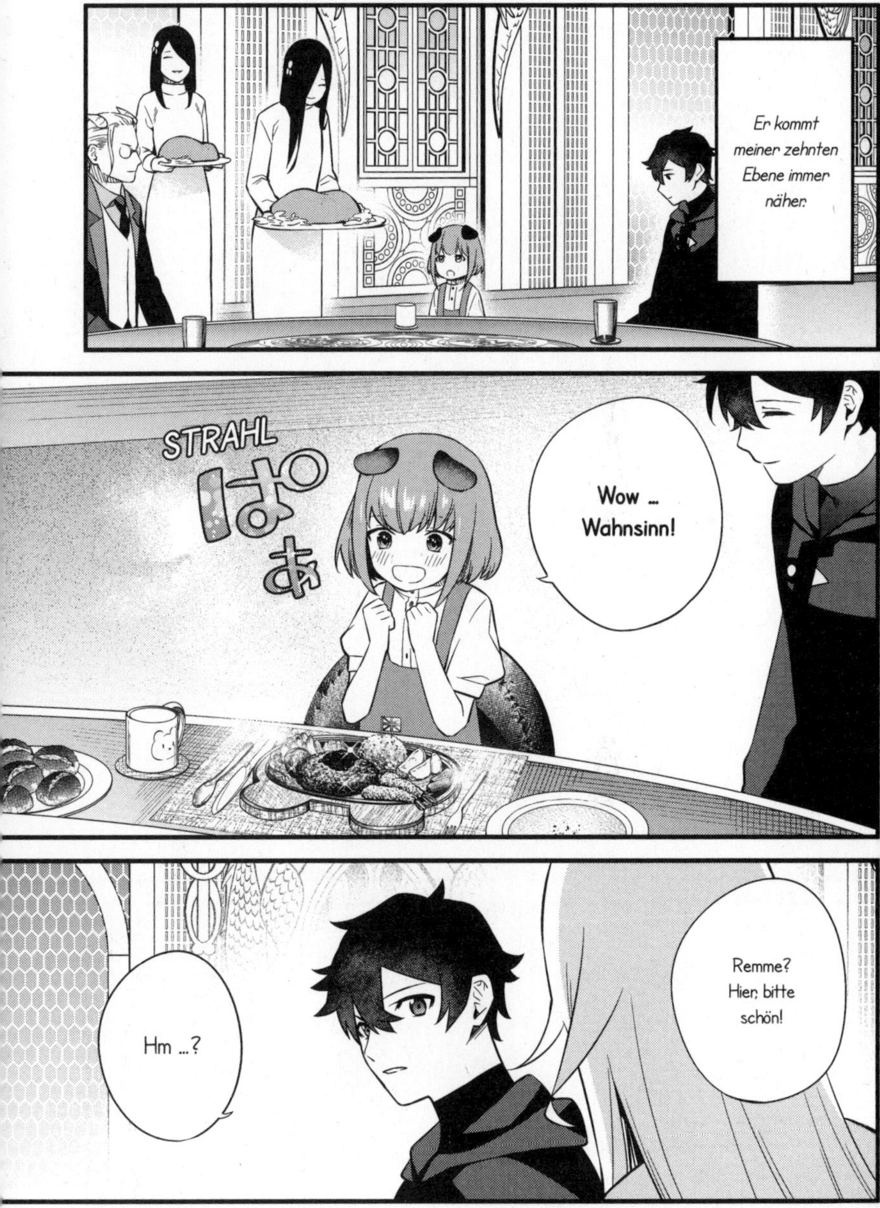
Er kommt meiner zehnten Ebene immer näher.
STRAHL
ぱぁ
Wow ... Wahnsinn!
Remme? Hier, bitte schön!
Hm ...?

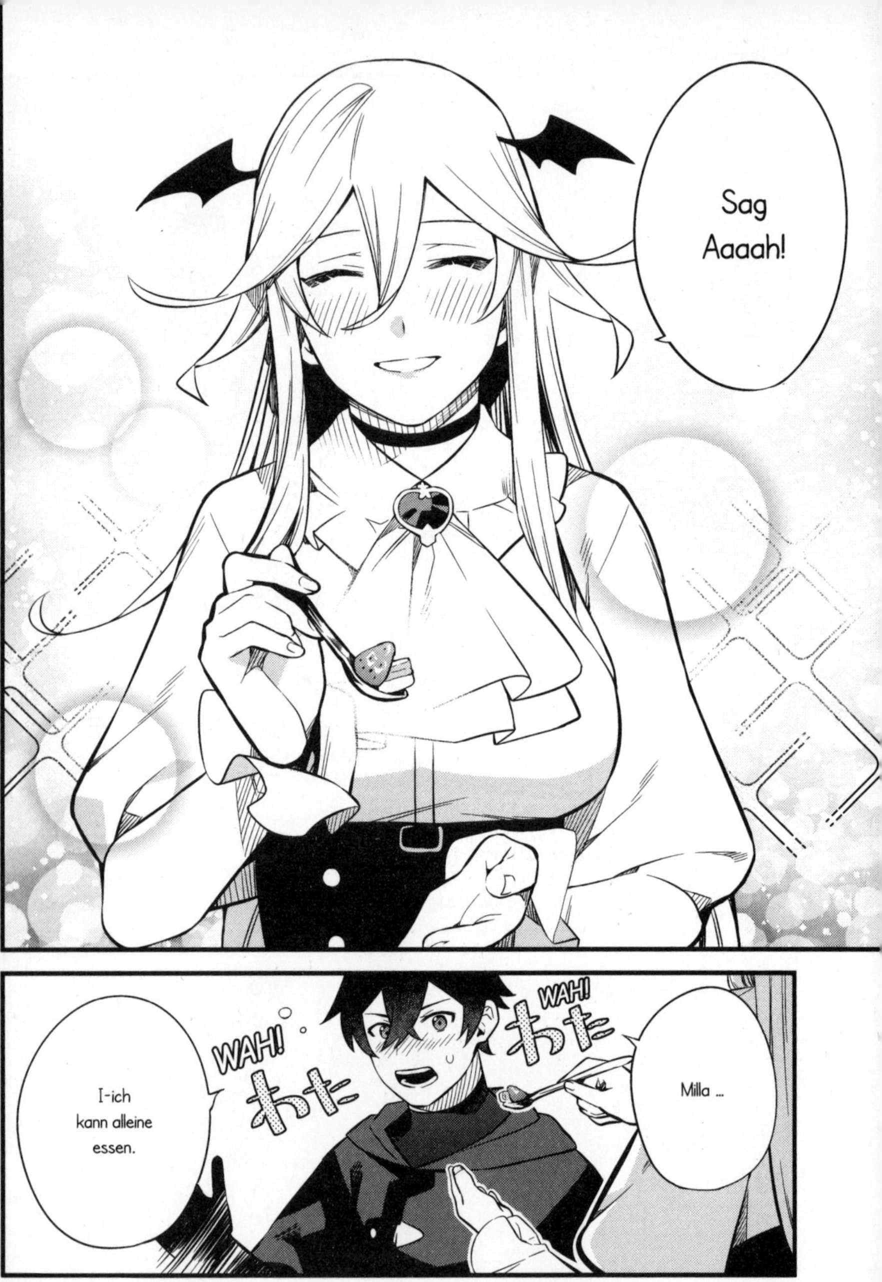
Sag Aaaah!
Milla ...
WAH! わた
WAH! わた
I-ich kann alleine essen.

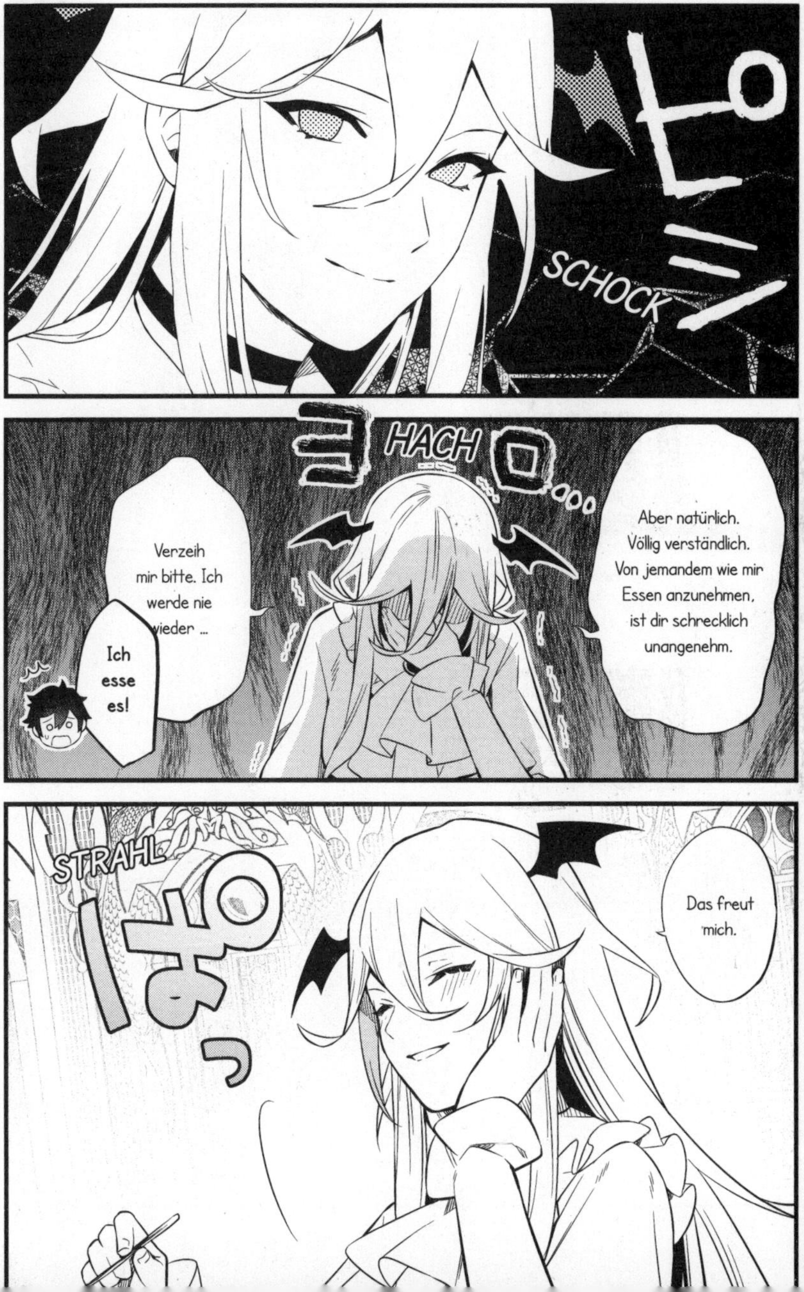
SCHOCK
HACH
Aber natürlich. Völlig verständlich. Von jemandem wie mir Essen anzunehmen, ist dir schrecklich unangenehm.
Verzeih mir bitte. Ich werde nie wieder ...
Ich esse es!
STRAHL
Das freut mich.

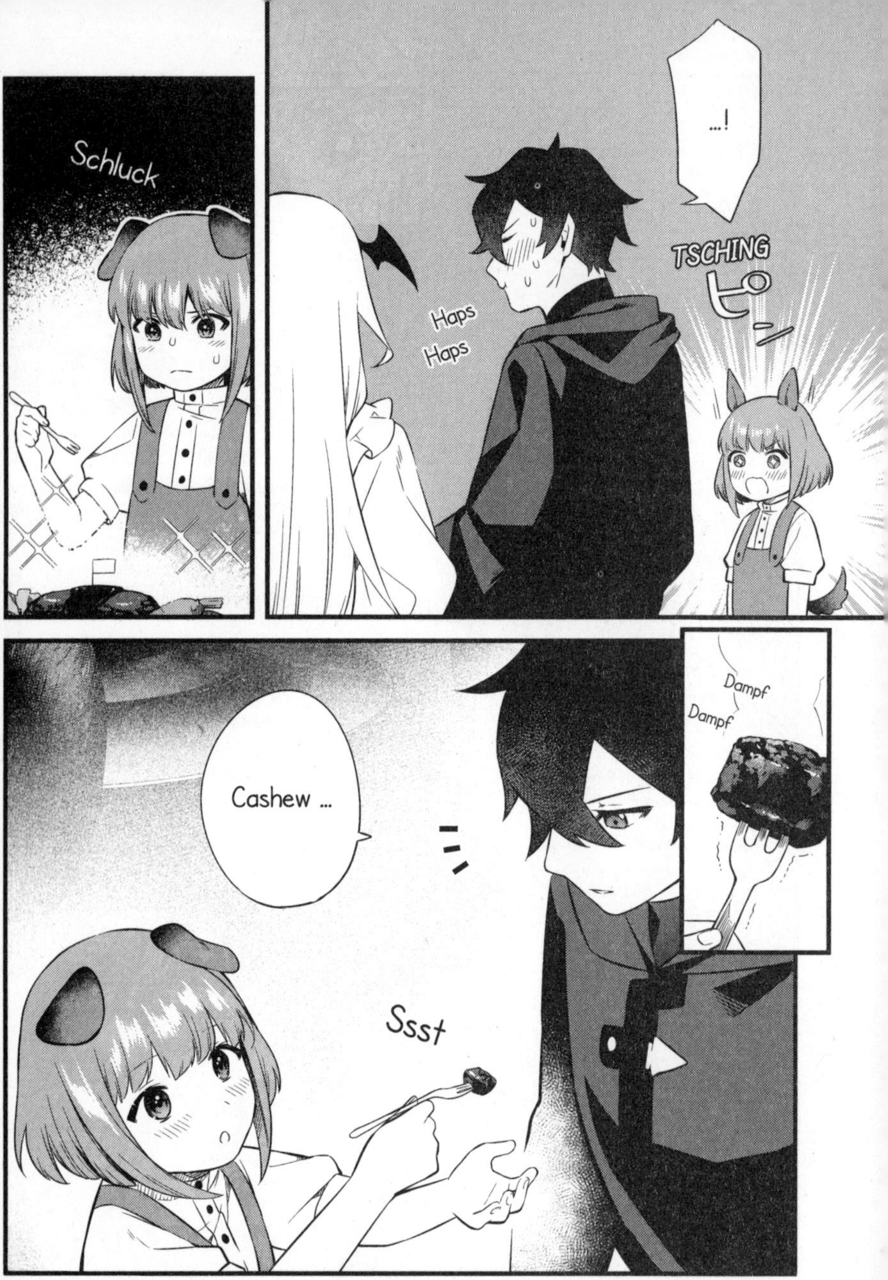
...!
TSCHING
ピーン
Haps
Haps
Schluck
Dampf
Dampf
Cashew ...
Ssst

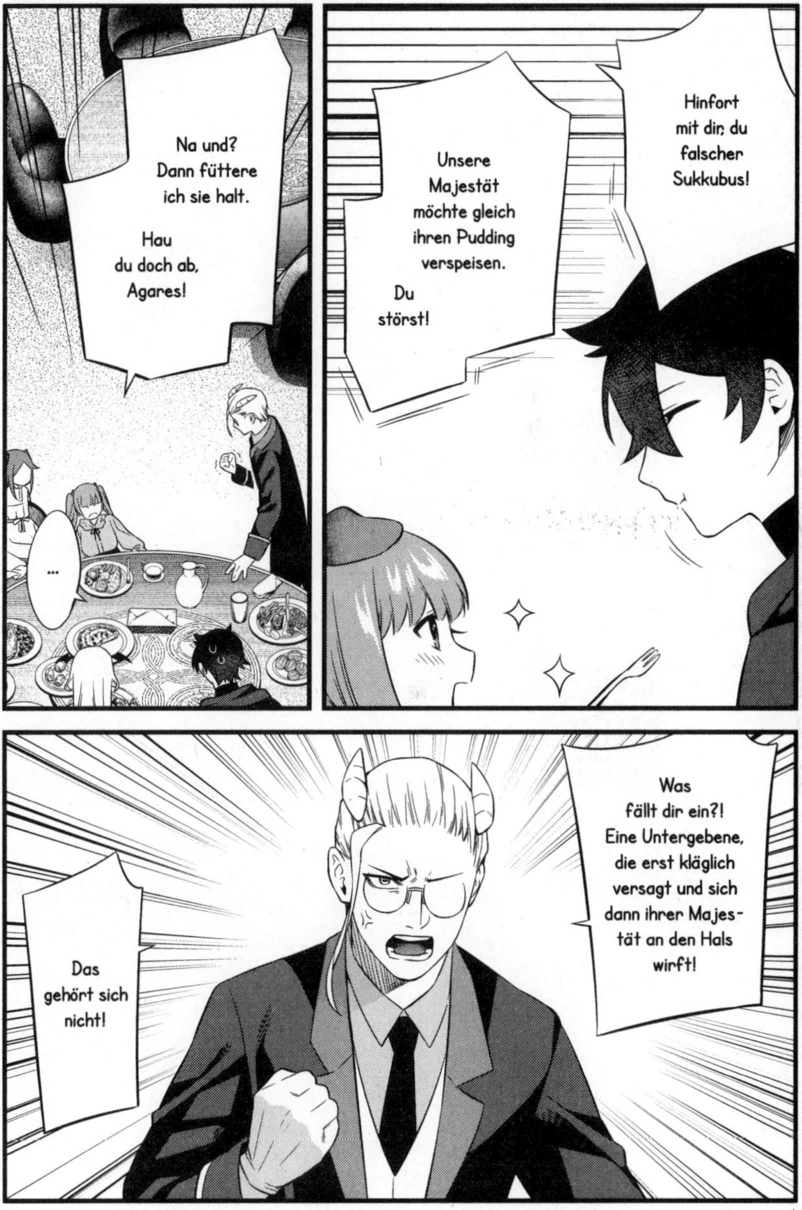
Hinfort mit dir, du falscher Sukkubus!
Unsere Majestät möchte gleich ihren Pudding verspeisen.
Du störst!
Na und? Dann füttere ich sie halt.
Hau du doch ab, Agares!
...
Was fällt dir ein?! Eine Untergebene, die erst kläglich versagt und sich dann ihrer Majes- tät an den Hals wirft!
Das gehört sich nicht!

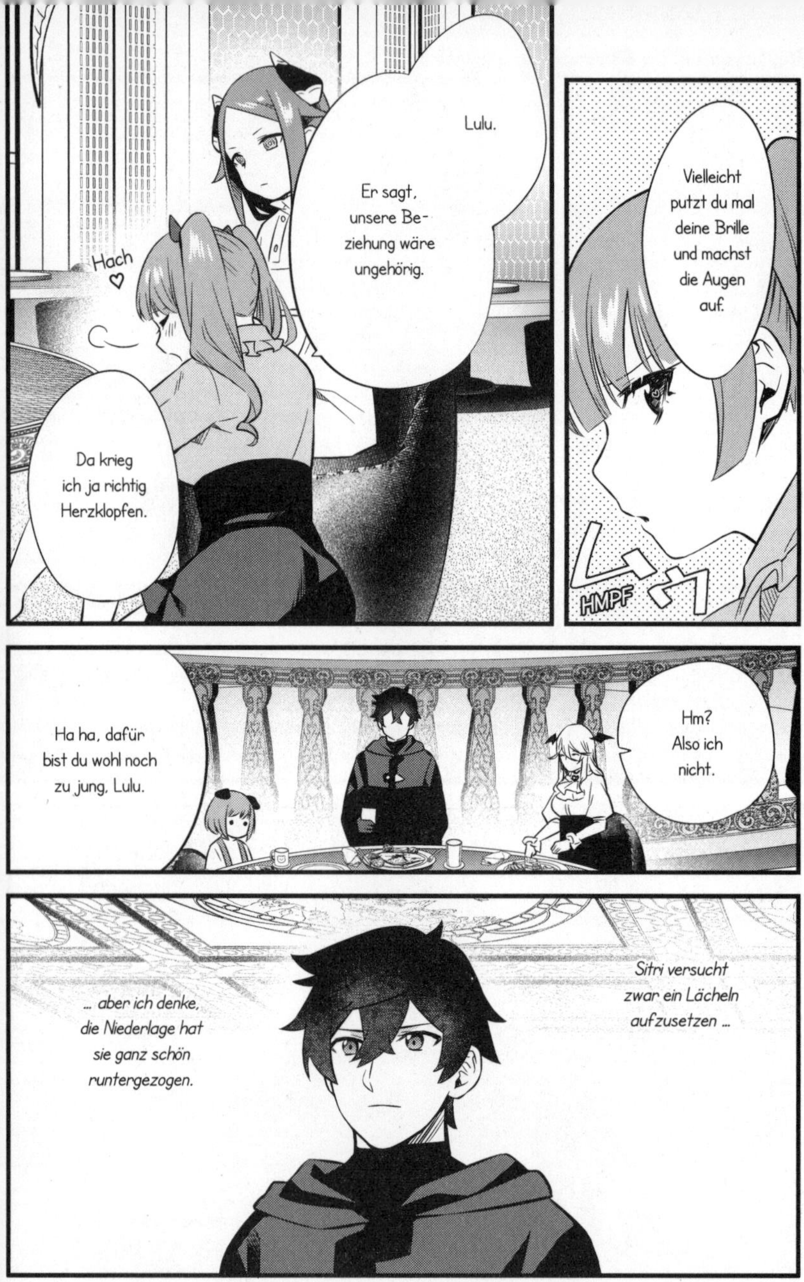
Vielleicht putzt du mal deine Brille und machst die Augen auf.
HMPF
Lulu.
Er sagt, unsere Be-ziehung wäre ungehörig.
Hach ♡
Da krieg ich ja richtig Herzklopfen.
Hm? Also ich nicht.
Ha ha, dafür bist du wohl noch zu jung, Lulu.
Sitri versucht zwar ein Lächeln aufzusetzen …
… aber ich denke, die Niederlage hat sie ganz schön runtergezogen.

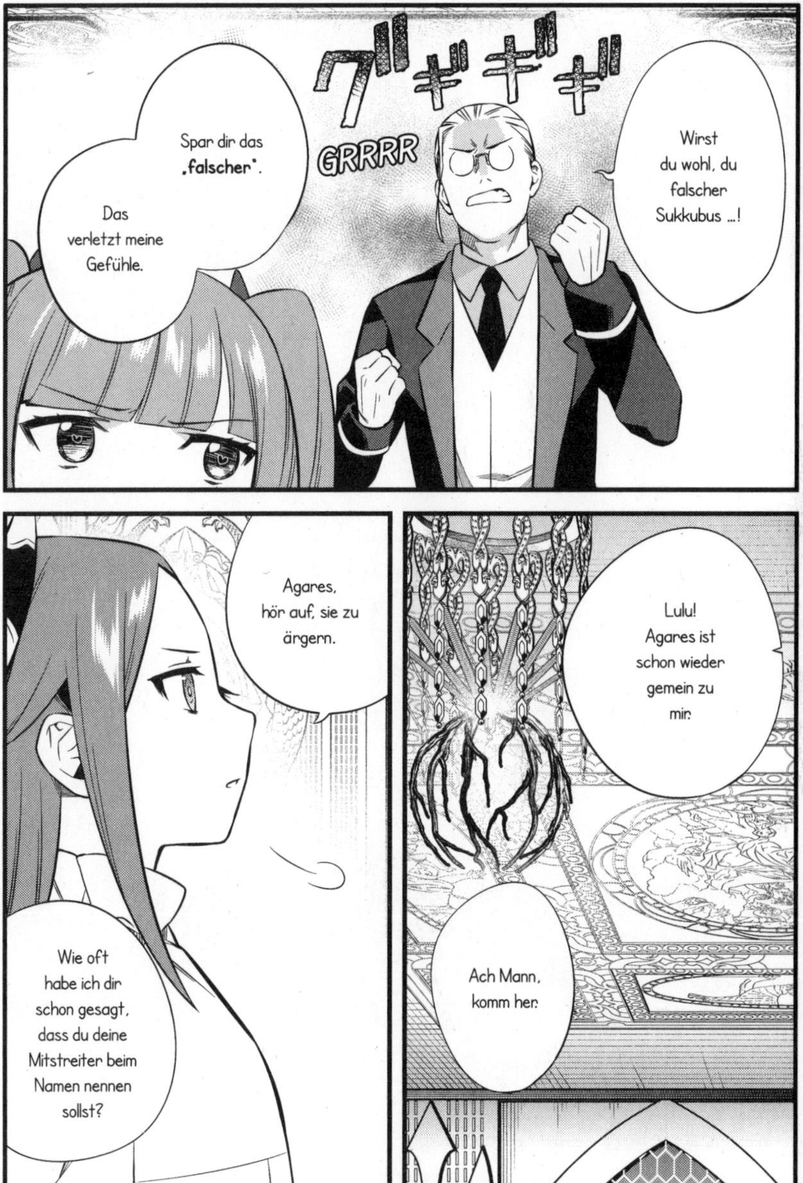
グギギギ
GRRRR
Wirst du wohl, du falscher Sukkubus ...!
Spar dir das „falscher“.
Das verletzt meine Gefühle.
Lulu! Agares ist schon wieder gemein zu mir.
Ach Mann, komm her.
Agares, hör auf, sie zu ärgern.
Wie oft habe ich dir schon gesagt, dass du deine Mitstreiter beim Namen nennen sollst?

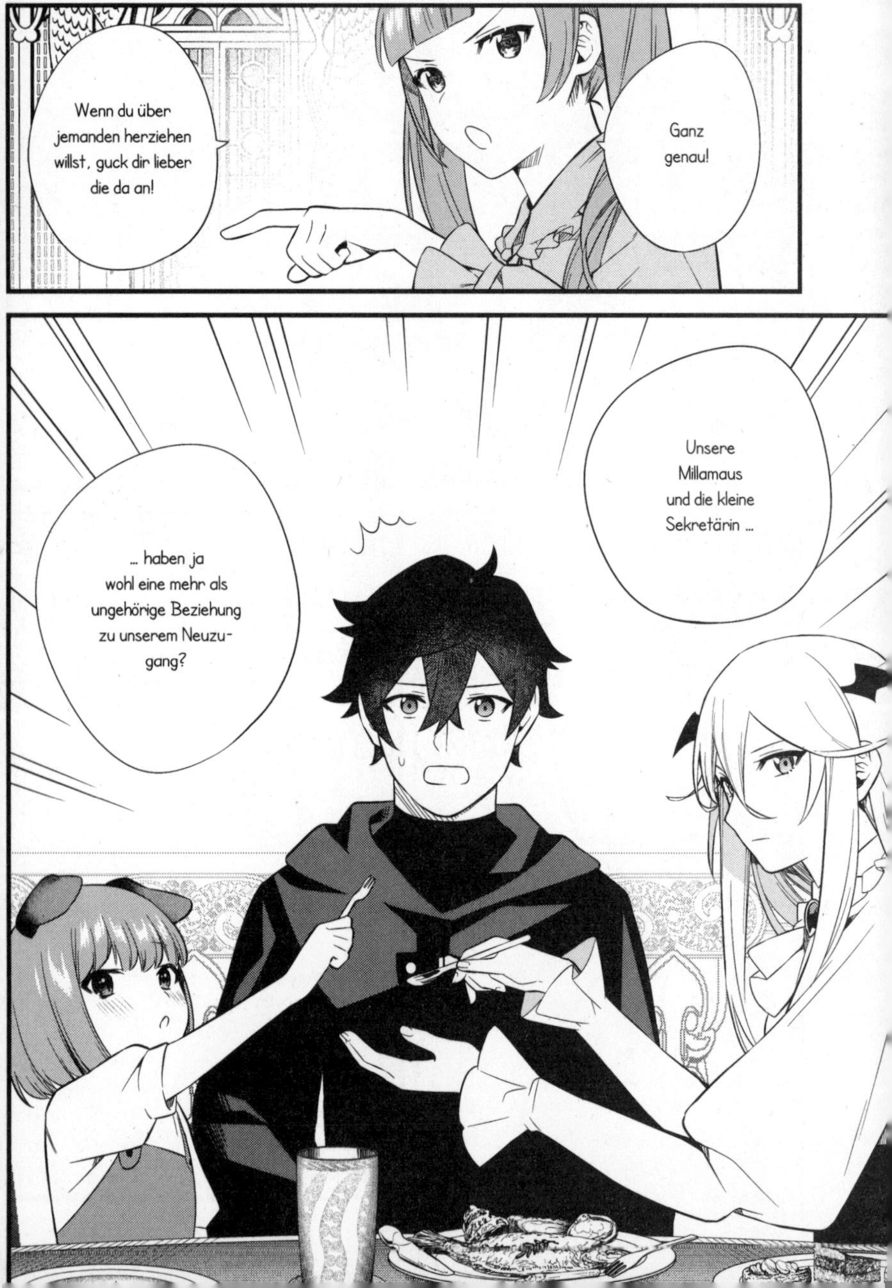
Ganz genau!
Wenn du über jemanden herziehen willst, guck dir lieber die da an!
Unsere Millamaus und die kleine Sekretärin ...
... haben ja wohl eine mehr als ungehörige Beziehung zu unserem Neuzugang?

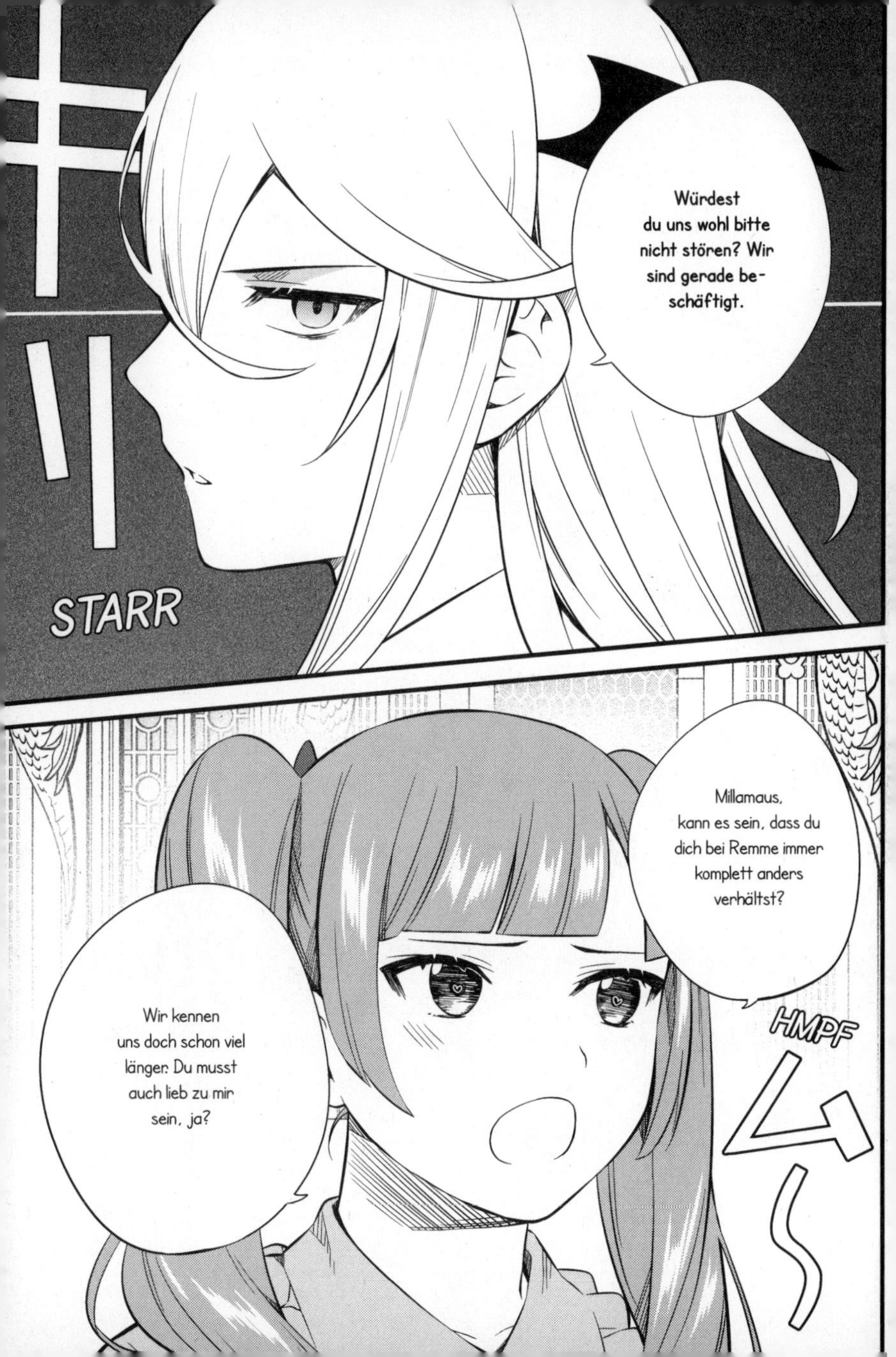
Würdest du uns wohl bitte nicht stören? Wir sind gerade beschäftigt.
STARR
Millamaus, kann es sein, dass du dich bei Remme immer komplett anders verhältst?
HMPF
Wir kennen uns doch schon viel länger. Du musst auch lieb zu mir sein, ja?

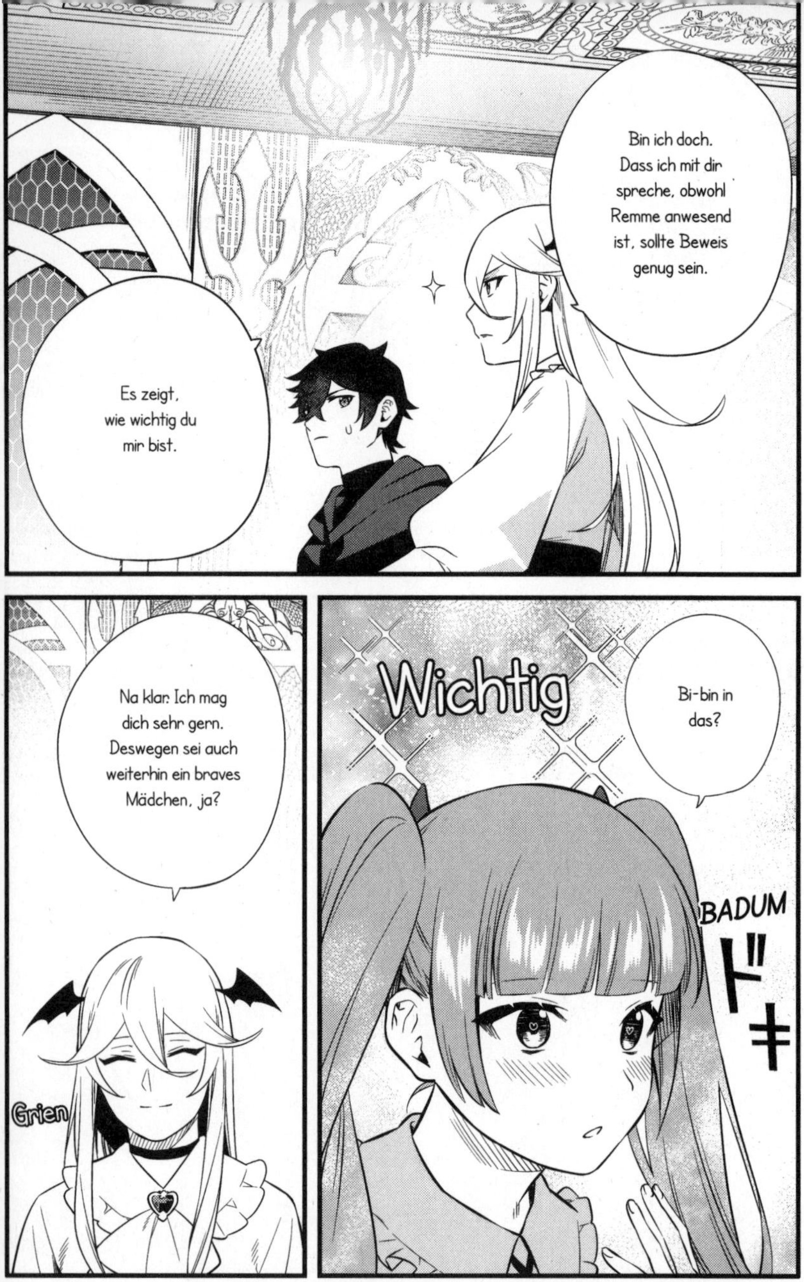
Bin ich doch. Dass ich mit dir spreche, obwohl Remme anwesend ist, sollte Beweis genug sein.
Es zeigt, wie wichtig du mir bist.
Wichtig
Bi-bin in das?
BADUM
ドキ
Na klar. Ich mag dich sehr gern. Deswegen sei auch weiterhin ein braves Mädchen, ja?
Grien

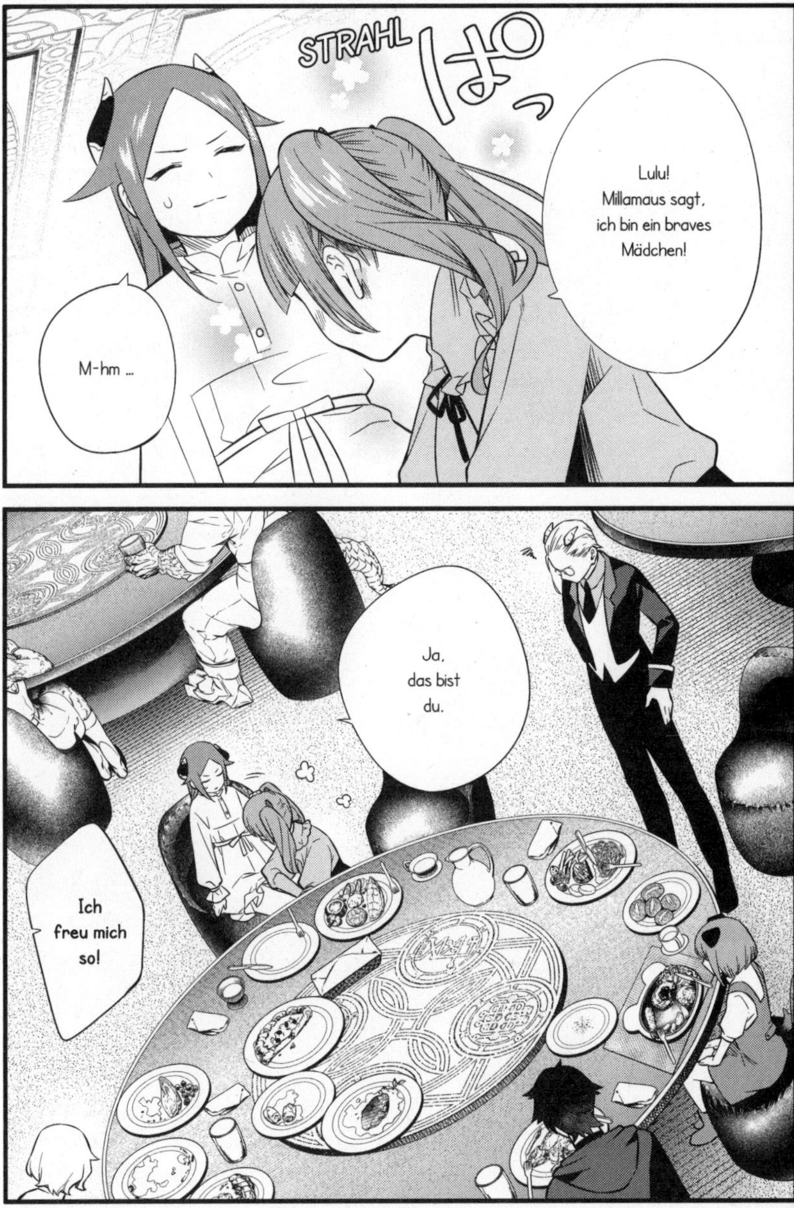
STRAHL
ぱっ
Lulu! Millamaus sagt, ich bin ein braves Mädchen!
M-hm ...
Ja, das bist du.
Ich freu mich so!

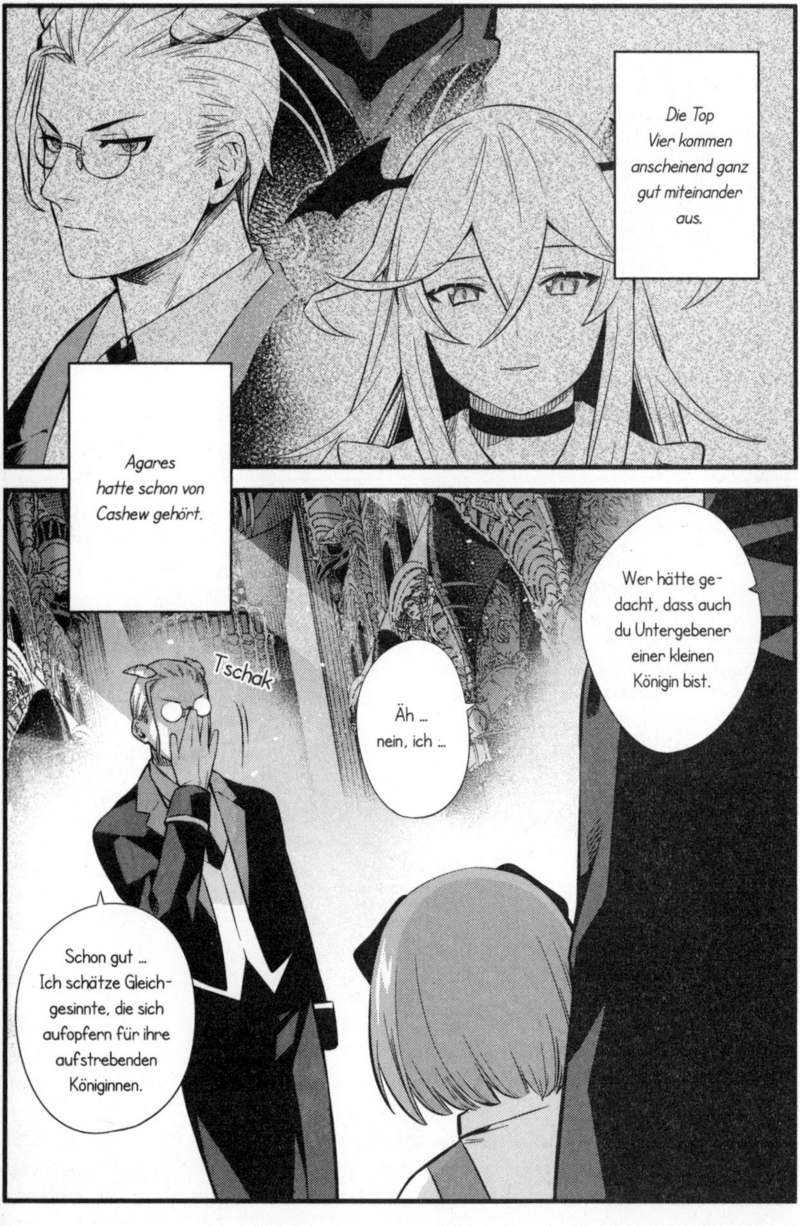
Die Top Vier kommen anscheinend ganz gut miteinander aus.
Agares hatte schon von Cashew gehört.
Wer hätte ge-dacht, dass auch du Untergebener einer kleinen Königin bist.
Äh ... nein, ich ...
Tschak
Schon gut ... Ich schätze Gleich-gesinnte, die sich aufopfern für ihre aufstrebenden Königinnen.

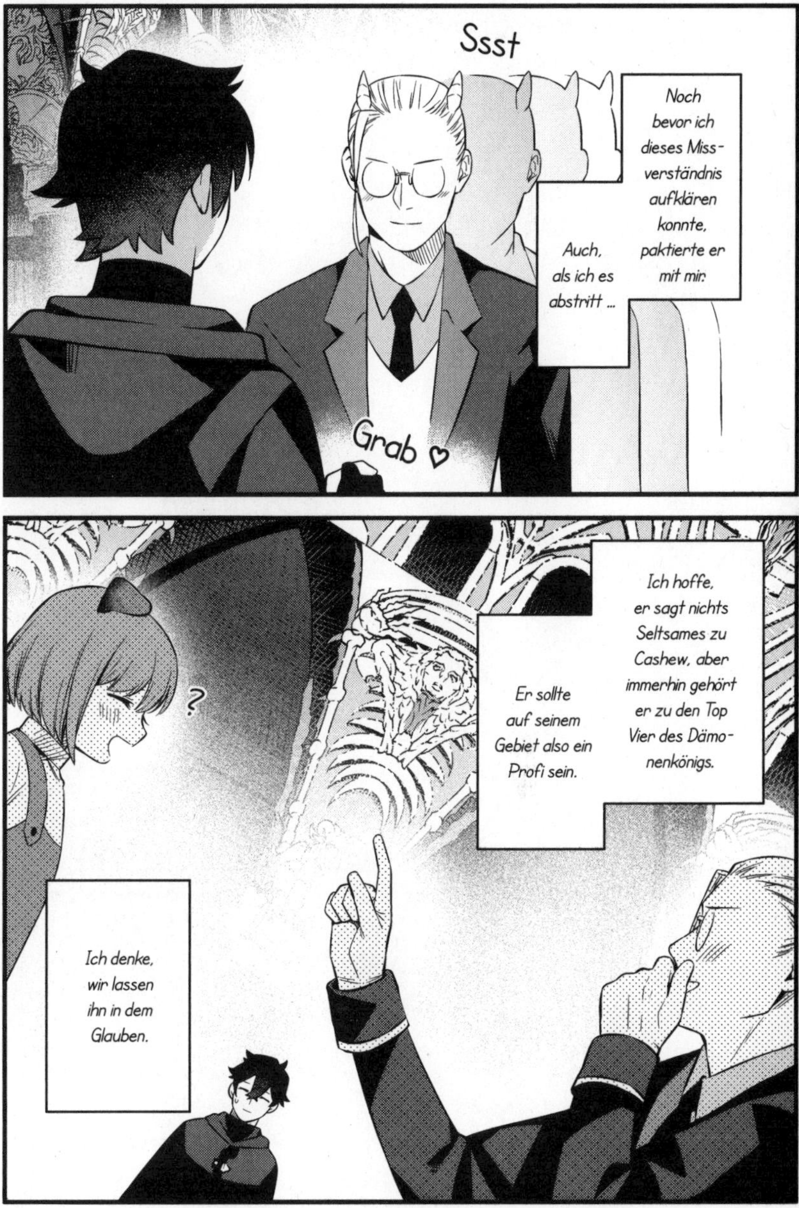
Ssst
Noch bevor ich dieses Miss-verständnis aufklären konnte, paktierte er mit mir.
Auch, als ich es abstritt …
Grab ♡
Ich hoffe, er sagt nichts Seltsames zu Cashew, aber immerhin gehört er zu den Top Vier des Dämo-nenkönigs.
Er sollte auf seinem Gebiet also ein Profi sein.
?
Ich denke, wir lassen ihn in dem Glauben.

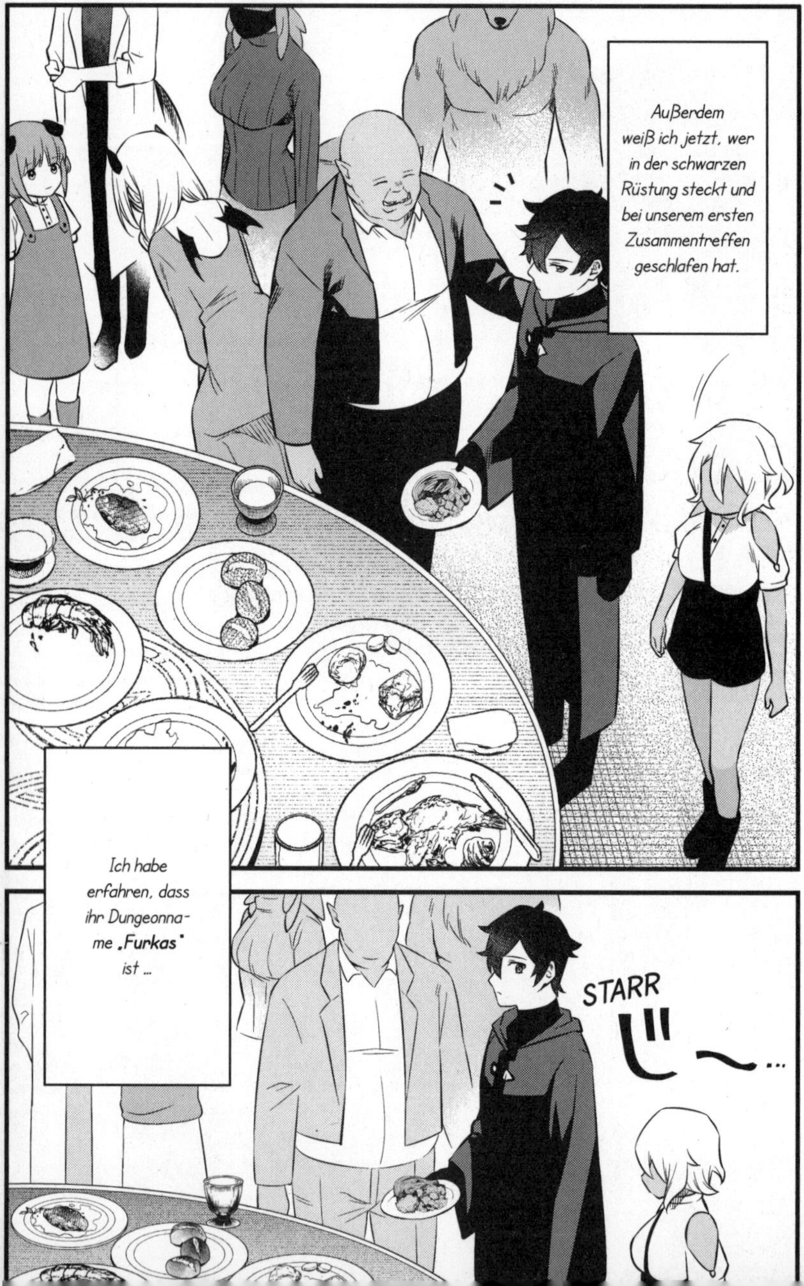
Außerdem weiß ich jetzt, wer in der schwarzen Rüstung steckt und bei unserem ersten Zusammentreffen geschlafen hat.
Ich habe erfahren, dass ihr Dungeonname „Furkas" ist …
STARR
じ〜…

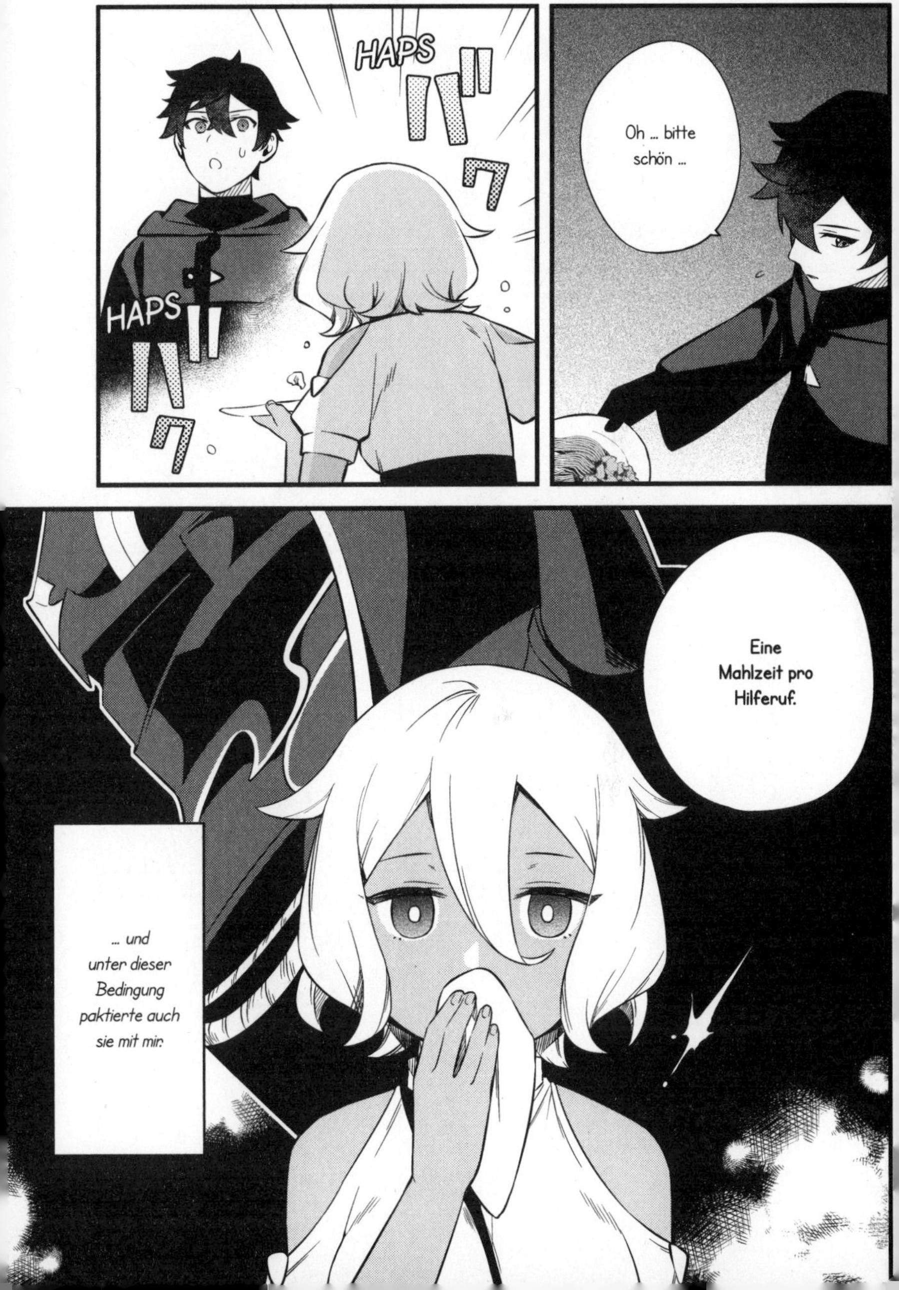
Oh ... bitte schön ...
HAPS
HAPS
Eine Mahlzeit pro Hilferuf.
... und unter dieser Bedingung paktierte auch sie mit mir.

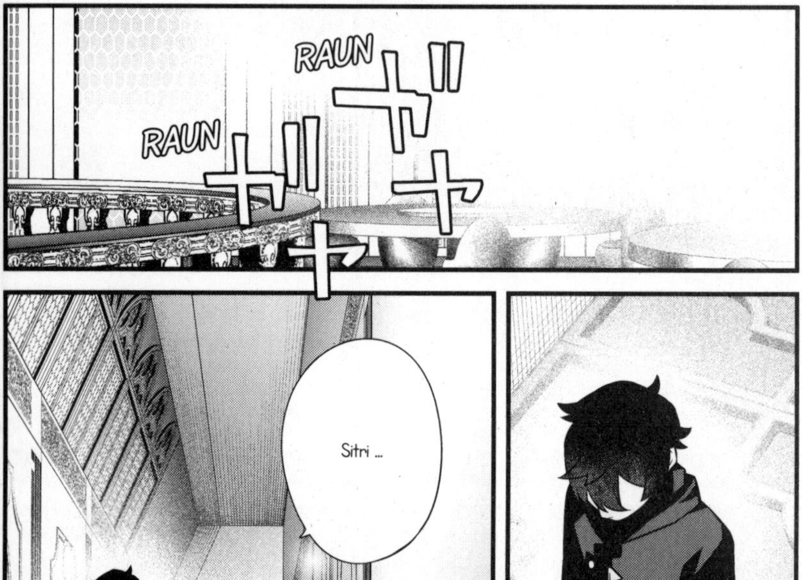
RAUN
RAUN
Sitri ...
Sag,
Remme ...

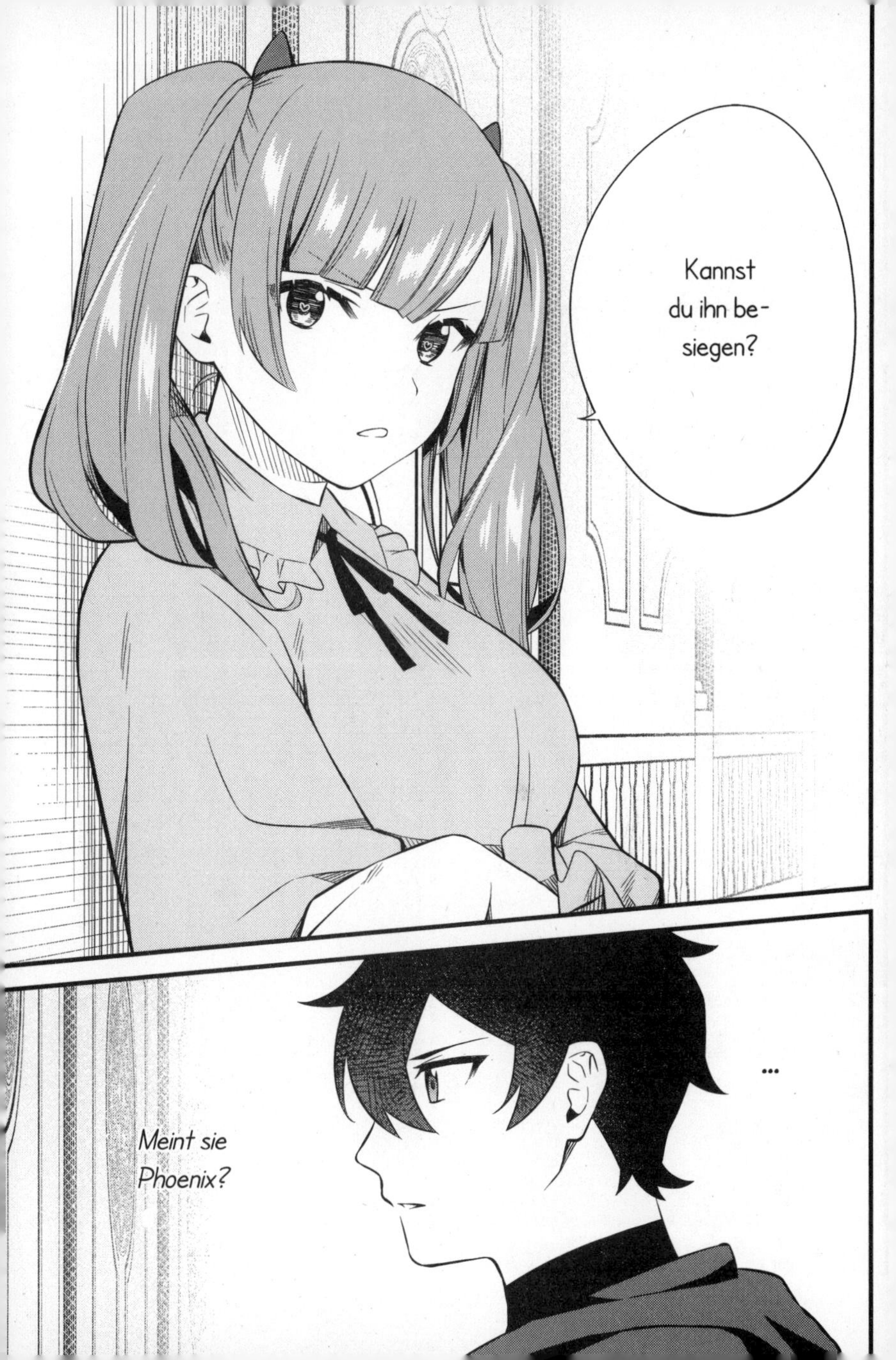
Kannst
du ihn be-
siegen?
...
Meint sie
Phoenix?

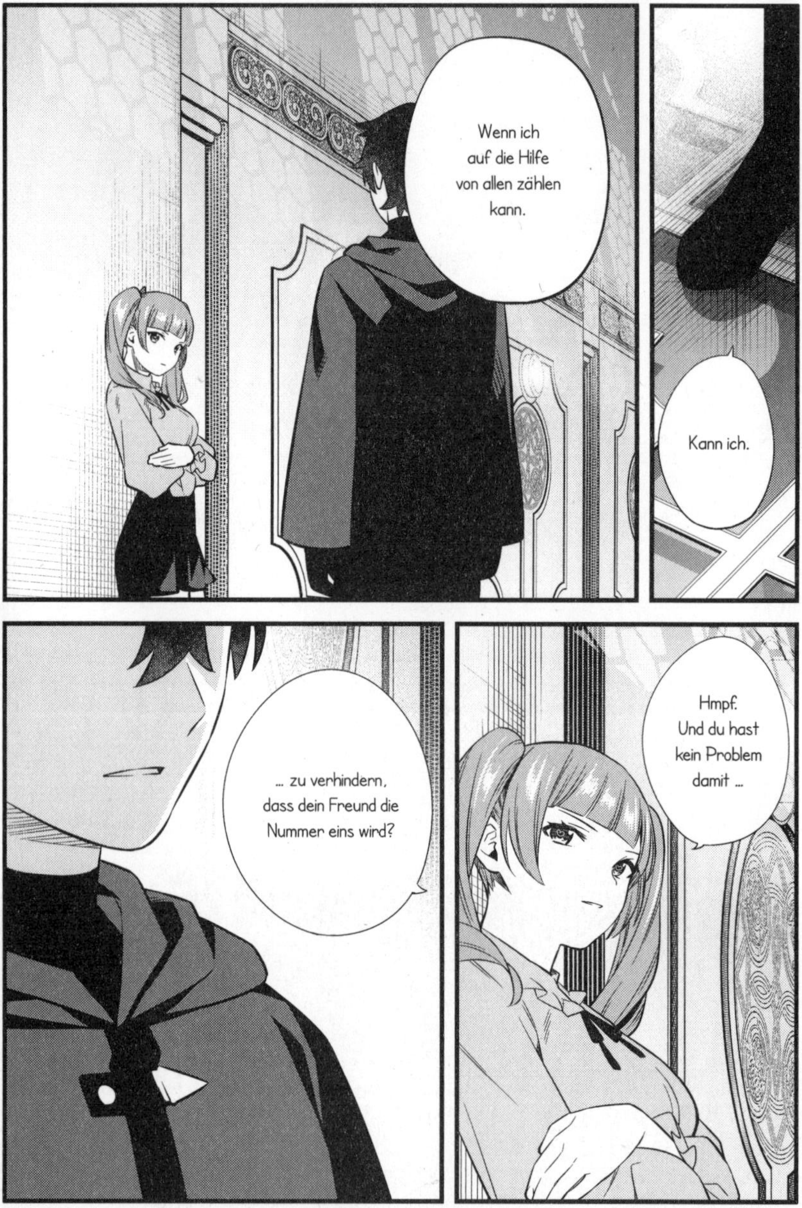
Kann ich.
Wenn ich auf die Hilfe von allen zählen kann.
Hmpf. Und du hast kein Problem damit ...
... zu verhindern, dass dein Freund die Nummer eins wird?

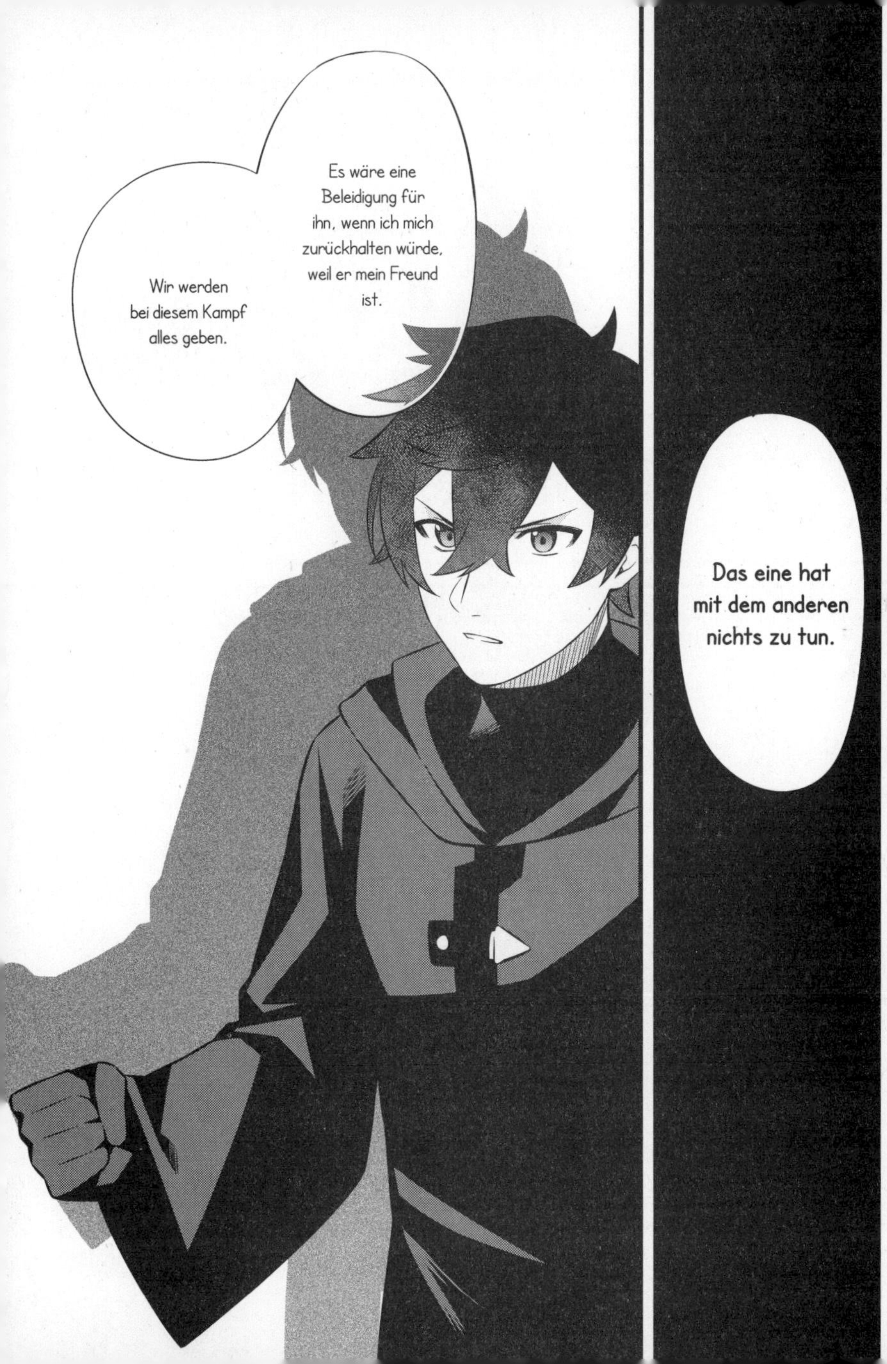
Das eine hat mit dem anderen nichts zu tun.
Es wäre eine Beleidigung für ihn, wenn ich mich zurückhalten würde, weil er mein Freund ist.
Wir werden bei diesem Kampf alles geben.

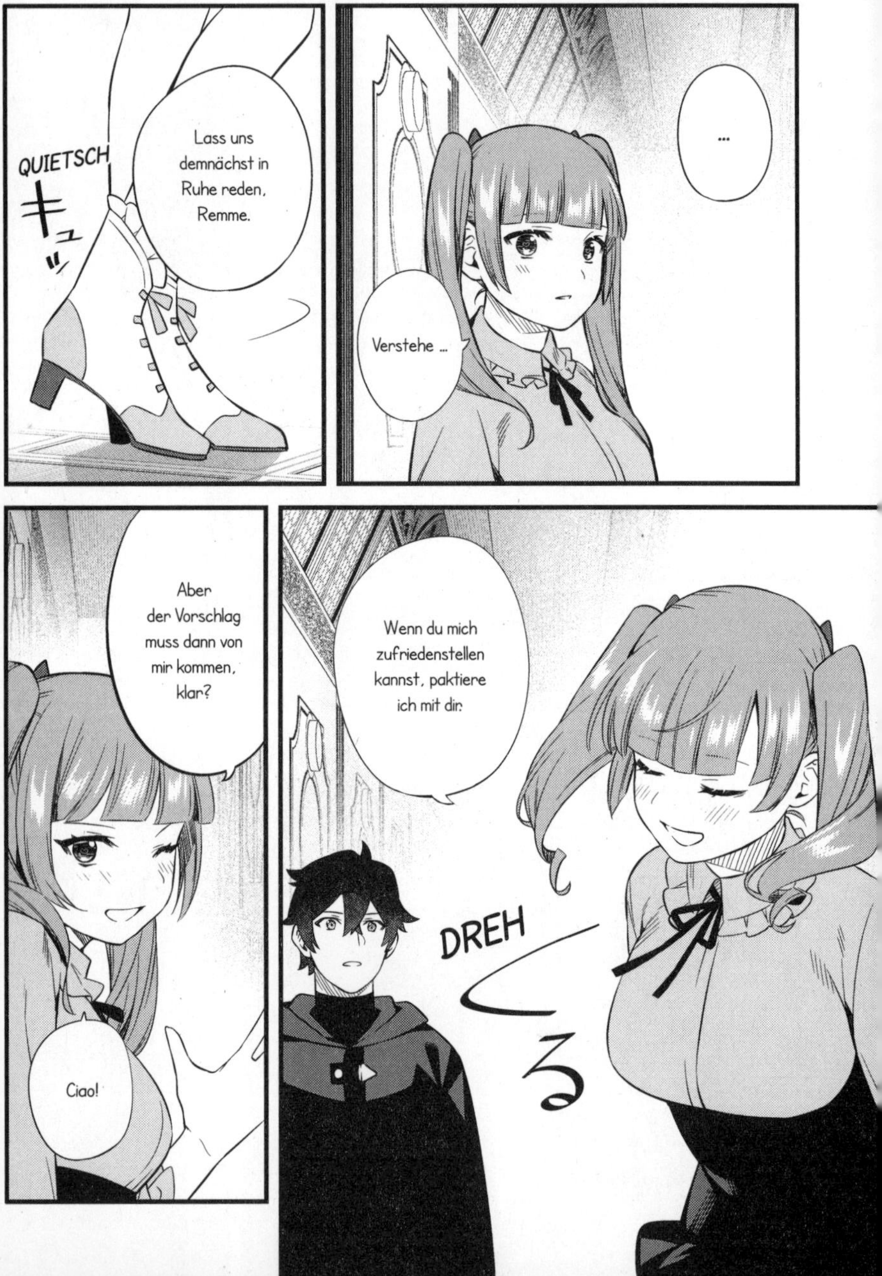
...
Verstehe ...
Lass uns demnächst in Ruhe reden, Remme.
QUIETSCH
キュッ
Wenn du mich zufriedenstellen kannst, paktiere ich mit dir.
DREH
くる
Aber der Vorschlag muss dann von mir kommen, klar?
Ciao!

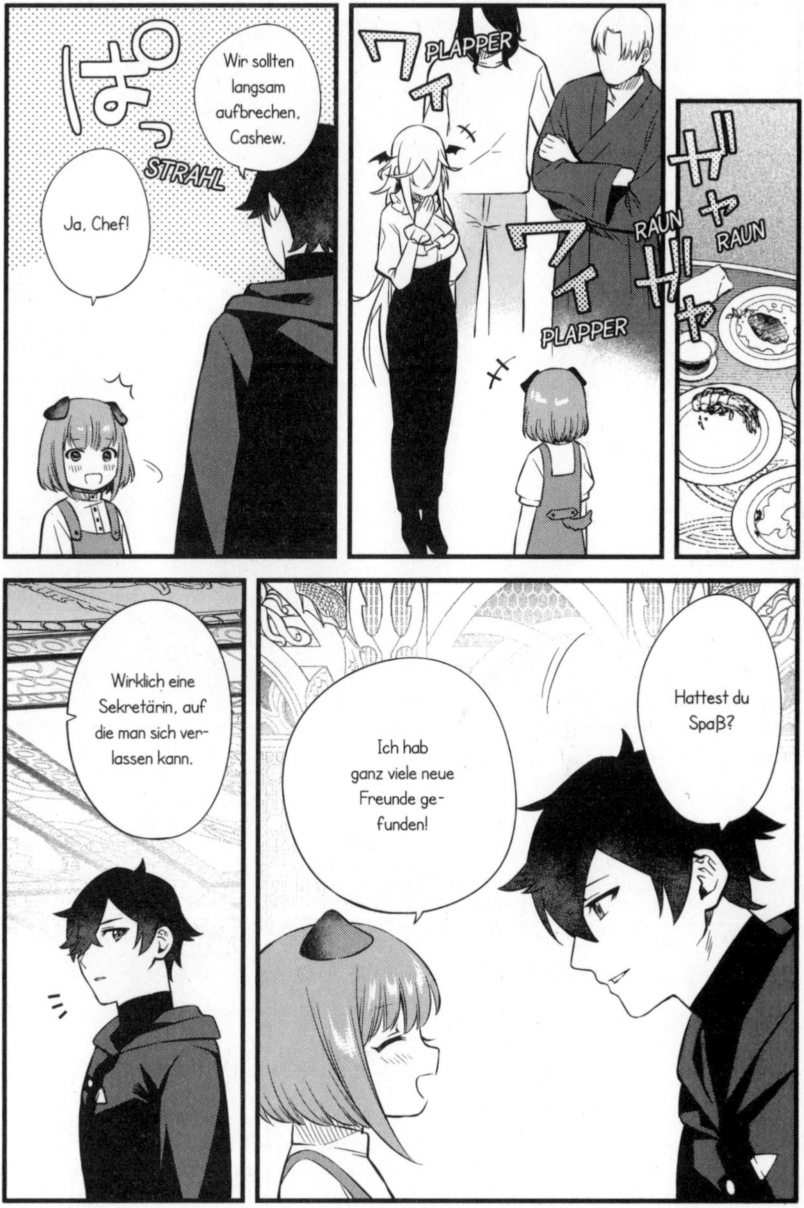

RAUN
RAUN
PLAPPER
PLAPPER
Wir sollten langsam aufbrechen, Cashew.
STRAHL
Ja, Chef!
Hattest du Spaß?
Ich hab ganz viele neue Freunde gefunden!
Wirklich eine Sekretärin, auf die man sich verlassen kann.

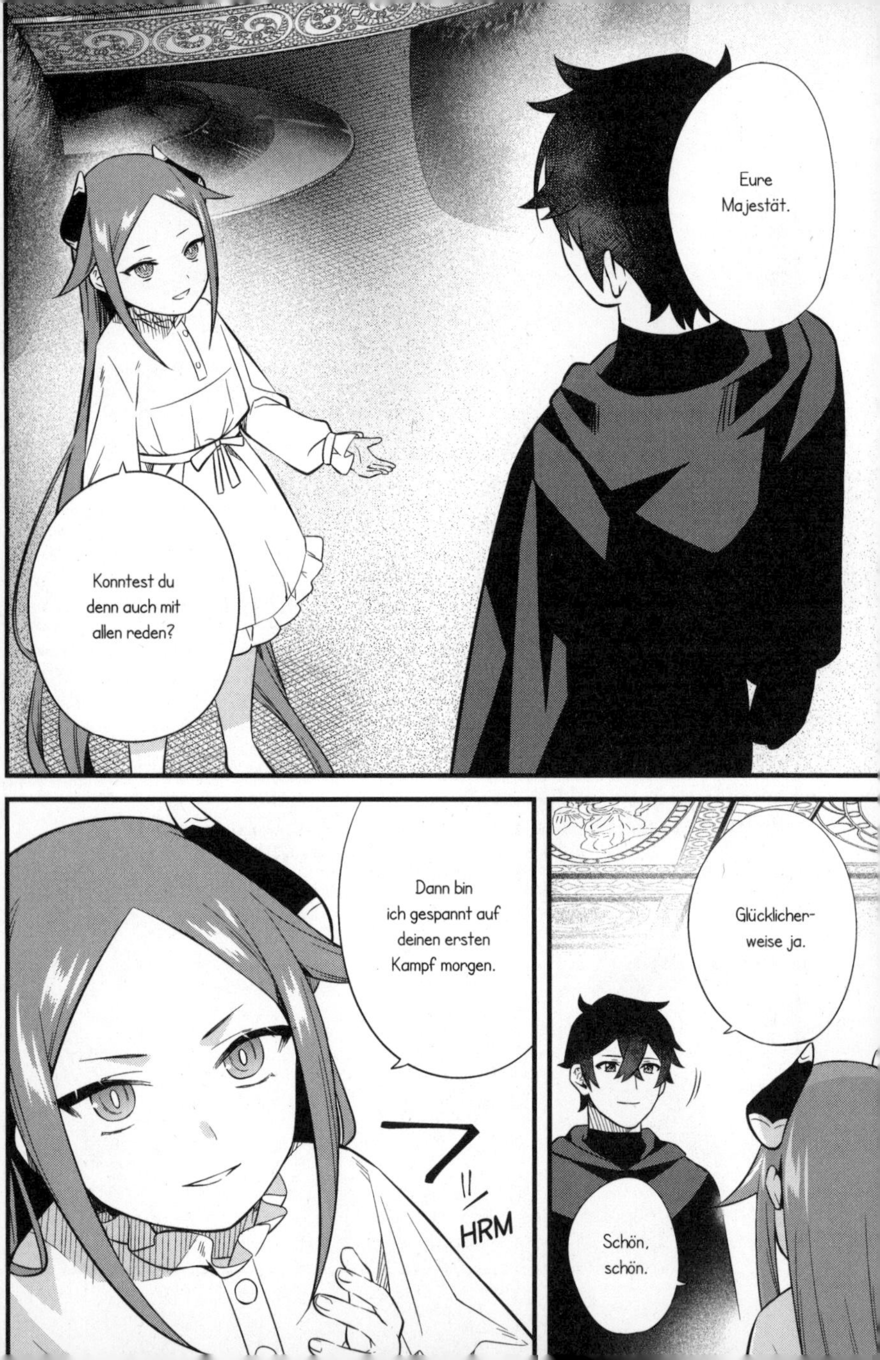
Eure Majestät.
Konntest du denn auch mit allen reden?
Glücklicher-weise ja.
Schön, schön.
Dann bin ich gespannt auf deinen ersten Kampf morgen.
HRM

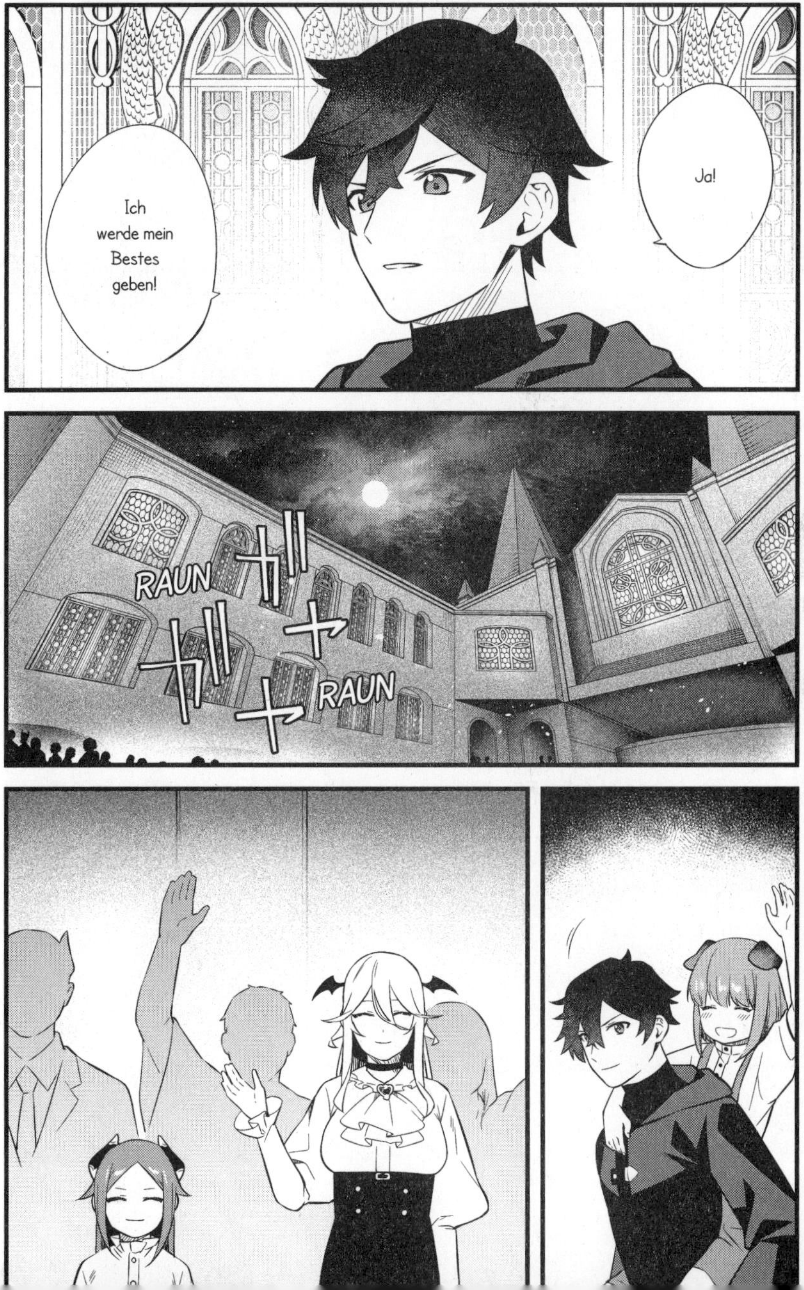
Ja!
Ich werde mein Bestes geben!
RAUN
RAUN

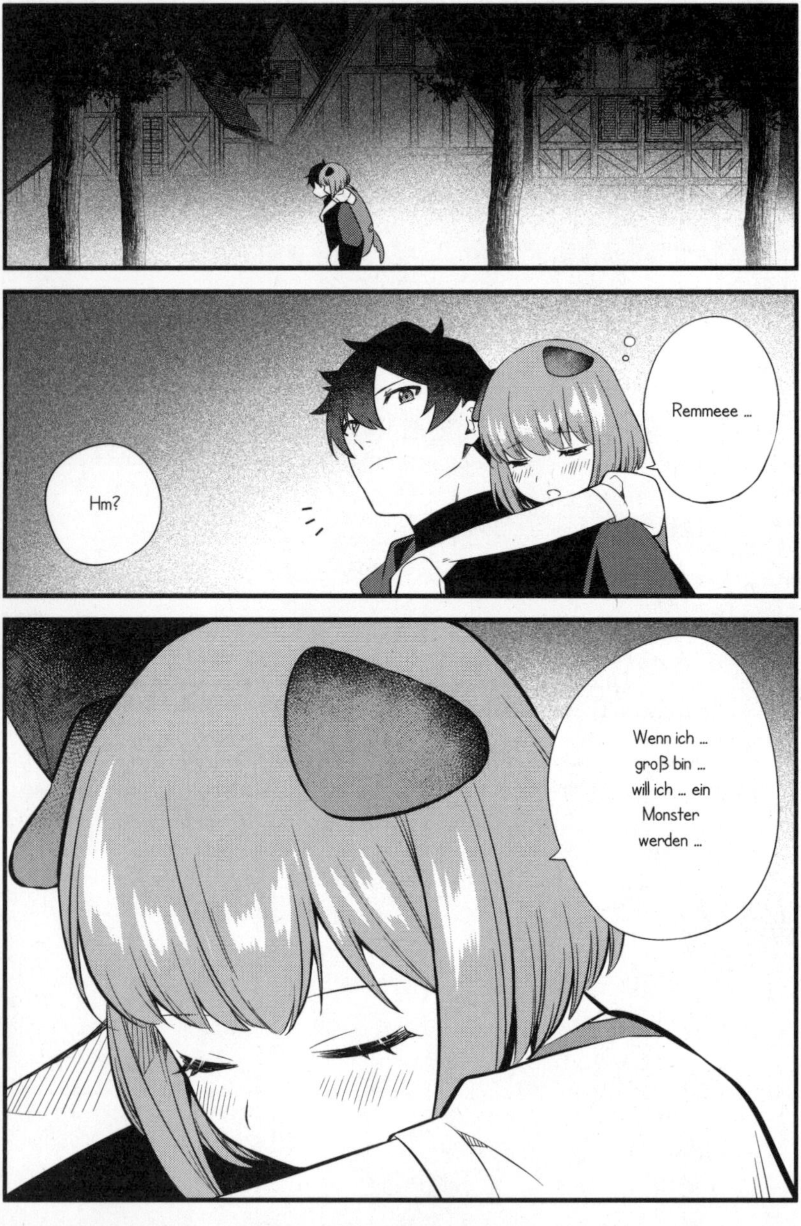
Remmeee ...
Hm?
Wenn ich ... groß bin ... will ich ... ein Monster werden ...

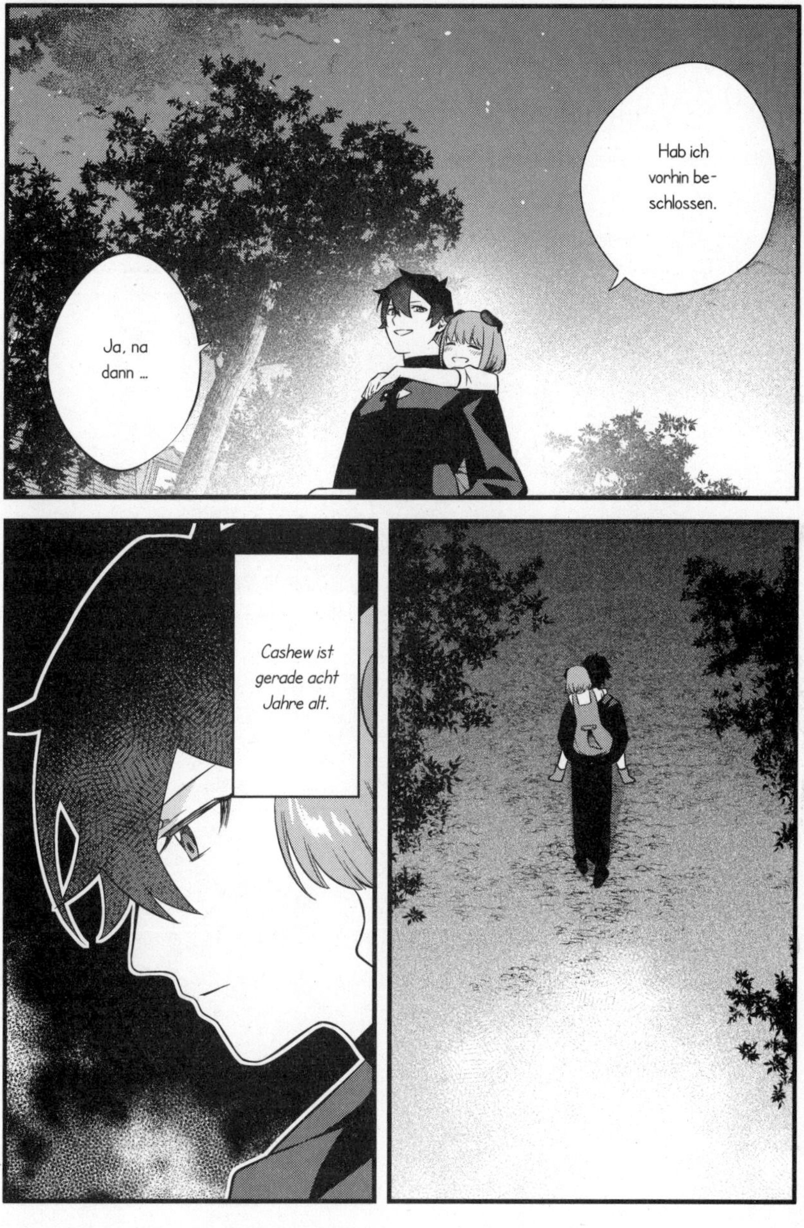
Hab ich vorhin be-schlossen.
Ja, na dann ...
Cashew ist gerade acht Jahre alt.

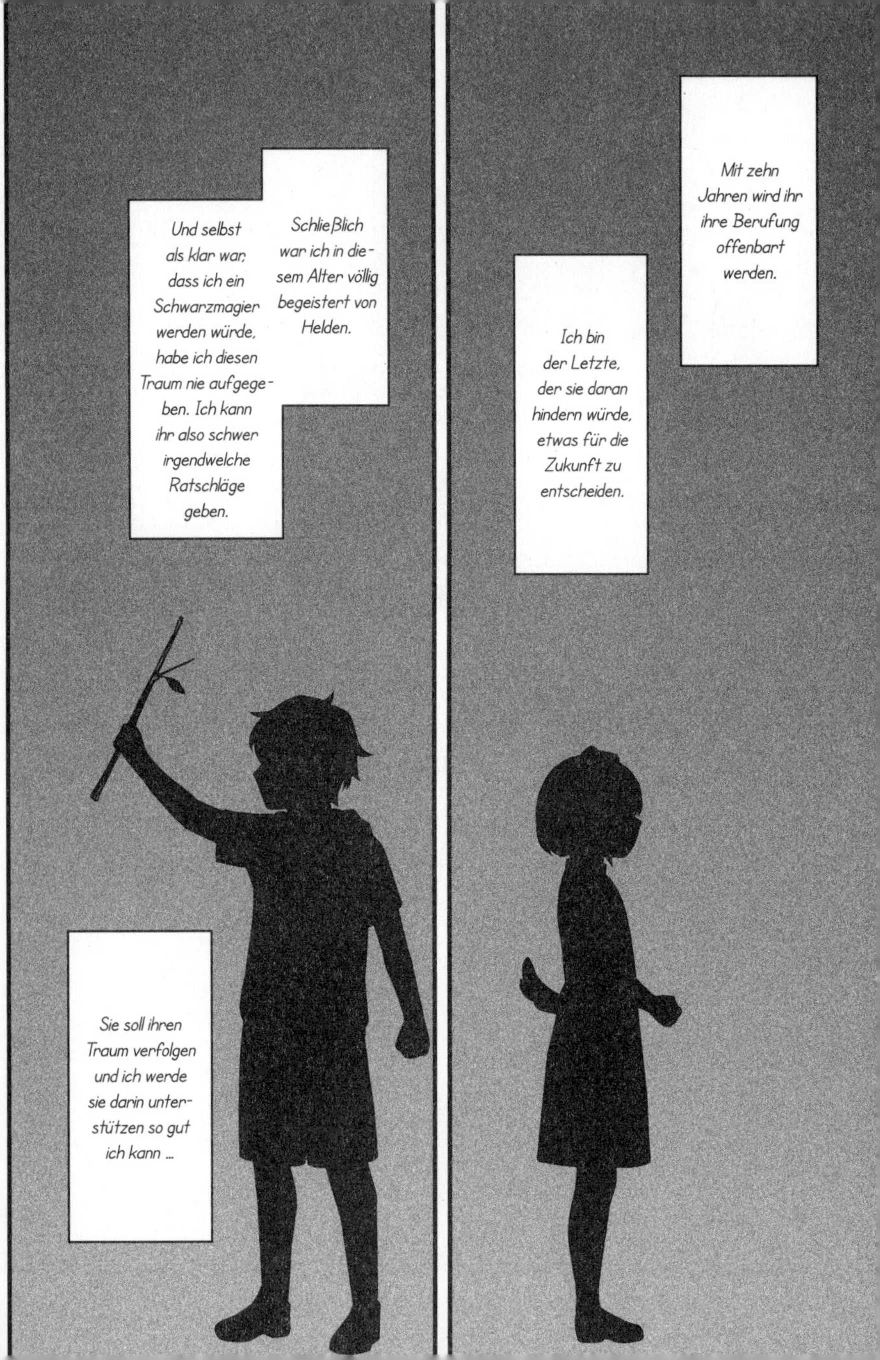
Mit zehn Jahren wird ihr ihre Berufung offenbart werden.
Ich bin der Letzte, der sie daran hindern würde, etwas für die Zukunft zu entscheiden.
Schließlich war ich in diesem Alter völlig begeistert von Helden.
Und selbst als klar war, dass ich ein Schwarzmagier werden würde, habe ich diesen Traum nie aufgegeben. Ich kann ihr also schwer irgendwelche Ratschläge geben.
Sie soll ihren Traum verfolgen und ich werde sie darin unterstützen so gut ich kann …

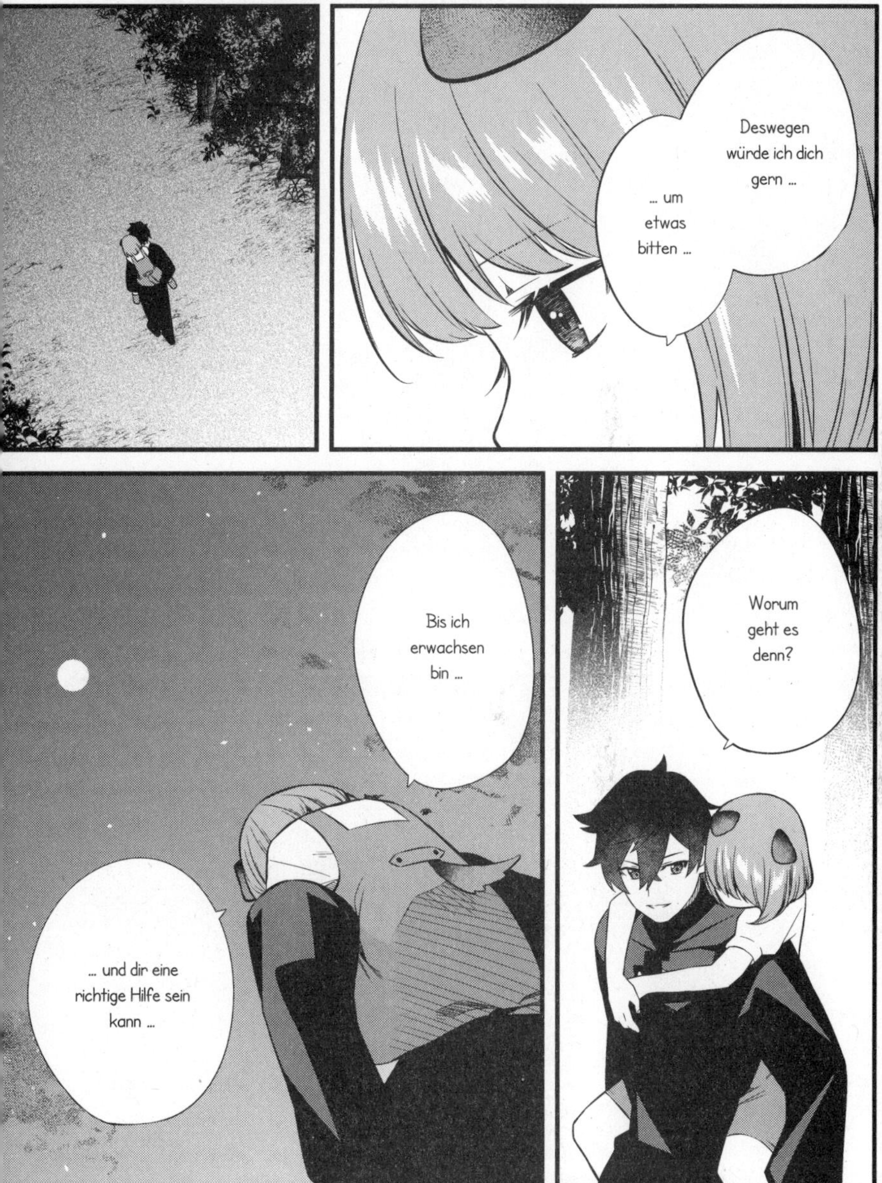
Deswegen würde ich dich gern ...
... um etwas bitten ...
Worum geht es denn?
Bis ich erwachsen bin ...
... und dir eine richtige Hilfe sein kann ...

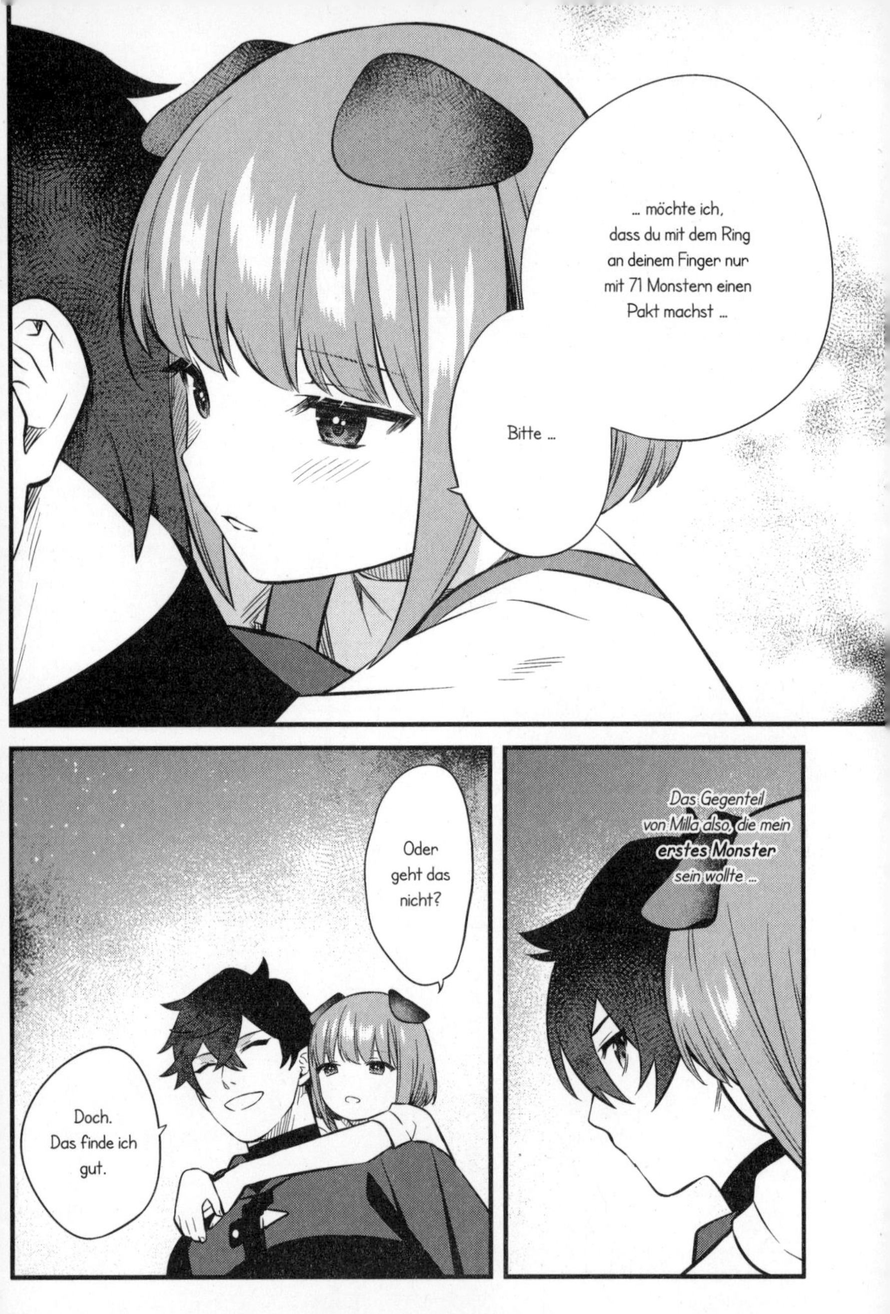
… möchte ich, dass du mit dem Ring an deinem Finger nur mit 71 Monstern einen Pakt machst …
Bitte …
Das Gegenteil von Milla also, die mein **erstes Monster** sein wollte …
Oder geht das nicht?
Doch. Das finde ich gut.

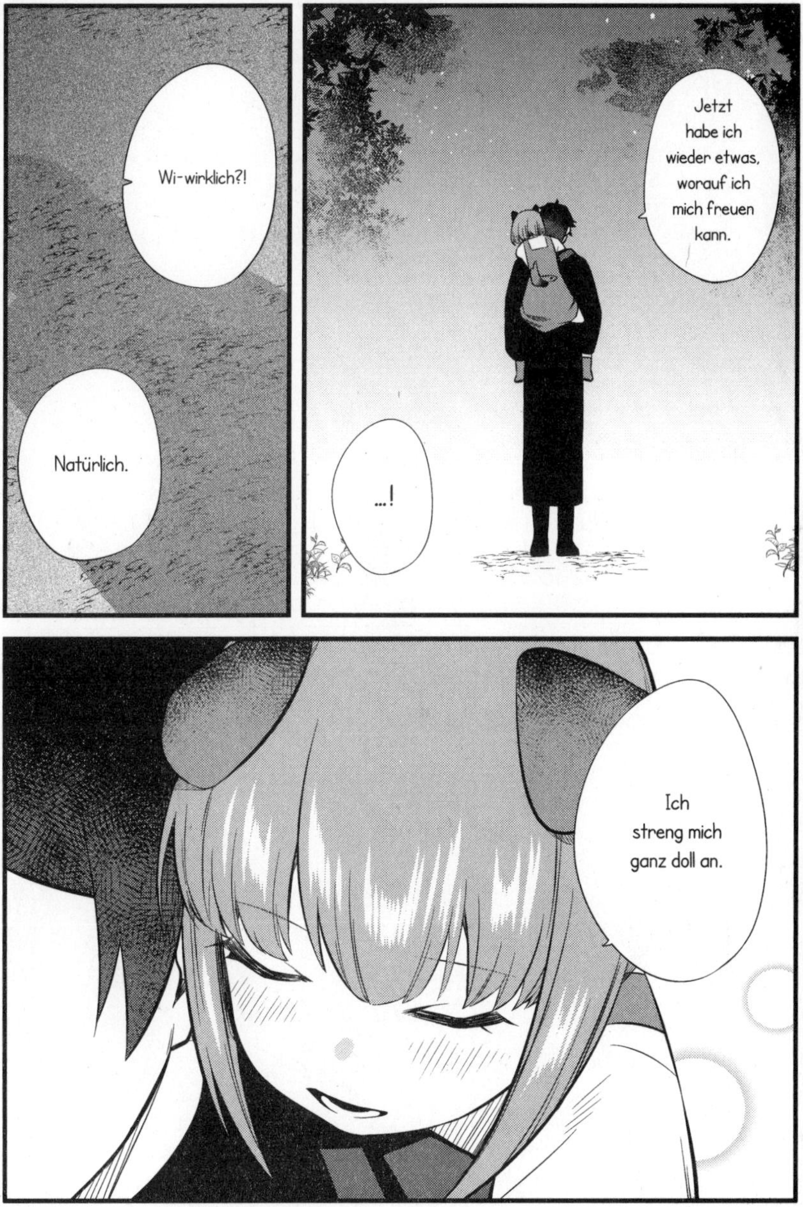
Jetzt habe ich wieder etwas, worauf ich mich freuen kann.
...!
Wi-wirklich?!
Natürlich.
Ich streng mich ganz doll an.

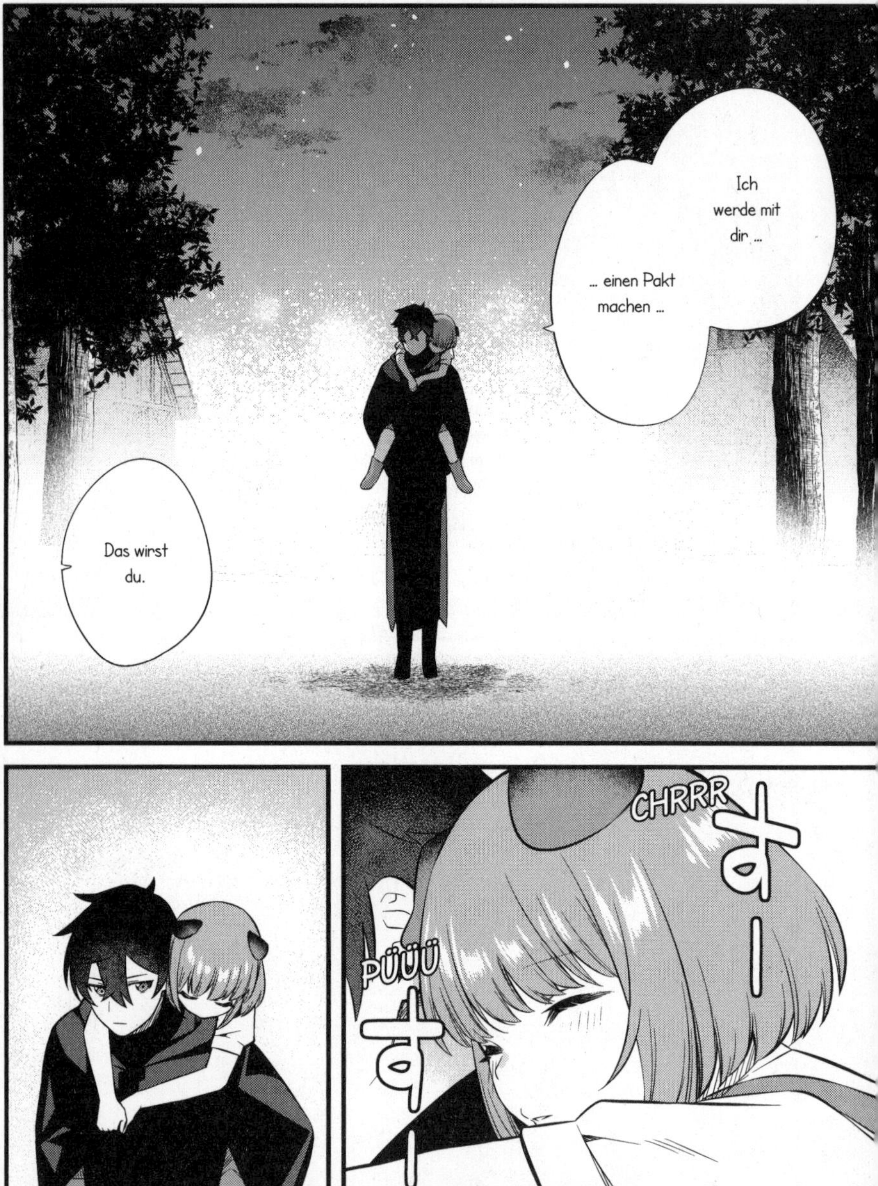
Ich werde mit dir ...
... einen Pakt machen ...
Das wirst du.
CHRRR
すー
PÜÜÜ
すー

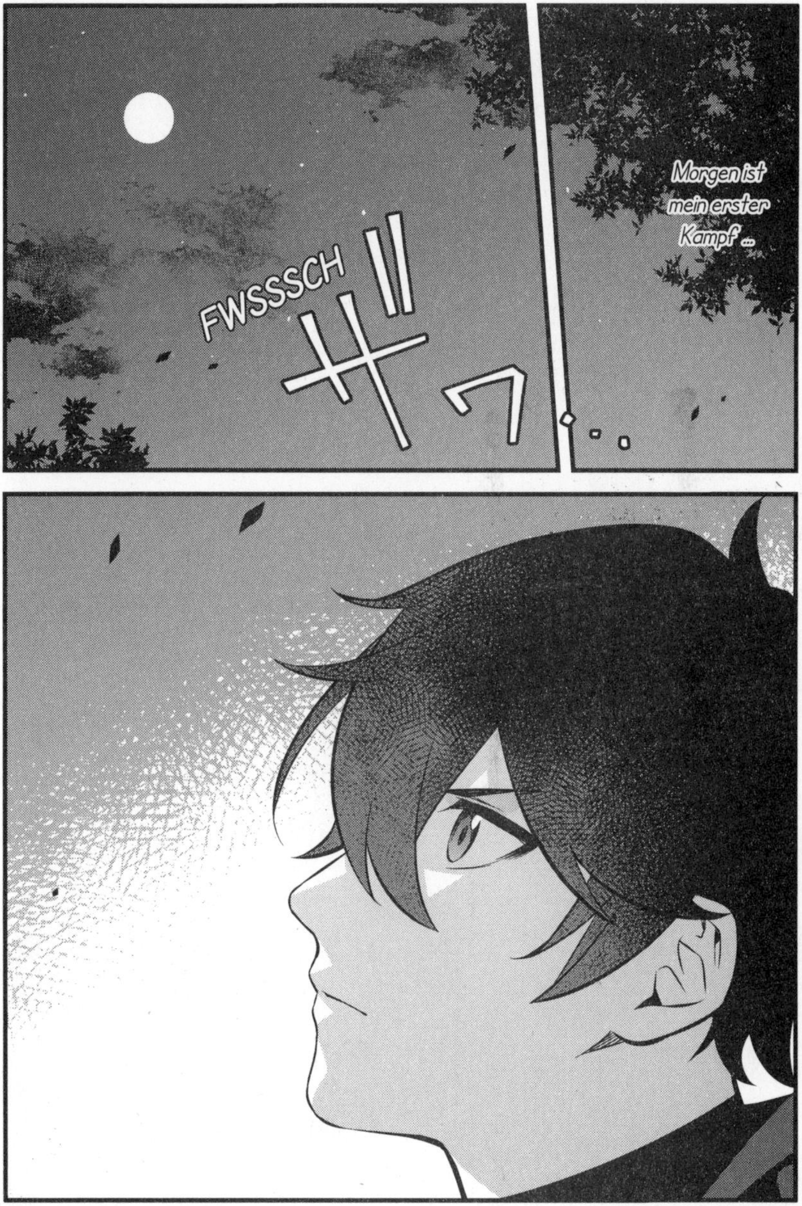

Willkommen in der Dämonenfestung,
Band 2 – Ende

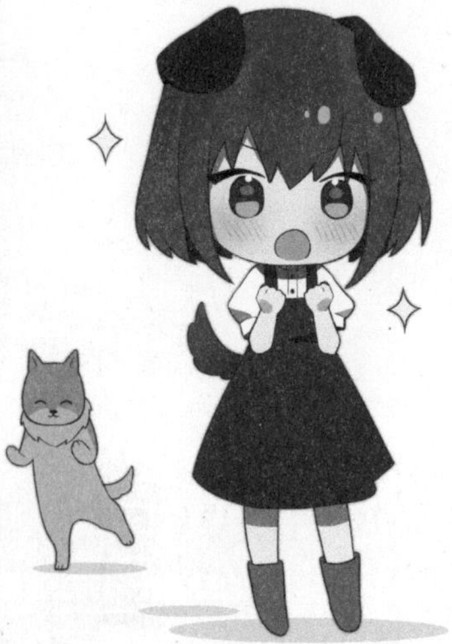

Vielen Dank, dass ihr Band 2 von „Willkommen in der Dämonenfestung" zur Hand genommen habt.

Mein Name ist Roku Hiraishi, ich bin für die Panelentwürfe verantwortlich.

Ich finde alle Charaktere haben eine tolle Ausstrahlung, aber besonders gefallen mir die Werwölfe.

Die von j1 Kaido gezeichneten Hund... äh, Mädchen sehen so schön flauschig aus. Das gefällt mir ...!

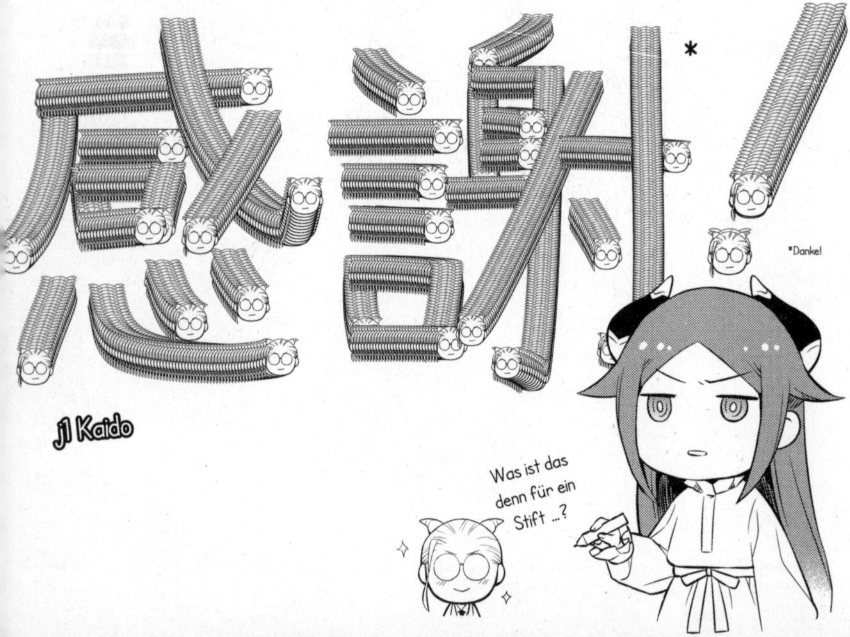

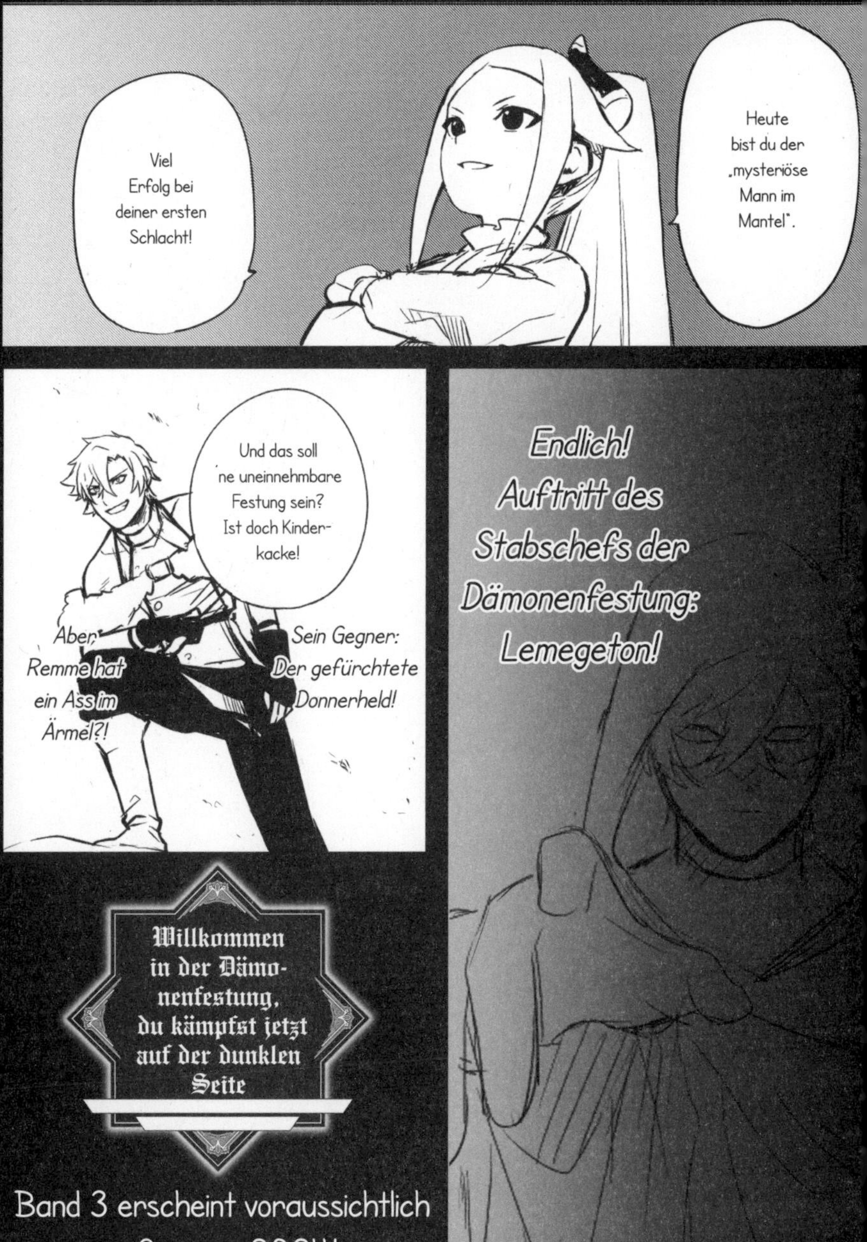

Band 3 erscheint voraussichtlich im Sommer 2024!

MANGA
漫画

EGMONT

www.egmont-manga.de
facebook.com/EgmontManga
instagram.com/EgmontManga
twitter.com/EgmontManga

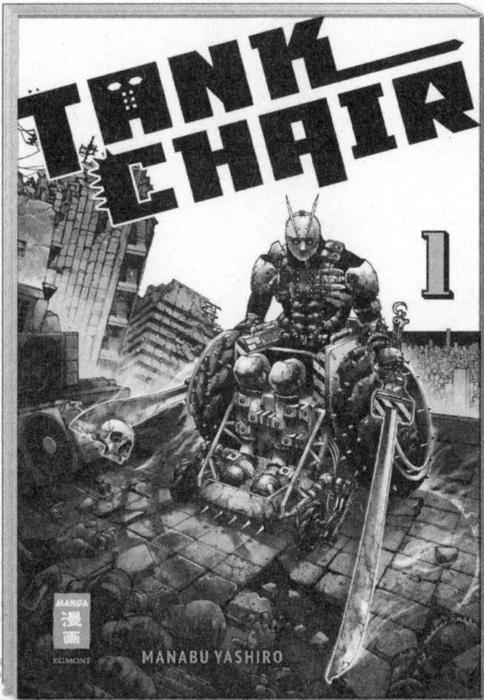
TANK
CHAIR
1
MANGA
漫画
EGMONT
MANABU YASHIRO

MANGA
漫画

EGMONT

SUTOPPU!

Koko wa kono manga no owari dayo.
Hantaigawa kara yomihajimete ne!
Dewa omatase shimashita!
Tanoshii hitotoki wo dozo!

Egmont-Manga-Chiimu

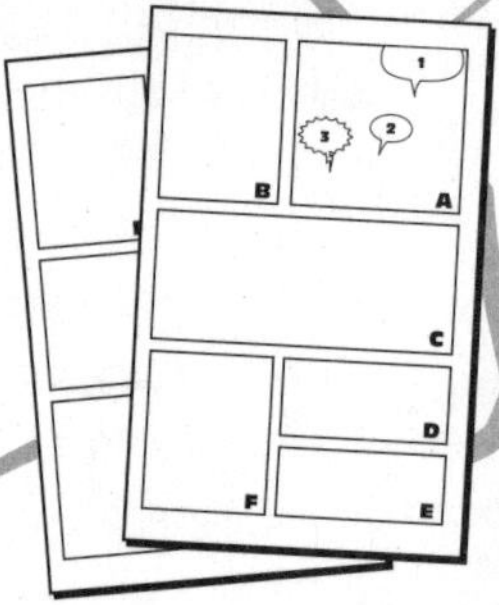

STOPP!

Das ist der Schluss des Mangas.
Fangt bitte am anderen Ende an!
Und nun genug der Vorrede,
viel Spaß beim Lesen!

Euer Egmont-Manga-Team

„Willkommen in der Dämonenfestung – du kämpfst jetzt auf der dunklen Seite 02"
Hozumi Mitaka, Yuuhi, j1 Kaido, Aoi Yumitori, Roku Hiraishi
Aus dem Japanischen von Tabea Kamada
Originaltitel: „Nankofuraku no Maojo e Yokoso – Debuf wa Fuyo toyusha-party wo Oidasareta Kuromadoshi, Mao-gunno Saiko-Kanbu ni Mukaerareru" vol. 02

Originalausgabe:
NANKOFURAKU NO MAOJO E YOKOSO~ DEBUF WA FUYO TOYUSHA-PARTY WO OIDASARETA KUROMADOSHI, MAO-GUNNO SAIKO-KANBU NI MUKAERARERU vol. 2

verlegt durch Egmont Verlagsgesellschaften mbH,
Ritterstraße 26, 10969 Berlin

2. Auflage 2024
Verantwortliche Redakteurin: Stine Svenja Fahrich
Textbearbeitung: Luisa Steinhäuser
Gestaltung: Anke Koopmann
Koordination: Angelika Schönhuber
Printed in the EU
ISBN 978-3-7555-0279-1

story house
EGMONT